ANIMA

Michel Onfray

ANIMA

Vie et mort de l'âme

Albin Michel

© Michel Onfray et Éditions Albin Michel, 2023

Sommaire

Introduction
LA MAGNIFIQUE DÉSOLATION

Inverser les perspectives : de la Lune à la Terre. Nouveau paradigme ontologique et métaphysique. De la mythologie à la cosmologie. Gris de la Lune, bleu de la mer, noir du cosmos. Poétique des multivers. La couleur du néant est la couleur du tout. Impérialisme lunaire. Conquête de la Lune, nazisme, bolchevisme et capitalisme. Rendez-vous manqué avec la philosophie. De l'univers infini aux plurivers infinis. Marquage du territoire lunaire. Ordures, urines, excréments et vomi lunaires. Conquérir, s'imposer, profaner. La nouvelle civilisation. Démagnétisation de la boussole chrétienne. Désolation ontologique. Monades dans un mouvement brownien. Ni centre, ni bord, ni fini, ni infini. Vortex quantique. Éjection du monde terrestre. L'homme démonté. Lune conquise et fin de l'homme. Mort de l'homme et nihilisme. Fin de l'humanisme, avènement du transhumanisme. Inhumanisme. Retour de la horde primitive. Vers l'âme numérique.

Anima

Première partie
CONSTRUIRE L'ÂME
Sous le signe du serpent

1. Anticorps, non-corps et contre-corps
Dématérialiser le corps

Les calendriers lunaires préhistoriques. Penser la tête levée. La leçon des étoiles. Soumission de la nature aux plurivers. Variations climatologiques cosmiques. Cycles et éternel retour. L'âme : la vie qui veut la vie dans la vie. Regarder le cosmos et lui obéir. Sapience du ciel. Il n'y a pas de préhistoire. Le bruit sifflant du silence. Manger l'œil d'un phoque. Les leçons cyrénaïques. Racines égyptiennes de l'*épistémè* grecque. Inventer une âme pour engendrer une vie après la mort. Le corps, tombeau de l'âme. Purifier l'âme de la chair. pythagoriciens, orphiques, néoplatoniciens et dématérialisation du corps. Anticorps, non-corps et contre-corps.

2. Un squelette avec une âme
Accabler la matière

La passion christique de Platon. Philosopher, c'est sauver son âme. La mort préférable à la vie. Le platonisme : une méthode pour se décharner. Un squelette avec une âme. Mourir ici-bas pour vivre au-delà. Les âmes sont en nombres finis. Comment savoir que nous avons une âme ? Souvenance, ressouvenance et existence de l'âme. Des ânes, des loups et des abeilles. Platon n'a pas été platonicien. Socrate non plus…

3. Le devenir hérisson de la plante
Purifier la chair

Avoir honte d'être dans un corps… mais téter le sein pendant huit ans. La mort supérieure à la vie avec le corps. Les exercices spirituels de la purification. Se défaire de son corps comme d'un habit. Se réincarner en plante. Comment une plante peut-elle devenir un hérisson ? Fuir le corps ici-bas pour gagner son éternité au-delà. De l'âme blanche païenne à l'âme noire chrétienne.

Sommaire

4. Corps de papier et vie textuelle
Créer un anticorps

Esprit dévot et esprit critique. Jésus, une fiction de papier. Le Nouveau Testament, collage de l'Ancien. Le néotestamentaire, une ventriloquie vétérotestamentaire. Jésus, une âme sans corps. Corps de papier et vie textuelle. Le genre allégorique. Le Verbe s'est fait chair, le corps est donc de papier. Jésus-Christ, une construction historique. Corporéiser un texte. Généalogie d'un corps oxymorique. Des nourritures exclusivement spirituelles. Le merveilleux contre le miraculeux. Élucider la parabole par la parabole. Contre le positivisme. Inexistence du mot « âme » dans les Évangiles. Imiter une fiction : une éthique inhumaine. Déshabiller l'homme nu.

5. Les langues de feu de l'Esprit-Saint
Damner la chair

Saint Paul trahit Jésus. Le paulinisme : craindre et trembler. Le judéo-christianisme, moins christique que paulinien. Évangéliser à coups d'épée. Le criminel Saül devient saint Paul. L'amour de la haine de soi du treizième apôtre. Quelle écharde dans la chair ? Une « chair bien malade ». Qu'il faut imiter l'avorton. « Mourir est un gain ». Le corpus paulinien ? Le corps de Paul. Antisémitisme, homophobie, misogynie, haine de l'intelligence, césaro-papisme. L'Esprit-Saint sauve le corps. Le corps mystique remplace le corps terrestre. Abaisser le corps pour élever l'âme. Créer un Homme Nouveau. Flèche du temps et Parousie. Imiter la Passion du Christ c'est créer l'Homme Nouveau. Vouloir mourir de son vivant. Le modèle du corps glorieux. Créer une âme noire comme l'enfer.

6. Nulle érection dans le jardin d'Éden
Sexualiser le péché

Le péché originel : préférer savoir à croire. Paul de Tarse et Sénèque à Rome. Compagnonnage entre stoïcisme et christianisme. L'ancien stoïcisme inspire le judaïsme paulinien. Dolorisme stoïcien et *perinde ac cadaver* chrétien. La jambe cassée d'Épictète. La douleur, un produit de la volonté. Le diable vit déjà dans le paradis. Le sens du péché originel : pour savoir, Ève refuse d'obéir. Saint Augustin sexualise la faute de la première femme. Comment la névrose de Paul devient civilisation. Que l'âme meurt quand Dieu l'abandonne. Le péché est pouvoir de la chair sur l'âme. Les ennuis d'Adam commencent avec Ève. La chair devient mauvaise si l'on vit selon elle. Usage charnel de la chair contre usage spirituel. Vivre selon l'homme c'est vivre selon le diable. Adam trompé par l'« affection conjugale ». Nulle érection dans le jardin d'Éden.

7. Le sang, semence de chrétien
Supplicier les corps

Les blessures de la passiflore. Le berger contre le crucifié martyrisé. Aucune crucifixion dans les catacombes. Le devenir impérial du christianisme. Avènement de la Croix. Invention impériale du corps du Christ. L'incarnation véritable par l'art. Croire pour voir, puis voir pour croire. Les inventions de Constantin et de sa mère Hélène. Une brocante christique. Ève et la faute, Marie et la rédemption, Hélène et la fiction. Culte du corps crucifié contre herméneutique du Verbe Incarné. Naissance de la thanatophilie chrétienne. Qu'il faut imiter le martyr. Supplicier le corps purifie l'âme. Vie de saint Ignace selon Jacques de Voragine. Origène se castre. Patristique et rhétorique de derviche tourneur. Haïr la vie pour mieux aimer Dieu. La mort ici-bas, c'est la vie au-delà. La douleur apporte le salut. Le sang lustre l'âme. Jouissance dans la souffrance.

8. L'amour de la sainte abjection
Imiter le cadavre

Dans l'attente de la Parousie. Excellence numérologique des Pères de l'Église. Âge d'angoisse. Femmes, dragons, enfants noirs, reptiles, etc. L'ascèse, antidote au diable, l'autre nom de la libido. La vie philosophique chrétienne. Philosophies antiques et vie christique. Monachisme contre christianisme d'État. Saint Antoine et les marchands du Temple. Vies d'ascètes. Vie selon le corps, puis selon le Logos, puis selon l'Esprit. Le corps me tue, je le tue. L'Homme Nouveau : le moine du désert. Épuiser la chair. Mourir de son vivant. Raffiner et multiplier les souffrances. Conduire sa

SOMMAIRE

vie vers le rien. Paissants, stylites, gyrovagues, stationnaires, mutiques, dendrites et autres athlètes du désert.

9. L'ART DE DRESSER LES CORPS
Encager le désir

Les conciles, une machine à produire l'orthodoxie. Outrer le négatif pour obtenir le positif. L'orgie comme prière. La sexualité est communion, l'inceste oraison. Spermatophages et fœtophages. Pneumatique et hylique. Le communisme des femmes. Barbélognostiques, carpocratiens, valentiniens, etc. Conciles et production du christianisme d'État. Dressage des corps et fabrique de l'homme occidental. Origine évangélique des synodes. L'Esprit-Saint infuse les conciles. La libido persécutée. Du plus sérieux au plus futile : légiférer sur tout. Le mariage comme machine à encager le désir. La feuille de route du corps occidental. L'âme, une affaire conciliaire. Dichotomie contre trichotomie. L'édiction de la loi sexuelle occidentale. Conciles et foire d'empoigne. Le concile cadavérique. La pornocratie papale.

Deuxième partie
DÉCONSTRUIRE L'ÂME
Sous le signe du chien

1. LE LIEU DU FIL DE LA HACHE
Déplatoniser l'âme

L'École d'Athènes : l'index de Platon, la paume tournée vers le sol d'Aristote. L'âme selon l'ordre des raisons. Physique contre métaphysique. Le principe des animaux. Science de la nature et expérience. Puissance, acte, entéléchie. Matière, puissance, force. L'âme, principe vital. Végétative, sensitive, intellective. L'âme des plantes et des insectes. Âme = force + matière, donc vivant. L'âme est forme et acte du corps. Averroès, inducteur de la scolastique médiévale. Saint Thomas d'Aquin emprisonne Aristote dans des cathédrales conceptuelles. Le petit sperme des obèses. Traducianisme et créationnisme. Animation immédiate ou animation médiate ? L'avortement béni par l'Église. Valse-hésitation au Vatican.

2. Les ratiocinations du renard
Réhabiliter l'animal

La bête soumise bibliquement à l'homme. Les animaux absents du paradis. L'arche de Noé des *Essais*. Montaigne abolit la scolastique. Contre les faux philosophes gens de bibliothèque. Se raconter, c'est raconter le monde. Par-delà la corporation philosophante. Questionner le monde plutôt que les livres. Génie de Montaigne. Leçon d'un accident de cheval. Un vrai faux pâté de chat. Sur une étroite couture. Le psychosomatisme. Fidéisme, donc immortalité de l'âme. On accède à l'âme par le corps. Le cousinage avec la bête. Une différence de degré et non de nature. Plaidoyer pour les animaux. Laideur de l'homme nu.

3. Leçons des leçons d'anatomie
Effacer l'âme

Mépris pour les médecins et la médecine. Éloge des chirurgiens et de leur discipline. La lunette de l'infiniment grand. Le microscope de l'infiniment petit. Le scalpel de l'ici-bas. Ce que l'ouverture du corps fait à l'âme. Dans les plis du cerveau. Laïcisation de l'âme. L'âme échappe à Dieu et au diable. Médecin *versus* chirurgien. Le théâtre de la leçon d'anatomie : dire, montrer, toucher. Chez Vésale : disséquer, observer, manier. L'odeur du corps réel. Vésale et *La Fabrique du corps humain*. Son frontispice, un discours de la méthode. Le mort montré comme un vif. Déchristianiser le corps de l'homme. L'utérus, vérité de l'être. Un même cerveau pour le singe, le chien et l'homme. Le scalpel ignore les âmes. Vésale, circonspect par prudence, aveugle par précaution, innocent par crainte.

4. Une certaine glande fort petite
Localiser l'âme

Disséquer le roi. Prudence d'Ambroise Paré. L'instant où l'âme est infusée. Ouvrir le crâne du fou du roi. Sous son scalpel, Paré voit Aristote. « Je le pansai, Dieu le guérit. » Descartes pense et dissèque. Le philosophe étouffé par les cartésianismes. Penser le monde et écrire pour les femmes. Un projet encyclopédique. Les cheveux blancs de Descartes. Souci de la science de bien vivre.

Sommaire

Écarter les livres et partir de l'observation de soi. Dissections et vivisections. L'œil d'un homme fraîchement mort. Une décennie de dissections. La glande pinéale dite conarium. Substance étendue et substance pensante; corps et âme. Je suis une chose qui pense. Théorie de l'homme-machine. Montres, horloges, fontaines, tuyaux, ressorts. La glande pinéale, seul organe qui ignore la symétrie. Extrême prudence. *Quid* d'un lieu matériel siège d'une âme immatérielle? Mort de sa jeune fille. La petite poupée automate du philosophe. Le penseur *princeps* du transhumanisme.

5. Le cartésianisme contre Descartes
Cerner l'esprit

Descartes, penseur catholique, donc prudent. La querelle d'Utrecht. Regius pousse Descartes dans ses retranchements. Regius, un cartésien entre dualisme idéaliste et monisme matérialiste. L'atomisme, une machine de guerre contre le christianisme. Descartes prend avis des conciles pour penser. Une âme et non trois. Une union naturelle et non accidentelle de l'âme et du corps. Dispute avec le scolastique Voetius. Descartes instrumentalise Regius. Le cartésianisme contre Descartes. La *Philosophie naturelle* de Regius contre le *cogito*. La physique contre la métaphysique. L'observation contre l'introspection.

6. Penser sans penser qu'on pense
Humaniser l'animal

La chienne du père Malebranche. La question de l'âme des bêtes. Théorie des animaux-machines. L'homme pense, l'animal n'a pas d'âme. Deux chiens copulent et engendrent, pas deux horloges. Jean de La Fontaine, ami des bêtes. Les animaux ont une raison. Un animal humanisé et un homme angélisé. Apparition des atomistes. Un chien heureux et un jésuite contre Descartes. La connaissance virtuelle. Un principe vital intérieur. Les mouvements réflexes. Vitalisme jésuite contre mécanisme cartésien. Seul Dieu peut donner l'âme à la machine. Les formes substantielles sont matérielles, corporelles.

7. La fleur des atomes
Atomiser l'âme

Raisons politiciennes de la mauvaise réputation des épicuriens. L'atomisme incompatible avec les fictions chrétiennes. Éviction complète de l'œuvre d'Épicure par le christianisme. Réhabilitation par Gassendi, chanoine de Digne. Introduction du loup atomiste dans la bergerie chrétienne. Restaurer Épicure dans sa dignité. Un épicurisme à la carte. Refus de sa théorie de l'âme. « Une apparence d'impiété ». Les masques du libertin érudit. Motifs de désaccord : la Providence, le suicide, le libre arbitre. Gassendi contre Descartes. Un incroyable pugilat. Éreintement des *Méditations métaphysiques*. Critique de la théorie de la glande pinéale : il lui manque des nerfs pour assurer la liaison. Descartes, dernier des scolastiques. Gassendi rend possible les premiers modernes. Les simulacres de l'os pour un chien. Substance étendue et substance pensante sont atomiques. L'homme fait partie des animaux. Naissance d'un matérialisme vitaliste.

8. Comme la flamme d'une chandelle
Mécaniser l'âme

Le curé Meslier, premier athée, communiste, matérialiste, anticlérical. Cartésien d'extrême gauche ? Disciple de Montaigne plus que de Descartes. « Sans Dieu » n'est pas « contre Dieu ». Son *Testament*. Surgissement de l'athéisme. Un point de bascule de la civilisation. Tout est matière. Les lois naturelles. La vie, une perpétuelle fermentation. Pour un matérialisme vitaliste. Un *cogito* sans doute. Ontologie de l'être. Contre les philosophes déicoles. Corps et âme sont une seule matière. L'âme est étendue, corporelle, atomique. La matière perçoit, sent, connaît. Une légère exhalaison, la flamme d'une chandelle. Une matière subtile et agitée. Identité entre l'âme animale et l'âme humaine. Contre la thèse de l'animal-machine. Éloge des bêtes. Répugner à tuer les poulets. S'insurger contre le massacre des chats. Observer la nature. Célébration du paysan.

Sommaire

9. Le cœur de la grenouille sur une assiette réchauffée
Électriser les corps

Pillage du *Testament* de Meslier par les philosophes. Best-seller de la littérature clandestine. La forfaiture de Voltaire : un Meslier déiste qui cesse d'être révolutionnaire. La Mettrie, lecteur de Meslier. La Mettrie, un radical au-delà des Lumières. Tragique, élitiste, cynique. Un médecin philosophe contre les philosophes. Stratégies libertines de dissimulation. *L'Homme-Machine*. L'homme « a le plus de cerveau ». Le corps calleux, siège de l'âme. Quantité de matière et qualité de l'âme. Réfutation du chien de Malebranche : apprendre à parler à un singe. Le langage des sourds-muets : avoir des oreilles dans les yeux. Donner une âme par l'éducation. Inégalité des âmes. « Un degré de fermentation ». Parenchyme et toile médullaire. Abolition de la métaphysique. Une machine gouvernée par la fatalité. Ravager l'ontologie chrétienne. « Une seule substance diversement modifiée ». Le criminel, le prêtre et le ciron. Inexistence du libre arbitre. Abolition de la faute. Des médecins plus que des juges. L'âme innocente. Naissance de l'amoralisme. Obéir à sa nature. Invitation au repos dans le crime. Sade, le dernier penseur féodal. Un philosophe matérialiste. Du fluide électrique. « Se vautrer dans l'ordure comme des porcs ».

Troisième partie
DÉTRUIRE L'ÂME
Sous le signe du singe

1. Vie et mort de l'huître
Bestialiser l'homme

Tant que Dieu dure : la Bible. Quand Dieu n'est plus. La statue de Condillac. Diderot veut réduire l'homme à l'huître, élever l'huître à l'homme. *L'Encyclopédie* remplace l'« âme » des bêtes par l'« instinct ». Régénération et Homme Nouveau. Eugénisme et éducation. Entrée du singe sur scène. Le « satyre indien ». Copulations entre le singe et l'homme. Les haras humains de Maupertuis. Produire de nouvelles espèces. Comme on crée des races de serins.

Un eugénisme d'État. Les ménageries des princes. Éloge des animaux nouveaux. Expérimentations sur l'homme et modifications de l'âme. Les copulations tératologiques de l'abbé Sieyès. Des singes anthropomorphes comme esclaves. Les chimères du chanoine Cornelius de Pauw. Le progressisme zoophile de Restif de La Bretonne. Mirabeau progressiste zoophile lui aussi. Buffon sauve l'homme donc l'âme. Le Hottentot, nouveau paradigme.

2. Fabriquer l'émule d'un chevreuil
Régénérer l'Homo sapiens

Rousseau théoricien de la régénération. Haine de la civilisation. Éloge de l'homme naturel. Éducation et pacte social. Sophismes et rhétorique. Sa méthode : « écarter les faits ». Idéalisation de la Nature. Passé merveilleux, présent terrible, futur effrayant. Essentialiser l'homme. Contre l'homme peccamineux, l'homme naturellement bon. Une vision irénique. Vertus de l'homme sauvage. La fiction de l'état de nature. Postulat d'une âme immatérielle. Perfectibilité de l'homme, pas de l'animal. Nouvelle fiction : l'égalité des hommes dans la nature. La propriété, péché originel. Pédagogue novateur mais autoritaire. Fabriquer un élève docile et soumis. Un tuteur jusqu'à la mort. L'« émule d'un chevreuil » plutôt que d'un danseur. La matrice de l'Homme Nouveau. Diluer l'individu dans la communauté. Forcer à être libre. L'éducation et le contrat social régénèrent. Mobiliser la transcendance pour fonder l'immanence. Rousseau postule toujours et ne démontre jamais. Peine de mort pour l'athée social. Guillotine et tranches de cerveau.

3. Généalogie de l'eugénisme républicain
Décapiter l'âme

L'abbé Grégoire et la régénération : les Juifs dégénérés. Abolir le Juif pour le réaliser. Antisémitisme de l'abbé panthéonisé en 1989. Invention du Juif honteux. Moins ils seront Juifs, plus ils le seront. L'obsession du sang. Les provinciaux dégénérés. Langue unique *versus* langues régionales. Idiome féodal contre langue de la République. Philosophe emblématique des Lumières. L'amalgame politique jacobin. Esquisse d'une société totalitaire. Améliorer le

Sommaire

sort de l'espèce humaine. Condorcet et l'eugénisme révolutionnaire. Perfectionner l'espèce biologique. Augmenter l'âme en intensité et en performance. Perfectibilité infinie de l'homme. Viser l'immortalité. Cabanis et l'amélioration de la race humaine. Des pêches, des tulipes et des hommes. Fabriquer des citoyens sages et bons. «Revoir et corriger l'œuvre de la nature». Rousseau veut changer la nature humaine, Robespierre s'y met. L'Homme Nouveau jacobin et le transhumanisme. L'Incorruptible, bigot du déisme. Sous les auspices de l'Être suprême. La Révolution française, effet de la Providence pour «régénérer». Contre les athées, les matérialistes, les épicuriens, les Encyclopédistes. Postule Dieu et l'immortalité de l'âme. «Former des citoyens». La loi décrète l'immortalité de l'âme. La Terreur jacobine au service de la régénération. Éloge d'«une race renouvelée». Essai de régénération individuelle: Louis XVII. Infanticide lent et double régicide. Étouffer l'âme pour tuer le corps. Le meurtre de l'Homme Ancien. L'Homme Nouveau entre chien, huître et singe.

4. Une glande pinéale postmoderne
Métapsychologiser la psyché

Les Idéologues, une suite aux Jacobins. Kant, moins philosophe des Lumières que penseur réactionnaire. *Sapere aude* mais en son for intérieur. La *Critique de la raison pure* répond aux poussées athées, déistes, matérialistes du siècle des Lumières. Postuler le nouménal, donc Dieu, le libre arbitre et l'immortalité de l'âme. Freud postule lui aussi pour sauver la psyché du péril scientiste. La métapsychologie est une parapsychologie. L'inconscient, une âme parapsychique. Une «superstructure spéculative». Freud superstitieux. Des preuves de la vérité de l'occultisme. Un nouveau médecin de Molière. Psychrophore contre psychanalyse. Errances thérapeutiques et doctrinales. Théorie de la séduction. «Merdologie» freudienne. Invention du complexe d'Œdipe. Théologie négative et inconscient. L'hypothèse est une preuve. Allégorie et plasma germinal. Sauver l'âme par la psyché. Créer l'inconscient selon ses besoins. Immortalité du plasma germinal. Le biologique, un roc pour le château allégorique. Topiques, métaphores et connexions neuronales. Autonomie de l'allégorique.

5. Le temps du corps sans organes
Structuraliser l'être

Les obscures rêveries de Deleuze. Style et ton scolastiques. Psittacismes et glossolalies. Une langue (vraiment) fasciste. La métaphore prime le réel. Structuralisme et religion de la langue. Le retour du platonisme. Le réel comme production du langage. Le symbolique est tout, mais on ignore tout de lui. Une nouvelle théologie médiévale. La structure : une âme postmoderne ? Enfumage par les oxymores. Le structuralisme comme science ! Une « topologie transcendantale ». Le Père : un lieu dans une structure sans lieu. Un antihumanisme revendiqué. L'immatérialité fonde un nouveau matérialisme. Abolition du réel empirique et dématérialisation du monde. La double invisibilité des structures. Le règne du performatif. Le « corps sans organes » (CsO) : une expression d'Artaud. Un corps de sang et d'os. Vers parasites et restes d'excréments. Fluides idéaux et puissances maléfiques. Le nouveau paradigme du schizophrène. Le non-corps de l'Homme Nouveau. Le normal devient le pathologique – et *vice versa*.

6. Une visage de sable effacé par la mer
Tuer l'homme

Annoncer la mort de l'homme pour rire. Un exercice normalien. Le nom du philosophe masqué. *Les Mots et les Choses* renié par le dernier Foucault. Célébration de la pathologie pour ébranler la raison occidentale. Dandysme théorique. Une esthétique datée. Vortex poétique plus que vérité historique. Des paradoxes contre l'évidence. Nihilisme et formalisme. Foucault ne cite jamais Darwin. Éviction du réel et de l'Histoire. L'Homme, une « chimère empirico-transcendantale ». Radicalité du platonisme de Foucault. Croit plus à l'archive qui dit le monde qu'au monde. Une névrose du texte. Les mots sont les choses. Errances du nietzschéisme français. Mort de Dieu, mort de l'homme, avènement du surhumain. Malentendus à propos du surhomme. L'Homme, juste une figure du savoir. N'être homme que par le travail, la vie et la langue. *Quid* du chômeur muet ? Chercher l'homme et ne trouver que des livres. Préférer les mots aux choses. Biologie, économie et philologie font l'Homme. Linguistique,

Sommaire

ethnologie et psychanalyse permettent les sciences de l'Homme. Autobiographie d'une part de nuit. Annonce d'une pensée future – à laquelle Foucault renoncera. Déraison pure contre raison raisonnable et raisonnante. Foucault dira n'avoir jamais été structuraliste... Les métastases de la *French Theory*. Effacer l'homme pour réaliser l'Homme déconstruit. La Lune sera la terre des transhumanistes.

Conclusion
SOUS LE SIGNE DE LA MÉDUSE

Vers les chimères transhumanistes
Numériser l'âme

Déplacement de l'Esprit. Du Tigre à la Californie. L'Europe aux anciens parapets. La vitesse d'un corbillard emballé. Ceci a remplacé cela. La réification, marque du XXIe siècle. Tout acheter, louer, vendre. Des intersubjectivités bradées. Suite de l'Homme Nouveau : des êtres sans visage. L'Homme total de Marx. Son devenir Homo sovieticus. L'homme fasciste comme surenchère et réponse. Marinetti et Gazourmah. Un fils incestueux mangeur de méduses. Le fascisme, un progressisme. Quand le baiser de la mort vivifie. Ectogenèse et race d'esclaves. Créolisation de méduses. Un projet fasciste. Philosophies de l'hydre d'eau. L'homme polypeux. Manipulations génétiques et « cornets de catins ». L'âme comme polype divisible et reproductible. L'identité par la trace numérique. Gertrude et Elon Musk. L'intelligence artificielle. La couche numérique tertiaire. Le devenir drosophile de l'homme. Télépathie numérique. Soigner les blessures au cerveau. De l'huître à la méduse *via* l'homme. Une machine de guerre rutilante pour la barbarie. Qui veut faire l'ange fait la bête. Quelle force du bien contre ce projet ?

Épilogue
Le silence éternel des espaces infinis

SpaceX après Neuralink. Sortir l'homme de son biotope. Créer un biotope extraterrestre. La Lune périphérique. La mort programmée du Soleil. Calcination de la Terre. Effacement du vivant. Mort des hommes. Leçons de sagesses géologiques. Héliosphère et réchauffement de la planète. La mythologie du capitalisme vert. Le danger des géocroiseurs. Penser en longues durées. Science-fiction et philosophie. Le vrai Grand Remplacement. La dernière civilisation. Le temps venu des âmes numériques. Téléchargements et exosquelettes. Vie virtuelle dans un environnement hostile. Une caste d'élus et une matrice totale. Se suicider sur la Lune. Les hommes acéphales. Un monde de morts-vivants ?

À la mémoire de mon cher vieux maître…

« Cher Onfray, qui se voudrait matérialiste, et qui en sait si long sur l'âme et sur ce qui en elle ne guérit jamais… À moins que, à l'inverse de son vieux platonicien de Maître, il ne connaisse autrement les âmes parce qu'il regarde mieux les corps ? Mais ces corps qu'il veut voir comblés, il les peint parfois comme Matthias Grünewald le Christ du retable d'Issenheim ; il les sculpte comme Ligier Richier le *Sépulcre* de Saint-Mihiel. J'y reviendrai quelque jour, car le vrai Onfray est là, dans cette distorsion*. »
La vie ne lui a pas permis d'y revenir ; j'y reviens pour lui.

* Lucien Jerphagnon, *L'Absolue Simplicité*, Paris, Robert Laffont, « Bouquins », 2019, p. 933. Texte d'abord publié en 1995 sous le titre « Cave canem », dans la *Revue des Deux Mondes*.

Ligier Richier, *Le Sépulcre ou Mise au tombeau de Saint-Mihiel*, 1554-1564, église Saint-Étienne, Saint-Mihiel

Introduction

La magnifique désolation

Pendant des millions d'années, sept pour être imprécis, l'homme a regardé la Lune avant de pouvoir, du moins pour deux d'entre eux, Neil Armstrong et Buzz Aldrin, considérer la Terre à son tour, les pieds dans la poussière grise de l'astre froid. Cette inversion des perspectives eut lieu très précisément, on s'en souvient, le lundi 21 juillet 1969 – j'avais dix ans. Les deux hommes passent vingt et une heures et trente-six minutes sur le sol de la Lune pendant que le pauvre Michael Collins gère les affaires courantes en pilotant le module de commande et de service en orbite lunaire dans l'attente du retour de ses deux comparses plus chanceux que lui. Il faut bien s'occuper du vaisseau spatial permettant de revenir sur terre…

Armstrong et Aldrin prennent des photographies sidérantes, dont celle de la Terre vue de la Lune : au premier plan, la mer de la Tranquillité, le lieu où le vaisseau alunit – il faut bien ce néologisme pour nommer cette prouesse technique en même temps qu'ontologique et, au sens premier du terme, métaphysique, au-delà de la physique.

Cette Lune semble une terre morte, grise, vérolée par des impacts de météorites venus de l'univers, qui ont frappé la couche poudreuse en créant des cratères de plus ou moins grand diamètre. Cette surface grêlée raconte son histoire géologique, géomorphologique, si l'on peut utiliser ces termes qui renvoient à la Terre pour parler de la Lune – il faut plutôt dire : lunologique, lunomorphologique… Pour la première fois, on ne regarde plus cet astre comme un objet mythologique et fantasmatique, mais comme une réalité cosmologique.

Ce premier plan semble une photo en noir et blanc sur laquelle serait posée une autre photo en couleur. Dans *L'amour la poésie* (1929), Paul Éluard écrit, cinquante ans avant ce cliché : « La terre est bleue comme une orange » ; elle est effectivement de couleur bleue, et ronde comme une orange. Sa partie inférieure est plongée dans la nuit que crée la Lune en arrêtant la lumière du Soleil. Le bleu de la Terre, c'est la mer, qui recouvre 71 % de notre planète.

Mais il existe un troisième acteur chromatique sur cette photo : avec le gris de la Lune et le bleu de la Terre, il faut en effet compter avec le noir du cosmos, dont le sens étymologique est « ordre ». Cet agencement de planètes dans notre univers, lui-même organisé dans une incroyable foison de plurivers, les multivers infinis, l'infinité des multivers, s'effectue à une impressionnante vitesse silencieuse pour l'oreille des hommes, mais audible pour celle des poètes, des musiciens et des philosophes. Pythagore n'a pas tort, quand il parle, il y a deux mille cinq cents ans, de musique des sphères, et Gérard Grisey, un musicien spectral, a raison de composer des œuvres en y intégrant le son des pulsars, par exemple dans *Le Noir de l'étoile* (1989-1990). Nous vivons dans le silence d'un vacarme que nous ne savons entendre.

Ce noir profond, pascalien, celui des gouffres et des abîmes, des infinis et des étourdissements, des vortex qui engloutissent et des matières dont on ne sait rien, ce noir qui semble la couleur du Néant alors qu'il pourrait bien être celle du Tout, ce noir qui porte la mémoire de tout ce qui fut dans un écho, celui du Big Bang, qui nous renseigne sur la nature de notre univers, dont, soit dit en passant, l'expansion se ralentit, ce noir, donc, est celui du néant qui est le tout, du tout qui est le néant. Il est la couleur de l'une des hypothèses du *Parménide* de Platon : le non-être est…

Cette photo célèbre montre aussi un monde vivant : l'immutabilité du bleu des océans, du gris de la poussière lunaire, du noir de l'écrin cosmique de tout ce qui est et n'est pas en même temps, cette immutabilité, donc, se trouve agitée doucement par un mouvement d'une apparente immobilité, celui des nuages enveloppant la planète. On sait que la Terre tourne sur elle-même, autour du Soleil, et que la Lune est son satellite qui, lui, ne tourne pas, et offre donc sans cesse aux humains la même face de son être à contempler. Des cumulonimbus, des cirrus, des stratus, des cirrostratus, des altocumulus et autres masses de vapeur d'eau qui entourent la planète Terre constituent un genre de respiration du cosmos au souffle duquel les climatologues proclament leurs oracles. Dans cet océan cosmique noir et bleu, la vie se montre, sur ce cliché, en longs filaments blancs, comme des traces spermatiques exprimant la vitalité de cette planète précaire et sublime.

*

La conquête de la Lune par l'Amérique a été, bien sûr, un enjeu politique plus que scientifique. La mythologie de cette aventure évince avec soin ce que les États-Unis doivent aux chercheurs nazis qui travaillaient au programme nucléaire et spatial du IIIe Reich.

Ce sont en effet d'anciens scientifiques du IIIe Reich, dont le plus célèbre est le commandant nazi Wernher von Braun, qui, après guerre, offrent aux États-Unis, alors en guerre froide avec l'Union soviétique, la possibilité de mettre au point le projet de conquête lunaire annoncé par Kennedy en 1962. Ces ingénieurs du « V2 », la fameuse arme qui devait permettre à Hitler de gagner la Deuxième Guerre mondiale, construisent des avions à réaction floqués de la croix gammée, mais également un projet de bombe atomique – ce sont donc ces gens-là qui ont exploité une main-d'œuvre juive esclavagisée dans les usines enfouies sous terre du camp de Dora.

On parle en effet assez peu de l'opération « Paperclip », qui permet à l'état-major américain de sauver mille cinq cents scientifiques allemands ayant travaillé pour le IIIe Reich, dont certains sur le Zyklon B, le gaz de la Solution finale, ou d'autres qui, à Dachau, ont torturé des Juifs dans des bains d'eau glacée afin de tester leur résistance et qui à présent mettent au point les combinaisons des pilotes de chasse US. Ceux-là échappent aux sentences du Tribunal militaire international en collaborant avec les États-Unis d'Amérique. Ces prises de guerre anticommunistes, puisque nazies, réjouissent l'État américain, lui aussi anticommuniste, et vont servir son projet de guerre contre l'URSS. Ce fut une guerre froide par conquête de l'espace interposée…

Faisons bonne mesure et rappelons que l'URSS a elle-même récupéré d'anciens nazis pour les intégrer à son programme atomique — l'équivalent soviétique du « Paperclip » a pour nom « Département 7 ». Ajoutons à ce tableau que la France ne fut pas en reste qui, à Vernon dans l'Eure, a recyclé des nazis en les occupant, dans des souffleries, à mettre au point les avions de chasse français, les fusées françaises, les hélicoptères français et le programme Airbus…

Les États-Unis font de la conquête spatiale un terrain de jeu pour mener la guerre contre les Soviétiques de façon symbolique. Il s'agit pour chacun d'imposer sa suprématie technique au monde entier.

Les Soviétiques prennent de l'avance en mettant sur orbite un Spoutnik 1, le 14 octobre 1957, camouflet planétaire pour l'Oncle Sam, surpris par ce succès bolchevique. Succès auquel il faut ajouter l'envoi du premier être vivant dans l'espace, la chienne Laïka, la même année, la première sonde lunaire, Luna 1, en 1959, le premier homme dans l'espace, Youri Gagarine, le 12 avril 1961, la première femme, Valentina Terechkova, le 16 juin 1963, la première sortie extravéhiculaire en 1965, le premier alunissage le 3 février 1966. Les États-Unis ne peuvent pas laisser passer ces affronts ; ils décident donc d'envoyer des hommes sur la Lune.

Quand il nomme ses vaisseaux pour aller dans l'espace, l'équipage d'Apollo 10 choisit « Charlie Brown » et « Snoopy », des personnages de BD de la série *Peanuts* créée par Charles

La magnifique désolation

M. Schulz en 1950 ! Galilée, Kepler ou Copernic seraient possibles, voire Léonard de Vinci ou Albert Einstein, mais, puisque de culture européenne, pareils patronages sont impensables. Ce sont donc des héros de bande dessinée que les Américains convoquent d'abord pour signifier leur identité. On a les caravelles de Colomb qu'on peut.

*

Les philosophes n'ont pas pensé cette sortie de Terre par l'homme. Comme à leur habitude, plutôt que de regarder le monde, ils préfèrent évoluer dans un arrière-monde, un alter-monde, un au-delà du monde. À l'époque, pour sortir de l'existentialisme et de la domination de Sartre sur le champ philosophique français, les philosophes jubilent des effets rhétoriques et sophistiques du structuralisme. Ils mettent en place une nouvelle scolastique qui fait de la « Structure », majuscule obligatoire, un genre de Dieu présent partout mais visible nulle part, indicible et ineffable, mais cause de tout, y compris d'elle-même.

La décennie philosophique suivante ne tire aucune conclusion de cet événement ontologique majeur qu'est le premier pas sur la Lune : qu'on songe à *L'Anti-Œdipe* (1972) de Deleuze et Guattari, à *Glas* (1974) de Derrida, à *Surveiller et punir* (1975) de Foucault, à *Mille plateaux* (1980) des mêmes Deleuze et Guattari, on ne trouve aucune analyse du fait que des hommes ont quitté la Terre pour marcher sur la Lune et revenir sur Terre. En 1974, Sartre publie même *On a raison de se révolter*, un livre dans lequel il célèbre le maoïsme, dont la Révolution culturelle a causé vingt millions de morts. La cécité des philosophes français du xxe siècle dans leur superbe !

Or, il me semble que *voir* la Terre comme une planète perdue dans un univers infini n'est pas sans générer des effrois, des angoisses, des peurs, des craintes et des tremblements ontologiques. On sait qu'à son retour sur terre, après avoir été le premier homme envoyé dans l'espace, Youri Gagarine propose une leçon de métaphysique marxiste-léniniste, dont on mesure l'indigence : « J'étais dans le ciel et j'ai bien regardé partout : je n'ai pas vu Dieu. » Misère de ce matérialisme vulgaire !

On imagine que ce genre de phrase destinée à être gravée dans le marbre de la propagande est mûrement réfléchie par les communicants d'un État, puis apprise et débitée à des fins idéologiques. De même avec Neil Armstrong qui assène, à travers le crachouillis de l'enregistrement neigeux, chacun s'en souvient : « C'est un petit pas pour l'homme, mais un bond de géant pour l'humanité. » Quand ils vont dans l'espace, les Soviétiques souhaitent vérifier que le marxisme-léninisme repose sur des vérités scientifiques empiriques ; les Américains veulent s'assurer du caractère universel et impérialiste de leur technique.

La publicité américaine crée et nourrit une mythologie : Armstrong descend du vaisseau spatial, il saute du dernier barreau de l'échelle qui se trouve à un mètre du sol – les ingénieurs de la NASA ont imaginé que le LEM s'enfoncerait dans le sol poudreux, mais l'alunissage en douceur du commandant a évité l'enfouissement. Neuf minutes plus tard, Aldrin pose à son tour le pied sur la Lune et dit : « Belle vue » – on imagine que cette phrase n'a pas été concoctée par des spécialistes en éléments de langage. Puis, après un temps de silence : « Magnifique désolation. » Soyons sûrs qu'il ignorait à quel point il avait raison...

Car, que font les Américains une fois cette incroyable prouesse technique accomplie ? Quel est le premier geste du premier homme qui foule le sol lunaire ? Avant même qu'il effectue ce pas, Aldrin lui donne par la porte de sortie du vaisseau un sac d'ordures de trente kilos qu'Armstrong balance sur la planète. Le premier geste du premier homme qui pour la première fois quitte sa planète et pour la première fois met les pieds sur une autre planète du système solaire est donc une profanation bien dans le genre américain : tant d'intelligence pour retrouver le geste primitif du mammifère qui marque son territoire avec ses déchets, ses déjections, ses sacs d'urine, d'excréments et de vomi. Ce qui touche le sol lunaire de façon inaugurale, ce n'est donc pas un homme mais les ordures de cet homme et de ses deux compagnons de voyage.

Pour aller dans le même sens, Buzz Aldrin qui, dans l'histoire de la conquête spatiale, ne sera jamais que le second, pourra toujours se targuer d'avoir été le premier cosmonaute à sciemment étaler sa vulgarité humaine, très humaine. Il écrit en effet dans ses souvenirs : « Armstrong a peut-être été le premier homme à marcher sur la lune, mais j'ai été le premier à faire pipi sur la lune. » Voici en effet le premier geste de cet homme : souiller sa couche avec son urine, comme un enfant dépassé par ses sphincters... Il eût pu agir ainsi par besoin, ce qui se comprendrait aisément, et garder l'information pour lui seul, un secret entre lui et lui, mais non : quand, pour la première fois dans l'histoire de l'humanité, un homme arrive sur une autre planète, c'est pour la souiller avec ses matières fécales, son urine, ses ordures, il lui pisse dessus comme un mâle dominant qui marque son territoire...

Cette façon de faire ne fut pas que ponctuelle. À l'heure où j'écris ces lignes, deux cents tonnes de saloperies jonchent le sol lunaire, laissées par les douze hommes qui sont allés sur la Lune entre 1969 et 1972, date du dernier passage d'un humain sur l'astre...

En fouillant dans ce tas d'ordures humaines, voici, sur le mode d'un inventaire à la Prévert, ce que l'on trouve : un écusson de la mission Apollo 1 ; deux médailles commémoratives des communistes soviétiques Gagarine et Komarov ; un disque en silicium avec des messages d'Eisenhower, Kennedy, Johnson et Nixon, ainsi que des messages de dirigeants de soixante-treize pays du monde entier ; la pitoyable liste saturée de vanité des noms des membres du Congrès américain, des quatre commissions de la Chambre et du Sénat, des dirigeants passés et présents de la NASA ; deux balles de golf d'Alan Shepard, le premier homme à avoir volé dans l'espace après Gagarine et le cinquième à avoir marché sur la Lune ; un rameau d'olivier doré car, bien sûr, c'est au nom de toute l'humanité et pour la paix que les Américains plantent leur drapeau – il y a cinq drapeaux américains sur la Lune, le premier ayant été ironiquement écrasé au sol par le souffle de la fusée de retour ; des caméras, un appareil photo Hasselblad ; des instruments de mesure scientifique, des télescopes, des réflecteurs ; un marteau ; une plume de faucon ; un rover, la voiture lunaire donc ; douze paires de bottes ; des coupe-ongles ; un javelot ; une épingle à cravate, allez savoir pourquoi ; près de mille autres petits objets ; une étiquette de Nuits-Saint-Georges, cuvée Terre-Lune de 1969 ; une Bible bien sûr ; ah oui, j'allais oublier, on trouve également dans ce premier tas d'ordures lunaires les cendres d'un géologue de la NASA qui avait manifesté le souhait de reposer en paix sur la Lune – en paix, mais entouré par quatre-vingt-quinze sacs d'urine et de poches à dégueulis…

Il y a peu, en mars 2022, un étage de fusée en déshérence depuis des années est allé grossir la décharge la plus éloignée de la terre. À 384 400 kilomètres des États-Unis, ce pays, qui va supplanter l'Europe dans le rôle de civilisation inductrice du restant de l'humanité, a trouvé moyen de faire savoir au monde entier de quoi elle était capable : conquérir, s'imposer et profaner.

Toute civilisation nouvelle commence par la barbarie.

Nous y sommes…

*

Une lecture politique et démythologisante de la conquête spatiale en général et du premier pas de l'homme sur la Lune en particulier n'en interdit pas une lecture philosophique, voire ontologique ou métaphysique. Un peu sur le principe de la ruse de la raison, les hommes croient faire une chose, poser le pied sur la Lune, en ignorant qu'ils en produisent une autre : *désaxer ontologiquement le monde et le perdre dans un plurivers dépourvu de centre.* Voici la racine du nihilisme contemporain.

Quand, une fois sur le sol lunaire, Buzz Aldrin, le pisseur cosmique qui mouille ses couches, ajoute un « magnifique désolation » à son naïf « belle vue », il ignore que ses paroles excèdent probablement ses capacités de pensée… Car cette conquête de la Lune s'avère en effet une terrible démagnétisation de la boussole civilisationnelle judéo-chrétienne, c'est bien une *magni-*

fique désolation ontologique. Dieu est mort, les univers infinis et l'homme perdu dans cette nuit de l'être.

Jadis, dans *Du monde clos à l'univers infini* (1957), l'épistémologue Alexandre Koyré a réfléchi à la révolution ontologique que fut le passage du géocentrisme, la Terre est au centre d'un monde fini, à l'héliocentrisme, le Soleil se trouve au cœur d'un univers ouvert : de ce fait, l'homme n'est plus central mais périphérique. Blessure narcissique, aurait dit Freud.

Avec cette preuve empirique d'une Terre bleue vue de la Lune grise dans un cosmos noir, un autre monde s'ouvre pour un grand public ignorant des savoirs les plus récents en astrophysique. Loin des débats haut de gamme sur la relativité restreinte ou généralisée, la théorie des cordes ou la mécanique quantique, ce qui se trouvait su par ce qui était vu, *via* cette fameuse photographie, et par des milliards d'hommes, c'était que nous étions désormais des monades errantes, sans portes ni fenêtres aurait écrit Leibniz, emportées sans fin, dans un mouvement brownien actif, au bord d'un néant, tel un trou noir qui absorbe tout, lumière comprise…

Une fois, donc, l'homme est passé du géocentrisme, qui supposait un monde fini avec un centre indubitable, à l'héliocentrisme, qui découvrait un monde infini avec un centre de feu brûlant ontologiquement l'humanité. Une autre fois, *et c'est maintenant*, il lui faut passer de l'héliocentrisme aux plurivers, qui abolissent aussi bien la notion de centre que celle de finitude, d'infinitude ou de bords.

Les matérialistes de l'Antiquité, les épicuriens en particulier, défendent l'existence de la pluralité des mondes en même temps que l'infinité du monde. Lucrèce demande en effet : *quid* du javelot lancé dans l'univers quand il arrive aux bornes du fini ?

Comme pour l'atome déduit de la danse de poussières dans un rai de lumière, la possibilité d'univers multiples, de mondes et d'intermondes, lieux des dieux faits de matière subtile, s'avère une conséquence de la dynamique atomiste. Par suite du *clinamen*, la déclivité originaire du monde, les atomes agrégés pour constituer l'être, puis l'agrégation d'agrégats, puis sans fin l'agrégat d'agrégats d'agrégats : voilà qui oblige *in fine* à une infinité de mondes.

Une intelligence finie, une raison limitée, une conscience étroite ne sauraient concevoir l'infini – ou le chiliogone de Descartes. Seule l'imagination le peut, vaguement, en recourant à des images.

Qu'on se figure donc une plage immense, la dune du Pilat par exemple, la plus haute d'Europe : près de trois kilomètres de long, une hauteur dépassant les cent mètres et une largeur de plus de six cents mètres, soit environ soixante millions de mètres cubes de sable. Imaginons que chaque grain de sable corresponde à un univers aux dimensions du nôtre, aux limites duquel nous ne parvenons qu'après des millions d'années-lumière. Notre univers côtoie donc un nombre infini d'autres univers avec des lois physiques spécifiques à chacun de ces mondes. Notre système solaire équivaut à un grain de sable dans cette dune. La physique quantique affirme que si on décuplait cette image pour obtenir autant de grains de sable qu'il en existe sur la planète et que chacun représente un univers, on serait encore très en deçà de la réalité. Pareil vortex porte l'angoisse à l'âme et au cœur des hommes...

Rendu ivre par le passage du monde clos à l'univers infini puis à l'infinité des mondes, l'homme contemporain se trouve déséquilibré, désaxé, détraqué, désorienté, décomposé, démembré, dérouté, décontenancé, dépaysé, détourné, déconcerté, désorganisé, en un mot, démonté – autrement dit, magnifiquement désolé... Du monde fini à l'infinité des mondes, *via* le monde infini, voilà autant de séismes ontologiques se succédant comme des répliques d'une même catastrophe : un genre de tectonique des plaques ontologiques sépare les hommes de ce qu'ils ont été, d'abord au centre du monde, puis à sa périphérie, enfin perdus dans l'univers. L'histoire de l'homme est celle de son éjection du centre du monde terrestre.

Dans sa naïveté spirituelle, en bon petit soldat d'un matérialisme sommaire, sinon d'un matérialisme pour les nuls, ce que Youri Gagarine aurait pu voir, en se penchant par le hublot de son vaisseau Spoutnik 1 le 12 avril 1961, ce n'est pas que Dieu ne se trouvait pas dans le ciel mais qu'il n'y avait plus de ciel allégorique, et plus malin eût été de prévoir que seule la fin de l'homme s'annonçait avec cette expérience spatiale.

Nietzsche avait proclamé dans *Le Gai Savoir* en 1882 : « Dieu est mort. » Nul besoin d'aller dans l'espace pour s'en rendre compte. Ce qui était visible à la lumière noire du cosmos, c'est que l'Homme suivrait Dieu dans la tombe – normal, puisque ce n'est pas Dieu qui a créé les hommes, mais l'inverse.

Michel Foucault annonce la mort de l'homme dans *Les Mots et les Choses* en 1966 mais, tout à son tropisme structuraliste, il s'agit moins pour lui de disserter sur la mort réelle de l'homme réel que de parler de façon absconse de la mort de ce qui fut nommé « Homme » *via* des processus discursifs, dans un temps chronologiquement borné par le philosophe, avec une date de naissance et une autre de trépas.

Ce qui meurt ce 21 juillet 1969, à 3 heures 56 minutes et 20 secondes, heure française, ce n'est pas une variation platonicienne de l'Idée d'homme, fût-elle incarnée dans la seule histoire des idées, mais la *réalité de l'homme* : depuis, nous vivons cette agonie dans un temps bien évidemment contaminé par elle. Voilà pour quelle raison le nihilisme apparaît comme la vérité d'un temps désormais dépourvu de vérité : le nôtre. L'homme meurt vraiment, c'est le seul Grand Remplacement à craindre. Le transhumanisme travaille à la suite. Étymologiquement, elle sera *inhumaine*.

*

J'ai sur mon bureau le livre qui m'a servi pour rédiger les quelques lignes sur ce que *l'homme a infligé à la Lune* depuis qu'il y a fait son premier pas jusqu'au dernier passage de ce prédateur sur la planète froide. D'Apollo 11, en juillet 1969, à Apollo 17, en décembre 1972, le tas d'ordures laissé par ces Homo sapiens est conséquent, on l'a vu. À la manière du singe qui urine et défèque pour marquer son territoire, les douze hommes qui ont foulé le sol lunaire, *tous américains*, ont sali, souillé, maculé avec leurs traces un lieu magique, mythique, spirituel, poétique.

Urine, excréments et vomi y sont, on vient de le lire. On y voit également les traces de roues d'un véhicule lunaire et le véhicule lui-même, abandonné comme dans une casse – l'automobile comme preuve du génie de ce singe évolué...

Mais également, outre les sécrétions corporelles des astronautes, le sol lunaire est conchié et compissé par leurs sécrétions mentales, spirituelles, intellectuelles. Laissons de côté les cendres d'un mort, la Bible, les balles de golf, qui disent beaucoup de ce qui se trouve dans la psyché d'un Américain. On y trouve également une photo.

Il s'agit d'une photo de famille de l'astronaute Charles Duke qui faisait partie de la mission Apollo 16 en avril 1972. Cet homme né en 1935 est toujours vivant à l'heure où j'écris – au solstice d'été 2022. Il a quatre-vingt-cinq ans. Ce militaire de carrière a été l'homme le plus jeune à marcher sur la Lune. Ironie de l'histoire, quand il a posé le pied sur le sol lunaire, c'était sur les hauts plateaux... Descartes de la Lune. Il y laisse une photo en couleur de sa famille, sous emballage plastique. On le voit avec sa femme et ses deux enfants. Il est cravaté, son aîné aussi. Un texte accompagne ce déchet : « C'est la famille de l'astronaute Duke de la planète Terre, qui s'est posé sur la Lune le 20 avril 1972. » On ne sache pas qu'il ait laissé son numéro de téléphone et son adresse postale. Ni son mail.

Ce même homme a tenté un record de saut en hauteur sur la Lune ! Il a bondi « d'environ 0,81 m », est-il enseigné doctement et sans ironie sur l'encyclopédie-universelle-multilingue-participative, un environ au centimètre près, c'est une performance comme seuls les Américains peuvent en réaliser. Mais il n'avait pas prévu que, la gravitation n'étant pas la même sur la Lune, cet exploit se finirait en gamelle : il perd l'équilibre, tombe sur le dos et écrase son système de survie. La pompe à oxygène s'arrête... puis repart ! Sa combinaison aurait pu se déchirer, son système de survie se casser ou la pompe ne jamais se réamorcer ; il eût ainsi établi un autre record yankee en étant le premier homme à mourir sur la Lune. Ce ne fut pas lui. Dommage.

Revenu sur terre, Duke devint brasseur, vendeur de maisons. Il est chrétien évangéliste – du courant spirituel régénéré. Peut-être est-ce la raison pour laquelle l'Université de Clemson l'a nommé docteur *honoris causa* de… philosophie en 2012.

Il se fait que ce militaire a aussi préfacé le livre posé sur mon bureau. Il y affirme : « Je me sens, depuis, l'ambassadeur d'un monde nouveau. » Il a, hélas, raison…

On peut préférer, et c'est mon cas, la leçon des calendriers lunaires des hommes préhistoriques. C'est une autre façon de se comporter avec la Lune. Dois-je préciser qu'elle a ma faveur ?

Au musée national de l'Air et de l'Espace à Washington, j'ai été ému de voir la capsule Apollo qui a ramené sur Terre les premiers hommes ayant marché sur la Lune. J'eus l'impression d'être en présence de l'équivalent d'une caravelle de Christophe Colomb jadis en route pour le Nouveau Monde, mais, cette fois-ci, pour un monde infini qui se trouve devant nous : celui de l'inévitable exploration du système solaire avant de plus stupéfiantes odyssées intersidérales. L'extinction du soleil est écrite, les astrophysiciens nous l'enseignent, mais les hommes ne mourront pas brûlés par ses rayons de plus en plus incandescents : ils partiront sur des exoplanètes. C'est évident.

La horde primitive racontée par Darwin dans *La Filiation de l'homme* pour expliquer la généalogie de notre humanité revient : l'homme est parti de quelques exemplaires, semble-t-il hétérogènes en nature, pour se répandre en milliards. Ces milliards s'invagineront dans une poignée d'humanoïdes qui aura organisé en amont le corps de l'homme *et son âme devenue numérique*, de façon à survivre dans un autre milieu, plus hostile encore que celui de ses origines. Le lignage est connu qui conduit du Sahelanthropus à l'Homo sapiens *via* l'Homo habilis, l'Homo ergaster, l'Homo erectus, le Néandertalien ou le Dénisovien. L'Homo sapiens est en train de passer la main à un Homo qui n'a pas encore de nom. Il sera, c'est évident, un Homo cyber.

Anima propose l'histoire de l'Homo sapiens *via* celle de son âme.

Première partie

CONSTRUIRE L'ÂME
Sous le signe du serpent

Où l'on assiste à la mort du serpent égyptien Apophis
tué par un chat avec un couteau.

Où l'on découvre un serpent qui symbolise le mal déjà présent
dans un paradis où le mal n'existe pourtant pas encore.

Où l'on surprend l'âme de Plotin disparaissant sous son lit
sous la forme d'un serpent.

Où l'on voit saint Paul à Malte, auprès d'un feu, la nuit,
mordu par une vipère sans que le venin le tue.

Où l'on constate que saint Antoine et d'autres moines du désert
font fuir des serpents avec des signes de croix.

Où l'on apprend avec saint Augustin que le serpent sait, hélas,
bien parler à la première d'entre les femmes.

Où l'on rencontre des gnostiques licencieux nommés ophites
et pérates qui vouent un culte au serpent.

1

ANTICORPS, NON-CORPS ET CONTRE-CORPS

Dématérialiser le corps

Dans un obscur musée d'Azerbaïdjan, en plein milieu de la campagne, un grand nombre de calendriers lunaires, dits préhistoriques, gravés sur des os d'animaux sont exposés dans une vitrine. Ils attestent une liaison intime et vieille comme l'humanité entre l'astre et l'homme. Sans forcément souscrire à toutes les hypothèses de l'archéoastronomie qui rabat toute question concernant la préhistoire sur le ciel d'aujourd'hui, et plus fragilement sur les constellations zodiacales qui sont des conventions tardives, je suis séduit par un certain nombre de ses hypothèses, parce qu'elles partent de l'idée que la pensée est consubstantielle à l'homme et non au langage : il suffit de regarder vivre un enfant avant qu'il ne parle, les deux ou trois premières années de sa vie, il n'y a que les sots, les lacaniens et autres structuralistes pour estimer qu'ils ne sont pas et ne pensent pas. Nous ne sommes pas structurés par le langage mais par la perception, la sensation, l'émotion. Le langage arrive après. Chez les muets il n'arrive jamais, ils n'en sont pas moins hommes. Je sens, donc je suis. Penser arrive ensuite, et encore, il n'est nul besoin de penser si l'on sait sentir...

Le penseur de Rodin est un penseur des villes. Il pense nu, libre à lui, mais comme assis sur une chaise transformée en rocher. Il a la main retournée – un geste anatomiquement rare, douloureux pour le poignet, impossible à tenir longtemps, contraignant donc à penser bref – et le menton posé sur le revers de sa main droite. Il donne l'impression qu'il va tomber de sa chaise, emporté par le poids de son cerveau ou de ses pensées, ou des deux. Il regarde par terre, comme si ce qu'il cherchait s'y trouvait. Il est là depuis longtemps, il semble qu'il n'ait pas trouvé grand-chose. Normal, on ne pense jamais comme ça…

J'imagine en revanche le penseur des champs, disons plutôt de la nature originaire, debout, la tête levée vers le ciel, le visage tourné vers la voie lactée, les pieds bien posés sur le sol, comme enracinés. Il n'est pas nu comme un ver assis sur un rocher, mais vêtu de peaux de bêtes chassées par lui et les siens, tannées et cousues par les femmes restées au foyer avec les enfants.

Il ne regarde pas le sol, où il ne verra que des traces de lui-même, herbes foulées et sol damé, reliefs de repas et déjections des animaux déjà domestiqués, mais le ciel où il se passe toujours plein de choses. La course du Soleil dans un jour mais également dans une année. Celle aussi de la Lune, sa forme, croissante ou décroissante, montante ou descendante, sa clarté, sa luminosité, ses taches alors inexpliquées. Son observation, pourvu qu'elle ne soit pas d'un temps mais d'une longue durée, lui permet de comprendre un *ordre*, c'est l'étymologie de « cosmos ».

Il comprend, parce qu'il l'a constaté, *vu* donc, pas besoin de langage pour ça, que la nuit succède au jour, que les nuits sont plus longues à une époque et très courtes à une autre ; il ne manque pas d'observer que les arbres ont des bourgeons duveteux, des fleurs parfumées, des fruits savoureux, puis des fruits pourris qui tombent au sol, que plus tard les feuilles chutent après avoir changé de couleur, être passées du vert vif et tendre au tavelage, puis au brunissement et au séchage.

Connaître le mouvement de la Lune et du Soleil dans le ciel, c'est maîtriser le temps et, dans la foulée, les conditions de sa vie et de sa survie. Car ces calendriers permettent de savoir quand passent les animaux migrateurs dont on peut se nourrir, quand remontent les saumons ou quand partent les rennes par exemple

Anticorps, non-corps et contre-corps

pour d'autres contrées, à quel moment on peut semer, piquer, planter, récolter, à quelles périodes on obtient de la nourriture, ou craindre la disette, quand peuvent avoir lieu les cueillettes, le ramassage des baies et des fruits sauvages, quelles sont les périodes de reproduction, de gestation, de naissance des animaux, donc quand il pourra y avoir du lait, et ainsi des produits fermentés, à quelle saison l'ours se réveille, sort de sa tanière et veut manger lui aussi, quand les proies peuvent être chassées et quand craindre les prédateurs, à quel moment de l'année la rivière est en crue ou à sec, etc. La Lune et le Soleil servent à savoir tout cela, donc à savoir tout court.

Ce savoir païen permet de vivre en harmonie avec une nature elle-même incluse dans un cosmos. La nature est une invention de qui a oublié l'existence du cosmos. Des demi-habiles se croient savants en l'invoquant, ils oublient juste qu'elle est moins voulante que voulue par ce dans quoi elle se trouve enchâssée : les myriades de la pluralité des mondes. Aveugle, elle subit la loi des plurivers.

Le réchauffement climatique n'est pas le petit prurit égocentrique d'une Terre anthropomorphisée, d'une planète fâchée qui se venge de la méchanceté des hommes : il procède des cycles cosmiques, dont l'homme, qui marche sur la Lune, ne connaît pas grand-chose. Mais l'alternance des cycles témoigne : pendant des millions d'années où l'homme n'existe pas encore, il y a alternance de réchauffements et de refroidissements. *Quid*, sinon, des périodes glaciaires ?

Ce savoir fut probablement celui des premiers hommes : la régularité de l'éternel retour du même, la vérité du caractère cyclique des choses, la saisie du temps comme un cercle sécurisant et non une flèche inquiétante. Dans cette vision moniste des choses, l'homme n'est pas séparé du monde, dans le monde, mais extérieur à lui, car lui et le monde constituent les parties d'un même tout, au même titre que l'auroch et le bison, le renne et le saumon, le chêne et la fougère, eux aussi soumis à l'éternel retour du même. Le «Je» et le «Moi» arriveront plus tard, portés par le dualisme qui accompagne le monothéiste. À l'heure des calendriers lunaires et solaires gravés sur des bois de rennes, il n'existe pas des dieux mais un esprit partout diffus qui permet l'animisme ou le totémisme – une possible clé pour déchiffrer les peintures pariétales.

À l'époque, pas d'âme immatérielle dans un corps matériel : tout est matière, et l'esprit est probablement matière aussi. À moins que l'inverse dise mieux les choses : tout est esprit et la matière est esprit elle aussi. Une matière spirituelle, un esprit matériel, sous forme d'un souffle qui correspond à ce qui dans la vie veut la vie et n'est plus là quand la mort s'y trouve.

Face au cadavre, on imagine l'homme préhistorique sidéré par l'immobilité là où la vie était flux, dynamique, regard et parole, geste et mouvement. Le mort regardait et ne voit plus ; il parlait mais plus aucun son ne sort de sa bouche ; il tournait la tête et les yeux pour regarder, mais sa tête est raide, ses yeux ouverts et figés, son regard perdu sur un point aveugle ; il se déplaçait, souple, il est rigide et statique ; il était chaud et sa chair ductile, il est glacé et froid comme le gel. Ce qui animait n'est plus, ce qui vivifiait est donc parti, mais ce qui est parti est resté, là, ailleurs, dans le souffle des arbres, dans le bruit du torrent, dans le crépitement du feu, dans le chant des oiseaux, dans les cris des animaux la nuit. La mort n'est donc pas la mort, c'est la vie qui continue ailleurs et autrement. Comme Spinoza l'écrit dans l'*Éthique* (V, prop. 23), ces hommes auraient pu dire : « Nous sentons et expérimentons que nous sommes éternels. » Car tous étaient spinozistes bien avant que Spinoza n'existe.

De la même manière qu'un loup, une fougère, un merisier naissent, vivent, croissent, décroissent, vieillissent, meurent, disparaissent, le compagnon ou la compagne de foyer ou de caverne vit, croît, décroît, meurt, disparaît. Mais un autre loup, une autre fougère, un autre merisier apparaissent, qui eux aussi naissent, etc. De sorte qu'il n'y a qu'à regarder le cosmos et à lui obéir. Le chamane, le prêtre, le sorcier, l'ancien portent la mémoire du savoir. Ils annoncent le retour de l'ours et le passage des oiseaux, la remontée des saumons et la mise bas de l'auroch, le tout dans un mouvement éternel.

Anticorps, non-corps et contre-corps

Cette sapience est écrite dans le ciel, où clignotent des étoiles : certaines s'allument, d'autres s'éteignent, elles bougent dans la voie lactée, mais persistent et durent, en modèles ontologiques et existentiels. L'étoile du berger est le point fixe autour duquel tourne l'univers. C'est sagesse de le savoir. Il n'y a ni enfer ni paradis, sinon sur terre. La Lune est là, toujours. Elle n'est pas encore souillée par les déjections des hommes.

Je ne suis donc pas de ceux qui pensent qu'un peuple sans écriture ne connaît pas l'histoire et qu'on pourrait dès lors parler de pré-histoire. La préhistoire n'est pas l'avant de l'histoire, c'est la première histoire. Qu'il ne subsiste aucun autre témoignage que des traces énigmatiques me va. Il faut savoir écouter pour entendre leur silence qui dit plus que tout propos bavard. Le silence émet un bruit, comme une fuite d'air, un petit jet linéaire.

Pendant des millénaires des humains ont probablement discerné, par *un au-delà des cinq sens* aujourd'hui perdu – on nomme «instinct» ce qui demeure de cela –, toutes les modalités de ce jet à bas bruit. La matière était consubstantielle à l'âme, l'âme était consubstantielle à la matière. Une seule substance diversement modifiée : chair de poisson, donc âme de poisson, écorce d'acacia donc âme d'acacia.

J'ai vu, au pôle Nord, des Inuits pécher un saumon et, après l'avoir à demi sorti de l'eau et posé à moitié sur la plage de galets, lui demander pardon de l'avoir extrait de ce monde et le remercier de l'offrande vitale de sa chair avant de le découper et le manger cru. Ils firent de même avec un phoque, dont le chamane mangea le contenu de l'œil coupé en deux. La vie accomplissait son cycle : le saumon mort nourrissait les vivants, qui à leur tour mourraient un jour pour nourrir le grand tout. Nous sommes dans le cycle : il est tout, nous ne sommes rien.

Je commence ici l'histoire de l'âme telle qu'elle est racontée sur des traces qui subsistent. Des roseaux fendus, des papyrus dépliés, qui offrent une surface sur laquelle des scribes tracent au calame des signes qui traversent quarante siècles. Notre civilisation judéo-chrétienne procède en partie de la civilisation gréco-romaine qui, elle-même, vient pour une part de la civilisation égyptienne, qui elle-même..., etc.

Qu'on me permette une incise biographique : quand je suis allé en Cyrénaïque sur les traces d'Aristippe de Cyrène, l'inventeur de l'hédonisme philosophique, je me suis retrouvé sur l'agora de l'ancienne ville libyenne à cheminer dans les ruines, surveillé par des sbires de la police politique de Kadhafi, qui voyait des espions partout. Le patron du site m'avait ouvert son bureau aux vitres cassées, montré une bibliothèque de livres recouverts de poussière et de saleté. Puis, après avoir vaguement échangé avec moi sans langue commune, il avait fini par accepter l'idée qu'en effet je pouvais vraiment avoir effectué tout ce voyage vers un pays alors frappé d'embargo dans lequel aucun avion n'atterrissait – j'étais passé par la Tunisie et j'avais fait la route jusqu'à Cyrène en voiture en longeant la côte méditerranéenne pendant des centaines de kilomètres –, dans le seul dessein, étrange à ses yeux, de mettre mes pas dans ceux d'Aristippe, dont il ignorait tout.

La route était au niveau de la mer, c'était un long ruban droit, avec tous les deux ou trois cents kilomètres un panneau qui indiquait une bifurcation, en langue arabe bien sûr... Puis, arrivant en Cyrénaïque, la route montait : en fait la région est un promontoire sur la côte, comme une petite montagne sortie de terre. Cette saillie géomorphologique accroche la pluie produite par le contact de la mer Méditerranée et de la terre africaine. Et cette pluie racontait pourquoi la Cyrénaïque était devenue le grenier à blé de la Grèce et comment les richesses ainsi accumulées avaient généré l'hédonisme et son philosophe... La géologie, ai-je alors compris, donne une géographie qui génère une histoire qui produit une philosophie, une métaphysique, sinon une spiritualité.

Cet homme, qui gardait le sublime site antique avec le même enthousiasme que s'il avait la charge d'une casse à voitures, a prononcé quelques phrases que je n'ai pas comprises bien sûr, m'a fait signe de le suivre et m'a conduit devant les portes d'un immense hangar. Il a ouvert ce bâtiment prêt à s'effondrer. Et là, j'ai découvert un immense musée fait de pièces posées à même le sol : des chefs-d'œuvre et des pierres taillées ou brutes, des statues complètes ou des fragments de monuments, des visages de pierre qui me regardaient et des jambes abandonnées à même le sol, des cailloux en tas et des corps de marbre mutilés, tout gisait là, dans un immense capharnaüm. J'ai déambulé à travers ce qui aurait rempli plusieurs musées. Il y avait là une impressionnante statue d'Artémis, la déesse de la nature, avec, sur la poitrine, ses rangées de sacs magiques en cuir d'Anatolie, mais aussi, et surtout, plus troublant au premier abord, une momie dans un sarcophage...

La Cyrénaïque, c'était pour moi la Grèce, puis la Grèce romanisée. Et le sarcophage, un autre monde bien séparé : celui de l'Égypte, bien sûr... Puis il m'est venu à l'idée que de Djerba, où l'avion s'était posé, à Cyrène, en passant par les magnifiques sites de Leptis Magna ou d'Apollonia, par Syrte et son désert, une ligne routière filait d'ouest en est et que, si on la suivait encore, elle conduisait tout droit à la Haute-Égypte et à Alexandrie.

Et quand les hommes circulent, leurs idées voyagent en même temps qu'eux. Si le blé, la laine, l'huile, le vin, le bétail empruntent des voies commerciales, alors les pensées de ceux qui convoient ces produits infusent également ceux qu'ils rencontrent. De sorte que la pensée grecque procède en partie de celle qui l'a précédée : la pensée égyptienne.

Voilà pour quelle raison il n'est pas sans intérêt de lire sous la plume de Diogène Laërce que « Pythagore de Samos se rendit en Égypte » où, selon le Pseudo-Jamblique, dans ses *Théologoumènes arithmétiques*, il « se mit à l'école des Égyptiens, et fut le premier à introduire en Grèce la philosophie ». Ou bien encore qu'en Égypte « Pythagore recevait l'enseignement des prêtres », qu'à Babylone il a été « initié aux mystères barbares », voire, selon Porphyre, qu'« il a appris des Égyptiens et des Chaldéens ainsi que des Phéniciens ce qui touche aux sciences dites mathématiques. En effet, si la géométrie a passionné Égyptiens et Chaldéens depuis des temps très reculés, les Phéniciens, eux, se sont fait une spécialité des nombres et des calculs arithmétiques, et les Chaldéens de la spéculation astronomique. Pour ce qui est des rites religieux et de toutes ses autres règles de vie, c'est de l'enseignement des mages, disent-ils, qu'il l'a reçu» (*Vie de Pythagore*, 6, 5).

L'âme immatérielle, immortelle, telle que la pensent Pythagore et après lui Platon, puis les chrétiens, voilà donc une idée égyptienne. Ce que confirme Hérodote dans son *Enquête* sur l'histoire et les coutumes du peuple égyptien: «Ce sont encore des Égyptiens qui, les premiers, ont dit que l'âme humaine est immortelle» (II, 123).

À quoi ressemblait l'âme selon les Égyptiens que le philosophe de Samos a rencontrés?

Dans le corpus des textes égyptiens, du moins ceux qui nous sont parvenus, nombre de passages semblent écrits par les premiers chrétiens – des gnostiques, des esséniens, des sabbathiens, des ophites, des valentiniens, etc. De la même manière qu'il serait difficile pour des archéologues qui arriveraient après une guerre atomique et ne disposeraient que de l'Évangile de Jean, d'une Annonciation de Fra Angelico et des ruines de Notre-Dame de Paris de reconstituer le christianisme, de comprendre ce qu'était la transsubstantiation, ce que signifiait manger le corps du Christ, saisir le mystère de la sainte Trinité, le Filioque, la résurrection des morts dans la forme d'un corps glorieux le jour du Jugement dernier, il est difficile, derrière les textes souvent poétiques et lyriques qui subsistent, de restaurer l'*épistémè* égyptienne en matière d'âme.

Il n'en demeure pas moins qu'on ne se trouve pas complètement dépaysé dans un monde où il existe un ici-bas avec les hommes et un au-delà avec les dieux, un monde spatial et temporel et un univers intemporel et illimité, celui de l'intelligence divine; où la mort permet le passage entre ces deux mondes-là;

où l'âme du défunt « monte au ciel » – la formule est récurrente ; où le passeur conduit le mort vers sa vie éternelle de l'autre côté du ciel, côté oriental, d'où il renaîtra – comme chez les chrétiens ; où l'on pénètre le ciel par l'Occident, avant d'effectuer le trajet de purification qui conduit vers le Levant ; où, dans un « Hymne de salutation », il est question des quatre cornes d'un taureau aux quatre points cardinaux – qu'est-ce donc d'autre que le Tétramorphe chrétien ? où, dans cet autre monde, la chair ne périt pas ; où la « Jouvencelle véritable » ressemble à s'y méprendre à la Vierge : elle n'a ni père ni mère qui l'ait enfantée selon les règles naturelles ; où le mort passé dans l'autre monde devient divin ; où le corps du mort qui vit au-delà possède des « os d'airain » et des « membres d'or », autrement dit se trouve constitué de matières précieuses et inaltérables ; où l'on enseigne : « Tu vivras à la manière des astres vivants dans leur [saison de] vie », comme il est écrit dans « Le Défunt impérissable » ; où, comme dans l'Évangile de Jean, la pensée est antérieure à la matière – qu'est-ce d'autre que la prééminence du Logos, du Verbe sur toute chose ? où s'opposent deux cités, une Héliopolis céleste qui fonctionne en miroir de l'Héliopolis terrestre, préfigurant la cité de Dieu et la cité des Hommes de saint Augustin ; où, est-il écrit dans « La Théodicée ou l'origine du mal », Dieu dit : « J'ai fait les hommes égaux, je ne leur ai pas ordonné de commettre le crime, c'est leur conscience qui a perverti ce que j'avais dit », ce qui fait bien sûr penser au Péché originel, d'autant que, dans cet endroit où les hommes choisissent le Mal contre le Bien, un serpent du nom d'Apophis accompagne le créateur et qu'il existe une prière pour « Repousser Apophis » – le Notre Père n'est-il pas une invocation à Dieu pour qu'il délivre du Mal et ne soumette pas à la tentation ? –, où, *dixit* « Le Défunt bienheureux », le mort repose, renouvelé, rajeuni, devenu esprit, se trouve reconstitué et se fait apporter ses membres éloignés de lui pour vivre une autre vie, éternelle celle-là, dans laquelle il peut s'asseoir, se lever, secouer la poussière qui se trouve sur lui – variation sur le thème du corps glorieux ; où l'âme du mort paraît devant Osiris, qui la pèse, la juge, examine les fautes qu'elle a pu commettre, et où l'âme coupable se trouve précipitée dans un enfer dont on sait peu de chose pendant que les âmes sauvées deviennent de nouveaux Osiris.

Les Égyptiens ont leurs mots pour dire l'âme *(Ba)*, l'esprit *(Akh)*, l'éternité *(Neheh)*. Ils ont construit une mythologie dans laquelle un dieu peut naître d'un inceste – la déesse Isis est enceinte de son frère le roi Osiris ou Horus sodomise Seth, car c'est un serpent – et autres histoires, autant de fables qui amènent le peuple à se soumettre à ce qui constitue le noyau dur d'une religion : l'impossibilité d'accepter la mort. En présence du cadavre d'un être aimé, le tropisme naturel qui consiste à inventer une vie au mort après sa disparition pour pouvoir vivre malgré son trépas, voilà la généalogie de toute religion : l'invention d'une vie après la vie dans le but de donner la mort à la mort.

Mais parler de religion égyptienne, c'est oublier qu'elle s'étend sur plus de trois mille ans et qu'elle prend des formes différentes dans le temps, bien sûr, mais également dans l'espace, suivant la région où elle se développe. Par ailleurs, si *Ba* peut être traduit par « âme », il faut déchristianiser ce mot afin d'essayer d'apercevoir qu'il s'agit d'une force qui n'a rien à voir avec la forme que lui donnera l'Occident chrétien avec le temps.

Dans ce qu'il est convenu de nommer le *Livre des morts*, autrement appelé le *Livre pour sortir au jour*, écrit un millénaire et demi avant le Christ, se trouvent nombre d'éléments qui, *via* la Grèce, nourrissent le judéo-christianisme : on y trouve un dieu, Thot, auteur de ce texte au moment où il crée le monde ; ce dieu dispose des attributs d'une triade divine : Ptah, Sokaris et Osiris ; ce même Osiris, d'origine divine, vivait sur terre dans un corps matériel ; il est mis à mort, démembré et ressuscité dans un corps qui accède à l'immortalité ; il devient ensuite juge dans la « salle des Deux Justices », il participe à la pesée des cœurs dans une balance : qui vit une existence conforme aux enseignements divins connaît l'immortalité dans un paradis nommé le « Champ des Roseaux » ou « Champ de Félicité », une géographie assimilable à la géographie édénique.

Comment ne pas songer au couple Dieu créateur du monde et Jésus vivant dans un corps humain, mort et ressuscité dans un genre de corps glorieux immortel ? Ce *premier schéma* – divinité trinitaire, naissance divine, mort violente, renaissance dans un corps qui échappe à la mort, accès à la vie éternelle – s'avère une matrice pour la future religion chrétienne. Et *quid* de ce trajet ontologique pour le mort qui lui permet, dans le cas d'une vie droite, de gagner son paradis après un jugement assimilé à une pesée ? Dans le *Livre des morts*, le défunt « a donné des pains à l'affamé, de l'eau à l'altéré, des vêtements au nu » ; dans l'Évangile de Matthieu, Jésus s'adresse aux Justes avec cette exhortation : « J'ai eu faim, et vous m'avez donné à manger ; j'ai eu soif, et vous m'avez donné à boire ; j'étais nu, et vous m'avez vêtu » (Mt 25,35-36).

Ce même *Livre des morts* propose un *deuxième schéma*, celui du corps dualiste sur lequel l'Occident construit son édifice ontologique : le Corps Matériel, *Khet*, soumis à la génération et à la corruption, que la momification peut sauver ; le Double, *Kha*, une entité abstraite forte des attributs de l'homme auquel elle est attachée jusque dans la momie dans sa tombe dont elle peut entrer et sortir ; l'Âme, *Ba*, liée au *Kha*, qu'elle accompagne dans le tombeau : elle peut prendre une forme, matérielle ou immatérielle, selon sa volonté ; le Cœur, *Ib*, associé à l'âme, source de la vie animale mais également du bien et du mal dans l'homme ; l'Ombre, *Khaïbit*, elle aussi associée à l'âme, peut aller et venir à sa guise ; l'Esprit, *Khous*, partie rayonnante et translucide de l'esprit de l'homme qui réside dans son Corps Spirituel, le *Sahou* ; la Puissance, *Sékhem*, incarnation de la force vitale de l'homme. Où l'on voit que toutes ces instances animent un corps matériel et un corps spirituel, le premier devant connaître les traitements de la momification qui permet au second de survivre.

On relèvera également que le *Livre des morts* propose un *troisième schéma* appelé au développement biblique que l'on sait : celui du serpent qui incarne le mal. Il a pour nom Apophis et se montre l'ennemi de Rê, le soleil. D'un côté, le serpent maléfique ; de l'autre, le soleil bénéfique. D'une part, les ténèbres, la négativité ; de l'autre, la lumière, la positivité. Apophis est le symbole des forces du mal et de la nuit, du chaos, de l'obscurité, qui s'opposent à celles du bien. Chaque jour, il cherche à anéantir l'ordre divin en s'attaquant à la barque de Rê sur l'océan primordial Noun afin de mettre fin à la course du soleil. Mais chaque jour, le chat de Rê, personnification de la déesse Bastet, le tue avec un couteau. Chaque lever du soleil signifie la victoire de Rê sur Apophis, autrement dit la lumière vainc toujours l'obscurité.

Enfin, la « Supplique à Osiris » fournit un *quatrième schéma* utile à notre civilisation, avec une morale qui n'attend pas la philosophie gréco-romaine, c'est-à-dire platonicienne, aristotélicienne, cynique, stoïcienne, épicurienne, pyrrhonienne, ni non plus, sur le terrain religieux, le monothéisme avec le judaïsme, le judéo-christianisme, le christianisme pour inviter tout un chacun à faire le bien, à s'éloigner du mal, et ce afin d'obtenir la vie après la mort, le bonheur éternel dans un corps sauvé de toute génération et de toute corruption, grâce à l'âme purifiée par une ascèse existentielle.

Je veux citer longuement ce texte pour montrer qu'un millénaire et demi avant la naissance de Jésus, une éthique et une morale universelles existent en Égypte, qui se retrouveront dans le christianisme romain. Qu'on en juge : « En vérité je suis venu à toi et je t'ai apporté justice et vérité, et j'ai détruit la malignité pour toi. Je n'ai pas fait de mal à l'humanité. Je n'ai pas opprimé les membres de ma famille, je n'ai pas ouvré le mal à la place du droit et du vrai. Je n'ai pas eu accointance d'hommes parjures. Je n'ai pas ouvré le mal. Je n'ai pas fixé comme tâche quotidienne qu'un travail excessif dût être accompli en ma faveur. Je n'ai pas mis mon nom en avant pour recueillir les honneurs. Je n'ai pas maltraité les serviteurs. Je n'ai pas eu de pensée méprisante pour Dieu. Je n'ai pas spolié l'opprimé de l'un de ses biens. Je n'ai pas fait ce qui est une abomination pour les dieux. Je n'ai pas fait maltraiter un serviteur par son patron. Je n'ai pas causé de peine. Je n'ai fait souffrir personne de la faim. Je n'ai fait pleu-

Anticorps, non-corps et contre-corps

rer personne. Je n'ai pas commis de meurtre. Je n'ai pas donné ordre qu'un meurtre fût commis pour moi. Je n'ai pas infligé de peine à l'humanité. Je n'ai pas spolié les temples de leurs offrandes. Je n'ai pas dérobé les gâteaux des dieux. Je n'ai pas emporté les gâteaux offerts au *Khous*. Je n'ai pas commis de fornication, je ne me suis pas souillé dans les lieux saints du dieu de ma cité, je n'ai pas fraudé sur le boisseau. Je n'ai pas ajouté ni retranché de terrain. Je n'ai pas empiété sur le champ d'autrui. Je n'ai pas ajouté aux poids de la balance pour tromper le vendeur. Je n'ai pas mal lu l'aiguille du curseur pour tromper l'acheteur. Je n'ai pas détourné le lait de la bouche des enfants. Je n'ai pas détourné le bétail qui se trouve sur son pâturage. Je n'ai pas chassé le gibier à plumes des réserves des dieux. Je n'ai pas capturé le poisson avec un appât fait d'un poisson de la même espèce. Je n'ai pas arrêté l'eau à un moment où elle devait couler. Je n'ai pas fait de brèche dans un canal d'eau courante. Je n'ai pas éteint un feu alors qu'il devait brûler. Je n'ai pas violé la période des offrandes de viandes choisies. Je n'ai pas détourné le bétail de la propriété des dieux. Je n'ai pas repoussé Dieu dans ses manifestations. Je suis pur » (*Livre des morts*, chap. CXXV).

Je retiens de cette longue prière, qu'on m'excusera de citer sans modération, cette seule phrase qui contient toute l'éthique et toute la morale du monde : « Je n'ai fait pleurer personne. »

On peut imaginer que Pythagore a retenu de ces enseignements, dont les plus anciens le précèdent de deux mille ans, qu'il existe une puissance de l'être, une puissance dans l'être, qui ignore la mort et qui, se trouvant libérée de l'incarnation, accède à un statut intelligible dans un univers où la vie continue, mais où le temps est remplacé par l'éternité, la mort par l'immortalité, la chair par l'âme, l'ici-bas par l'au-delà.

Pour ce que les textes nous apprennent – pas les siens, qui ont disparu, mais les commentaires rédigés par d'autres –, Pythagore pensait l'âme tel le double du corps visible et de ses énergies, enfermé dans ce dernier après sa chute du ciel. La thématique du corps tombeau de l'âme que l'on retrouve chez Platon prend sa source ici. L'âme est immortelle, toujours en mouvement, d'origine supraterrestre. Tant que l'homme est vivant, son âme se trouve prisonnière dans son corps ; quand il meurt, elle s'en sépare, se purifie un certain temps dans l'Hadès avant de revenir dans le monde supérieur. Elle voltige parmi d'autres autour des vivants : l'air est saturé d'âmes. Psyché signifie aussi « papillon » ; autrement dit elle est le souffle de l'âme.

Revenue sur terre, l'âme doit se trouver un corps, elle se réincarne. Le lieu de cette réincarnation est en rapport avec la vie précédemment menée par le mort. La vie philosophique consiste à préserver l'âme de tout contact susceptible de la rendre impure. Elle est éternelle et immortelle. Mais elle peut sortir de la malédiction des incarnations en devenant suffisamment pure grâce à des exercices spirituels, ceux de la philosophie, de sorte qu'elle n'a plus besoin de prendre place dans une chair. On retrouve ici les principes hindouistes et bouddhistes, les fameux gymnosophistes de l'Antiquité.

Le philosophe néoplatonicien du IIe siècle de notre ère Maxime de Tyr écrit dans ses *Conférences* : « Pythagore fut le premier parmi les Grecs à oser dire que son corps d'une part mourrait, et que l'âme d'autre part prendrait son envol pour partir, échappant à la mort et à la vieillesse, et qu'elle serait là où elle était arrivée la première fois » (XVI, 2). Plotin s'en souvient : les *Ennéades* racontent cette méthode de purification de l'être.

Seule la vie philosophique menée selon les principes pythagoriciens, ce que Platon nomme « le système de vie pythagoricien » dans la *République* (X, 600b), assure le trajet de cette âme vers son salut. Seuls les rituels, le régime alimentaire, les vêtements, la vie communautaire, la pratique des mathématiques et de la musique, procédant les unes et l'autre de la science du chiffre et du nombre qui rend compte de l'ordre des choses, contribuent à cette purification qui permet de libérer l'âme de la chair dans laquelle elle se trouve emprisonnée.

Anticorps, non-corps et contre-corps

Ces temps-ci, il est de bon ton d'affirmer qu'on ne sait rien de Pythagore, qu'il n'a rien écrit, qu'il faisait du secret le maître mot de sa vie, que nous ne le connaissons que par des pythagoriciens tardifs, des glosateurs, voire des commentateurs de commentaires, qu'il a servi à tout, y compris au pire, notamment avec l'occultisme. En conclure à l'impossibilité d'affirmer quoi que ce soit de sa doctrine est excessif, donc susceptible de fournir une niche au chercheur ayant trouvé qu'il n'y a rien à trouver et fait commerce de ce nihilisme-là.

Sans convenir que ce qui reste de Pythagore ressemble aux ruines d'un temple grec impossible à reconstituer dans son intégrité initiale, je retiens qu'avec les orphiques, qui n'ont probablement pas été sans influencer le penseur de Samos, une ligne de force provenant de l'Orient nourrit la philosophie grecque, qui va elle-même inséminer la philosophie occidentale, donc européenne.

Cette fécondation passe par Platon et il n'est pas étonnant que notre civilisation, qui en procède, ait fait de lui, avec Socrate, le couple assimilable à celui qui réunit Dieu et Jésus. Avec Platon, l'Occident chrétien dispose de son philosophe emblématique. Il n'est pas surprenant que la totalité des trois cents œuvres de Démocrite ait disparu quand la quasi-intégralité des œuvres de Platon subsiste – soit deux mille pages de papier bible...

C'est toujours aux *Vies et doctrines des philosophes illustres* qu'il faut revenir. Diogène Laërce nous apprend en effet que Platon procède d'un genre de naissance divine. Une histoire se raconte à Athènes, qui rapporte que son père «Ariston voulut forcer l'hymen de Perictionè, qui était dans la fleur de l'âge, mais il n'y parvint pas; quand il eut mis un terme à ses tentatives, il vit Apollon lui apparaître. À partir de ce moment, il s'abstint de consommer le mariage jusqu'à ce que Perictionè eût accouché» (III, 2). Comment mieux dire que Platon aussi, comme Jésus, eut une naissance miraculeuse? Ariston, comme Joseph, est écarté pour que Perictionè, comme Marie l'immaculée, conçoive sans l'aide d'un géniteur mais avec celle d'Apollon, dans le rôle spermatique du Saint-Esprit! Après ça, quel «présocratique» pourrait revendiquer une généalogie plus capée?

Une autre histoire valide la thèse de la divinité du couple Socrate/Platon. Lisons toujours Diogène Laërce: «On raconte que Socrate fit un rêve. Il avait sur les genoux le petit d'un cygne, qui en un instant se couvrit de plumes et s'envola en émettant des sons agréables. Le lendemain Platon lui fut présenté, et Socrate déclara que l'oiseau c'était Platon» (III, 4).

Platon, qui, dans la vraie vie, et non dans la mythologie, procède d'une famille aristocratique, commence sa carrière comme lutteur et comédien. Anecdote? Pas si sûr. Car il reste lutteur et comédien dans sa carrière de philosophe: quand il écrit ses dialogues, il s'invente des personnages faciles à terrasser. Le sophiste Gorgias ou l'hédoniste Philèbe, qui donnent tous deux leur nom à un dialogue comme on sait, sont créés par Platon comme des adversaires dont on triomphe aisément, puisqu'ils sont produits pour ça: ne pas faire le poids contre Socrate, qui les pulvérise!

Remarquons en passant que l'idée de Deleuze, exposée dans *Qu'est-ce que la philosophie?*, selon laquelle un philosophe est un créateur de concepts ou de personnages conceptuels, s'avère éminemment platonicienne! Platon crée en effet aussi bien des concepts que ces fameux personnages conceptuels, ce qui fait dire à quelques autres universitaires que, dans ce théâtre, on ne sait jamais où se trouve la pensée du philosophe lui-même et qu'il ne saurait donc y avoir de pensée de Platon, voire de platonisme. Autre effet du nihilisme épistémologique de notre époque – ou du désir de retenir l'attention en proférant une thèse paradoxale, qui ne manquera pas de produire un effet de lumière sur son auteur...

Ce que Pythagore et les siens obtiennent, c'est la *dématérialisation du corps*, qui n'est pas un pur et simple composé d'atomes matériels, comme le pensent Leucippe et Démocrite, et plus tard Épicure, Lucrèce et les épicuriens, mais un accident dans lequel se trouve ce qui sauve le corps et qui s'avère être un anticorps, un contre-corps, un non-corps : une âme incréée, éternelle, immortelle, une matière immatérielle, une idée plus vraie que la réalité, une instance plus certaine que le tangible, une fiction qui se substitue à la réalité d'un corps palpable, concret.

L'invention de l'âme immatérielle est ce qui permet de construire la fiction d'une vie après la mort. Elle est en effet le trait d'union qui, dans le monde sensible, effectue la liaison avec le monde intelligible. Sur terre, elle est un fragment céleste qui permet de se trouver en lien avec l'arrière-monde. Ici-bas, elle est promesse de l'au-delà. Elle sauve le corps de la mort en lui promettant la compagnie des dieux, voire qu'il deviendra dieu lui-même sous forme d'âme unie au principe de l'univers.

2

Un squelette avec une âme

Accabler la matière

De la même manière qu'il y eut un Pythagore et un pythagorisme, il y a eu un Platon et un platonisme, facile à identifier. Celui-là infuse vingt siècles de pensée occidentale. Le *Phédon*, sous-titré *De l'âme*, fournit en effet le matériau conceptuel de la psyché européenne. Qu'on en juge :

Nous sommes en 399, Socrate, condamné à mort, boit la ciguë qui le conduit de vie à trépas. Des amis sont là. Paradoxalement, Platon est absent. On ignore pour quelles raisons. Malade, est-il dit par Échécrate dans le dialogue, pendant que d'autres croient qu'il effectue son fameux voyage en Égypte.

La scène fait penser à la Cène des Évangiles : un homme va mourir et avoue à ses amis en larmes qu'il ne faut pas craindre la mort, car philosopher c'est travailler à la purification de l'âme, c'est-à-dire à sa séparation d'avec le corps, et que mourir, c'est tout bonnement connaître cette séparation de l'âme d'avec le corps. D'une certaine manière, pour Platon, philosopher c'est mourir au monde de son vivant afin de naître au monde d'après la mort pour y connaître la félicité et la béatitude d'une âme réincarnée, au sens étymologique, et n'ayant pas, ou plus, besoin de se réincarner dans des cycles qui permettent de mieux et plus loin purifier ce qui doit l'être.

À ses amis qui écoutent ses paroles comme autant de sentences énoncées pour l'éternité, Socrate apprend qu'il faut être serein, calme, résolu, déterminé quand on a, comme lui, consacré toute son existence à ces exercices philosophiques qui consistent à ne rien donner au corps, à la chair, aux désirs, aux passions, aux pulsions afin de tout offrir à l'âme. La philosophie n'est donc pas une activité de rhéteur, de sophiste, de professeur, mais une sagesse existentielle à pratiquer. Sotériologique, elle permet de sauver son âme en la séparant du corps dans lequel elle croupit comme un prisonnier dans sa cellule. Un célèbre jeu de mots sur l'homophonie de *sôma* (corps) et *sêma* (tombeau) permet d'affirmer que le «*sôma* est notre sépulcre» (*Gorgias*, 493a).

Cette image se trouve déjà chez les orphiques et les pythagoriciens. Mais pas seulement cette image, cette théorie également, cette eschatologie, ce dualisme. Concernant ce qui advient après la mort, Socrate affirme: «J'ai bon espoir qu'après la mort il y a quelque chose et que cela, comme dit une ancienne tradition, vaut beaucoup mieux pour les bons que pour les méchants» (*Phédon*, 63c). «Quelque chose», voilà toute la question, tout le problème: quoi?

Afin d'expérimenter un jour l'existence de ce quelque chose, Socrate propose une méthode. D'abord, premier souci, un exercice existentiel de négativité: refuser les plaisirs du boire et du manger, ne pas posséder de vêtements extravagants, renoncer aux jouissances de l'amour corporel, récuser le pouvoir des sensations, des émotions, des perceptions sensibles, détacher l'âme du corps, ce qui permet à Socrate de dire que «nous, les hommes, nous sommes une part de ce qui appartient aux dieux» (62b), à savoir une âme. D'où, second souci, un exercice existentiel de positivité: «détacher son âme le plus possible du commerce qui l'unit au corps» (64e), autrement dit, se dématérialiser, se désincarner, s'angéliser, s'éthérer, *se décharner*, au sens étymologique. Le corps philosophique auquel aspire Socrate est un squelette composé d'âme. Pas étonnant que la mort ne lui fasse pas peur: l'idéal vers lequel tend sa philosophie est de mourir au monde terrestre afin de naître à l'arrière-monde.

Un squelette avec une âme

Socrate pose que l'âme doit se détacher du co[rps pour] voir connaître. Mais si l'âme n'est pas composé[e] d'atomes, comme le pensent les Abdéritains, alo[rs quelle sub]tance immatérielle lui permet de connaître et comment ? S'il faut se débarrasser de tout ce qui permet de connaître de façon empirique, à savoir les cinq sens, les sensations, les émotions, les perceptions et leur gouvernement par l'usage d'une saine raison rendue matériellement possible par un support physiologique, le cerveau, alors comment connaître, et avec quoi ?

Quant au fonctionnement de l'âme, Socrate affirme que « lorsqu'en effet c'est avec le concours du corps qu'elle entreprend quelque examen, elle est alors, cela est clair, entièrement abusée par lui », en même temps qu'il prétend que « c'est dans l'acte de raisonner, plus que partout ailleurs, que l'âme obtient la claire vision d'une réalité » (65b-c). Et ceci : « La condition la plus favorable, certes, pour qu'elle raisonne bien, c'est, je pense, quand rien ne la trouble de tout ceci, ni ce qu'elle entend ni ce qu'elle voit, ni une souffrance et pas davantage un plaisir, mais que, au plus haut degré possible, elle en est venue à être isolée en elle-même, envoyant promener le corps, et que, sans commerce avec celui-ci, sans contact non plus avec lui, elle aspire au réel autant qu'elle en est capable ! » (65c.)

Une âme morte, voilà ce qui pourrait connaître ? Mais Socrate ne nous dit pas comment une âme sourde, une âme aveugle, une âme impassible, une âme ascétique, une âme apathique, une âme insensible pourrait connaître et de quelle manière !

Il faut une purification qui permette de se défaire du corps, comme on tombe un vêtement pour mettre l'âme à nu afin qu'elle se trouve « isolée en elle-même » (65c). Mais, une fois encore, comment une âme pourrait-elle parvenir à cet état de désincarnation intégrale ? En toute bonne logique empirique, c'est-à-dire selon l'ordre du bon sens, de la saine raison, cette désincarnation serait désintégration… Socrate veut une raison qui fasse l'économie du raisonneur, dont il veut abolir toute réalité concrète, tangible, au profit de ce qui, pour lui, est le réel, c'est-à-dire la fiction des Idées pures, d'un monde intelligible.

Comment prouver l'existence de ce monde immatériel ? Par le constat empirique de la réminiscence.

Les âmes, immortelles et éternelles, existent en nombre fini, affirme Platon dans la *République* (X, 611a). On pourrait invoquer la démographie et lui poser la question : entre les 250 000 contemporains de Socrate et les 8 milliards d'humains qui se partagent la planète aujourd'hui, *quid* du statut ontologique des âmes de l'ère atomique avant l'ère chrétienne ?

Puisque l'idée de l'âme ne nous vient pas de l'expérience qui suppose le corps, elle ne saurait venir d'autre chose que d'une connaissance empirique. Mais Socrate renvoie tout de même à de l'empirique pour prouver l'existence non empirique de l'âme.

On n'apprend jamais rien, dit-il, on se ressouvient, et se ressouvenir c'est expérimenter qu'on a déjà appris, dans des vies antérieures, un savoir engrangé dans les âmes. Interrogé par Ménon, dans le dialogue du même nom, Socrate lui demande d'aller chercher dans sa suite un homme qui va lui permettre de prouver l'existence de l'âme – on ne peut plus empirique comme démonstration ! Il s'adresse alors au serviteur qui parle grec et s'entretient avec lui. Il lui fait une démonstration mathématique : un carré est fait de quatre lignes droites égales entre elles et, si l'on coupe en deux ce carré en passant par le centre, on obtient des lignes égales. Le serviteur acquiesce à chaque étape de la démonstration, ce qui permet de conclure qu'il a fait des études de mathématiques dans le supérieur ! Quatre pages de dialogue (82b-84a) montrent un Socrate aussi doué en géométrie que le serviteur de Ménon. Où l'on voit que Platon, qui a commencé dans le théâtre et la lutte, vainc sans péril, donc triomphe sans gloire, en mettant en scène un Socrate omniscient et un valet qui n'est là que pour les besoins de la démonstration : son rôle consiste à dire oui à chaque assertion socratique. Il encense comme on le dit du cheval qui lève et baisse la tête compulsivement...

On me permettra une confidence personnelle : moi qui ne suis pas serviteur chez Ménon, j'ai été largué par la démonstration de Socrate dès le départ. Certes, je n'ai jamais brillé en mathématiques, mais si Platon avait raison, j'aurais dû moi aussi me ressouvenir sans difficulté et me trouver conquis par cette rhétorique qui m'aurait convaincu de la validité de la théorie de la réminiscence et, conséquemment, de la vérité de l'existence d'au moins une âme immatérielle, la mienne, ayant préexisté à mon incarnation. Or, Platon fait chou blanc avec moi...

Le *Ménon* nous apprend donc que le serviteur n'a rien appris avec Socrate, mais que le questionnement socratique lui a permis de se ressouvenir qu'il savait, parce que, dans une vie antérieure, il avait déjà appris – ce qui voudrait donc dire, pourrait-on objecter à Platon, qu'il lui a tout de même un jour fallu apprendre et que, en vertu de réincarnations antérieures vécues après ses morts, son âme avait gardé souvenance de ce qui lui avait été donné de savoir, de comprendre, d'apprendre.

Quoi qu'il en soit, que Socrate ait besoin d'un serviteur en chair et en os pour prouver l'existence de l'immatérialité de l'âme ne manque pas de soulever un paradoxe... Car c'est bien grâce à ce qui aura été *entendu* et *vu* par ses oreilles et ses yeux que l'intelligence de l'esclave, incarnée dans son cerveau, aura pu accéder à ce que Socrate présente comme une preuve.

Cette théorie de l'âme accompagne la croyance en la métempsycose et en la métensomatose – des thèses qui se trouvent en Orient, notamment chez les hindouistes, et qui font bigrement songer aux gymnosophistes si souvent associés aux sagesses antiques.

La mort est séparation de l'âme et du corps. Après le trépas du défunt, son âme est pesée. En fonction du jugement issu de cette pesée, déjà présente chez les Égyptiens on l'a vu, l'âme est réaffectée à un corps. Si elle a travaillé à sa séparation d'avec l'ancien corps, elle est sauvée, sinon, elle est condamnée à des réincarnations dévalorisantes: en ânes pour ceux qui ont passé leur vie dans la gloutonnerie et la boisson, la luxure et la démesure, en loups, en faucons ou en milans pour ceux qui ont commis injustice, tyrannie, rapines, en abeilles, en guêpes ou en fourmis pour les tempéraments naturellement justes mais sans exercice (*Phédon*, 81e-82b)...

Le philosophe qui a passé sa vie à maltraiter son corps et à ne se soucier que de son âme échappe à l'incarnation parce que son âme se sera dépouillée de toute obligation de liaison avec la matière. La vie philosophique prépare à l'abolition de la chair afin de réaliser l'avènement de l'âme purifiée, n'ayant besoin d'aucun corps qui deviendrait sa prison. Si l'on a passé sa vie dans un tombeau, alors on obtiendra après la mort la béatitude d'une âme unie au principe du monde.

Il n'est pas sans intérêt de se souvenir, à défaut de se ressouvenir, que Platon, qui a consacré toute son œuvre à opposer le monde sensible au monde intelligible en fustigeant le premier et en célébrant le second, qui a coupé l'être en deux parties, dont l'une est détestable, le corps, la chair, la matière, et l'autre adorable, l'âme, qui a jeté l'anathème sur les désirs, les plaisirs, les passions, les émotions, qui a dénoncé l'impasse des jubilations corporelles, a été surpris par la mort, comme nous l'apprend Diogène Laërce – il faut toujours en revenir à lui –, dans un banquet de noces (III, 3) ! Bien sûr, Tertullien, l'un des premiers philosophes chrétiens, ne saurait souscrire à pareille version si triviale et si peu… platonicienne ! Pour un penseur qui a ouvert la voie philosophique au christianisme, Platon doit mourir plus noblement : il aurait donc trépassé dans son sommeil.

Mais c'est sans compter sur ce que le même *Vies et doctrines des philosophes illustres* (III, 29-33) nous apprend au chapitre « vie amoureuse » : ce Savonarole de la chair a connu nombre d'amants dont, pour ceux dont les noms ont traversé l'histoire, Aster, Dion, Alexis, Phèdre, Archéanasse, Agathon.

Socrate, qui n'en peut mais d'avoir été platonisé par Platon – je ne dis pas socratisé –, passe lui aussi pour un père la pudeur, un ennemi déclaré de la chair, alors qu'il a collectionné les jeunes hommes – Charmide, fils de Glaucon, Euthydème, fils de Dioclès, Phèdre, Agathon, Alcibiade –, qui soit ont donné leur nom à nombre de dialogues du philosophe, soit ont été des interlocuteurs de Socrate dans ces mêmes textes. Dans son *Banquet* (VIII, 2), Xénophon affirme qu'il n'a pas souvenir

Un squelette avec une âme

d'un temps où Socrate n'aurait pas été amoureux! La beauté de Charmide l'enflammait et le mettait hors de lui, il s'exaltait pour Alcibiade, il disait passer des ténèbres à la lumière quand il voyait Autolycos, il confiait qu'au contact de l'épaule nue de Critobule il ressentait une secousse électrique (I, 9 et IV, 27)...

On comprend que, dans le *Phédon*, Platon puisse faire dire à Socrate: «L'âme de l'homme qui est *véritablement* philosophe s'écarte des plaisirs, comme des désirs» (83b; je souligne). Est-ce à dire que ni Socrate ni Platon n'étaient de *véritables philosophes*?

3

LE DEVENIR HÉRISSON DE LA PLANTE

Purifier la chair

Voilà un reproche que l'on ne pourra pas faire à Plotin qui, lui, semble avoir vécu ce qu'il a enseigné. Du moins si l'on en croit la *Vie de Plotin* écrite par son disciple Porphyre, qui commence son portait en écrivant : « Plotin, le philosophe, qui a vécu de nos jours, semblait avoir honte d'être dans un corps » (I, 1). Il cache sa date de naissance pour éviter qu'on fête son anniversaire ; il fait silence sur ses origines familiales, ne dit rien sur son père et sur sa mère ; il tète le sein de sa nourrice jusqu'à l'âge de huit ans, âge auquel on lui fait savoir qu'il est temps d'arrêter ; il déteste tellement son enveloppe corporelle, charnelle, qu'il refuse qu'on le portraiture ou qu'on fasse une sculpture de son buste ; il a le corps en mauvais état, des problèmes digestifs, notamment intestinaux, mais refuse de se faire soigner ; il a l'estomac délabré et la vue faible ; il vit dans un état de tension nerveuse ; il est végétarien et mange vraiment très peu de chose ; il ne se baigne pas mais se frictionne ; il souffre d'une esquinancie, une inflammation de la gorge ; il a les jambes et les pieds couverts d'ulcères ; il commet des fautes en parlant et se moque de l'orthographe en écrivant ; il quitte Rome et se retire en Campanie, parce que ses amis, qu'il salue en les embrassant, cessent de le visiter pour éviter d'entrer en contact avec ce corps qui, fermenté de l'intérieur comme de l'extérieur, semble n'être qu'une vaste plaie.

Au moment de sa mort, âgé de soixante-six ans, il dit à son ami Eustochius, le seul à être resté auprès de lui : « Je m'efforce de faire remonter ce qu'il y a de divin en nous à ce qu'il y a de divin dans l'univers. À ce moment, un serpent passa sous le lit dans lequel il était couché, et se glissa dans un trou de la muraille » (II, 10-11). À l'heure de mourir, Plotin ne fait pas comme Socrate, il ne donne pas une *leçon de philosophie*, qu'on pourrait, par anachronisme, dire stoïcienne, mais il continue à vivre en philosophe : il effectue un *exercice philosophique*, la procession. Sa vie philosophique s'y trouve quintessenciée.

Reprenons au début. À Alexandrie, Plotin se convertit à la philosophie auprès de son maître Ammonius, dont il suit l'enseignement pendant onze ans : « Il arriva si bien à posséder la philosophie qu'il tâcha de prendre une connaissance directe de celle qui se pratique chez les Perses et de celle qui est en honneur chez les Indiens » (III, 14). Pour ce faire, il accompagne l'armée de Gordien qui projetait d'aller en Perse, mais l'empereur est défait en Mésopotamie, où le périple de Plotin s'arrête donc. À quarante et un ans, il arrive à Rome, où il n'écrit pas, mais enseigne la pensée d'Ammonius pendant dix années. Plus tard il écrit différents traités, que Porphyre regroupe sous le titre *Ennéades* – étymologiquement « groupes de neuf ».

Quelle était la technique plotinienne pour parvenir à ces unions mystiques païennes ? Mépriser le corps. Dès la première ennéade, Plotin dit : « Il faut que l'homme diminue et affaiblisse son corps, afin de montrer que l'homme véritable est bien différent des choses extérieures. [...] Il ne voudra pas ignorer complètement la maladie ; il voudra même faire l'expérience de la souffrance » (*Ennéades*, I, IV, 14). Il avoue « désirer la douleur » *(ibid.)*. Pour lui, le philosophe « devrait avoir cette doctrine que la mort vaut mieux que la vie avec le corps » (I, IV, 7). Le bonheur s'acquiert par la diminution et l'affaiblissement du corps. Il faut réaliser l'ataraxie mentale, car « il n'est [...] pas possible de vivre heureux dans la société du corps » (I, IV, 16) : il faut savoir « le laisser par terre et le regarder avec mépris » *(ibid.)*.

Qu'est-ce que la purification ? « La purification consiste à isoler l'âme, à ne pas la laisser s'unir à d'autres choses ; qu'elle ne les regarde pas ; qu'elle n'ait pas non plus d'opinions étrangères à sa nature, qu'il s'agisse d'une opinion quelconque ou de ces opinions qu'on appelle passions, comme il a été dit ; qu'elle ne regarde pas ces fantômes pour en produire des passions. Si c'est s'éloigner d'en bas pour aller à l'opposé, en haut, comment ne serait-ce pas là une purification ? » (III, v). Plotin va aussi loin que Platon dans le texte, mais plus loin que lui dans la pratique de cette théorie. Platon enseigne la nécessité de l'ascèse mais, amateur de banquets et de jeunes garçons, il ne pratique pas ce qu'il professe, alors que Plotin, avec son régime corporel et sa tension mystique, mène une vie philosophique radicale.

Pour Plotin, il existe trois hypostases dans le monde intelligible : partons de la plus proche du monde sensible qui, lui, concerne le corps et la matière.

La troisième hypostase, c'est l'*âme*. L'âme universelle, autrement dit l'âme sans le corps. L'âme individuelle, qui, bien que participant de l'âme universelle, se trouve unie au corps. L'âme individuelle existe en même temps que l'âme de l'univers et l'âme divine.

La deuxième hypostase, l'*intelligence*, résulte de l'acte de conversion vers le Bien et permet la vision des essences multiples. C'est le lieu des intelligibles. L'intelligence se contemple, elle est donc multiple en elle-même. Son acte, la pensée, est le monde universel, c'est l'ensemble des Intelligibles ou Idées.

La première hypostase, c'est l'*Un-Bien*, le Bien causant la vision de l'essence. Il ne peut se dire que négativement, car toute assertion positive priverait de la possibilité d'affirmer le contraire, or cette incomplétude ne peut convenir à la perfection. Pas plus, et pour les mêmes raisons, il ne peut se dire positivement. La troisième hypostase est effort d'ascèse ; la deuxième, effort d'abstraction ; la première, purification totale susceptible de générer des extases.

Les exercices spirituels de lutte contre les désirs et les plaisirs, la chair et le ventre, le désir et les passions sont rendus possibles par une volition qui se trouve en contradiction avec l'enseignement platonicien et néoplatonicien : si le cycle des réincarnations est indexé sur la nécessité, que les astres déterminent le déroulé d'une vie (III, 1, 6), comment la liberté peut-elle jouer un rôle ?

Ainsi, Plotin cite Platon pour qui certains hommes, à cause d'une vie vraiment pas à la hauteur, se réincarnent dans une plante (III, IV, 2). De quelle manière une plante peut-elle vouloir mener une existence qui lui permette une purification à même de la libérer de sa prison matérielle ? *Quid* du pauvre hère dont la vie, soumise au destin, à la fatalité, à la volonté des dieux, lui vaudra, après le jour du jugement, de se réincarner en arbre ? De quelle purification l'olivier est-il capable pour permettre à l'âme emprisonnée dans son tronc d'effectuer le trajet qui le conduira vers le découplage de son âme et de son tombeau d'écorce pour devenir un hérisson à même de générer un jour un philosophe plotinien ?

Plotin a consacré une quarantaine d'années de sa vie à pratiquer cette purification avec des exercices redoutables d'ascèse physique et de méditation intellectuelle et spirituelle. Dans sa *Vie de Plotin*, Porphyre nous apprend qu'il n'a connu que quatre extases (23) – soit une tous les dix ans…

Plotin meurt dans la deuxième moitié du IIIe siècle de notre ère, en 270. Les chrétiens sont déjà en train de conquérir intellectuellement et spirituellement le monde. Les textes qu'il consacre aux gnostiques sont en fait dirigés contre les dévots du Christ qui forment alors, en effet, des sectes gnostiques éparpillées avant leur coagulation politique qui sera obtenue par l'empereur Constantin, dont l'édit de Milan accorde la liberté de culte aux chrétiens en 313.

Cette sagesse existentielle néoplatonicienne quintessencie ce qui, des Égyptiens, puis des orphiques et des pythagoriciens à Plotin, en passant par Platon, contribue à la généalogie du corps occidental.

Quel corps se trouve produit par ce lignage ? Un corps découpé, séparé, mutilé : il y a, d'une part, l'âme immatérielle faite de la même substance éthérée que les dieux, un genre d'*âme blanche*, et il y a, d'autre part, une chair matérielle composée comme celle des animaux. Ici, l'âme, qui nous rattache à un monde intelligible, le vrai ; là, le corps, qui nous arraisonne au monde sensible, un monde d'illusion, le faux. L'âme fonctionne comme un trait d'union entre l'homme et les dieux : elle permet de s'unir à eux ou de vivre dans leur monde afin de connaître la béatitude d'une vie éternelle. Le corps ramène à la trivialité du réel, il est corruptible, soumis au temps, voué à la mort. Notre matière nous tue, notre âme nous sauve.

L'arrière-monde – qui assure que nous nous trouvons dans une conception religieuse des choses – est accessible dans ce monde-ci par la fuite de l'ici-bas. Cette fuite est rendue possible par un certain usage du corps et de l'âme : il faut mépriser le premier et célébrer la seconde – c'est le sens de la purification. La haine du corps ouvre la porte d'un ciel sans matière, tout entier rempli d'âmes éternelles et immortelles. On peut y accéder en mourant ici-bas pour obtenir une vie éternelle dans l'au-delà. L'âme blanche est un instrument sotériologique. Elle permet le salut par le biais d'un usage philosophique correct. Elle est ce qu'on en fait : si l'on en use mal, elle erre ; bien utilisée, c'est-à-dire contre la chair et le corps, la matière et le réel, elle ouvre les portes du paradis.

Le christianisme effectue un collage de toutes ces sagesses antiques païennes. Il garde le dualisme, qui coupe le corps en deux, l'âme d'un côté, la chair de l'autre ; il fait découler de cette coupure la séparation entre un monde intelligible, en haut, le ciel, et un monde sensible, en bas, la terre ; il connote positivement le céleste et négativement le terrestre ; il oppose une magnifique cité de Dieu à une terrible cité des hommes ; il voue aux gémonies les désirs, les passions, les pulsions, les émotions, le charnel et porte aux nues l'âme, donc, l'esprit, le céleste, l'ineffable, l'indicible, le « quelque chose » dont parle Socrate. Mais son originalité se trouve dans la métamorphose de l'âme blanche des platoniciens en âme noire des chrétiens.

4

Corps de papier et vie textuelle

Créer un anticorps

Tout croyant possède en lui une part critique qui lui fait regarder la croyance des autres comme une fiction, une illusion, une mythologie, dont il se réjouit de n'être pas dupe, et une part dévote avec laquelle il souscrit aux fictions, aux illusions, aux mythologies qu'à leur tour d'autres considèrent avec incrédulité... L'un croit que son Dieu ouvre la mer en deux pour laisser passer son peuple, mais regarde avec un œil stupéfait son semblable lui expliquant que son prophète a parcouru dans les airs la distance entre Jérusalem et La Mecque sur un cheval, pendant qu'un troisième affirme que son Dieu né d'une vierge s'est fait homme, qu'il est mort crucifié et qu'il est ressuscité le troisième jour avant de monter aux cieux pour s'asseoir à la droite de son père — on appréciera la précision de latéralisation, lieu où il vit encore à cette heure...

Je suis pour ma part privé de la part dévote qui me ferait souscrire à l'une ou l'autre de ces trois belles histoires et regarde les religions de ma civilisation en philosophe, c'est-à-dire comme une mythologie à laquelle je prends un plaisir intellectuel sans en partager les croyances. Je lis la Bible comme une première *Divine Comédie*.

Jésus est pour moi une fiction sur laquelle s'est construite la civilisation judéo-chrétienne. Et j'admire ceux qui, pour évincer la thèse mythiste selon laquelle Jésus n'a pas de réalité historique, concluent d'une phrase qu'elle n'est pas sérieuse. Ce qui n'est pas sérieux, c'est de l'ignorer et de l'évincer sans argumenter.

Or, Jésus comme collage de fragments éparpillés dans l'Ancien Testament, c'est la thèse mythiste, voilà la clé de sa biographie. Il suffit de lire la Bible et de croiser l'Ancien avec le Nouveau Testament. Le travail est presque fait dans l'appareil critique de la traduction d'Émile Osty et de Joseph Trinquet, qui renvoie la plupart des versets du Nouveau à tels ou tels de l'Ancien. L'intelligence n'est pas nécessaire, la patience et le travail suffisent.

Ce qui donne ceci :

Quand, sur la route d'Emmaüs, Jésus réapparaît à ses disciples après sa mort, il leur dit : « Ô cœurs insensés et lents à croire tout ce qu'ont dit les prophètes! N'est-ce pas là ce que le Christ devait souffrir pour entrer dans sa gloire? Et à partir de tous les prophètes, à commencer par Moïse, il leur interpréta tout ce qui était écrit de lui » (Lc 24,25-27). On eût aimé l'écouter annoncer son futur, qu'il n'avait pas encore vécu, ce qui aurait prouvé que son futur révélé dans le Nouveau Testament se trouve déjà écrit dans le passé de l'Ancien. Le néotestamentaire triomphe en ventriloque du vétérotestamentaire – c'est l'axe de la thèse mythiste.

En substance, voici ce qu'il aurait pu leur raconter : dans les Évangiles (Mt 2,2), la naissance de Jésus est annoncée par une étoile aux rois mages ; rappelons que la naissance du Messie a été présentée comme accompagnée d'un astre dans les Nombres (24,17) : « De Jacob monte une étoile, d'Israël surgira un sceptre. »

Quand on veut savoir *où Jésus est né*, il faut lire Michée (5,1) : « Quant à toi, Bethléem Ephrata, petite parmi les clans de Juda, c'est de toi que sortira pour moi celui qui doit gouverner Israël et dont les origines remontent aux temps anciens, aux jours antiques » – ce texte est cité dans l'Évangile de Matthieu (2,4-6).

Quand on souhaite savoir pourquoi *Jésus est de Nazareth*, le livre des Juges (13,5-6) nous apprend qu'un homme naîtra d'une femme stérile n'ayant pas d'enfant et qu'un ange le lui annoncera dans ces termes : « Le garçon sera nazir de Dieu dès le sein maternel, et c'est lui qui commencera à sauver Israël de la main des Philistins. » Matthieu décalque; ce qui donne ceci : « Voilà qu'un ange du Seigneur lui apparut en songe et dit : "Joseph, fils de David, ne crains pas de prendre Marie, ta femme, car ce qu'elle a conçu est de l'Esprit-Saint. Elle enfantera un fils, et tu l'appelleras Jésus, car il sauvera son peuple de ses péchés" » (1,20-21). Or, dans la religion hébraïque, le « nazir » est un homme consacré à Dieu, qui obéit à des vœux, dont celui de respecter des interdits bibliques. « Nazir » est ensuite substitué par « nazaréen » ou « nazoréen » qui, par homophonie, se trouve rapproché de Nazareth. Mais, à l'époque où Jésus est censé voir le jour, Nazareth n'existe pas encore...

S'il est dit que Jésus *naît entre l'âne et le bœuf* – cette information ne se trouve que dans l'Évangile de Luc (2,7) –, c'est parce que ce détail fait écho à la prophétie d'Isaïe : « C'est le Seigneur qui parle : J'ai fait grandir des fils, je les ai élevés, eux, ils se sont révoltés contre moi. Un bœuf connaît son propriétaire et un âne la mangeoire chez son maître : Israël ne comprend pas. Malheur! nation pécheresse, peuple chargé de crimes, race de malfaisants, fils corrompus. Ils ont abandonné le Seigneur, ils ont méprisé le Saint d'Israël, ils se sont dérobés » (1,2-4). La présence du bœuf et de l'âne témoigne : Jésus, lui, sauvera Israël en accomplissant la venue du Messie attendu par les Juifs.

Quand Jésus risque la mort au cours du *massacre des Innocents*, il ne fait que subir l'accomplissement de la prophétie révélée dans Jérémie (31,15). Mais il réchappe de l'extermination parce que la Sainte Famille se réfugie en Égypte, ce qui permet à Matthieu d'affirmer qu'il ne fut pas massacré « pour remplir cette parole du Seigneur qui dit par le prophète : j'ai rappelé d'Égypte mon fils » (2,14-15). C'est une citation d'Osée : « D'Égypte j'ai appelé mon fils » (Os 11,1).

Quand Jésus *commence son ministère*, Luc nous apprend qu'il a trente ans (Lc 3,23). On lit dans le deuxième livre de Samuel : « David avait trente ans quand il devint roi » (2Sam 5,4). Jésus enseigne, parce que les Écritures l'annoncent : « L'Esprit du Seigneur est sur moi. C'est pourquoi il m'a oint. Il m'a envoyé annoncer la bonne Nouvelle aux pauvres, consoler tous les affligés, annoncer aux prisonniers la libération », dit Isaïe (61,1).

Quand Jésus *effectue des miracles*, à savoir qu'il guérit sourds, muets, aveugles, paralytiques, hydropiques, hémorroïsse, malades de dermatoses, qu'il ressuscite des morts, il accomplit Isaïe : « Les aveugles voient, les boiteux marchent, les sourds entendent » (35,5-6).

Quand Jésus subit la *trahison de Judas*, l'apôtre renégat se fait payer trente pièces d'argent, révèle Matthieu ; après avoir livré Jésus, pris de remords, il rapporte l'argent aux grands prêtres (27,9) : « Ils ont pris les trente pièces d'argent, le prix de celui qui a été mis à prix, celui que les fils d'Israël ont mis à prix. » C'est le prix de la transaction dans Zacharie (11,12-13).

Quand Simon Pierre veut *empêcher l'arrestation de Jésus*, il tranche l'oreille droite de Malchus, le serviteur du grand-prêtre. Jésus l'arrête en disant : « Crois-tu que je ne pourrais pas faire appel à mon père, qui mettrait à l'instant à ma disposition plus de douze légions d'anges ? Mais comment seraient alors remplies les Écritures ? Car il doit en être ainsi » (Mt 26,53-54). Ou bien : « Remets ton épée au fourreau. La coupe que m'a donnée le Père, vais-je refuser de la boire ? » (Jn 18,11).

Quand Pilate *ne veut pas prendre parti* entre les grands-prêtres juifs, la foule et Jésus, on sait qu'il « prit de l'eau, se lava les mains devant la foule et dit : "je suis innocent de ce sang. À vous de voir" » (Mt 27,24). C'est un renvoi aux Psaumes : « Je lave mes mains en signe d'innocence » (26,6 ; 73,13).

Quand Jésus *reste muet devant les questions d'Hérode* dans Luc 23,9, il accomplit Isaïe : « On le maltraite, et lui s'humilie et n'ouvre pas la bouche. Comme un mouton qu'on mène à l'abattoir, comme une brebis muette devant ceux qui la tondent, il n'ouvre pas la bouche » (53,7).

Quand Jésus *se fait cracher dessus* dans le prétoire du gouverneur (Mt 27,30), c'est en écho à Isaïe : « Je n'ai pas dérobé ma face aux outrages et aux crachats » (50,6).

Quand Jésus *prononce ses dernières paroles* : « Mon Dieu, mon Dieu, pourquoi m'as-tu abandonné ? » (Mc 15,34), il prouve que, même dans cette situation difficile, il a des lettres et se montre capable d'une citation, en l'occurrence de renvoyer, dans les Psaumes, à un verset extrait de « Prière et action de grâce du serviteur souffrant » qui dit textuellement : « Mon Dieu, mon Dieu, pourquoi m'as-tu abandonné ? » (22,2) !

Quand Jean rapporte que les soldats romains, prêts à *briser les jambes de Jésus* sur la croix s'abstiennent finalement, il écrit : « Ce fut pour accomplir cette Écriture : on ne lui brisera pas un os. Et une autre Écriture dit encore : "ils verront celui qu'ils ont transpercé" » (19,37). Ce sont autant de renvois à Exode (12,46) et à Nombres (9,12) à propos des sacrifices, une façon d'associer le sacrifice de l'agneau de la Pâque, selon la loi hébraïque, à celui de Jésus. Jésus est en effet « l'agneau de Dieu qui enlève les péchés du monde » (Jn 1,29) et sa mort intervient pendant la Pâque.

Quand, lors de la crucifixion, la soldatesque romaine *cloue pieds et mains de Jésus* sur le bois de la croix, c'est en écho aux Psaumes : « Une bande de malfaiteurs m'entoure : ils m'ont percé les mains et les pieds » (22,17).

Quand, pendant le supplice, *on humilie Jésus* sur la croix : le « hochement de tête », les « moqueries », le « qu'il se sauve lui-même s'il est l'élu de Dieu » (Mt 27,43) se trouvent déjà dans les Psaumes : « Qu'il le sauve puisqu'il l'aime » (22,9).

Quand *son côté est percé par une lance*, Jésus entre en écho avec « La grande lamentation sur le Transpercé » qu'on trouve dans Zacharie dont le texte dit : « Quant à celui qu'ils ont transpercé, ils feront sur lui la lamentation comme on la fait sur le fils unique, on pleurera amèrement sur le premier-né » (12,10).

Quand Jésus *meurt*, « la terre fut secouée, les roches se fendirent » (Mt 27,51), « le soleil s'est éclipsé » (Lc 23,45), « il y eut des ténèbres sur toute la terre » (Mc 15,33), voilà qui cite Amos : « Il arrivera, en ce jour-là, oracle du Seigneur mon Dieu, que je ferai se coucher le soleil en plein midi et enténébrerai la terre en plein jour » (8,9). Ou Isaïe qui affirme : « Les étoiles du ciel et leurs constellations ne feront plus briller leur lumière. Dès son lever, le soleil sera obscur et la lune ne donnera plus sa clarté. [...] J'ébranlerai les cieux et la terre tremblera sur ses bases, sous la fureur du Seigneur, du tout-puissant, le jour de son ardente colère » (13,10-13). Ou bien encore Joël : « Le jour du Seigneur vient, il est proche [...]. Devant eux la terre frémit, le ciel est ébranlé, le soleil et la lune s'obscurcissent et les étoiles retirent leur clarté » (2,1-10).

Quand les soldats romains *se partagent les vêtements* de Jésus (Lc 23,34), la chose existe déjà dans les Psaumes : « Ils se partagent mes vêtements et tirent au sort mes habits » (22,19).

Quand le corps de Jésus se trouve *déposé dans la tombe d'un homme riche* selon Matthieu (27,57-60), c'est une citation d'Isaïe : « On a mis [...] chez les riches son tombeau » (53,9).

Quand Jésus *ressuscite* le troisième jour, qu'il *monte au ciel* et *s'assied à la droite du Père*, comment ne pas penser aux Psaumes : « Tu n'abandonneras pas mon âme au chéol, tu ne laisseras pas ton fidèle voir la fosse. Tu me feras connaître le sentier de vie ; satiété de joie près de ta Face, délices à ta droite pour toujours ! » (16,10-11). Ou encore : « Oracle de Yahvé à mon Seigneur : "Assieds-toi à ma droite, jusqu'à ce que je fasse de tes ennemis ton marchepied" » (Ps 110, 1). Et pour la montée au Ciel, on pense à Daniel : « Je regardais dans les visions de la nuit, et voici qu'avec les nuées venait comme un fils d'homme ; il arriva jusqu'au Vieillard, et on le fit approcher devant lui » (7,13).

La vie de Jésus s'avère donc une vie de papier : son corps est moins de chair et d'os que de mots et de verbe ; son sang n'est pas liquide mais Logos ; il n'est pas composé d'un squelette, de muscles et de nerfs, mais de paraboles, d'allégories et de symboles ; il ne vit pas une vie corporelle mais une existence conceptuelle ; il n'a pas d'âme séparée du corps parce qu'il est une âme sans corps, c'est-à-dire un esprit uniquement constitué de discours.

Ce corps de papier appelle une vie textuelle sans vie réelle. Il suffit de lire les Évangiles pour comprendre que, produits au Ier siècle de notre ère, ils relèvent du mythe. Qui croirait que le lièvre et la tortue de La Fontaine sont des animaux ayant réellement existé, qu'ils étaient doués l'un et l'autre de parole, ce qui leur a permis d'échanger et, pour la tortue victorieuse de la course, de délivrer au monde la morale de cette fable célèbre ? Chez le fabuliste, le renard et le corbeau, le loup et le chien, et aussi le chêne et le roseau parlent, mais c'est convention poétique, licence littéraire, il ne viendrait à l'idée de personne de *croire* qu'un roseau puisse s'entretenir avec un chêne dans la vie profane.

Il en va de même avec la littérature des Évangiles qu'il faut lire comme l'*Odyssée* d'Homère – les Sirènes et les Lotophages n'existent pas – ou la *Vie d'Apollonios de Tyane*, par Philostrate, qui lui aussi ressuscite les morts bien que philosophe néo-pythagoricien, ou encore les tragédies grecques – le foie de Prométhée n'a jamais été mangé par un aigle… La réalité de ces histoires est allégorique : elles signifient autre chose que ce qu'elles semblent dire *a priori*.

Prenons l'Évangile de Luc : il suffit de le lire, tout est dit. D'autant qu'on y trouve la clé pour ouvrir les serrures des paraboles.

La *première chose* dite est que Jésus vit et meurt pour accomplir ce qui a été annoncé dans l'Ancien Testament. Les Juifs attendent en effet un Messie ; Jésus, qui est juif, leur dit qu'ils n'ont plus besoin d'attendre, car il est bel et bien celui qui a été annoncé, et il se fait que, comme par hasard, sa vie prouve que tout ce qui a été prédit de façon vétérotestamentaire s'est réalisé de façon néotestamentaire. Ce qui est, dit-il, ce qui sera, ajoute-t-il, c'est ce qui fut annoncé. Sa biographie développe l'annonce.

Lors de sa présentation au Temple pour la circoncision, Siméon prend l'enfant Jésus dans les bras et dit qu'il « vivait dans l'attente de la consolation d'Israël » (2,25). L'arrivée de Jésus le comble, elle annonce la naissance du judéo-christianisme : « Cet enfant est pour la ruine et pour la résurrection de plusieurs dans Israël, et pour être en butte à la contradiction des hommes » (2,34). Ruine de la Torah, naissance du Nouveau Testament. Jésus enseigne cet accomplissement le jour du shabbat dans les synagogues (4,31), c'est dire la transgression chrétienne du judaïsme qui interdit toute activité le jour du shabbat.

De l'Annonciation à la Crucifixion, ce message triomphe. Avant même que Jésus ne vienne au monde, l'Ange qui annonce sa venue dit que ce qui advient se réalise « selon la promesse que

[Dieu] a faite à nos pères, à Abraham et à sa race pour toujours » (I,54-55). Et puis, cheminant vers le lieu de sa mort, Jésus dit : « Nous allons à Jérusalem et tout ce qui a été écrit par les Prophètes touchant le Fils de l'homme y va être accompli » (18,31).

Cet homme annoncé sur le papier, par le papier, est un homme de papier. On le voit clairement en lisant l'Évangile de Jean, le plus cérébral, le plus conceptuel, le moins anecdotique, le plus intellectuellement exigeant, qui commence ainsi : « Le Verbe est devenu chair, et il a séjourné parmi nous » (1,14) – tout est dit...

D'où une *deuxième chose* à retenir : Jésus est un personnage conceptuel sans autre chair que celle que la civilisation chrétienne lui a donnée au cours des siècles avec ses penseurs et ses philosophes, en l'occurrence les Pères de l'Église, et ce pendant les dix premiers siècles de notre ère. Ajoutons à cela les conciles qui construisent le corps occidental et, plus particulièrement, l'âme, la scolastique ensuite, mais également les artistes, les architectes, les peintres, les sculpteurs qui donnent une visibilité civilisationnelle à ce personnage-concept.

Si le Verbe se fait chair, c'est moins par une mystérieuse Incarnation théologique, qui a besoin de toutes les catégories de la métaphysique aristotélicienne pour paraître crédible, que par une corporisation intellectuelle, artistique, spirituelle, philosophique, poétique, esthétique : c'est la feuille de route de la civilisation dite judéo-chrétienne.

Pour que cette chair oxymorique, présentée comme humaine et divine à la fois, puisse être intellectuellement construite, il faut qu'en vertu de son humanité elle ressemble à celle de tout autre homme – naissance, enfance, vie et mort, cet homme boit et mange, dort et souffre, parle à ses amis et aux femmes –, mais, en même temps, qu'elle n'ait rien d'humain : naissance miraculeuse, enfance extraordinaire, talents précoces, puissance thaumaturgique, nourritures symboliques, inassujettissement à la mort. C'est le défi à relever ! Jésus dispose d'un corps oxymorique.

Cette biographie extravagante est connue : sa naissance met en scène Marie, une vierge qui enfante, et Joseph, un père qui n'est pas le géniteur; la conception n'a pas lieu selon les voies naturelles, comme pour tout homme sur cette planète, mais par l'entremise de l'Esprit-Saint – le texte de Luc précise que l'ange Gabriel dit à Marie que « la vertu du Très-Haut [la] couvrira de son ombre » (1,35), mais que l'enfant sera tout de même « le fruit de ses entrailles » (1,42); Gabriel, accompagné par « une grande troupe de l'armée céleste », annonce sa naissance (2,11-13); le huitième jour, il est circoncis et nommé Jésus – ce qui, d'après l'hébreu *Yehoshua*, signifie : « Dieu sauve »; à douze ans, il échappe à ses parents qui s'aperçoivent de son absence après une journée de marche; trois jours plus tard, ils le retrouvent en train d'écouter et d'interroger les docteurs de la Loi dans le Temple de Jérusalem; étonné par l'étonnement de son propre père, Jésus dit : « Pourquoi donc me cherchiez-vous ? Ne saviez-vous pas que je dois être aux affaires de mon Père » (2,49). Et l'évangéliste de préciser : « Eux ne comprirent pas la parole qu'il leur avait dite » (2,50); quand il a une trentaine d'années, Jésus se fait baptiser par Jean, le ciel s'ouvre et « le Saint-Esprit descendit sur lui en forme corporelle comme une colombe et on entendit cette voix du ciel : "tu es mon Fils bien-aimé; c'est en toi que j'ai mis toute mon affection" » (2,22) – on se demande pourquoi Jésus, qui n'a pas péché, se fait baptiser, puisque le but de cette cérémonie consiste à effacer les péchés; il part dans le désert, où « il ne mange rien pendant quarante jours, quarante jours plus tard il eut faim » (4,38) – un mélange de dieu qui ignore la faim et d'homme qui recouvre l'appétit; il parle alors avec le diable et résiste à toutes les tentations; il effectue quantité de guérisons par l'imposition des mains ou par la simple puissance de son verbe – il suffit parfois de toucher le bas de son vêtement pour guérir : la belle-mère de Simon, un lépreux, un paralytique, des aveugles, un homme à la main desséchée, une femme qui perd son sang depuis douze années, le serviteur d'un centurion, un muet, un hydropique, un homme à l'oreille coupée; il ressuscite des morts; il calme les éléments, arrête le vent et la tempête; il provoque une pêche miraculeuse; il fait sortir sept démons du corps de Marie de Magdala; ailleurs, il agit de même : « Les démons sortaient du corps de plusieurs en criant et en disant: "Tu es le Fils de Dieu"» (4,41); il meurt puis ressuscite le troisième jour après avoir roulé seul la grosse pierre qui fermait le tombeau – on se demande pourquoi se donner tant d'effort quand on peut se faire passe-muraille; il réapparaît à ses disciples; il mange avec eux – il participe à plusieurs repas au cours desquels il ne se nourrit que de nourriture ayant aussi valeur de symboles: le poisson, le vin et le miel. Le poisson parce qu'en grec *ichthus* est l'acronyme de *Iêsoûs Khristos Theou Huios Sôtêr*, soit «Jésus-Christ, Fils de Dieu (notre) Sauveur», le vin qui annonce le sang versé et le pain appelé à lever grâce au levain, comme l'Église grâce à la parole de Dieu, pain et vin qui annoncent le mystère de l'eucharistie et la communion sous les deux espèces, le miel parce que la parole de Dieu y est associée dans l'Ancien Testament – Ézéchiel (3,3), Psaumes (19,11; 119,103); il monte au Ciel où il se trouve encore à l'heure actuelle...

Luc prend soin de signaler en ouverture de son évangile qu'il a rencontré des témoins de ce qu'il raconte, cette enquête passe pour valider historiquement ces histoires. On ne sait bien sûr pas qui il a rencontré ni ce qui lui a été rapporté. Quand Luc écrit son texte entre 80 et 85 de notre ère, l'événement qu'il raconte est donc vieux d'un demi-siècle. Si Luc a entendu des témoins directs, il faut bien qu'ils aient été jeunes lors de la Crucifixion et plus vieux de cinquante ans quand il les rencontre... On voit mal pour quelles raisons Luc ne donne pas les identités de ces témoins, sauf à les avoir inventés pour transformer son récit merveilleux en texte historique.

Car convenons que ce *corps de Jésus* appelé à servir de modèle à des millions d'hommes dans la civilisation judéo-chrétienne s'avère un contre-corps ou un anticorps: aucun être humain ne naît d'une mère vierge et d'un père qui n'a pas eu de relation sexuelle avec la parturiente; aucun ange n'est censé descendre du ciel, qui plus est accompagné de légions, pour annoncer que Dieu prendra la forme d'une ombre pour féconder l'épouse de Joseph; aucun enfant de douze ans, dont il n'est jamais dit qu'il ait appris quoi que ce soit à l'école ou à la synagogue, puisque, entre sa naissance et cet épisode qu'on ne trouve que chez Luc, sa biographie est inexistante, n'est intellectuellement capable de tenir tête à des docteurs de la Loi ayant passé des années à étudier la Torah ; aucune voix venue du ciel ne peut parler un langage intelligible à quelqu'un qui se trouve dans le Jourdain et voit lui arriver une colombe sur la tête ; aucun homme ne saurait survivre à quarante jours dans le désert sans boire ni manger ; mieux, aucun homme ne saurait survivre trente ans, si c'est l'âge de sa mort, sans avoir ingéré autre chose que des symboles – jamais de loukoums, jamais d'agneau grillé, jamais de tajines, jamais de thé à la menthe, ni rien d'excrété ; aucun diable ne saurait entrer en contact avec un humain en le soumettant à de terribles épreuves dont ce dernier sortirait vainqueur ; aucun homme n'est à même de rendre la vue aux aveugles, la santé aux malades, la marche aux paralytiques, l'ouïe aux sourds, la vie aux morts, juste en imposant les mains ou en disant quelques paroles ; aucun homme ne saurait mourir, ressusciter, dîner avec ses amis avant de prendre la route du ciel sur le mode ascensionnel pour y vivre l'éternité auprès de son père…

Sauf à croire que cette vie procède du miraculeux, qui est intrusion divine du désordre poétique dans la loi naturelle, et non du merveilleux, qui est une modalité lyrique de l'expression littéraire, cette histoire n'est pas à prendre au pied de la lettre. Elle fourmille d'anecdotes à expliquer, de paraboles à éclairer, de significations à expliciter. Comment, sinon, comprendre les paraboles du chameau appelé à passer par le chas d'une aiguille, du grain de sénevé, du bon Samaritain, du fils prodige, de la porte étroite, de la drachme perdue, et tant d'autres ? Une intelligence normalement constituée, me semble-t-il, ne conclura pas à autre chose qu'à l'invitation à l'exégèse.

Seul celui qui croit persiste à prendre les choses au pied de la lettre ; pour lui, la raison ne peut plus grand-chose…

Voici la *troisième chose* à retenir de cet évangile : le texte doit être interprété, il est énigmatique, son sens est celé, seule la relation à Jésus, aux apôtres ou à leurs descendants, les gens d'Église, permet de disposer du sens.

La relation du maître à son disciple, telle qu'elle existe dans la philosophie antique, retrouve ici ses lettres de noblesse : la parabole est une parole ésotérique qui devient exotérique après élucidation par le maître qui sait ou par l'un de ses disciples initiés. Si personne ne peut ressusciter les morts, c'est-à-dire rendre la vie à qui l'a perdue, il faut bien que *vie* et *mort* signifient autrement que sur le terrain anatomique et livrent leur sens sur le terrain allégorique. Luc nous aide à lire les choses ainsi.

Il rapporte en effet la « Parabole du Semeur » (Lc 8,5-8) : le paysan sème ses grains dont une partie tombe dans le fossé et se fait manger par les oiseaux ; une autre arrive sur la pierre et, faute de terre et d'humidité, pousse un peu mais se dessèche ; la troisième choit dans les épines qui empêchent son développement ; la quatrième atterrit sur la bonne terre, au bon endroit, avec la bonne humidité, dès lors elle donne au centuple…

Un esprit court n'ira pas voir plus loin que ce que raconte cette histoire, il en fera un genre de leçon agronomique… Il en tirera une morale de bon paysan qui prend soin de regarder où tombent ses grains quand il sème afin de ne pas gâcher ses semences ! Point à la ligne.

Mais Jésus avertit : « Que celui qui a des oreilles pour entendre entende ! » (Lc 8,8), ce qui est proprement élucider l'énigme d'une parabole par une autre parabole ! Car, qu'est-ce qu'avoir des oreilles capables d'entendre cette double histoire ? Ses interlocuteurs le questionnent, il répond : « À vous il a été donné de connaître les mystères du royaume de Dieu, mais pour les autres, c'est en paraboles afin que "regardant, ils ne regardent pas, et qu'entendant, ils ne comprennent pas" » (Lc 8,10).

Puis, rompant le mystère il ajoute : « Voici ce que signifie la parabole. La *semence*, c'est la parole de Dieu. Ceux qui sont *le long du chemin*, ce sont ceux qui ont entendu, puis vient le diable, et il enlève la Parole de leur cœur, de peur qu'ils ne croient et soient sauvés. Ceux qui sont *sur le roc* sont ceux qui accueillent la Parole avec joie lorsqu'ils l'ont entendue, et ceux-là n'ont pas de racines : ils ne croient que pour un moment et, au moment de l'épreuve, ils s'écartent. Ce qui est *tombé dans les épines*, ce sont ceux qui ont entendu et, en chemin, ils sont étouffés par les soucis, la richesse et les plaisirs de la vie, et ils n'arrivent pas à maturité. Ce qui est *dans la bonne terre*, ce sont ceux qui, ayant entendu la parole avec un cœur noble et généreux, la retiennent et portent du fruit par la constance » (Lc 8,11-15). Où l'on voit que la piste agronomique n'est suivie que par l'imbécile qui regarde le doigt quand le sage montre la Lune ! Dans la logique allégorique, ceci n'est pas ceci mais cela, cela que l'on croit est autre chose, que révèle le maître, l'initié, le disciple à qui ne savait pas.

Mettons cette histoire en relation avec une autre.

À l'entrée de Jéricho, un aveugle, assis sur le bord du chemin, mendie et demande à voir ce Jésus annoncé par un bruit de foule. Jésus approche et lui dit : « "Pour toi qu'est-ce que tu veux que je fasse ?" Il dit : "Seigneur que je recouvre la vue !" Et Jésus lui dit : "Recouvre la vue, la foi t'a sauvé !" et à l'instant même il recouvra la vue, et il le suivait en glorifiant Dieu » (Lc 18,41-43).

Une lecture ophtalmologique irait droit dans le mur comme une lecture agronomique de la parabole des grains. Toute lecture positiviste d'un texte allégorique engage dans une voie sans issue. Le Nouveau Testament est un catalogue d'énigmes à déchiffrer par l'initié. L'*Ecclesia*, l'Église, désigne la communauté des initiés désireuse de s'élargir. Car ce savoir caché n'a pas vocation à le demeurer, il est à délivrer au plus grand nombre.

Le mendiant de Jéricho reçoit une parole qui est la clé de l'énigme : *c'est la foi qui sauve* et non d'hypothétiques pouvoirs thaumaturgiques de Jésus. Ce n'est pas la main étendue sur le malade ou posée sur sa plaie qui soigne, c'est la parole, le fameux Verbe dont Jean nous dit qu'il sauve. Jésus est le Verbe qui soigne et guérit par le Verbe.

De sorte que la *vie* et la *mort* n'ont pas à être entendues comme des catégories anatomiques, physiologiques, disons médico-légales, mais comme des états spirituels. L'hémorroïsse, l'aveugle, le sourd, le paralytique ne sont pas hémorroïsse selon le gynécologue, aveugle selon l'ophtalmologiste, sourd selon l'otorhinolaryngologiste, paralytique selon le neurologue, mais ils sont tout cela parce qu'ils sont malades de l'âme et de l'être, de la psyché et de l'esprit, du cœur – qui n'est pas selon le cardiologue...

Autrement dit, la leçon de Jésus telle qu'elle apparaît dans les Évangiles n'est pas celle d'un chamane, d'un guérisseur, d'un thaumaturge, d'un magicien doué de pouvoirs surnaturels, mais d'un sage, d'un philosophe, d'un maître de vérité et de sagesse existentielle. On ne trouve dans ces versets de Luc nulle menace d'enfer, de purgatoire ou de paradis, nul chantage à la damnation. *Aussi paradoxal que cela puisse paraître, le mot «âme» n'apparaît jamais dans les Évangiles, ni même ceux d'«enfer» ou de «paradis».*

On y oppose les vivants et les défunts, la vie et la mort, mais on ne parle pas de sauver les âmes et de damner les corps. Et ces mots entrent dans la dialectique allégorique du Nouveau Testament: la mort, c'est la vie sans Dieu; la vie, la vie avec lui. La vie avec Dieu, c'est la vie éthique dont Luc nous dit ce qu'elle est.

Exemple. La fille de Jaïre, douze ans, est morte. Jésus dit à ce dernier: «Sois sans crainte, un acte de foi seulement, et elle sera sauvée.» Il entre dans la chambre mortuaire avec trois de ses disciples, Pierre, Jacques, Jean, et les parents de la fillette qui pleurent et se frappent la poitrine. «Jésus dit: "Ne pleurez pas; elle n'est pas morte, mais elle dort." Et ils se moquaient de lui sachant qu'elle était morte. Mais lui, prenant sa main, l'appela en disant: "Enfant, lève-toi." Et son esprit[1] revint, et elle se tint debout à l'instant même» (18,52-55). C'est donc, le texte le dit, l'acte de foi qui sauve, et non le geste que pourrait faire Jésus.

Dans la parabole de l'enfant prodigue, le père tue le veau gras non pour célébrer et honorer le meilleur fils, mais l'autre, le fils pécheur. Le fils lésé demande les raisons de cette injustice. Réponse du père: «Il fallait faire festin, et nous réjouir, parce que ton frère était mort, et il est ressuscité; il était perdu, et il a été retrouvé» (Lc 15,32).

---

1. Seule la traduction de la Bible de Port-Royal dit: «Et son *âme* étant retournée dans son corps, elle se leva à l'instant» (je souligne).

Mort au monde est celui qui ne vit pas selon les principes édictés par Dieu; vivant pour l'éternité celui qui, au contraire, réglera sa vie sur ces principes.

Quatrième chose à retenir de cet évangile: vivre selon ses passions, ses émotions, ses sensations, c'est mener la vie d'un aveugle ou d'un paralytique, d'un sourd ou d'un muet, voire d'un mort.

On a vu que le corps de Jésus définit un anticorps d'un point de vue anatomique: sans père humain, conçu par une force tierce indifférente à la génétique, accompagné par les anges, sans passions connues, sans femme, sans sexe, sans rire mais pas sans larmes, il pleure trois fois dans sa vie – deux fois par compassion, une fois par peur –, sans désirs, sans nourriture terrestre, sans excrétion connue, résistant aux tentations, supérieurement doué à l'âge où les enfants jouent à cache-cache, mort mais juste pour trois jours, ressuscité au bout de ce délai et vivant depuis une vie dans laquelle il semble oublier qu'en vertu de la Parousie on attend son retour sur terre, annoncé avant la mort de ceux qui l'écoutent depuis deux mille ans... Imiter un pareil *homme* s'avère une gageure!

L'éthique proposée par Jésus est étymologiquement parlant *inhumaine*, au-delà de toute humanité. Elle exige en effet un homme pareil à un cadavre, insensible à tous les coups du sort et détaché de tous les biens du monde. Sans amis, au sens latin du terme, sans épouse, sans enfants, sans père et mère dignes de ce nom, sans famille. C'est un homme nu que l'homme idéal selon le fils de Joseph et Marie.

Jésus propose en effet d'incroyables prouesses éthiques et morales: aimer son prochain quel qu'il soit, donc aimer ses ennemis, ses adversaires, ceux qui nous détestent et nous en veulent ou nous font du mal; tendre l'autre joue à qui nous frappe au visage; donner plus encore au voleur qui dérobe nos biens; prêter sans espérance de retour; être bon aux méchants; ne pas juger; ne pas condamner; se montrer miséricordieux; donner tout ce que l'on a; faire l'aumône et inviter à sa table pauvres, estropiés, boiteux, aveugles.

À un riche le questionnant sur ce qu'il faut faire pour obtenir la vie éternelle, Jésus dit: «Tu connais les commandements: Ne commets pas l'adultère, ne tue pas, ne vole pas, ne porte pas de faux témoignage, honore ton père et ta mère» (Lc 18,20). Les dix commandements sont ici devenus cinq. À quoi Jésus ajoute: «Tout ce que tu as, vends-le et distribue-le aux pauvres, et tu auras un trésor dans les cieux; puis viens, suis-moi.» On comprend qu'il y ait eu des passages entre le cynisme grec et le christianisme de ce moment-là. On ne sache pas que le riche ait souscrit...

L'imitation d'un pareil homme pouvait-elle rendre une civilisation possible? Bien sûr que non...

Cet anticorps angélique et virginal offrait un modèle idéal pour un christianisme radical tel qu'il fut vécu par les premiers chrétiens, ermites ou cénobites. Moines athlètes du désert, comme il fut dit, ces fidèles ont mené une vie selon les enseignements de Jésus: frugalité, ascèse, pauvreté, austérité, abstinence, jusqu'à l'excès – vivre toute une vie dans une tombe murée, en haut d'une colonne de vingt mètres de haut, nu sur des briques en attendant que la sueur les décompose, frotté de miel dans le plus simple appareil afin d'être piqué par les moustiques pour se punir d'en avoir tué un qui l'avait attaqué, le christianisme de cet acabit n'a pu déboucher que sur des vies individuelles, nullement une civilisation.

Un autre Jésus rend possible la civilisation: le Christ, autrement dit le Jésus crucifié, supplicié et mort sur la croix, devenue symbole de cette religion nouvelle, et ressuscité. Qu'un instrument de torture puisse être le signe de ralliement des dévots d'une religion renseigne sur le fait qu'elle a adossé au corps éthéré de Jésus celui, supplicié et sanglant, du Christ. L'invitation à imiter l'ange, qui supposait l'effacement du corps, s'est doublée d'une invitation à imiter en même temps le cadavre, pendant qu'il était offert aux femmes d'imiter une vierge mère...

Comment est-on passé de Jésus vivant au Christ sanguinolent, figure de la mort, puis à Jésus-Christ, ange mortifié proposé comme un modèle existentiel pendant mille ans? C'est toute l'histoire du paulinisme...

5

Les langues de feu de l'Esprit-Saint

Damner la chair

Si, je le répète, les évangiles ne se soucient nullement d'une âme à punir en enfer ou à récompenser au paradis, d'un corps coupé en deux avec, d'une part, la chair détestable, de l'autre, l'âme vénérable, il n'en va pas de même avec saint Paul, qui effectue le passage de l'effacement du corps à la damnation de la chair.

Jésus et saint Paul enseignent deux choses contradictoires! En présence de la pécheresse rencontrée chez le Pharisien Simon, qui l'invite à manger, Jésus la laisse le parfumer et verser des larmes sur ses pieds, larmes qu'elle essuie avec ses cheveux. Jésus dit qu'il ne faut pas juger, il ne la juge pas; Paul dit qu'il ne faut pas juger, mais il juge. Jésus fait une leçon non pas à la pécheresse, mais à Simon, qui la juge. Nul doute qu'à saint Paul, qui agit comme Simon, il eût répété les paroles qu'il destine à son hôte: «Ses péchés, ses nombreux péchés lui sont remis, puisqu'elle a beaucoup aimé» (Lc 7,47). Paul, pour sa part, dirait, comme il l'enseignait aux Philippiens: «Travaillez avec crainte et tremblement à votre salut» (Phi 2,12). *Craindre et trembler*, voilà la matrice du paulinisme, c'est très exactement le contraire de l'enseignement de Jésus qui manifeste douceur et tendresse, pitié et compassion, bonté et miséricorde. Au paradis de Jésus, Paul n'a pas sa place...

Le judéo-christianisme est donc moins christique que paulinien.

L'attribut de saint Paul dans l'art chrétien est l'épée, non sans raison. Ses thuriféraires expliquent que ce glaive symbolise son martyre par décapitation. Mais pourquoi, dès lors, saint Pierre, crucifié la tête en bas – il se disait indigne d'une crucifixion la tête en haut comme Jésus –, est-il figuré avec les clés du paradis et non avec l'instrument de sa mort? Paul est bien l'homme qui évangélise à l'épée, il suffit de lire la littérature paulinienne.

On connaît l'histoire de Paul de Tarse, elle se trouve racontée dans les Actes des apôtres: Saül, qui est juif, commence par persécuter les chrétiens. Il dit: «J'ai moi-même enfermé dans des prisons un grand nombre de saints, ayant reçu pouvoir des grands-prêtres, et quand on les *tuait*, j'apportais mon suffrage. Souvent aussi, parcourant toutes les synagogues et usant contre eux de sévices, je les forçais à blasphémer et, dans l'excès de ma folie contre eux, je les poursuivais jusque dans les villes étrangères» (Ac 26,10-11; je souligne). Un «grand nombre» de personnes, ce n'est pas juste le martyre d'Étienne (Ac 7,54-60), auquel on réduit la plupart du temps le passé christianophobe de Paul. Il n'aurait fait que garder les vêtements du premier martyre de l'Église, est-il souvent enseigné! Les Actes disent tout de même de lui: «Quant à Saül, il *ravageait* l'Église» (Ac 8,3). On ne «ravage» pas l'Église juste en gardant le vêtement d'un homme que les autres lapident...

Puis, sur le chemin de Damas, où il comptait mener de nouvelles expéditions punitives mortelles contre les chrétiens, il connaît la révélation: l'iconographie chrétienne le représente tombant de cheval. Il n'y a pas de destrier dans le texte néotestamentaire, mais la description est précise: une clarté illumine le ciel, une voix s'adresse à lui, ses compagnons l'entendent aussi, c'est celle de Jésus qui lui demande pourquoi il le persécute. Saül eût pu entamer un dialogue de haute tenue théologique avec le Christ, qui lui faisait l'amitié de lui apparaître et l'aumône d'une conversation, et lui expliquer qu'il était un imposteur prétendant être le Messie annoncé par les

Écritures, mais il n'y eut pas de débat: Saül se relève de terre, nous est-il dit – c'est donc qu'il est tombé de sa hauteur! – mais il a perdu la vue. Il entre à Damas tenant la main de l'un de ses compagnons. Il reste trois jours sans voir, sans boire et sans manger – c'est le temps qu'il faut à Jésus pour ressusciter, il ne pouvait faire moins: c'est celui qu'il lui faut pour que le juif Saül devienne le Paul judéo-chrétien.

L'évangélisation qu'il mène lors de trois grands voyages dans le Bassin méditerranéen est considérable: Judée, Asie Mineure, Grèce; il la compare à un «pugilat[1]» (1Co 9,26). Ce fanatique chrétien est avec les païens comme le juif qu'il fut l'était avec les chrétiens: c'est l'homme qui n'est pas dans l'histoire de l'art faussement associé au glaive.

On le voit également assister à un autodafé de livres dits de «magie», en fait des ouvrages de théologie païenne et non, comme le précisent souvent les appareils critiques, des ouvrages de «sciences occultes»! «On en estima la valeur: cela faisait cinquante mille pièces d'argent» (Ac 19,19) – une fortune en effet. C'étaient donc les livres précieux des religions combattues par Paul – paganisme et judaïsme. Rien n'interdit de penser que des rouleaux de la Torah ont été précipités dans ce brasier.

Ce propos qui associe l'évangélisation à la violence d'un combat physique se prolonge étonnamment. Qu'on en juge: «Moi c'est bien ainsi que je cours, non comme à l'aventure; c'est ainsi que je fais du pugilat, non comme si je cognais dans le vide.» Et puis ceci dans la foulée: «Je meurtris mon corps au contraire et le traîne en esclavage, de peur qu'après avoir servi de héraut pour les autres, je ne sois moi-même disqualifié» (1Co 26-27). Qu'est-ce que ce boxeur qui boxe aussi contre lui? *Quid* de ce personnage qui donne des coups à autrui, mais n'oublie pas de s'en infliger à lui-même?

---

1. Une «lutte», dit la traduction Grosjean et Léturmy; «donner des coups», traduit Sacy; Segond parle de «boxe». L'évangélisation est donc bel et bien un sport de combat...

Paul donne lui-même des détails autobiographiques. *Les Confessions* d'Augustin se souviendront de ce genre de démarche apologétique. Lisons : « Cinq fois, j'ai reçu des Juifs les quarante coups moins un ; trois fois j'ai été battu de verges, une fois j'ai été lapidé ; trois fois j'ai fait naufrage. Il m'est arrivé de passer un jour et une nuit dans l'abîme ! Voyages fréquents, dangers des rivières, dangers des brigands, dangers de ceux de ma race, dangers des nations, dangers à la ville, dangers au désert, dangers en mer, dangers parmi les faux frères ! Labeur et fatigue, veilles fréquentes, faim et soif, jeûnes répétés, froid et nudité ! » (2Co 11,24-27). On ne peut mieux avouer un tropisme pour la mise en danger de soi-même.

« Le plus petit des apôtres » (1Co 15,9), comme il se nomme lui-même, ne s'aime pas, c'est le moins qu'on puisse dire. Aux Corinthiens, il se présente comme un « avorton » (1Co 15,8), ce qui ne serait pas bien grave s'il ne faisait de cet *amour de la haine de soi* le principe du paulinisme, devenu l'impératif catégorique de la civilisation judéo-chrétienne et, pour tout dire, sa matrice.

Il confesse souffrir d'une « écharde dans la chair » (2Co 12,7), sans qu'on sache véritablement ce dont il s'agit... Tout a été écrit sur ce sujet sans jamais vraiment convaincre. Un livre propose même une liste : « arthrose, tendinite, sciatique chronique, goutte ; tachycardie, angine de poitrine ; démangeaison, prurit, gale, anthrax, furoncle, hémorroïdes, fissure anale ; eczéma, lèpre, zona ; peste, rage, fièvre de Malte, érysipèle ; gastralgie, coliques, maladie de la pierre ; otite chronique, sinusite, trachéo-bronchite ; rétention d'urine, urétrite ; paludisme, filariose, teigne ; céphalée, gangrène, suppurations, abcès, hoquet chronique, convulsions, épilepsie ».

J'avais, au moment du *Traité d'athéologie*, proposé une autre affection moins physique, moins physiologique, moins anatomo-pathologique et plus psychique : une homosexualité refoulée ou une impuissance sexuelle, l'une pouvant d'ailleurs expliquer l'autre. Lecture peut-être un peu hasardeuse eu égard à une autre information concernant le corps de Paul qu'on trouve dans l'Épître aux Galates : « Ma chair était bien malade quand je vous ai évangélisés la première fois, et pour ma chair, qui vous était une épreuve, vous n'avez eu ni mépris ni dégoût » (Gal 4,13-14).

Si cette *chair bien malade* était une épreuve susceptible de générer le mépris et le dégoût d'autrui, c'est qu'elle était visible, ce qui exclut toutes les pathologies que je dirais silencieuses. Par ailleurs, on imagine mal qu'une fistule anale ou des hémorroïdes puissent être invoquées pour résoudre l'énigme allégorique de l'écharde. C'est une partie de son anatomie inutile pour évangéliser. Pas plus une otite, une sinusite, une maladie de la pierre, une rétention d'urine, ou d'autres pathologies dont nos interlocuteurs ne nous savent frappés que si on le leur avoue. Restent des maladies de peau envahissantes, des dermatoses géantes ou autres, qui obéissent à des cycles et qui, au temps de rémission, peuvent laisser croire à leur disparition.

Quoi qu'il en soit de cette *écharde dans la chair de l'avorton*, il est problématique que cet homme, abordant les questions des usages du corps, ait pu écrire pour l'assemblée des chrétiens tout entière : « Imitez-moi » (1Co 11,1), ainsi que : « Mourir est un gain » (Phi 1,21). Imiter un homme qui souffre d'une pathologie invalidante et préfère la mort à la vie, voilà un programme ontologique et existentiel qui ne devrait pas générer de civilisation – ou bien alors, une civilisation de névrosés…

Le corpus paulinien c'est le corps de Paul, et ce corpus fonde le judéo-christianisme.

Le paulinisme, je ne m'étendrai pas sur ce sujet[1], est composé d'un ensemble de thèses : l'*antisémitisme* accablant les Juifs qui, n'ayant pas accepté que Jésus était le Messie annoncé par les Écritures (Ac 3,20 ; Rom 10,21), sont responsables de la mort du Fils de Dieu fait homme (Ac 3,15) – Paul parle de la « fourberie des Juifs » (Ac 25,8-12) ; ce que l'on nomme aujourd'hui l'*homophobie* et qui est persécution des « sodomites » comme il est alors dit (Rom 1,27) ; la *misogynie* et la *domination masculine*, en vertu desquelles, à cause du péché originel qu'on doit à Ève, les femmes ne peuvent enseigner, subissent l'autorité des

---

1. Je l'ai développé dans *Traité d'athéologie* (2005) et *Décadence* (2017).

hommes, n'ont qu'à leur demander ce qu'elles veulent savoir, doivent garder le silence, s'occuper de la maison, du foyer, de la famille et ne sont rédimées que par la procréation – « elles seront sauvées par la maternité » (1Tim 2,15) ; l'*anti*-intellectualisme, qui suppose l'éloge de l'innocence, de l'inculture et qui se double d'un profond mépris pour la philosophie (1Co 1,19-20 et 3,18) : « Prenez garde qu'on ne vous emporte avec la philosophie, ce vain leurre qui inspire la tradition humaine et des éléments du monde, mais non du Christ » (Col 2,8) ; le *césaropapisme*, qui, en vertu du principe que « tout pouvoir vient de Dieu » (« Que toute personne soit soumise aux pouvoirs établis ; car il n'est de pouvoir que de Dieu, et ceux qui existent sont institués par Dieu » [Rom 13,1]) et que toute désobéissance vient donc du diable, invite à obéir aux puissants qui exercent le pouvoir car Dieu les a faits ce qu'ils sont – c'est la raison pour laquelle, avec l'évangélisation conduite à force d'épées et d'autodafés, de coups et de pugilats, le christianisme, sous sa forme paulinienne, triomphe avec Constantin au début du IVe siècle et va donner lieu à une civilisation.

Ce que je souhaite préciser ici concerne la damnation de la chair par cet homme dont la propre chair semblait damnée et qui se présentait tout de même comme un modèle, puisqu'il invitait tout le monde à lui ressembler. Or, universaliser sa névrose ne supprime aucune névrose, sûrement pas celle de qui croit à ce subterfuge pour en finir avec la sienne. Accabler le monde n'allège nullement qui accable. Rendre fou son prochain pour en finir avec sa propre folie, c'est folie décuplée.

Comment Paul s'y prend-il pour damner la chair ?

D'abord, il entretient régulièrement de l'*Esprit-Saint* dont l'autre nom est le *Paraclet*. Bien sûr, il n'existe aucune définition satisfaisante de cette notion dans le Nouveau Testament. Il est et produit des effets, voilà tout. Il prend la forme d'une colombe au moment de l'Annonciation ; il cause la grossesse de Marie ; toujours sous forme de colombe, Jésus le voit descendre sur lui au moment de son baptême ; Jésus est conduit au désert par lui ;

Les langues de feu de l'Esprit-Saint

il oint Jésus ; il préside aux conversions ; il est aussi celui qui, cette fois-ci sous la forme de langues de feu, descend sur la tête des apôtres le jour de la Pentecôte : « Tout à coup vint du ciel un bruit comme d'un violent coup de vent, qui remplit toute la maison où ils étaient assis. Et ils virent apparaître des langues comme de feu, qui se partageaient, et il s'en posa une sur chacun d'eux. Et tous furent remplis d'Esprit-Saint, et ils se mirent à parler en d'autres langues, selon ce que l'Esprit leur donnait de prononcer. Or il y avait, habitant à Jérusalem, des Juifs pieux venus de toutes les nations qui sont sous le ciel. Au bruit qui se fit, la multitude s'assembla, et elle fut confondue de ce que chacun les entendait parler dans sa propre langue » (Ac 2,3-6). Autrement dit, l'Esprit-Saint c'est l'anti-tour de Babel, tour où les hommes qui parlaient une même langue furent punis par Dieu, qui décida de la confusion des langues afin de les châtier de le défier en voulant atteindre le ciel par leur œuvre de pierre. Le Christ immatériel réalise ce que les hommes, englués dans la matière, ne parviennent pas à obtenir : un édifice où tous les hommes se comprennent en parlant la même langue, pourvu que ce soit en lui, par lui, et pour lui. L'Église se trouve ainsi annoncée comme corps mystique en lieu et place des corps terrestres.

Ensuite, Paul dit aux Corinthiens : « Ne savez-vous pas que votre corps est un sanctuaire du Saint-Esprit qui est en vous et que vous tenez de Dieu ? Et que vous ne vous appartenez pas ? » (1Co 6,19). Il y a donc du divin en l'homme ? C'est en effet ce qu'il faut chercher et obtenir. On comprend que Platon et le platonisme puissent être compagnons de route d'une pareille démarche.

Paul n'a de cesse d'élargir la coupure entre le corps matériel et l'âme immatérielle. La haine de la chair est l'une des thématiques du paulinisme. Il propose une dynamique existentielle : abaisser son corps pour élever son âme ! Maltraiter la chair, c'est célébrer l'esprit ; célébrer l'esprit, c'est maltraiter la chair.

Aux Corinthiens il dit : « Nous sommes comme les ordures du monde » (1Co 4,13). Et aux Romains : « Nous savons en effet que la Loi est spirituelle ; mais moi je suis charnel, vendu au péché. Car ce que je fais je ne le comprends pas ; car ce que je veux, je ne le pratique pas, mais ce que je hais, je le fais. Or, si ce que je ne veux pas, je le fais, je reconnais, d'accord avec la Loi, qu'elle est bonne. Mais alors ce n'est plus moi qui l'accomplis, mais le péché qui habite en moi. Car je sais qu'en moi, c'est-à-dire en ma chair, n'habite pas le bien. Vouloir le bien, certes, est à ma portée, mais non de l'accomplir. Car le bien que je veux, je ne le fais pas, mais le mal que je ne veux pas, je le pratique. Or, si ce que je ne veux pas, je le fais, ce n'est plus moi qui l'accomplis, mais le péché qui habite en moi. Je trouve donc cette loi pour moi qui veux faire le bien : c'est le mal qui est à ma portée. Car je prends plaisir à la loi de Dieu selon l'homme intérieur ; mais je perçois dans mes membres une autre loi qui combat contre la loi de mon intelligence et me tient captif sous la loi du péché qui est dans mes membres. Malheureux homme que je suis! Qui me délivrera de ce corps de mort?» (Rom 7,14-24.)

Paul joue de la tension entre pouvoir et vouloir, volonté et accomplissement, volition et action. Dans le corps se trouvent deux forces antagonistes en même temps que deux instances contradictoires : l'intelligence immatérielle et les membres corporels. Qui veut quoi, quand et comment? Et de quelle manière s'articulent volition de la loi par l'intelligence et corporéité peccamineuse qui lui résiste dans un même corps? Quel «homme intérieur» habite également ce «corps de mort»? L'Esprit-Saint loge *aussi* dans la chair adamique. De quelle façon résoudre cette aporie?

En prônant l'«Homme Nouveau» créé par le Christ – l'expression se trouve dans l'Épître aux Éphésiens (2,15) –, saint Paul abolit l'homme ancien, c'est-à-dire le Juif et le païen[1]. Il invalide le schéma temporel circulaire grec de l'éternel retour au profit d'une flèche du temps avec le passé derrière nous, le présent ici et maintenant, là où nous sommes, le futur devant nous.

---

1. Le *principe de l'homme nouveau* appuyé à celui de la régénération (Éph 4,24) se retrouve dans les folies furieuses jacobines, fascistes, nazies, bolcheviques, structuralistes, et désormais transhumanistes. Ce sera l'objet du volume suivant ; il sera intitulé *Barbarie*.

Les langues de feu de l'Esprit-Saint

Pour Paul, le *passé*, c'est le temps de la Torah, du Pentateuque, selon le nom que les Juifs d'Alexandrie donnèrent à cette dernière et qui fut repris par les chrétiens; c'est celui, juif, de la Loi de Moïse et d'Abraham, de la faute d'Adam et de l'annonce du Messie amené à sauver l'homme du péché. Le *présent*, c'est le temps des Évangiles, le temps de Jésus, Fils de Dieu fait Homme, c'est celui de la venue du Messie annoncé par les Juifs, incarné, disent les chrétiens, pour racheter les péchés du monde par sa Passion, sa mort et sa Résurrection. Le *futur*, c'est le temps de l'Homme Nouveau qui est aussi celui, judéo-chrétien, de la Parousie annoncée par l'Évangile de Jean. Précisons en passant que l'Occident chrétien repose sur cette flèche qui, avec la promesse de la Parousie et du Jugement dernier, génère le schéma progressiste du siècle des Lumières.

Dans l'iconographie occidentale, il arrive que, au pied de la croix du Christ mort sur le Golgotha – dont l'étymologie araméenne n'est pas par hasard le «lieu du crâne» –, le peintre figure... un crâne! C'est celui d'Adam, le premier homme, dont Jésus rédime la faute par sa propre mort sur la croix.

Le «Vieil Homme», c'est Adam le pécheur et sa descendance; «l'Homme Nouveau», c'est l'homme chrétien. «Il vous faut, enseigne Paul aux Éphésiens, renonçant à votre vie passée, rejeter le vieil homme qui va se corrompant, dupé par ses convoitises, vous renouveler par l'esprit de votre intelligence et revêtir l'homme nouveau qui a été créé selon Dieu dans la justice et la sainteté de la vérité» (Éph 4,22-24). Il tient le même discours aux Colossiens: «Faites donc mourir vos membres terrestres: fornications, impureté, passion, convoitise mauvaise, ainsi que la cupidité qui est idolâtrie: à cause de quoi vient la colère de Dieu. Et c'est ainsi que vous-mêmes, vous vous êtes conduits jadis, lorsque vous viviez dans ces désordres. Mais maintenant, vous aussi, rejetez tout cela: colère, fureur, méchanceté, injure, honteux propos de votre bouche. Ne vous mentez pas les uns aux autres, puisque vous vous êtes dévêtus du vieil homme avec ses pratiques et que vous avez revêtu l'homme neuf, qui se renouvelle, en vue de la connaissance, à l'image de Celui qui l'a créé. Là où il n'y a plus de Grec ou de Juif, de Circoncis ou d'Incirconcis, de Barbare, de Scythe, d'esclave, d'homme libre, mais Christ, qui est tout et en tout » (Col 3,5-11).

Pour faire advenir l'Homme Nouveau, le croyant doit viser l'imitation de Jésus-Christ. Autrement dit, *quand il imite Jésus*, il lui faut se vouloir sans corps, sans chair, sans passions, sans pulsions, sans désirs, sans envies, sans plaisir ; il doit tendre vers l'ange et tuer en lui ce qui reste de péché. De sexe masculin, il lui faut ne pas procéder de parents réels et concrets, il doit se faire Fils du Verbe, et seulement cela ; la femme quant à elle doit *imiter la Vierge Marie*, concevoir puis enfanter sans l'aide d'un géniteur et réserver l'usage de son corps à son seul mari pour la vie, un mari auquel elle obéira en tout et pour tout. Par ailleurs, *quand cet Homme Nouveau imite le Christ*, il doit rechercher la souffrance et la douleur pour leur pouvoir salvifique, de la pénitence jusqu'au martyre, pour les plus radicaux.

Ce que promet saint Paul à l'Homme Nouveau qui a tué l'Homme Ancien en lui, c'est de revêtir un jour, et pour l'éternité, un « corps glorieux ». Il dit aux Philippiens que le Christ « transfigurera notre corps de misère en le conformant à son corps de gloire, selon la puissance active qui le rend capable même de s'assujettir toutes choses » (Phi 3,21). *Quid* de ce corps glorieux ?

Les Écritures sont très contradictoires, bien que présentées comme historiques par certains. En ce qui concerne les seuls épisodes de la vie de Jésus sur terre après sa résurrection, un temps qui pourrait renseigner sur la nature de ce corps glorieux, on dénote quantité de récits divergents ! Sur les réactions des femmes qui découvrent le tombeau vide, sur la quantité de personnes auxquelles le Christ apparaît, sur les lieux de ses apparitions, sur les paroles qu'il profère, sur le nombre de ses manifestations, sur leur nature, sur la chronologie des événements, sur l'Ascension, ignorée par Matthieu, spirituelle pour Luc, physique et corporelle pour les Actes (1,9), tout est dit et le contraire de tout.

Même sur la nature du corps ressuscité, les versions divergent : spirituel pour Paul (1Co 15,44), mais charnel pour les évangélistes (Lc 24,37)... C'est dire l'historicité de Jésus-Christ !

Les langues de feu de l'Esprit-Saint

Concluons qu'on gagne toujours à lire les textes dont on parle quand on se rit des thèses mythistes.

On aura donc du mal à exciper d'un texte néotestamentaire clair la nature de ce *corps glorieux*. Ce que l'on sait c'est que, quand il évangélise les Athéniens, Paul enseigne la résurrection de la chair. Il rencontre des philosophes stoïciens et épicuriens qui le pressent de questions pour essayer de comprendre à quoi peut bien ressembler un corps mort qui ressuscite sous la forme d'un corps glorieux. Il commence par expliquer qu'il a vu dans la ville un autel au dieu inconnu – une marque de la tolérance des polythéistes, qui ne se montrent pas antipathiques envers les dieux d'autrui, mais empathiques. Toujours la boxe, le combat, le pugilat, toujours l'épée à la main, Paul effondre cette tolérance païenne en affirmant que ce dieu inconnu c'est le sien, le Christ, et que les autres sont des idoles.

Paul enseigne Jésus-Christ, Fils de Dieu, ressuscité, qui jugera les hommes. Il fait entrer dans le monde païen une ontologie neuve marquée par la faute, la culpabilité, le péché. L'âme porte cette dynamique sombre. Il met la vie sur une balance : un plateau penche vers le salut éternel, un autre vers la damnation éternelle, d'un côté le paradis, de l'autre, l'enfer. Dans les deux cas, les corps durent après la vie, pendant la mort, et ce pour l'éternité. Épicuriens et stoïciens d'Athènes se moquent du discours de Paul qui leur paraît incompréhensible. Pour un Grec, ce genre de thèse l'est en effet.

Un demi-siècle après la mort présumée de Jésus, la raison résiste à cette fable dans Athènes. Mais quand l'Empire devient chrétien, avec Constantin, en 313, et que, pendant dix siècles, une cohorte de Pères de l'Église met l'intelligence au service de la démonstration que ce qui paraissait une sottise philosophante s'avère une vérité philosophique, ce ne sont plus les philosophes qui se moquent du paulinisme, c'est le christianisme qui fait plier la philosophie. L'âme des hommes issus d'Adam est noire comme l'enfer.

6

Nulle érection dans le jardin d'Éden

Sexualiser le péché

Citant les Psaumes (94,11), Paul dit aux Corinthiens : « Le Seigneur connaît les raisonnements des sages ; il sait qu'ils sont vains » (1Co 3,20). Le treizième apôtre ne cache pas son mépris pour la philosophie et, on l'a vu, épicuriens et stoïciens d'Athènes le lui rendent bien. Dieu a plus à voir avec la foi et la grâce qu'avec la raison et l'intelligence. Le péché originel n'est-il pas pour l'homme, en l'occurrence la femme, d'avoir préféré *savoir plutôt qu'obéir* en goûtant du fruit de l'arbre de la connaissance du bien et du mal, dont Dieu avait interdit qu'il fût consommé ?

On s'étonne donc d'une correspondance entre saint Paul et Sénèque, qui permet au philosophe stoïcien et à l'évangéliste d'échanger quatorze lettres, huit de l'auteur des *Lettres à Lucilius*, six de celui des *Épîtres*, dans lesquelles il s'agit moins d'un réel échange que d'un exercice de style relevant de l'apologétique chrétienne.

Ce texte s'avère en effet un faux fabriqué vers le IVe siècle de notre ère. Saint Augustin le valide dans une lettre (153, 14), mais des auteurs de la Renaissance, Lorenzo Valla et Lionel d'Este, établissent philologiquement la forgerie – probablement sous les Valentiniens.

Dans l'attente de son jugement, Paul vit deux ans à Rome pendant que Sénèque s'y trouve. Les Actes des apôtres (28,30) nous l'apprennent : l'évangéliste, assigné à résidence, pouvait recevoir du monde et aurait ainsi pu accueillir le philosophe romain. La rencontre n'eut jamais lieu, une grande partie de cette petite correspondance l'atteste : l'un et l'autre déplorent de ne pas se rencontrer. Pourtant, deux ans, c'est assez pour se voir quand on habite la même ville... Voilà qui témoigne pour une fiction.

Ce texte circule abondamment pendant des siècles, plus de trois cents manuscrits l'attestent. Il s'ouvre sur un avant-propos de saint Jérôme, selon qui Sénèque aurait aimé « occuper auprès des siens la place qu'occupe Paul auprès des chrétiens ». On voit mal que le riche et puissant précepteur de l'empereur Néron, vivant à la cour de ce dernier, puisse aspirer à « être Paul » sans jamais le devenir ! D'autant qu'à cette époque Paul n'est qu'un Juif inconnu devenu chrétien, et que le christianisme n'existe alors que de façon archipélique et sectaire. Ajoutons à cela que Paul vit dans l'attente d'être jugé par les autorités romaines.

Pas besoin d'études philologiques pour conclure à la fiction. Il suffit d'invoquer le caractère invraisemblable de cette relation apologétique, inventée par un anonyme, une fois Paul devenu pilier de l'Église catholique, apostolique et romaine. C'est d'ailleurs au IVe siècle qu'on prétend que son tombeau se trouve à la basilique Saint-Pierre de Rome.

Même fictive, que nous apprend cette correspondance ? Que Sénèque a étudié les épîtres de Paul, qu'il en a discuté avec des chrétiens et les a trouvées très intéressantes (lettre I) ; que Paul s'en réjouit (lettre II) ; que le philosophe imagine une rencontre entre l'apôtre et l'empereur Néron (lettre III) ; que Paul valide ce projet (lettre IV) ; que le Romain s'inquiète du silence de son interlocuteur, dont il félicite, en passant, le trajet qui le conduit du judaïsme à ce qui ne s'appelle pas encore le christianisme (lettre V) ; que Paul craint une interception de leurs échanges, qui serait à même de nuire à son correspondant (lettre VI) ; que, selon le philosophe, les idées pauliniennes sont bonnes et belles, mais mal exprimées (lettre VII) ; que Paul déplore que

Sénèque ait entretenu Néron de ses idées, et lui demande de ne pas recommencer (lettre VIII) ; que le stoïcien convient qu'il a commis une erreur et présente ses excuses (lettre IX) ; que Paul s'estime coupable de ne pas associer le nom de son interlocuteur à ses hautes fonctions dans l'empire – le disciple de Jésus fait du philosophe un « maître très respecté » (lettre X) ; que l'auteur de *La Vie heureuse* dit son bonheur de voir leurs deux noms associés dans l'histoire (lettre XI) ; que Paul invite son correspondant à se convertir à la foi en Jésus-Christ (lettre XIV) ; que l'auteur latin donne des leçons à celui qui écrit en grec et l'invite à ne pas trop faire usage des allégories et des paraboles – il trouve que la forme inadéquate de son propos entrave la vérité du fond de son discours et il l'invite à écrire dans la langue de Cicéron (lettre XIII) ; que le même déplore qu'on accable les chrétiens en les rendant responsables des incendies dans la capitale de l'empire, ce qui en fait des coupables idéaux, donc des victimes faciles à châtier (lettre XII).

Rien de théologique, pas de discussion sur la résurrection de la chair par exemple. On sent bien que l'auteur anonyme de ce faux rédige un travail apologétique.

On ne peut imaginer une seule seconde que Sénèque puisse se convertir à la religion de Paul ! Mais le scripteur ne craint pas de franchir le pas. Sénèque écrit à Paul : « Je reconnais m'être bien trouvé de la lecture des épîtres que tu as envoyées aux Galates, aux Corinthiens et aux Achéens, et je souhaite que nous puissions nous comporter l'un envers l'autre selon les dispositions que tu y manifestes, en honorant Dieu. En effet, l'Esprit-Saint qui est en toi exprime sur un ton sublime, et mieux que chez les plus grands, des pensées tout à fait dignes de vénération » (lettre VII). On peut donc penser qu'il est à deux doigts de se convertir...

Peut-être est-ce en regard de cette affirmation que Paul lui répond ceci quelques lettres plus loin : « Ont été révélées à ta méditation des vérités que la divinité n'a confiées qu'à un petit nombre d'hommes. C'est donc dans un champ déjà fertile que, quant à moi, je sème avec confiance des graines pleines de vigueur, non pas une matière susceptible de se corrompre, mais la parole immuable de Dieu, émanation d'un Être toujours plus grand et qui vit éternellement. L'opinion à laquelle ta sagesse est parvenue doit demeurer désormais inébranlable : il faut éviter les pratiques des gentils et des israélites. » Et puis ceci, très inattendu : « Fais-toi le nouveau propagateur de Jésus-Christ en montrant, avec les moyens d'expression que confère l'art oratoire, la sagesse exempte de toute imperfection que tu as pratiquement atteinte et que tu feras entrer dans l'esprit du roi de ce monde, de ses serviteurs et de ses fidèles amis » (lettre XIV). Paul ne recule devant rien et demande à Sénèque de convertir Néron et sa cour, dont sa femme Poppée.

Le stoïcisme s'avère très compatible avec le christianisme, au contraire de l'épicurisme qui, avec sa théorie atomiste en vertu de laquelle rien n'existe en dehors d'atomes tombant dans le vide et s'associant pour constituer toute matière à quoi se réduit le réel, le monde, l'univers, interdit les possibilités d'une âme immatérielle, d'un Saint-Esprit, d'une résurrection de la chair sous forme de corps glorieux, d'une eucharistie !

En revanche, pour Sénèque, la Providence existe ; Dieu également ; l'âme est immatérielle ; le cosmos manifeste un ordre divin ; la bonté triomphe avec l'exigence morale de pardonner les offenses ; cette bonté est imitation des dieux ; les passions sont détestables ; le corps méprisable ; l'ascèse désirable. Le philosophe romain invite à ne pas boire de vin, à s'abstenir de viande, à choisir la chasteté, à s'éloigner du monde, à refuser les tentations comme les honneurs et les richesses, à tuer en soi les passions telles que l'orgueil, la vanité, l'envie. Il promeut une vie philosophique, dans laquelle la matière se trouve soumise à la volonté – ce qui permet un long compagnonnage entre le stoïcisme et le paulinisme...

Qui de Paul ou de Sénèque écrit : « Un jour viendra qui doit te débarrasser de cette sale et dégoûtante association que t'impose ton ventre. Élève-toi tant que tu peux vers ce sublime séjour » ? Qui enseigne : « Comprime ce qui se relâche en toi, dompte ce qui résiste, flagelle tes passions tant que tu pourras.

Nulle érection dans le jardin d'Éden

Si on te dit: "Pourquoi toujours les mêmes rigueurs?" Réponds que c'est plutôt à toi de demander: "Pourquoi toujours les mêmes péchés?"» Qui professe: «Réduis autant que possible les soins du corps. C'est une sotte occupation que celle d'exercer ses bras. En tout cas reviens bien vite du corps à l'esprit; c'est l'esprit qu'il faut exercer, et qu'il faut exercer jour et nuit; je n'accorde que le moins possible à l'exercice du corps»? Qui encore: «Donne au corps tout juste ce que sa santé réclame. Les vivres pour apaiser sa faim, la boisson pour étancher la soif, des vêtements contre le froid»? Qui dit: «Qu'est-ce d'autre que notre âme, sinon Dieu séjournant dans un corps humain?» Qui affirme: «L'âme est une essence sainte, éternelle, intangible»? Ou encore: «Personne ne connaît Dieu. Il n'y a que l'esprit pur et saint qui comprenne Dieu»? Le treizième apôtre ou le philosophe stoïcien? Toutes ces pensées sont de Sénèque! On les trouve dans les *Lettres à Lucilius* (CIII, LXXXIX, LXXXIII, LXXXVIII, XXXI), la *Consolation à Marcia* (24), et à nouveau les *Lettres* (LXXXVII).

On ne peut qu'être stupéfait en lisant également ceci: «Et, après avoir séjourné quelque temps dans une sphère supérieure à la nôtre, jusqu'à ce qu'il ait expié les taches inhérentes à sa vie et les faiblesses de l'humanité, son esprit, prenant son vol vers de plus hautes régions, franchira le séjour des âmes heureuses, où il sera accueilli dans la société sainte des Scipions, des Catons, de ces contempteurs de la vie, qui durent au trépas leur affranchissement.» Ce texte extrait de la *Consolation à Marcia* (25, 1) fait bien sûr songer au purgatoire des chrétiens! Ou bien cette étonnante phrase des *Lettres à Lucilius* (XXXVI): «Un jour viendra qui nous rendra de nouveau la vie.»

Ou bien, en lisant ce portrait de l'«homme parfait» (*Lettres à Lucilius*, CXX): «La grandeur apparut-elle en cet homme qui jamais ne déplora ses maux, qui jamais ne se plaignit de son destin; il fit maintes fois ses preuves et brilla comme une lumière dans les ténèbres; il gagna tous les cœurs par sa sérénité, sa douceur, son égalité à satisfaire hommes et dieux. Il avait une âme parfaite, il avait atteint le plus haut point de sa nature, au-dessus duquel il n'y a que l'esprit de Dieu, dont une partie s'était infiltrée dans sa poitrine mortelle. » Comment ne pas songer à la vie de Jésus, voire à celle de « l'Homme Nouveau » selon saint Paul ?

On n'en finirait pas de mettre en perspective la philosophie stoïcienne et la pensée paulinienne, et de s'étonner de leurs convergences ontologiques, spirituelles, éthiques, morales.

Toutefois, il ne faut pas oublier que, si Sénèque est évidemment un contemporain de Paul, les débuts grecs du stoïcisme, avec Zénon de Cittium, Cléanthe d'Assos, Chrysippe de Soles, datent de plusieurs siècles en amont ! Dès lors, si l'on n'essentialise pas, si l'on ne déshistoricise pas, on peut affirmer que le christianisme se constitue au Ier siècle de notre ère avec un passé philosophique antérieur, dont le stoïcisme de Zénon qui existe quatre siècles avant le début de notre ère. Ce n'est donc pas le stoïcisme romain qui prépare le christianisme, voire Sénèque qui aurait été un chrétien qui s'ignore, un chrétien déguisé ou un chrétien avant l'heure, mais Paul de Tarse qui a nourri sa pensée juive d'une dose de philosophie païenne, dont le stoïcisme de son temps, dans sa version romaine.

Ce qui permet de rapprocher le Juif Paul devenu chrétien de Sénèque le philosophe romain stoïcien, c'est une même détestation de la chair. L'un et l'autre croient au corps composé d'un esprit immatériel et d'une chair matérielle. Tous deux estiment qu'il faut maltraiter son corps terrestre pour bien traiter son âme et qu'on élève d'autant sa partie divine qu'on abaisse sa partie charnelle. Ici-bas mourir au monde pour vivre éternellement dans l'arrière-monde : voilà l'impératif catégorique de ces tenants de l'idéal ascétique. L'un et l'autre communient dans un même dolorisme.

Qu'est-ce qui peut bien justifier qu'on s'en prenne à son propre corps alors qu'il est notre seul bien ? Au nom de quoi estimer le désir mauvais, les plaisirs vils, la chair coupable, le corps blâmable, la jouissance détestable ? Nulle part dans les dits et les faits et gestes de Jésus, on ne trouve quoi que ce soit qui aille dans ce sens. Il n'invite pas à maltraiter son corps, il n'estime pas que, plus on l'humilie, plus on le salit, plus on l'avilit, plus on le rabaisse, plus on le méprise, plus on rend service à son âme et plus on accélère le trajet de celle-ci vers le ciel. Jésus invite à aimer son prochain, y compris et surtout s'il nous déteste, nous méprise, nous hait, nous offense; il demande aussi qu'on pardonne les péchés, qu'on rende le bien pour le mal, qu'on tende l'autre joue quand on a été frappé; il souhaite également qu'on ne juge personne, jamais. Au contraire de Paul, il n'édicte pas de lois contre la chair, contre les femmes, contre la sexualité, contre le désir ou le plaisir. Je n'irai pas jusqu'à faire de Jésus un hédoniste, mais il n'apparaît jamais comme un ennemi du plaisir. D'où vient donc cette haine de la chair qui se double d'un tropisme pour l'*amour de la haine de soi*, sous prétexte que cette animosité serait amour de Dieu ?

On a vu qu'avec son écharde dans la chair, sa maladie chronique, sa pathologie avouée, Paul ne s'aime pas et souhaite que tout le monde lui ressemble – c'est-à-dire que personne ne s'aime... Le stoïcisme n'est pas sans raison pointé comme un compagnonnage philosophique possible pour Paul. Il existe en effet chez les disciples du Portique une théorie de la douleur comme dans le paulinisme, invitant à ce que chacun se fasse semblable au Christ qui a souffert avant de mourir sur la croix.

Le stoïcisme a laissé son nom dans l'histoire courante comme une doctrine de l'impassibilité face à la douleur. La construction de ce *topos* procède moins d'une lecture des traités stoïciens plume à la main que d'une anecdote associée au philosophe Épictète. On la trouve rapportée par Origène dans son *Contre Celse*: Épictète était esclave chez Épaphrodite, un affranchi devenu secrétaire impérial de Néron. On ne sait pour quelle étrange raison Épaphrodite torture Épictète en lui tordant la jambe. Laissons parler Celse : « Sans la moindre terreur, Épictète lui dit en souriant : "Tu vas la casser." Et, quand effectivement elle fut cassée, Épictète dit : "Je te l'avais bien dit qu'elle casserait" » (VII, 53). On sait, parce qu'il le dit lui-même dans ses *Entretiens* à plusieurs reprises, qu'Épictète était boiteux. On ignore si cette boiterie est la conséquence de cette histoire ou si cette histoire est écrite en regard de cette infirmité! Les Romains, qui ne partagent pas le goût des Grecs pour les théories philosophantes, mais leur préfèrent les anecdotes édifiantes[1], ont pu créer celle-ci pour transmettre cette leçon de sagesse: le sage endure la souffrance et la douleur sans se plaindre. C'est d'ailleurs le signe et la preuve de la sagesse du sage.

Je ne peux m'empêcher de mettre en relation ces mots du philosophe stoïcien, «serein et radieux», avec ceux de Jésus sur la croix, criant «d'une *voix forte*» nous dit l'évangéliste: «Mon Dieu, mon Dieu, pourquoi m'as-tu abandonné?» (Mc 15,34). Car ce cri s'avère le point aveugle du christianisme, qui fait étrangement silence sur cet aveu, de la bouche même de Jésus, qu'à la faveur de sa crucifixion il doute de Dieu, donc de lui-même… Les casuistes rétorquent qu'il montre là son humanité; l'athée que je suis eût aimé qu'il montrât bien plutôt sa divinité. C'était le moment ou jamais…

On ne dira pas qu'Épictète aimait la douleur, qu'il chérissait la souffrance, mais cette façon d'en faire une décision de sa volonté, autrement dit un effet de sa décision et non une réalité objective, ouvre la voie à cette idée qu'il existe un aspect positif à la souffrance: elle permettrait en effet de montrer au sage qu'il l'est – donc au chrétien qu'il l'est aussi.

Volonté, vouloir, volition, choix, décision, résolution, voilà ce qui permet à l'âme de dompter le corps. La chair rabaisse l'homme quand l'âme l'élève. La généalogie de ce corps peccamineux se trouve dans la lecture faite par les chrétiens de ce qu'il est convenu de nommer le péché originel.

On croit connaître l'histoire racontée dans la Genèse, mais on se trompe: pour le plus grand nombre, trop de choses ont été rapportées par ouï-dire sans recours à la lettre. Le texte dit des choses précises. Rappelons que la Genèse est le premier livre de la Torah des juifs, le Pentateuque des chrétiens. Voyons les-

---

1. Voir mon *Sagesse. Savoir vivre au pied d'un volcan*, tome III de la *Brève encyclopédie du monde*, Albin Michel, 2019.

quelles, car les juifs et les chrétiens n'en font pas les mêmes lectures. Les premiers, *via* leur tradition rabbinique, concluent à la *nécessité de l'herméneutique*, ce qui fonde le génie de leur culture et de leur civilisation ; les seconds, *via* les Pères de l'Église en général et saint Augustin en particulier, décrètent la *damnation de la chair*, ce qui détermine la névrose de la civilisation et de la culture chrétiennes.

Le texte, donc. On le sait, ce premier livre est celui des généalogies, des fondations : la Terre, l'eau, la végétation, le Soleil, la Lune, les astres, les oiseaux, les monstres marins, les bestiaux, les petites bêtes, l'homme, créé à l'image de Dieu, est-il dit, puis, à partir de la côte d'Adam, Ève la première femme.

Ce paradis des origines est terrestre : la Genèse nous apprend en effet qu'il se trouve géographiquement entre le Tigre et l'Euphrate. Il n'est donc pas situé hors du monde. Il est un lieu planté à l'orient, là où le soleil se lève, donc là où naît la vie. Dieu plante tout, y compris un « arbre de la vie » et un « arbre de la connaissance » (Gn 2,9). On peut imaginer qu'il ne s'agit pas là d'horticulture mais de symboles ! Dieu donne donc la vie et la connaissance. Puis il ajoute à destination d'Adam : « Tu pourras manger de tout arbre du jardin, mais tu ne mangeras pas de l'arbre de la connaissance de ce qui est bon ou mauvais car, du jour où tu en mangeras, tu devras mourir » (Gn 2,16-17). C'est-à-dire qu'il donne la connaissance et ne veut absolument pas que les humains cherchent et trouvent par eux-mêmes ce que sont le bien et le mal. La morale n'est donc pas l'affaire des hommes, mais celle de Dieu, est-il dit dans ces premiers temps du *Livre des premiers temps*.

Il est étrange que, dans cet Éden, le lieu de la félicité et de la béatitude en temps normal, Dieu ait tout de même placé un serpent qui incarne la tentation, le diable. Peut-on encore parler d'un paradis pour qualifier un lieu où le mal se trouve *déjà* embusqué ?

Revenons au texte : « Le serpent était la plus astucieuse de toutes les bêtes des champs que le seigneur Dieu avait faites. Il dit à la femme : "Vraiment ! Dieu vous a dit : 'Vous ne mangerez pas de tout arbre du jardin'?" » La femme répond au serpent : « Nous pouvons manger du fruit des arbres du jardin, mais du fruit de l'arbre qui est au milieu du jardin, Dieu dit : "Vous n'en mangerez pas et n'y toucherez pas afin de ne pas mourir." » Le serpent dit à la femme : « "Non, vous ne mourrez pas, mais Dieu sait que le jour où vous en mangerez, vos yeux s'ouvriront et vous serez comme des dieux possédant la connaissance de ce qui est bon ou mauvais" » (Gn 3,1-5). La femme avise l'arbre et estime son fruit « précieux pour agir avec clairvoyance » (Gn 3,6). Elle le prend, en mange, en donne à Adam. Ils découvrent alors leur nudité et se confectionnent des pagnes avec des feuilles de figuiers – pas des feuilles de vigne donc... Dieu se promène dans le jardin, Adam et la femme entendent « le bruit de ses pas » (!), ils se cachent. S'ils agissent ainsi c'est parce qu'ils se savent coupables d'avoir désobéi. Adam cache sa nudité, autrement dit son humanité. Dieu lui dit : « Qui t'a révélé que tu étais nu ? Est-ce que tu as mangé de l'arbre dont je t'avais prescrit de ne pas manger ? » Nouvelle occasion d'étonnement : Dieu ne sait pas tout qu'il ait besoin de questionner ? Adam dénonce sa compagne... Dieu la questionne. Elle charge le serpent auquel Dieu s'adresse : il maudit l'animal, condamne l'homme à travailler à la sueur de son front une terre dure à cultiver, annonce à la femme qu'elle va engendrer dans la douleur, qu'elle devra se soumettre à l'homme, que l'inimitié régnera entre les sexes et les humains. C'est à ce moment qu'Adam donne à la femme son nom : Ève, ce qui veut dire : « la Vivante, car c'est elle qui a été la mère de tous les vivants » (Gn 3,20). Dieu fait des « tuniques de peau » au premier homme et à sa compagne puis il se dit : « Maintenant il ne faudrait pas qu'il avance la main et qu'il prenne aussi de l'arbre de vie, qu'il en mange et vive à jamais » (Gn 3,22) – c'est le projet transhumaniste ! Dieu exclut Adam et Ève du paradis. Puis, « ayant chassé l'homme, il posta des chérubins à l'orient du jardin d'Éden avec la flamme de l'épée foudroyante pour garder le chemin de l'arbre de la vie » (Gn 3,24).

Le texte ne dit pas que goûter du fruit de l'arbre de la connaissance est une faute, qu'Adam et Ève sont coupables, l'expression *péché originel* ne s'y trouve pas. Dans tous les cas de figure, l'un et l'autre ne se sont pas rendus coupables d'un péché de chair, il n'est nulle part question de luxure, de fornication, de stupre, *rien n'est sexuel* dans cette aventure, *tout est* théologique, voire éthique : les hommes ne sont pas les auteurs de la morale, car c'est Dieu qui en décide. Vouloir savoir conduit à connaître la nature misérable de l'homme sans Dieu. Dans ces pages inaugurales, on cherche en vain un corps terrestre coupable et une âme immatérielle restée pure, une punition du sexe, une damnation de la chair. D'ailleurs Adam et Ève auront des enfants, à commencer par Caïn et Abel qui, eux, généreront une nombreuse descendance. La Genèse est une poétique de l'immanence ; saint Augustin en fait une tragédie de la chair.

Avant de devenir le saint que l'on sait, Augustin fut le prototype du libertin : des femmes, de la boisson, des fêtes, une compagne, un enfant hors mariage. Son père était païen, sa mère catholique. Quand il se convertit à la religion de sa mère, il illustre cette thèse fameuse que les libertins fatigués font les dévots excités.

Dans *Les Confessions*, il n'arrête pas de pleurer. Il se dit pécheur, vaniteux, orgueilleux, voleur – on connaît le fameux épisode du vol des poires dans le jardin d'un voisin –, il s'avoue également colérique, menteur, suffisant, prétentieux, fornicateur, libidineux, accumulant les conquêtes d'un soir, dandy soucieux du regard d'autrui. Il confesse avoir aimé sa dégradation : « À cette période, dans ma misère, j'aimais à souffrir et je demandais qu'il y eût à souffrir » (III, 4). Sa conversion lui permet de faire de la souffrance l'épicentre de sa vision du monde. Saint Paul ne pouvait que l'inspirer...

Sa mère, Monique, ne cesse de pleurer l'« orgueilleuse abjection » de son fils (III, 11). Elle prie pour sa conversion. Elle sollicite même un évêque pour qu'il ramène son fils dans le droit chemin : l'évêque estime son cas désespéré et refuse son aide (III, 12). Il part à Rome. Augustin décrit une incroyable scène d'hystérie de la part de Monique qui le suit jusqu'au port, s'accroche à lui en larmes, le crampone, crie, veut le ramener chez elle ou partir avec lui. Il ment à sa mère et s'enfuit pour rejoindre la capitale impériale (V, 8).

Lui qui faisait collection de femmes avec ses copains de bamboche, lui qui avait plaisir à voler pour voler avec les mêmes, lui qui écrivait « partout autour de moi crépitait la chaudière des honteuses amours. Je n'aimais pas encore, j'aimais à aimer » (III, 1), lui qui jubilait d'assister aux spectacles de mise à mort des hommes dans les combats de gladiateurs, voilà qu'il trouve matière à rédemption, d'abord en lisant Cicéron, puis en découvrant les Écritures. Cette fois-ci, ce sont des larmes de joie qui coulent sur les joues de Monique. Augustin jouit de faire jouir ainsi sa mère d'un amour désormais partagé pour un même homme : Jésus, le Fils de Dieu fait Homme. La mère et le fils décident alors de vivre ensemble, sous le même toit...

La Cité de Dieu théorise ce trajet existentiel d'Augustin. Quand il parle du corps, des désirs, des plaisirs, de la chair, c'est bien sûr de lui qu'il entretient : à l'écrit, il brûle ce qui l'a jadis réjoui. L'évêque d'Hippone fait la chasse à l'ancien libertin. Il donne à sa mère Monique l'occasion de verser toutes les larmes de son corps, mais cette fois-ci, des larmes de joie. Le fils offre ainsi à sa mère des extases présentables.

Dans l'analyse serrée qu'il fait du *péché originel* – c'est à lui qu'on doit l'expression –, il part du texte pour arriver au sexe. Augustin part de la notion de « volonté mauvaise » à l'origine du péché originel et parvient à *concupisce* ou *libido* – dans la traduction de l'équipe de mon vieux maître Lucien Jerphagnon pour La Pléiade. Comment, alors qu'il n'est aucunement question de sexe dans la Genèse, Augustin peut-il effectuer ce glissement de sens sur lequel l'Occident s'est construit ? De quelle manière une névrose personnelle, ajoutée à celle de saint Paul, peut-elle accoucher d'une civilisation, qui ne manque pas d'être affectée par ces pathologies ?

Augustin commence par disserter sur l'âme et le corps en les distinguant, avec bien sûr toujours cette idée paulinienne que le corps est peccamineux et l'esprit, si on en fait bon usage, ce qui sauve la chair. Car il se peut que l'âme meure aussi, par exemple quand elle se trouve délaissée par Dieu. Augustin ne dit pas quand l'homme l'abandonne contre Dieu, mais quand Dieu l'abandonne : « La mort de l'âme se produit donc lorsque Dieu l'abandonne, de même que celle du corps lorsque l'âme l'abandonne » (*Cité de Dieu*, XIII, II). Et l'âme abandonne le corps quand Dieu abandonne l'âme : « Pour l'homme dans sa totalité, la mort se produit lorsque l'âme, abandonnée par Dieu, abandonne le corps. Ainsi, en effet, elle ne vit plus de Dieu et le corps ne vit plus d'elle » *(ibid.)*.

Le jansénisme prend ici sa source : Dieu peut donc vouloir abandonner une âme ! Les jésuites du XVIIe siècle s'opposent à cette idée, bien sûr, en estimant que pareille thèse abolit le libre arbitre, le choix individuel, la responsabilité, la culpabilité, donc la punissabilité de l'homme, ce qui est, sur terre, la porte ouverte à Satan !

Quand l'âme est tournée vers Dieu, elle prend, garde et conserve l'empire sur le corps qui, lui, est mû par les désirs et cherche les plaisirs. Augustin lie le péché et le corps en commentant l'idée que la nudité ne devient problématique qu'après la faute. Avant elle, pas de problème à se trouver nu dans le paradis ; après, la honte contraint Adam et Ève à se cacher, puis à cacher ce qui va devenir leurs « parties honteuses » *(ibid.)* avec des feuilles de figuier qui servent à faire un pagne. Augustin crée donc une *chair chrétienne honteuse* là où il n'y avait que *désobéissance à la loi juive* – ne pas goûter du fruit de l'arbre de la connaissance du bien et du mal, rappelons-le. Adam et Ève « ressentirent *donc* un mouvement inconnu de leur chair désobéissante, en représailles de leur propre désobéissance. Car l'âme, par la jouissance perverse de sa propre liberté et refusant de servir Dieu, perdit le service du corps, son premier serviteur » (XIII, XIII ; je souligne). On aimerait rétorquer à Augustin que son « donc » ne va pas de soi et qu'il eût mérité de longs développements convaincants car, avec ce simple mot, il engage ce qui devient une civilisation dans une étrange direction !

Autrement dit, quand l'âme ne contrôle pas le corps, le corps la contrôle et la tue. Le péché, c'est donc le défaut de contrôle de l'âme sur le corps, de la volition sur la chair. L'âme doit rester soumise à Dieu, écrit Augustin, mais également, on vient de le voir, Dieu peut vouloir perdre une âme, un processus dans lequel la volition de l'homme ne compte évidemment pour rien. Comment pourrait-on reprocher à l'homme ce que Dieu a pu vouloir pour lui, à sa place? Le mouvement de désobéissance du corps envers l'âme induit par l'homme, pourtant voulu par Dieu, a initié le commencement de la fin: «Alors la chair commença en ses désirs à s'opposer à l'esprit; nous sommes nés avec cette lutte, tirant notre origine de la mort, portant dans nos membres et dans notre nature viciée ce combat ou cette victoire, héritage de la première prévarication» *(ibid.)* – «triste hérédité du premier crime», selon une autre traduction...

Dieu a donc créé l'homme libre et pur, mais l'homme s'est choisi et voulu désobéissant, donc impur. Dieu a créé l'homme libre, mais qu'est-ce qu'une liberté si son libre usage est puni? Créer un homme libre pourvu qu'il se soumette à l'interdiction de faire un libre usage de sa liberté, c'est une ruse de la raison de qui veut qu'on lui obéisse et fait croire que la servitude devrait être volontaire. Augustin peut faire du péché originel une histoire de volition libre, mais il préfère déplacer les choses sur le terrain sexuel. Il peut être philosophe, il se fait moralisateur.

L'auteur de *La Cité de Dieu* l'affirme clairement: quand Dieu crée l'homme et qu'il n'y a qu'Adam et lui, tout va bien. Seule l'arrivée de la femme cause le désordre. Elle naît de l'homme, de sa côte comme on sait, dans un temps où le péché n'existe pas. Avant Ève, Adam vit dans un corps qui échappe à la dégradation, à la vieillesse, à la souffrance, à la maladie, à la mort. Son corps terrestre et matériel se nourrit de fruits cueillis dans les arbres, il s'abreuve à l'eau des sources. Augustin veut bien qu'on interprète symboliquement le paradis, «à condition toutefois de croire à la véracité de cette histoire, rapportant très fidèlement des événements réellement accomplis» (XIII, XXI).

Nulle érection dans le jardin d'Éden

Dieu a créé la chair, et la chair n'est pas en soi mauvaise : elle l'est si, et seulement si, l'homme vit selon elle ; autrement dit, elle sera bonne ou mauvaise selon le résultat d'une dialectique, d'une dynamique, seule la résolution d'une tension en décide. Car la chair peut et doit vivre selon l'esprit, il suffit pour cela que l'homme le veuille. C'est donc la volition qui, avant la chair, est en jeu : la valeur de la chair dépend de l'usage que l'âme en fait. Il y a donc péché lors de l'usage charnel de la chair et du refus par la volition de son usage spirituel. Ce n'est donc pas la chair qui est coupable, mais seulement l'usage qu'en fait l'esprit, qui doit vouloir l'assujettissement et la sujétion de la chair dans... la négation d'elle-même ! Car un usage spirituel de la chair nous sauve. « Lorsqu'il vit selon l'homme, et non selon Dieu, l'homme est semblable au diable » (XIV, IV).

Satan s'est servi du serpent. Augustin évoque « cet animal glissant à la démarche onduleuse et tortueuse, tout à fait apte à son projet ; par sa présence angélique et sa nature supérieure, il soumit le serpent par sa malignité spirituelle et il s'en servit comme d'un instrument pour abuser la femme par des propos fallacieux. Il commença *évidemment* par la partie la plus faible du couple humain pour parvenir graduellement à son dessein total, car il n'estimait pas l'homme suffisamment crédule ni capable d'être trompé, à moins de céder à l'erreur d'un autre » (XIV, XI ; je souligne). Adam a été dupé par l'« affection conjugale » *(ibid.)* – une bonne pâte victime d'une harpie en quelque sorte...

À propos de l'interdiction signifiée par Dieu de goûter du fruit de l'arbre de la connaissance, Augustin écrit : « Son commandement concernait l'obéissance » (XVI, XII). Ève et Adam pèchent par orgueil, par « superbe » (XIV, XIII), comme il est aussi dit avec un beau mot. Pourquoi dès lors convoquer la femme, les femmes, puis la « libido » sinon par parasitage autobiographique de sa doctrine ? Dieu prévoit le péché (XIV, XI), il instrumentalise un serpent qui séduit une femme, qui convainc Adam de pécher, qui transmet le péché à tous les humains sur la planète depuis, mais, malgré le fait que Dieu ait voulu cela, la femme reste coupable.

D'où des développements sur la libido. Le mot latin n'est pas traduit car il signifie assez aujourd'hui par lui-même. Pour Augustin, «lorsqu'on parle de libido sans en préciser l'objet, il vient à peu près automatiquement à l'esprit l'excitation des parties honteuses du corps. Cette excitation prend d'assaut le corps tout entier aussi bien extérieurement qu'intérieurement; elle trouble l'homme tout entier, en unissant et en mélangeant affections de l'âme et appétit charnel, jusqu'à l'obtention de cette jouissance, la plus grande parmi celles du corps. Car, à l'instant où elle arrive à son comble, elle étouffe à peu près toute l'acuité et, en quelque sorte, la vigilance de la pensée. Quel est l'ami de la sagesse et des joies saintes, menant une vie conjugale en "sachant comme le conseille l'apôtre, posséder son *vase* dans la sanctification et l'honneur, et non dans la maladie du désir, comme le font les païens qui ignorent Dieu", qui ne préférerait, s'il le pouvait, engendrer des fils sans cette libido? Même dans l'acte de semer une descendance, les organes créés pour cet usage ne pourraient-ils pas, comme tous les autres dans leurs charges respectives, rester sous la dépendance de l'esprit, dirigés par un signe de la volonté, et non excités par le feu de la libido? Et les amoureux de cette volupté, que ce soit dans leurs rapports conjugaux ou dans l'impureté des débauches, ne se sentent pas émus au gré de leur volonté: parfois cette émotion se produit fâcheusement, alors qu'on ne la désire pas. Parfois elle est défaillante, alors qu'on la recherche obstinément: la concupiscence brûle dans l'âme, elle reste glacée dans le corps. Il est ainsi tout à fait étonnant que la libido refuse obéissance non seulement à la volonté d'engendrer, mais aussi à la libido de la lasciveté. Alors que la plupart du temps elle s'oppose tout entière à l'esprit qui cherche à la retenir, parfois aussi elle se brouille avec elle-même et, affectant l'âme, elle ne peut rendre le corps sensible» (XIV, XVI; je souligne).

Nous y voilà. Du *poma* latin, qui traduit le «fruit» hébreu dans la Vulgate et qui donnera «pomme» – mot absent de la Genèse –, on passe aux *pudenda*, comme on disait jadis pour éviter l'expression «parties génitales». Voilà un singulier abracadabra philosophique qui, d'une méditation sur les relations entre la volition humaine et la volition de Dieu, débat théologique s'il en est, glisse imperceptiblement sur la relation entre le péché originel et l'érection n'obéissant qu'à elle-même ! Le fruit de l'arbre de la connaissance du bien et du mal est peu à peu devenu phallique et turgescent – ou détumescent...

Augustin de continuer son enquête sur la libido des hommes : dans le paradis, explique-t-il sérieusement, « la libido ne mettait pas en mouvement *leurs* membres indépendamment de leur décision ; et la chair, par sa désobéissance, ne portait pas encore en quelque sorte témoignage pour dénoncer la désobéissance de l'homme » (XIV, XVII ; je souligne). La honte du corps nu consécutive au péché originel témoigne que le péché originel, c'est l'érection, la monstration charnelle de la libido.

C'est la libido qui, pulsion dans l'âme, contraint la chair à commettre le péché, qui ne se trouve donc pas en elle *a priori*. Le corps est peccamineux quand, *en lui*, l'esprit vit selon la chair. La volonté peut nier le corps, l'esprit peut mater la chair. Voilà pourquoi, après Paul et Augustin, saints de leur état, le martyre sera présenté comme une voie royale pour conférer toute la puissance à l'âme, à l'esprit, à la volonté afin que rien ne soit donné au corps, à la chair, à la libido, sauf la mort. Il faut alors viser l'état de cadavre pour réaliser l'Homme Nouveau.

7

LE SANG, SEMENCE DE CHRÉTIEN

Supplicier les corps

Nicolas Monardes, un contemporain espagnol de Montaigne, nomme pour la première fois « fleur de la Passion » la passiflore, car il voyait réuni en elle tout ce qui exprime la Passion du Christ : les dix pétales et sépales ? les dix apôtres fidèles auxquels on retranche Pierre qui a douté et Judas qui a vendu ; les cinq étamines teintées de rouge ? les cinq plaies du Christ – les mains et pieds pour les clous, la tête blessée par la couronne d'épines, le côté droit percé par la lance, le dos lacéré par les coups de fouet ; le pistil avec ses trois styles ? les trois clous, deux pour les mains, un pour les deux pieds superposés ; les soixante-douze filaments qui entourent la partie centrale ? les soixante-douze épines de la couronne ; la coupe centrale de la fleur ? le saint Graal, calice de la Cène qui a contenu le sang du Christ ; la trentaine de taches rondes à l'intérieur de la fleur ? les deniers de la trahison de Judas ; les feuilles pointues ? la lance du centurion ayant percé le flanc du Christ ; les couleurs blanc et bleu ? le ciel et la pureté ; les bractées ? la Trinité ; l'ovaire volumineux ? l'éponge gorgée de vinaigre ; les vrilles de la plante ? les lanières du fouet ; d'autres voient ici ou là un marteau, un roseau, la colonne du supplice...

Où l'on voit que la passion du Christ est une scène de crime avec tous les indices de la torture. On peut ajouter à cela, en stigmate supplémentaire, la blessure occasionnée sur l'épaule par le port du bois de la croix tout le temps que dure le chemin de croix jusqu'au sommet du Golgotha. Le corps du Christ supplicié se trouve maculé de sang, de lymphe, de sueur et de larmes. Avant de mourir, ce qui est une chose, il souffre, c'en est une autre.

La figuration esthétique du Christ en croix apparaît tardivement dans l'histoire occidentale de l'art. Longtemps, l'art paléochrétien présente un berger qui porte un mouton sur les épaules, pas un Christ en croix. C'est la thématique du Bon Pasteur qui paît son troupeau, les fidèles, qui ramène les brebis égarées, et sera sacrifié comme un bouc émissaire, un agneau pascal, afin de racheter les péchés du monde. Sur des sarcophages, on trouve des paysages paradisiaques destinés aux âmes des défunts. La spiritualité païenne se mêle à ces œuvres d'un catholicisme en gésine et de ce fait archipélique. Ce recours à des paysages bucoliques où le défunt vit libéré des souffrances terrestres donne l'image de la sérénité, du calme, de la paix. Cette façon de représenter le Christ cite l'Hermès criophore des Grecs – autrement dit, le dieu qui porte le bélier. La thématique paléochrétienne se soucie moins du Christ mort sur la croix pour le salut du monde et de l'imitation du cadavre de Jésus que des figures du baptême et du salut par l'immersion. On ne trouve aucune crucifixion dans les catacombes de Rome.

C'est avec Constantin, au IVe siècle, on ne s'en étonnera pas, que l'art paléochrétien laisse place à l'art chrétien proprement dit, qui fait un grand usage du supplice et de la crucifixion. À cette date, le catholicisme que j'ai qualifié d'archipélique, d'éparpillé, devient continental, impérial. Pour ce faire, l'empereur crée une mythologie christique, avec sa mère Hélène. L'un et l'autre donnent une visibilité à l'incarnation du Christ. Lui qui disposait d'un anticorps de mots, qui relevait du Concept, du Logos et du Verbe, qui n'était que réalisation de la promesse des Écritures juives, le voilà qui, par la culture, va disposer d'une biographie aux apparences historiques. Les récits, les peintures, les sculptures, les mosaïques, les édifices avec leurs décorations constituent la véritable incarnation de Jésus.

Le sang, semence de chrétien

Rien d'étonnant donc à ce que la première crucifixion connue dans le monde de l'art date du début du ve siècle. Avant le IIIe siècle, le graffiti d'Alexamenos, figurant la crucifixion d'un homme à tête d'âne, est probablement une caricature païenne : c'est dire dans quelle considération un païen tient alors le chrétien assimilé à un âne – tout comme Celse qui, au IIe siècle, dans *Contre les chrétiens*, stigmatise l'ânerie des premiers disciples du Christ, qu'il traite de «nigauds» à cause de leur «bêtise» (III, 55).

Hélène, la mère de Constantin donc, effectue un voyage à Jérusalem pour donner corps et chair au Christ. Gélase de Césarée recueille la tradition orale concernant ce voyage de l'impératrice en Terre sainte. Ensuite, Rufin d'Aquilée, Socrate de Constantinople, Sozomène et Théodoret de Cyr, tous continuateurs, comme Gélase, de l'*Histoire ecclésiastique* d'Eusèbe de Césarée, reprennent à leur compte ces informations qui relèveraient aujourd'hui des *fake news*...

Avant Hélène, il fallait croire pour voir; avec elle, on voit, ce qui ne peut que conduire à croire. Elle prétend en effet avoir découvert, après avoir interrogé les habitants du lieu quatre siècles après la mort de Jésus, l'endroit exact de la crucifixion, qui lui a été indiqué, on n'est jamais mieux servi que par Dieu lui-même, par un signe céleste! Or, sur cet endroit désigné par le Très-Haut, les hommes ont construit entre-temps un temple en l'honneur de Vénus, c'est dire si le Christ a laissé des souvenirs pendant quatre cents ans! Et, comme tout le matériel de la Passion est resté sur place, Hélène eut aussi l'insigne honneur d'y découvrir la croix du Christ et, tant qu'à faire, celles des deux larrons! Dans cette brocante christique, elle extrait également le *titulus*, ce morceau de bois fiché sur le haut de la croix à la demande de Pilate, et sur lequel est écrit *INRI*, autrement dit *Iesus Nazarenus Rex Iudaeorum*, soit «Jésus le Nazaréen roi des Juifs». Alors qu'Hélène joue les archéologues, on lui apporte une mourante sur une civière. Macaire, l'évêque de Jérusalem, qui accompagne l'impératrice, rapporte que cette femme a touché les trois croix et qu'elle est restée insensible à deux d'entre elles avant que la troisième ne la remette d'aplomb : c'était donc la bonne! On parle, depuis cette façon particulière de faire des fouilles et de la médecine, de «la vraie Croix», dont il existe des fragments partout sur la planète. Par ailleurs, Hélène a également dégoté les trois clous de la crucifixion: Constantin a demandé à son forgeron de les incorporer à son casque et dans le mors de son cheval – aujourd'hui conservé à l'église Saint-Siffrein de Carpentras! Hélène, qui deviendra sainte, c'est le moins que l'Église puisse faire pour pareils services rendus, a ordonné la construction de l'église de la Nativité à Bethléem, car elle a également retrouvé le lieu de la naissance de Jésus, puis d'un autre édifice au mont des Oliviers.

Dans l'oraison funèbre *Sur la mort de Théodose*, Ambroise de Milan prête à Hélène ces paroles sur le Golgotha: «Voici le lieu du combat: où est le lieu du combat, où est le symbole de la victoire? Je cherche l'étendard du salut et je ne le trouve point. Moi, je suis sur un trône, et la Croix du Seigneur est ensevelie sous la poussière! Je suis dans un palais, et le signe du triomphe de Jésus-Christ est caché sous les décombres! Il est encore enfoui sous la terre, et avec lui la victoire qui nous vaut la vie éternelle! Comment puis-je me regarder comme rachetée, si je ne peux voir le signe de ma rédemption?»

Et puis cette invective contre le diable, le serpent: «Satan, je vois ce que tu as voulu faire en dérobant aux regards le glaive qui t'a frappé [...]. Enlevons donc les décombres pour faire apparaître le signe de la vie [...]. Que la terre entrouverte laisse briller l'instrument du salut! Qu'as-tu fait, Satan, en cachant le bois sacré de la Croix? Tu n'as réussi qu'à t'attirer une seconde défaite. Tu as été vaincu par Marie, mère de celui qui a triomphé de toi [...]. Et aujourd'hui, tu es encore vaincu par une femme qui s'est déjouée de ta ruse. La Vierge sainte a porté dans son sein notre Seigneur, moi je lui révélerai sa résurrection; par Marie, un Dieu est descendu parmi nous; par moi s'élèvera au-dessus des décombres l'étendard divin, symbole de la rédemption de nos fautes» (40-49).

Ève s'est rendue coupable du péché originel qui a entraîné l'éviction de l'homme du paradis; Marie a rédimé la faute en engendrant Jésus, qui lave ce péché par sa mort sur la Croix; Hélène, féministe en diable, profite de l'inspiration mystique pour se placer en troisième position. Voici donc venue une nouvelle Trinité qui aligne Ève, Marie, Hélène, autrement dit les trois temps mystiques de la nouvelle histoire proposée par Constantin: la Torah, les Évangiles et les Épîtres de Paul. En inventant la Croix, sainte Hélène fait basculer la douceur de Jésus vers l'épée de Paul, à laquelle Constantin donne son bras. Le *culte du corps crucifié* remplace alors le «Verbe incarné», pour parler comme l'apôtre Jean.

La croix, instrument de torture dégradant s'il en est à cette époque, devient le symbole de la religion nouvelle. L'Homme Nouveau de saint Paul a donc pour modèle généalogique un cadavre supplicié... Une incroyable thanatophilie devient l'horizon historique judéo-chrétien.

L'art va produire une quantité astronomique d'œuvres pour inviter à cette éthique. À Byzance, les peintres représentent le Christ sur la croix d'une façon particulière qu'on nomme le *Christus patiens* – le Christ souffrant ou résigné: ils montrent les effets de la mort sur ce corps, plus que la résurrection, comme s'il fallait moins opter pour l'optimisme du salut que pour le tragique d'une crucifixion se terminant par les cris d'un Jésus qui demande au ciel pourquoi Dieu l'a abandonné!

Ce Jésus mort penche la tête à droite sur son épaule parce que la vie ne la porte plus; son visage affiche un rictus de douleur; ses yeux sont vides, creux, morts; son crâne semble énucléé, c'est, au sens premier de l'expression, une tête de mort; sa bouche tombe; le sang coule de ses mains, de ses pieds et de son flanc droit; son corps, déhanché, ne se tient plus et repose sur le bois de la croix; on voit ses muscles tendus, comme raidis, tétanisés par la mort. Tout tombe vers la terre, rien ne grimpe vers le ciel. C'est un Christ figé au moment où il prononce ses paroles de désespoir. Voilà donc ce qu'il faut imiter: un cadavre dont rien n'assure qu'il va ressusciter...

Comment peut-on imiter ce cadavre ?
Leçon de choses.
Le martyre s'avère le degré maximal de la vie selon l'esprit. Dans son *Apologétique ou défense des chrétiens contre les gentils*, Tertullien écrit à destination des persécuteurs des chrétiens : « Nous devenons plus nombreux chaque fois que vous nous moissonnez : c'est une semence que le sang des chrétiens ! » (50,13).

Au début du IIe siècle, sous le règne de Trajan, Ignace, évêque d'Antioche, probablement disciple de Paul ou de Pierre, est arrêté et conduit à Rome pour y subir le martyre, sans doute au Colisée. Pendant ce trajet, il écrit des lettres à ses disciples les Éphésiens, les Magnésiens, les Tralliens, les Philadelphiens, les Smyrniotes.
Pour lui, les chrétiens sont « christophores », autrement dit porteurs du Christ. Leur doctrine, qui est l'enseignement du Christ, se nomme la « christomathie », et leur vie est le « christianisme », un mot dont il n'est peut-être pas le créateur, mais qu'il semble être l'un des premiers à utiliser. Il professe l'« incarnation » qui constitue selon lui la séparation d'avec les Juifs. Il déplore le caractère archipélique des sectes chrétiennes et travaille à l'unification du christianisme. Il lutte contre le docétisme, qui affirme que Jésus n'a pas eu de corps physique, donc pas de naissance, pas de réalité matérielle, pas de souffrances, et que dès lors la crucifixion est une illusion, théorie défendue par Sérapion, lui aussi évêque d'Antioche. Conséquemment, l'eucharistie n'est pas possible ou pensable pour les docétistes.
Dans sa *Lettre aux Romains*, Ignace dit son enthousiasme pour le martyre : « Laissez-moi être la pâture des bêtes, grâce auxquelles il est possible d'obtenir Dieu. Je suis le blé de Dieu et je suis moulu par la dent des bêtes, pour qu'on trouve en moi le pur pain du Christ. Flattez plutôt les bêtes, pour qu'elles deviennent mon tombeau et qu'elles ne laissent rien des membres de mon corps, afin qu'une fois endormi je ne devienne un poids pour personne. Je serai véritablement disciple de Jésus-Christ quand le monde ne verra même plus mon corps. Suppliez pour moi le Christ, afin que, grâce à ces instruments-là, on trouve en moi

une victime offerte à Dieu » (IV, 1-2). Et puis ceci : « Si je subis ma passion, je deviendrai un affranchi de Jésus-Christ et je ressusciterai libre en lui » (IV, 1-3). Et encore : « Puissé-je trouver ma joie dans les bêtes qui sont préparées pour moi ! Je prie pour qu'elles s'avèrent rapides dans mon cas. Je les flatterai même afin qu'elles me dévorent rapidement, et qu'elles ne fassent pas comme avec certains, dont elles ont eu peur et qu'elles n'ont pas touchés. Et si elles rechignent et s'y refusent, moi je les forcerai » (V, 2). Enfin : « Que rien parmi les êtres visibles et invisibles ne s'oppose par jalousie à ce que j'obtienne Jésus-Christ. Que le feu et la croix, le corps-à-corps avec les bêtes, les lacérations, les écartèlements, la dislocation des os, la mutilation des membres, le broiement de tout le corps, que les pires supplices du diable s'abattent sur moi, pourvu que j'obtienne Jésus-Christ » (V, 3). Il fournit le mode d'emploi à ses disciples : « Permettez-moi d'être imitateur de la Passion de mon Dieu » (VI, 3). Ignace d'Antioche dit n'avoir aucun goût pour ce monde et les plaisirs vains de la vie, il méprise la « matière », la « vie humaine », il reprend l'image de saint Paul et se dit « avorton » lui aussi. Il n'a de souci que pour l'« esprit ». Dans son Épître aux Philippiens, Paul écrit : « Mourir est un gain » (Ph I,21) !

On sait qu'Ignace est mort pour sa foi, mais on ignore les circonstances : aucun document ne dit quoi que ce soit sur ce sujet. Dans sa *Légende dorée*, un best-seller médiéval du XIIIe siècle, qui servait aux curés pour préparer leurs sermons, Jacques de Voragine ne s'embarrasse pas de la vérité, il évolue dans le merveilleux. Pour ce faire, il invente une histoire édifiante : l'empereur Trajan en personne propose à Ignace d'abjurer sa foi et de mettre son talent au service de la religion païenne et lui promet une place de choix dans la hiérarchie romaine. Refus d'Ignace qui lui retourne la politesse : pourquoi ne serait-ce pas à l'empereur de se convertir ? Refus de Trajan qui déclenche alors le martyre : coups de fouets plombés sur les épaules, flancs écorchés avec des crochets en fer, plaies frottées avec des pierres abrasives, puis, comme cela ne suffit pas, obligation de marcher sur des charbons ardents, nouvelle séance de crocs sur le dos, blessures recouvertes de sel. Enfin, on l'enchaîne, on l'attache à un poteau puis on l'enferme au fond d'un cachot sans boire et sans manger pendant trois jours, à l'issue desquels il est livré aux bêtes en présence de Trajan, du Sénat et d'une foule nombreuse. Il n'y a bien sûr rien de vrai dans tout cela! Jacques de Voragine met dans la bouche d'Ignace des propos présents dans sa *Lettre aux Romains*, notamment cette affaire de froment moulu par les dents de la bête. Trajan se trouve convaincu par l'endurance de l'évêque d'Antioche et doute qu'un Grec eût pu en montrer autant. Ignace qui ébranle l'empereur de Rome : voilà un miracle en son genre! Jacques de Voragine précise que Trajan fut «rempli d'admiration» et «regretta ce qu'il avait infligé à Ignace» (XXXVII). Il «ordonna qu'on arrête de rechercher les chrétiens, mais qu'on punisse ceux qui tomberaient par hasard entre ses mains». *La Légende dorée* invente le *peplum*…

Pendant toute la durée du martyre, Ignace ne cesse d'invoquer le nom de Jésus-Christ. Aux bourreaux qui lui demandent pourquoi, il répond : «Je porte ce nom inscrit dans mon cœur, aussi ne puis-je cesser de l'invoquer.» Des ancêtres de l'Union rationaliste ont souhaité, si je puis dire, en avoir le cœur net. Voilà pourquoi, «après sa mort, ceux qui lui avaient entendu dire cela voulurent s'en assurer avec une curiosité immodérée : ils lui arrachèrent le cœur, le coupèrent en deux, et trouvèrent gravé en lettres d'or, en plein milieu, le nom "Jésus-Christ". Un très grand nombre de gens se mirent alors à croire» *(ibid.)*. On se convertirait à moins…

Origène naît dans une famille chrétienne à la fin du même IIe siècle. Il assiste aux persécutions des gens de sa religion dans sa jeunesse, sous Septime Sévère. Léonide d'Alexandrie, son père, meurt en martyr vers 202. Origène aurait, dit-on, assisté à sa décapitation. Il veut lui aussi mourir en martyr, sa mère l'en empêche en cachant ses vêtements pour l'empêcher de sortir… Lorsqu'il a dix-huit ans, l'évêque Demetrius le charge de former les catéchumènes, ce qui atteste ses qualités intellectuelles exceptionnelles. Il se sépare de ses livres profanes et s'impose une vie de mortifications. Il se met à la philosophie et assiste probablement aux leçons d'Ammonius Saccas, le futur maître de Plotin. Il pense à la charnière du moyen-platonisme et du néo-platonisme. Il découvre Philon d'Alexandrie.

Il passe pour le père de l'exégèse chrétienne. On lui prête d'ailleurs la création de l'école théologique d'Alexandrie dans laquelle ses élèves travaillent avec lui et pour lui en produisant d'abondants commentaires des textes bibliques.

On lui doit également une volumineuse réfutation du *Contre les chrétiens* de Celse qui a disparu. On comprend que les chrétiens parvenus au pouvoir n'aient pas eu envie de laisser trace de cet ouvrage de Celse, mais, ruse de l'histoire, Origène l'a tellement cité pour le critiquer que la somme des citations qu'il effectue correspond à peu près à la totalité de l'ouvrage. Cette réfutation a donc sauvé le texte qu'elle voulait abolir.

En 250, les persécutions de Dèce entraînent des martyrs. Origène est arrêté, emprisonné, torturé, mais il survit. Il meurt âgé de soixante-neuf ans, en 253 ou 254. Trois siècles après sa mort, il est taxé d'hérésie. Le deuxième concile de Constantinople condamne ses thèses en 553. *Sic transit gloria mundi.*

Le passage de la théorie à la pratique inquiète chez cet homme. Celui dont on dit qu'il est l'initiateur de la critique textuelle semble ne comprendre qu'à moitié ce qu'il lit... Ainsi, quand il médite l'évangile de Matthieu, il s'arrête sur cette phrase de Jésus qui affirme: «Il y a des eunuques qui se sont faits eunuques à cause du royaume des cieux» (Mt 19,12). Ni une ni deux, laissant de côté son travail exégétique appuyé sur le néo-platonisme, il se sectionne les génitoires. Eusèbe de Césarée rapporte dans son *Histoire ecclésiastique* qu'Origène aurait entretenu Demetrius, l'évêque d'Alexandrie, de cette action et que ce dernier l'en aurait félicité! Vers la fin de sa vie, rédigeant un *Commentaire de l'Évangile selon Matthieu*, il critique une lecture littérale de cette invite (Mt 19,12) en estimant que seul un idiot se castrerait après avoir lu pareil verset. On ne le lui fait pas dire! On s'étonne que le pape de l'exégèse catholique n'ait pas compris la dimension allégorique et symbolique du texte qu'il étudiait – et enseignait!

Origène a beaucoup écrit, deux mille volumes, dit-on. Dans cette œuvre monumentale, il existe une *Exhortation au martyre* qui s'avère emblématique de la pensée et de l'écriture patristiques. On ne s'étonne pas que Celse ait pu être sauvé par Origène, eu égard au nombre de citations faites par lui !

Ces pages d'Origène qui légitiment le martyre n'échappent pas à la règle : on cherche presque en vain une phrase de lui dans laquelle manquerait une citation d'un texte de l'Ancien ou du Nouveau Testament. Une chose n'est pas vraie parce qu'on la démontre selon l'ordre des raisons, que l'on progresse avec méthode en usant des règles classiques de la philosophie. Non. Une chose est vraie quand un verset de la Bible l'atteste. Depuis Paul, qui a crié haro sur la philosophie, la pensée des Pères de l'Église semble une rhétorique de derviche tourneur dans laquelle les idées disparaissent, cachées dans le vortex de citations, au profit du catéchisme.

Origène cite donc abondamment les Écritures pour montrer que quiconque tue son corps sauve son âme ; que tout homme se dépouillant de sa vie ici-bas retrouve au centuple, dans une vie au-delà, ce qu'il a sacrifié ; que Jésus n'étant pas venu pour apporter la paix mais la discorde, il faut renoncer à la sérénité ; que le même Jésus ayant invité à ce qu'on le suive et qu'on renonce à tout pour mener une vie chrétienne, il faut se débarrasser de tout sans se soucier de qui que ce soit ou quoi que ce soit. Origène écrit ainsi : « Haïssez donc votre vie pour la vie éternelle, persuadés que cette haine, que vous commande Jésus, ne peut être que bonne et utile. Mais si nous devons haïr notre vie afin de la conserver pour l'éternité, vous qui avez une épouse et des enfants, des frères et des sœurs, vous devez les haïr afin de les servir par votre haine, puisque cette haine, en vous conciliant l'amitié de Dieu, vous donnera le pouvoir de les combler de biens » (*Exhortation au martyre*, 37).

Comme le Christ qui, disons-le ainsi, a bu le calice jusqu'à la lie, le chrétien, prêt au martyre, acceptera avec joie, bonheur et gratitude le mépris, les calomnies, les moqueries, mais aussi les coups, les mauvais traitements. Citant l'Ancien Testament, Origène raconte que ce qui fut doit être à nouveau.

Le sang, semence de chrétien

Lisons : « Ces frères, au nombre de sept, dont les livres des Maccabées nous ont conservé la mémoire, et qui persévérèrent dans la religion malgré tous les genres de tortures que leur fit subir Antiochus, pourront nous offrir un illustre exemple du plus courageux martyre [...]. Est-il besoin de rappeler ces chaudières d'airain placées sur des brasiers ardents où se terminaient leurs supplices, après qu'ils aient souffert chacun des tortures différentes. Le premier donc eut d'abord la langue coupée, ensuite la peau de la tête arrachée : il supporta cette cruelle épreuve avec autant de courage que les autres endurent la circoncision ordonnée par la loi de Dieu, croyant lui-même accomplir une des conditions de l'alliance du Seigneur. Ce n'était pas assez pour Antiochus ; il lui fit encore couper les extrémités des pieds et des mains, sous les yeux de ses frères et de sa mère, afin de les torturer eux-mêmes par la vue de ces tourments qui paraissent si cruels, et dans le dessein de les faire renoncer à leur résolution. Antiochus poussa encore plus loin la barbarie : il ordonna que ce corps, qui déjà ne méritait plus ce nom après tant de souffrances, fût jeté dans les chaudières ardentes pour y être brûlé. Mais tandis que les chairs de ce généreux athlète de la religion, ainsi brûlées par les ordres du tyran, exhalaient une odeur affreuse, "ses autres frères et leur mère s'encourageaient mutuellement à mourir avec fermeté" [2 Mac,7,6], consolés par cette pensée que Dieu était témoin de leur combat ; et cette conviction suffisait pour leur inspirer une constance inébranlable » (*Exhortation au martyre*, 23).

Origène parle d'une « légère tribulation du moment » (*ibid.*, 2). C'est une citation de saint Paul qui enseigne aux Corinthiens : « Un léger moment d'affliction nous vaut, de surabondance en surabondance, un poids éternel de gloire, à nous qui ne regardons pas aux choses visibles, mais aux invisibles ; les choses visibles, en effet, sont temporaires, les invisibles sont éternelles » (2Co 4,17-18).

Autrement dit, souffrir le martyre puis mourir, c'est juste un mauvais moment à passer, et c'est peu cher payé pour se débarrasser d'un corps peccamineux au profit d'une libération de l'âme qui, dès lors, va vers une vie éternelle de béatitude au ciel ! Origène l'atteste : « Les âmes des martyrs de Jésus-Christ qui ont été frappés de la hache pour lui avoir rendu hautement témoignage ne se présentent pas vainement à l'autel céleste ; mais elles obtiennent pour ceux qui la demandent la rémission de leurs péchés » (*Exhortation au martyre*, 30). Ailleurs il parle d'un baptême par le sang imitant la Passion du Christ. La mort ici-bas, c'est la vie au-delà. Il n'y a donc aucun motif de déploration, mais au contraire il y a tout motif de se réjouir et d'entrer en allégresse.

D'où la dilection chrétienne pour le stoïcisme : Origène invite le martyr à ne pas dévoiler aux tortionnaires qu'il souffre, doute, hésite, qu'il pourrait apostasier et revenir au culte des dieux du paganisme ou à celui d'autres divinités – on songe au judaïsme originaire bien sûr. Nul besoin de montrer son émotion ou son éventuel découragement. Il faut au contraire manifester sérénité, tranquillité, sagesse, détermination. Jamais ailleurs plus que dans cette occasion penser la douleur comme un effet de la volonté n'offre le secours de la puissance du vouloir !

Une première génération de martyrs génère une série de témoignages qui relèvent d'une narration dans laquelle le merveilleux ne tient pas plus de place que de raison. Les textes rapportent des témoignages directs, racontent des interrogatoires, restituent des échanges entre représentants de l'ordre romain et prisonniers chrétiens. Il s'y mêle du vrai, du vraisemblable, des songes présentés comme tels bien que prémonitoires, des narrations allégoriques, comme le récit du martyre de saint Polycarpe qui semble écrit en regard du schéma narratif du récit de la Passion du Christ : avant son arrestation, Polycarpe se retire avec un petit nombre de disciples pour prier dans un domaine en bordure de la ville – comme Jésus au jardin des Oliviers ; il est trahi par des gens payés pour ce forfait – comme Judas l'est de trente pièces d'argent ; le proconsul est nommé Hérode – ce qui rappelle le roi Hérode Antipas ; il est conduit sur un âne – comme Jésus entrant dans Jérusalem ; en revanche, il va vers la mort non pas en désespéré, comme Jésus qui demande à son père pourquoi il l'a abandonné, mais souriant, joyeux, heureux de vivre la passion qui ouvre la porte de la vie éternelle à son âme sauvée.

Dans la logique du martyre, *la douleur apporte le salut* : elle est souhaitée, désirée, voulue, aimée, chérie, car elle conduit directement à la rédemption. La souffrance du corps ici-bas rédime le pécheur dont l'âme, sauvée, accède au bonheur de la vie éternelle au paradis. Le sang de la chair lustre l'âme. Placer le corps matériel en dessous de tout, c'est porter l'âme au-dessus de tout. Nombre de martyrs sont souriants, radieux, heureux, joyeux, le visage plein de grâce quand ils se trouvent aux portes de la mort, car elles sont pour eux celles de la vie éternelle.

Polycarpe est tellement fouetté que sa chair, à vif, déchirée, laisse apparaître ses veines et ses artères ; il remercie Dieu de lui envoyer cette épreuve car elle lui assure la « vie éternelle de l'âme et du corps dans l'incorruptibilité du Saint-Esprit » (*Martyre de Polycarpe*, XIV, 2), il est ensuite brûlé ; les suppliciés sont allongés sur des coquillages qui coupent comme des lames de rasoir, Carpos est pendu et lacéré avec des crocs de fer, cloué sur un poteau puis brûlé, « il sourit » (*Martyre de Carpos, Papylos et Agathonicé*, 38) ; Papylos subit le même traitement, pendu et déchiqueté, sa résistance épuise trois bourreaux obligés de se succéder pour assurer leur office et « il subit le courroux de l'adversaire comme un noble athlète » (36) ; Agathonicé sort de la foule et se dénonce, or se dire chrétien condamne *illico* à mort : elle se déshabille et monte sur le bûcher « dans la joie » (44) ; Justin, Chariton, Charitô, Évelpistos, Hiérax, Péon, Libérien subissent le martyre, Justin dit : « Tel est notre vœu : être châtiés pour être sauvés » (5) ; pendue à une croix, Blandine est torturée, déchiquetée, exposée aux lions, qui l'épargnent, mise dans un filet, jetée dans les pattes d'un taureau qui l'envoie valser plusieurs fois en l'air : « Tout son corps était déchiré et ouvert par les coups » (18) ; Sanctus est brûlé par des lamelles de bronze chauffées à blanc : « Son pauvre corps témoignait de ce qu'il avait enduré, tout entier plaie et meurtrissure, recroquevillé et privé de son ancienne forme humaine » (23) ; Biblis, une femme, croupit dans un cachot sombre et surpeuplé, on lui écartèle les pieds avec des broyeurs en bois ; Pothin, évêque nonagénaire de Lyon, animé par le « grand désir qu'il avait du martyre » (29), se retrouve mélangé à des prisonniers de droit commun dont les martyrs chrétiens se distinguent parce que, eux, les disciples du Christ, sont « souriants » (35), et puis ceci : « Ils exhalaient en même temps la "bonne odeur du Christ", au point que quelques-uns crurent même qu'ils s'étaient oints de parfum » (35). Maturus, Attale, livrés aux bêtes, subissent le fouet, les crocs des fauves, les chaises de fer portées à incandescence sur lesquelles on les contraint de s'asseoir, dans une odeur de graisse brûlée (38). Les corps de ces martyrs sont exposés dehors pendant six jours, sans sépulture, puis brûlés ; leurs cendres sont dispersées dans le Rhône.

La *Lettre des Églises de Lyon et de Vienne* détaille les persécutions : les chrétiens sont écartés des lieux publics, des bains, du forum ; la foule les agresse, les insulte, les frappe, les met à terre et les traîne au sol, elle les dépouille, les lapide. Les autorités romaines les interpellent, les emprisonnent, les interrogent sur la place publique, les condamnent, les torturent et raffinent leur mise à mort. On les accuse d'anthropophagie, d'inceste. Rien n'y fait : ils sont persuadés qu'en allant à la mort ici et maintenant ils accèdent sûrement à la vie éternelle. Cette certitude génère une béatitude qui accompagne toujours leur martyre.

Ils ne se départent pas de cette sérénité, de ce calme, de cette tranquillité, de cette sagesse, qui étonnent les plus aguerris, car ils luttent contre le « serpent tortueux » à la source du péché originel. Ils connaissent le moyen de se racheter : mortifier le corps terrestre pour libérer l'âme céleste qui, du fait que la mortification s'effectue au nom de Dieu – l'étymologie de « martyre » est « témoignage » –, ira au paradis.

On peut lire dans le *Martyre de Polycarpe* que cette voie rude du martyre n'est pas conseillée à tout le monde, mais seulement aux apôtres, à ceux qui veulent enseigner la parole du Christ.

Le sang, semence de chrétien

Galvanisé par le spectacle du martyre de Germanicus, qui répond à la demande d'abjuration du proconsul « en attirant de force la bête sur lui » (III, 1), un Phrygien du nom de Quintus embarque des chrétiens à choisir cette voie qu'il ne put lui-même emprunter. Polycarpe de dire : « C'est pourquoi, frères, nous n'approuvons pas ceux qui se présentent d'eux-mêmes au martyre, car tel n'est pas l'enseignement de l'Évangile » (IV). Polycarpe s'appuie pour ce faire sur un verset de Matthieu qui dit : « Lorsqu'on vous persécutera dans telle ville, fuyez dans une autre ; car, en vérité je vous le dis, vous n'en aurez pas fini avec les villes d'Israël que le Fils de l'homme viendra » (Mt 10,23). Autrement dit, la Parousie est proche, nul besoin d'aller au-devant de la mort. On peut s'y prendre autrement : en devenant anachorète ou cénobite, en quittant le monde pour vivre au désert avec les démons et les serpents, dans la fournaise et l'ascèse.

8

L'amour de la sainte abjection
Imiter le cadavre

Quand on pense le christianisme des débuts, il ne faut jamais oublier qu'il se déploie dans la configuration de la Parousie : Jésus annonce en effet que, *du vivant de ceux qui l'écoutent*, il reviendra et qu'aura lieu le Jugement dernier au cours duquel les morts se lèveront ; voilà d'ailleurs la raison pour laquelle on enterrait jadis les morts le visage vers l'Orient, dans la direction du soleil levant, pour qu'ils puissent voir Dieu ce jour-là.

Le calcul est simple, en prêtant une vie humaine normale à Jésus, même ressuscité, il aurait dû revenir avant les années 80-90 de son ère. On l'attend toujours, ce qui devrait interroger tout chrétien qui se respecte...

Car les textes sont clairs : « De même que l'éclair part du Levant et paraît jusqu'au Couchant, ainsi sera la Venue du Fils de l'Homme. » Et ceci : « Le soleil s'obscurcira, et la lune ne donnera pas sa clarté, et les astres tomberont du ciel, et les puissances des cieux seront ébranlées. Et alors paraîtra le signe du Fils de l'Homme dans le ciel, et alors se frapperont la poitrine toutes les tribus de la terre, et elles verront le Fils de l'Homme venir sur les nuées du ciel avec la puissance et beaucoup de gloire. Et il enverra ses anges avec la grande trompette, et ils rassembleront ses élus des quatre vents, des extrémités des cieux à leurs extrémités» (Mt 24,29-31 ; Mc 13,24-27). Luc précise : «Quand cela commencera d'arriver, redressez-vous et relevez votre tête, parce que votre rachat approche» (Lc 21,28). Convenons-en, voilà qui aurait dû faire du bruit ! Or ce fut et c'est toujours le silence.

Saint Paul entretient les Corinthiens de cette «venue» (1Co 15,23), vers l'an 55, soit un peu plus d'une vingtaine d'années après la mort du Christ... Aux Thessaloniciens il dit : «Le Seigneur, au signal donné, à la voix de l'archange et au son de la trompette de Dieu, descendra du ciel : alors les morts en Christ ressusciteront d'abord ; ensuite, nous, les vivants, qui serons restés, nous serons enlevés avec eux sur les nuées, à la rencontre du Seigneur» (1Th 4,16-17). «Nous, les vivants, qui serons restés» : on ne peut être plus clair pour dire que ce retour du Christ sur terre est imminent !

Il a fallu des talents d'ingéniosité aux Pères de l'Église pour expliquer que ce qui devait advenir du vivant de Paul, disons jusqu'en 67, n'est toujours pas advenu en 167, 267, 367, 467, 567, etc., ni même en 1967. À l'aide de l'Ancien Testament, saint Augustin effectue des prodiges numérologiques pour expliquer qu'un siècle n'est pas un siècle mais, symboliquement, plein de siècles[1] – ce qui justifie qu'on puisse encore attendre aujourd'hui ce qui avait été annoncé comme imminent il va y avoir deux mille ans.

Peu importe... Ce qui compte c'est que les disciples du Christ y aient cru, durant ce Ier siècle de notre ère, ce qui, incontestablement, a dû induire chez eux un état psychique d'angoisse. Si, de son vivant, on est convaincu que le Christ va revenir nous juger pour envoyer notre âme en enfer ou au paradis, on peut en effet vivre sa vie quotidienne dans l'inquiétude,

---

1. Pour le détail du calcul, voir mon *Décadence. Vie et mort du judéo-christianisme*, tome II de la *Brève encyclopédie du monde*, «L'ici-bas du royaume des cieux. Parousie, césaropapisme et fin de l'histoire», Paris, Flammarion, 2017, p. 137-152.

la crainte, l'épouvante, à l'idée de mourir dans un état de péché qui interdit le salut.

La patristique regorge de textes concernant les démons. La tentation de saint Antoine fournit le modèle de cet univers satanique. Athanase d'Alexandrie, dans la lettre qui raconte la vie du moine du désert, fait du diable « l'ennemi du bien » (5, 1) et lui donne des formes multiples : il peut « prendre, de nuit, l'aspect d'une femme et en imiter parfaitement l'allure » (5, 5), celle d'un dragon qui grince des dents (6, 1), celle d'« un enfant noir » (6, 1), celles de « bêtes sauvages et de reptiles [...], de lions, d'ours, de léopards, de taureaux, de serpents, de vipères, de scorpions et de loups » (9, 5-6), de voix qui crient et vocifèrent, hurlent comme des animaux (13, 1), de « géants ou d'une grande troupe de soldats » (23, 3), d'un troupeau de hyènes qui semble réunir tous ces animaux du désert (52, 2). Parfois ces démons répètent en écho un texte des Écritures qui vient d'être lu (25, 2). Quoi qu'il en soit, Satan se montre *in fine* l'« ami de la fornication » (6, 2), le séducteur, le tentateur, le serpent de la Genèse.

Les démons peuvent faire peur mais pas au croyant, car il sait qu'un simple signe de croix les fait disparaître. « Il faut les mépriser et ne leur prêter absolument aucune attention. Mais plus ils en font, plus nous devons renforcer notre ascèse contre eux. C'est une arme puissante contre eux que la vie droite et la foi en Dieu. C'est pourquoi ils craignent le jeûne des ascètes, leurs veilles, leurs prières, leur douceur, leur calme, leur mépris de l'argent et de la vaine gloire, leur humilité, leur charité pour les pauvres, leurs aumônes, leur patience et, avant tout, leur piété envers le Christ » (30, 1-2). Antoine dit avoir rencontré Satan. Il lui est apparu avec « une grandeur extraordinaire » (41, 1) et s'est étonné que les anachorètes le maudissent ! Il s'en est ouvert au moine du désert qui lui a répondu que sa puissance était anéantie par la venue du Seigneur, un mot qui le met immédiatement en fuite. Une autre fois le démon prend la forme d'une « bête d'apparence humaine jusqu'aux cuisses, mais ayant des jambes et des pieds comme ceux d'un âne » (53, 1).

En sa présence, Antoine se signe et dit : « "Je suis le serviteur du Christ. Si tu as été envoyé contre moi, me voici." La bête avec ses démons s'enfuit, si rapidement qu'elle tomba et mourut. La mort de la bête était la chute des démons » (53, 2-3). Cependant, en double négatif du Christ, Satan meurt, mais ressuscite lui aussi... Ce démon mort ne cesse de revenir dans la vie d'Antoine, de celle de tous les moines du désert, mais également dans celle des hommes depuis qu'ils sont hommes et jusqu'à ce qu'ils le demeurent.

Cet âge d'angoisse est donc rempli de démons, de diables, visité par Satan en personne et, pour résister à ce que ce dernier est – à savoir désirs, plaisirs, tentations, jouissance, mensonge, vices, en un mot chair tournée contre l'esprit, corps en guerre contre l'âme –, il n'y a qu'ascèse et combat contre... désirs, plaisirs, tentations, jouissances, mensonges, vices. L'ascèse s'avère donc l'antidote au diable.

Dans cet âge d'angoisse consubstantiel aux tuilages de civilisations, à savoir la fin du paganisme gréco-romain et l'avènement de l'Empire judéo-chrétien, les martyrs témoignant de la foi catholique dans un monde païen qui les persécute se trouvent remplacés par les anachorètes et les cénobites qui, eux aussi, attestent cette même foi, mais par d'autres voies. Les premiers vont au combat en passant par les arènes, où ils meurent sous les crocs de fauves bien réels, les seconds montent à l'assaut des diables et des démons, de Satan, en éteignant le corps afin de libérer l'âme et qu'elle soit sauvée le jour, proche, du retour de Jésus-Christ sur terre. À l'heure de la Parousie, le corps doit être prêt pour la vie éternelle, c'est-à-dire aussi mort que possible afin que l'âme soit la plus vivante qui soit.

La vie de saint Antoine sert de modèle à nombre d'anachorètes et de cénobites, mais également, au-delà de ceux qui offrent radicalement leur vie à Dieu, aux chrétiens auxquels l'ermite ne propose pas de théories, de doctrines, d'analyses théologiques pointues sur la nature de l'eschatologie, mais *l'occasion d'une vie chrétienne*.

L'AMOUR DE LA SAINTE ABJECTION

Cette sagesse existentielle poursuit celles des philosophes de l'Antiquité qui avaient pour objectif moins de théoriser le monde que d'offrir la possibilité de vies philosophiques pour se guérir du monde comme il est et comme il va.

Rappelons-le, le *platonisme* est utile au christianisme par plusieurs théories de Platon, dont certaines sont elles-mêmes issues du *pythagorisme* : le dualisme qui divise le corps et l'âme ; l'opposition entre le monde intelligible et le monde sensible ; la vérité de l'ici-bas sensible conférée par un au-delà intelligible ; la radicalité anti-hédoniste ; la médiation du savoir ésotérique par le truchement d'une figure mythique, Socrate, condamné à mort pour ses idées ; l'ontologie de l'être ; le double mouvement de processions ascendantes vers le Bien et de vérité descendant vers les hommes ; mais aussi et surtout, la survie de l'âme après la mort et son destin *post mortem* induit par la manière dont elle a été employée ici-bas.

Le *néoplatonisme* de Plotin enfonce le clou mystique avec la haine du corps concret et le travail quotidien sur soi pour parvenir à une purification de la chair au profit d'une tension à même de déboucher sur des extases. La *Vie de Plotin*, écrite par Porphyre, nous l'enseigne : la philosophie est une sagesse existentielle qui concerne l'ici et maintenant en relation avec une eschatologie – le salut pour l'éternité.

Le *stoïcisme* s'ajoute à ce bon usage de la philosophie antique par les premiers chrétiens avec sa théorie de la souffrance comme occasion de montrer la puissance de la volonté du sage : la douleur, disent les stoïciens, est affaire de consentement à celle-ci. Il suffit de ne pas la vouloir pour qu'elle ne soit pas. Cette pensée débouche sur un dolorisme qui donne à la souffrance physique un rôle sotériologique : plus l'homme supporte de souffrance – la devise des stoïciens est, rappelons-le, « Supporte et abstiens-toi » –, plus il montre sa sagesse. Même remarque avec la mort présentée comme un salut, puisqu'elle permet au philosophe d'expérimenter qu'il a bien passé sa vie à l'apprivoiser – souvenons-nous du fameux « Philosopher, c'est apprendre à mourir » de Cicéron. La souffrance n'est rien, le bon usage de la douleur mène au salut, la mort est souhaitable pour le sage, car elle lui permet d'expérimenter et de montrer sa sagesse. Ces petits ruisseaux philosophiques antiques font la grande rivière chrétienne.

L'*aristotélisme* ne sert à rien dans ces temps de foi pure où l'on n'a pas besoin de démonter Dieu avec syllogismes, rhétorique, sophistique, dialectique. La *Métaphysique* n'est pas encore utile dans un temps contemporain de Jésus ou de ceux qui, dit-on, l'ont vu ou ont enquêté auprès de ceux qui disent l'avoir côtoyé. C'est quand la foi commence à vaciller qu'il lui faut l'appui de discours justificatifs, c'est-à-dire au Moyen Âge, et qu'Aristote prend du service. Il est l'un des grands hommes, sinon le grand homme, de la pensée scolastique, avant que Montaigne ne tourne la page d'un millénaire de cette pensée magique.

Ajoutons à ces écoles philosophiques antiques l'apport du *cynisme*, une école si décriée, si mal comprise, si caricaturée. La plupart du temps, on la réduit à des anecdotes : Diogène de Sinope se masturbe sur la place publique, vit dans un tonneau (une invention gauloise), mange du poulpe cru, voire de la chair humaine, mord la main qui le nourrit, pisse dans la rue, copule en public, moque l'empereur Alexandre, déambule dans la ville avec une lanterne allumée en plein jour en disant qu'il cherche un homme, on le voit aussi traîner un hareng au bout d'une ficelle dans la rue ou affirmer qu'il faut prendre modèle sur les animaux – la souris, la grenouille, le poisson, mais, surtout, le chien ! Que fait d'autre l'ascète copte Paul de Tamueh qui passe cinquante-quatre ans dans le désert à vivre comme un buffle au milieu des buffles ?

C'est mal comprendre que, derrière toutes ces petites histoires faites pour provoquer – étymologiquement, faire naître quelque chose… –, il existe une philosophie consignée dans les écrits des cyniques eux-mêmes, qui presque tous ont été perdus, ou détruits par le pouvoir chrétien, et qui renfermaient une véritable sagesse appuyée sur quelques thèses : la culture détruit la meilleure part en l'homme qui est celle de la nature, la sagesse consiste à la retrouver par l'ensauvagement, qui est art de laisser parler en soi non pas l'âme immatérielle, mais ce qui en nous, dans la vie, veut la vie. D'où un matérialisme vitaliste et hédoniste, un terrible antidote aux pouvoirs, aux fables et aux mythologies. Diogène Laërce rapporte dans ses *Vies et doctrines des philosophes illustres* qu'Antisthène disait : « La vertu relève des actes, elle n'a besoin ni de longs discours ni de connaissances » (VI, 11). Et puis cette autre idée, de Diogène de Sinope cette fois : « Rien, absolument rien ne réussit dans la vie sans ascèse » (VI, 71). Que dit d'autre Antoine quand il cite Paul qui invite à vivre « non selon la chair, mais selon l'esprit » ? (7, 1).

L'ascèse existentielle comme preuve de la vie philosophique constitue la colonne vertébrale de l'engagement des moines du désert. Seul, pour l'anachorète, ou en communauté, pour les cénobites, ces « athlètes du désert », pour filer une métaphore de Nestorius, estiment que le christianisme n'est pas un corpus doctrinal, une théologie complexe, une philosophie absconse, encore moins un discours permettant de s'asseoir sur un trône terrestre, mais une sagesse pratique qui rend visible la vie philosophique chrétienne.

Lorsqu'au IVe siècle Constantin habille Jésus d'or et de brocart, qu'il le couvre de diamants et taille son corps dans du marbre ou du bronze, qu'il loge sa figure dans des palais grandioses où des prêtres richement vêtus et emperlousés célèbrent l'eucharistie dans des vaisselles de vermeil, quand tout disparaît dans les vapeurs de parfums coûteux, comme l'encens et la myrrhe, les moines du désert n'enterrent pas le Christ sous saint Paul, dont ils refusent l'épée, et lui préfèrent le Jésus simple et pauvre, démuni et sobre, ascète tendu vers Dieu. J'imagine bien saint Antoine dans Rome avec le fouet que Jésus brandit pour chasser les marchands du Temple !

Dans sa *Vie de saint Antoine*, Athanase, évêque d'Alexandrie, écrit : « La vie d'Antoine suffit comme modèle d'ascèse » (Pr. 3). Puis il explique ce qu'est l'ascèse : faire attention à soi-même, tenir une « ferme discipline » (3, 1), manifester un zèle tendu, s'interdire toute négligence, vivre comme si l'on devait mourir dans l'heure, s'accoutumer aux austérités, endurer l'effort, créer de bonnes habitudes, viser toujours plus et mieux, refuser l'abattement. L'essentiel ? Vivre selon l'esprit, donc contre la chair, châtier son corps et le réduire en servitude, car il est pécheur. Plus on maltraite la chair, plus on sublime l'âme, mieux on mortifie le corps, mieux on magnifie l'esprit, tout ce qui est retranché à la matière nourrit le Paraclet. Athanase dit : « L'intelligence de l'âme se renforce justement quand les plaisirs du corps faiblissent » (7, 9). La vie doit donc être consacrée à tuer le corps pour obtenir la vie éternelle – quand, de façon imminente, le Christ reviendra en majesté pour cause de Parousie. Antoine vit reclus pendant vingt années, en se privant de nourriture, de boisson, de sommeil, en refusant toute concession faite au plaisir : « Quand nous aurons déposé ce corps corruptible, dit-il, nous le recevrons en retour incorruptible » (16, 8). Et ceci : « Ne pensons pas faire preuve de persévérance ou accomplir un exploit. En effet *les souffrances du moment présent sont sans proportion avec la gloire qui se manifestera en nous* [Paul, Rom 8,18]. Ne pensons pas, en regardant le monde, que nous avons renoncé à de grandes choses. En effet, même toute la terre est bien petite à côté du ciel tout entier. Si donc nous étions maîtres de toute la terre et renoncions à toute la terre, ce serait sans proportion avec le royaume des cieux » (17, 1-3). L'ascèse transmute donc le plomb de la chair en or spirituel. Elle transfigure la vie, elle métamorphose l'être – elle réalise l'Homme Nouveau, l'idéal de Paul.

Cet Homme Nouveau peut d'ailleurs être une femme ! Ainsi cette histoire édifiante : Athanasia, une belle femme heureuse, vit une existence profane avec son mari Andronicos, qui lui a donné deux beaux enfants. Mais ces enfants meurent. Dès lors, les parents renoncent au monde et partent pour le désert où, séparés, ils conduisent leur ascèse pendant plus d'une décennie. Athanasia coupe ses cheveux et porte des habits d'homme. Elle change de nom et devient Athanase. L'un et l'autre vivent en reclus dans le désert de Nitrie. Un jour, Andronicos demande l'hospitalité à un autre moine, qui la lui donne. Tous les deux vivent en ascètes pendant une période de douze années. Au moment de mourir, l'hôte, qui avait la peau noircie comme l'ébène par le soleil et le corps sculpté par les mortifications, avoue à son compagnon qu'il est une femme et s'appelle Athanasia...

Mais cet Homme Nouveau peut aussi être... un homme! Ainsi, cette histoire syriaque du ve siècle à laquelle s'agglomèrent des versions augmentées jusqu'au ixe siècle. Jacques de Voragine développe, comme à l'accoutumée, sans documents attestant sa version. Né au ive siècle, Alexis est issu d'une haute famille noble de Rome. Son père, le préfet Euphémien, « avait à son service trois mille jeunes esclaves portant des ceintures d'or et des habits de soie » (XCII). Généreux, il accueille chaque jour, à trois tables, pauvres, étrangers, veuves et orphelins qu'il sert lui-même. Il prend un léger repas avec des hommes pieux. Sa femme manifeste une même piété catholique. Alexis effectue de sérieuses études. On le marie avec une fille de bonne famille, issue de la maison de l'empereur. La nuit de noces, il invite sa femme à la chasteté chrétienne. Puis, sans rien dire à personne, il part en Syrie où se trouve le saint suaire. Arrivé sur place, il distribue tout ce qu'il a et vit avec les pauvres. Son père le fait partout chercher dans le monde, il envoie des serviteurs dans les coins les plus reculés. Quelques-uns tombent sur lui mais ne le reconnaissent pas et lui font l'aumône. Ironique, il les remercie en disant : « Je te rends grâce, Seigneur, de m'avoir fait recevoir l'aumône de mes serviteurs ! » Rentrés chez leur maître, ces fameux serviteurs rendent compte de leurs recherches : Alexis demeure introuvable. Affliction redoublée de sa mère et de sa femme. Après dix-sept années de son ascèse, une image de la Vierge parle au gardien de l'église devant laquelle Alexis mendie, en l'enjoignant de le faire entrer dans le sanctuaire. Il devient ainsi célèbre et quitte alors ce lieu par la mer pour retrouver l'anonymat. Les vents ne le portent pas là où il souhaitait aller, à Tarse, et le conduisent à Rome. Il y croise son père accompagné de nombreux serviteurs, lui demande l'hospitalité, l'obtient, n'est pas reconnu par lui, rentre donc dans la maison paternelle où on lui attribue un serviteur. Il prie, veille, jeûne. Les domestiques se moquent de lui, lui renversent de l'eau sale sur la tête, l'insultent. « Il passa dix-sept ans dans la maison de son père sans être reconnu. » Aux abords de la mort, il demande un papier, écrit, raconte sa vie. Le dimanche suivant, pendant la messe, une voix annonce qu'il faut « chercher l'homme de Dieu, afin qu'il prie pour Rome ». Tout le monde met un certain temps, y compris deux empereurs et le pape, avant de comprendre qu'il s'agit d'Alexis, que l'on retrouve mort serrant son papier dans une main. Seul le pape parvient à le lui faire lâcher et découvre au peuple rassemblé l'identité du fils d'Euphémien – qui perd connaissance, tombe à terre, revient à lui, déchire ses vêtements, s'arrache les cheveux, se lacère, se mutile, se jette sur le corps de son fils, déplore tout ce qui est arrivé. Sa mère et sa femme agissent de même. Son corps mort guérit les maladies. On lui fait un tombeau resplendissant. Une odeur suave s'en échappe.

Les histoires d'Athanasia et d'Alexis montrent qu'une vie d'ascèse permet la mort de *l'être d'avant* au profit d'une naissance de *l'être d'après*. C'est le sens, je l'ai dit, de l'enseignement de Jésus, selon Jean : il existe une vie mondaine selon la chair ; une rencontre avec le Verbe coupe cette vie en deux au profit d'une vie spirituelle selon l'esprit ; une renaissance s'ensuit qui génère un *être nouveau* tellement en rupture avec celui d'avant que l'époux ne reconnaît pas son épouse, que la mère et le père ne reconnaissent pas leur fils métamorphosé, et que la femme ne reconnaît pas son mari. Voici donc une vie terrestre *selon le Corps*, une mort symbolique *selon le Logos*, une résurrection *selon l'Esprit*. L'âme vit dans la matière et le temps ; elle rencontre le Paraclet ; elle renaît dans l'immatériel pour l'éternité. Voilà le simple message originel de Jésus, recouvert par tant de scories patristiques, théologiques, scolastiques, philosophiques qu'on ne sait plus entendre cette parole de l'évangéliste Jean qui l'avait pourtant annoncé : le Verbe s'est fait Chair.

L'ascèse, qui est pour les cyniques la « voie courte » (Diogène Laërce, *Vies et doctrines*…, VI, 70-71) pour parvenir à la vertu, s'avère également pour les Pères du désert le chemin, ardu, qui mène à la vertu. Saint Dorothée répond à Pallade d'Hélénopolis qui lui demande pourquoi il impose de telles mortifications à son corps : « Il me tue, je le tue ! » (*Histoire lausiaque*, 2, 2). C'est en effet le projet des moines du désert : tuer leur corps pour libérer leur âme de la prison dans laquelle elle se trouve encagée.

Le projet paulinien surgit alors dans toute sa superbe : à quoi ressemble l'Homme Nouveau proposé par saint Paul comme modèle ? Aux Éphésiens, Paul en a donné le mode d'emploi, comme nous l'avons vu plus haut (p. 81). Mais, dans la réalité, ce à quoi ressemble cet Homme Nouveau, c'est à un homme qui reste en vie. L'anachorète et le cénobite pratiquent un suicide lent qui leur permet de survivre longtemps et de faire durer le supplice souvent au-delà d'un âge très avancé. Il n'est pas rare que ces individus qui se nourrissent d'un pain par an, d'une pincée de sel, d'un peu d'eau croupie, qui dorment le moins possible, vivent huit, neuf ou dix décennies ! Avec ces chiffres, l'hagiographie souhaite dire que l'ascèse conserve la santé, voire qu'elle la donne !

Voici le portrait de l'Homme Nouveau, non pas tel que Paul l'a décrit, mais tel qu'il s'est construit et apparaît dans les déserts égyptiens, palestiniens, syriens, cappadociens, arméniens, perses du IVe siècle de notre ère.

L'ascète *conduit ses fonctions vitales* vers le rien – comme on réduit la luminosité d'une pièce pour vivre avec la plus basse clarté possible. Pour vivre, il faut manger, boire, dormir correctement sous peine de détraquer son corps, qui, sinon, va maigrir, manquer de vitamines, de substances essentielles, de sels minéraux, qui va se déshydrater, s'abîmer neuronalement. Mettre son corps dans cet état, carencé en tout, c'est s'assurer visions, délires, divagations. Le chamanisme n'ignore pas cette préparation du corps aux états seconds. On ne s'étonnera donc pas que pareilles chairs épuisées voient des démons, entendent des voix, parlent aux bêtes, qui leur répondent, discutent avec Moïse, David ou Jésus.

Paul de Thèbes vit de cinq figues par jour et meurt centenaire ; deux fois par an, on passe à Antoine un pain par-dessus le mur qui le retranche du monde ; Pacôme mange du pain, du sel, des herbes cuites, et un peu de cendre pour leur donner mauvais goût; pendant soixante ans, Macaire, ayant appris qu'un autre ascète grignotait une livre de pain par jour, rompt son pain, le met dans une bouteille et ingère seulement ce que ses doigts peuvent attraper; Dorothée quant à lui réduit sa portion à cent grammes par jour; Paul de Tarse vit pendant soixante ans avec ce qu'un corbeau lui apporte tous les jours – ce qui s'appelle être ravitaillé par les corbeaux; Arsène se contente de deux prunes et d'une figue par jour avec un peu de pain, mais il attend que les fruits soient pourris avant de les consommer; à seize ans, Chenouti ne mange qu'une fois par semaine, le dimanche, légumes et baies bouillis; Sabin refuse le pain pour lui préférer une farine mélangée à de l'eau croupie, et attend que le tout soit corrompu pour faire bombance; Isidore raffole de miettes tombées à terre et des raclures de plats; Marie l'Égyptienne détient le record : deux pains et demi en tout et pour tout pendant dix-sept ans – plus anorexique que ça, tu meurs. D'autres qu'on nomme les « Paissants » broutent de l'herbe et mangent des racines leur vie durant. Des ermites éthiopiens, trop nombreux à sacrifier à cette gastronomie végane du désert, sont chassés par des paysans dont les vaches n'ont plus rien à manger et sont reconduits à leurs grottes, dans lesquelles ils meurent de faim...

Dans le désert, où les températures peuvent dépasser cinquante degrés en plein soleil, il n'est pas question de ne pas boire. Le vin est banni bien sûr, l'eau est la seule boisson autorisée. Mais il ne faut pas qu'elle soit fraîche et pure. Corrompue, saumâtre, c'est mieux. Le désert de Nitrie, où ils s'installent en quantité, s'avère le lieu idéal, car la source permet de puiser une eau au mauvais goût bitumé...

Le sommeil est un plaisir, de ce fait il est réduit le plus possible. Pas question qu'il soit réparateur. Jean de Sardes choisit l'option de rester debout toute sa vie et dort une corde sous les aisselles. Dans le même esprit, Titus se fait suspendre en l'air par des cordes afin que ses pieds ne touchent jamais le sol, corrompu par le péché originel. Antoine s'inflige régulièrement des nuits blanches, sinon il dort deux ou trois heures, pas plus. Dormir c'est rêver et, dans les songes, on ne travaille plus à son salut, les images les plus folles peuvent envahir l'esprit et les désirs libidineux prennent toute la place. Dieu est éloigné, Satan y fait la loi. Pacôme s'impose de nombreuses veilles. Il ne dort pas allongé, c'est trop voluptueux, mais assis, accroupi, debout, ou adossé à un mur. Pendant quinze ans, il prend un peu de sommeil debout, en plein milieu de sa cellule, dans une souffrance qu'il bénit. Palémon, son maître, lui ordonne de marcher dans le désert sans s'arrêter, de porter des charges sur les épaules, afin de lutter contre la tentation de s'endormir. Macaire, pour sa part, entre un jour dans un cimetière et se couche dans un tombeau. Il y trouve un corps desséché et s'en fait un oreiller. Il s'endort. Un démon demande au cadavre de se lever et de le rejoindre ; le cadavre décline l'invitation et répond que c'est impossible, car il a quelqu'un sur le ventre ; «Quel est cet homme ? fait le démon. – Le grand Macaire, répond le cadavre. – Allez-vous me laisser tranquille ? s'impatiente Macaire.» Il se signe, le démon s'enfuit, il se rendort. Quant à Siméon le Stylite qui vit au sommet d'une colonne de vingt mètres, il a résolu le problème : il ne dort jamais mais prie. Pas de temps à perdre. La vie est trop courte.

L'ascète *conduit ses relations à autrui* vers le rien. Lui et Dieu, voilà tout ! Pas de place pour un tiers dans cette existence tout entière tournée vers le salut de son âme, rendue pure par l'extinction de sa chair. Pour réaliser cette altérité altérée, il suffit de ne pas parler. C'était la règle avec Pacôme qui enseignait : « Apprends à te taire. » Chenouti interdit à ses moines d'utiliser un déterminant possessif : pas question de dire « ma » chambre, « mon » lit, « mon » assiette. Saint Acepsime s'enferme dans une petite maison de pierre et ne voit personne, il ne parle donc jamais. On lui apporte une assiette de lentilles chaque semaine et celui qui la lui donne la passe par un trou confectionné en biais pour qu'on ne puisse le voir. La nuit, il sort pour puiser de l'eau dans une fontaine. Bien sûr, pas de femmes, pas de relations sexuelles. Macaire, qui fut jadis marié contre son gré par ses parents, a vécu avec son épouse une union « apotactique », autrement dit dépourvue de contacts sexuels. Nul besoin de préciser que ces hommes ne sacrifient pas au tropisme reproductif : on n'imagine pas un moine du désert marié et père de famille...

L'ascète *conduit sa sensorialité* vers le rien. On l'a vu, pas question de goûter ou de sentir des odeurs agréables : seule celles des trépassés morts en état de perfection se montre douce et suave. Le parfum, s'il n'est pas d'émanation céleste ou divine, est une séduction, un péché. De même avec l'ouïe, les seuls sons agréables sont eux aussi ceux qui viennent du ciel. Ni goûter, ni sentir, ni écouter, ni toucher. Que reste-t-il alors ? Regarder, voir ? Non plus...

L'ascète s'interdit le spectacle de la beauté. Saint Elpide, par exemple, vivait en Palestine devant un paysage sublime, mais il « ne se tourna jamais du côté de l'occident, quoique l'entrée de la caverne fût sur le sommet de la montagne, pas plus qu'il n'a jamais regardé le soleil ni les étoiles qui apparaissaient dès son coucher et dont il n'a pas vu une seule durant vingt ans ».

Pas question de produire quoi que ce soit de beau, ce serait montrer son désir de se mesurer au créateur. Or, quand il termine son monastère à colonnade à Moncose, Pacôme l'estime réussi et en retire une satisfaction. Le saint se punit de ce péché d'orgueil en reprenant la colonnade afin de la faire pencher pour abolir l'équilibre harmonieux qu'il a obtenu.

L'ascète s'interdit également de sourire ou de rire, c'est l'apanage des démons. Une esquisse de sourire peut faire s'effondrer des années d'ascèse et de mortification dans le désert. Rire c'est se relâcher, se détendre, montrer les dents comme les animaux, perdre contenance et maîtrise de soi, laisser parler la bête en soi. Le visage de l'anachorète ou du cénobite doit être en permanence impassible.

Ne pas bouger était l'obsession des « stationnaires ». Il s'agissait, comme leur nom l'indique, de rester le plus longtemps possible debout, les bras en croix, en prière, la tête tournée vers le ciel. Saint Maron par exemple a décidé de vivre à l'intérieur d'un arbre aux parois hérissées d'épines. Bouger équivaut alors à se faire déchiqueter par ces aiguilles de bois. Dans un monastère, la règle consiste à pratiquer en stationnaire dès la sonnerie d'une cloche jusqu'à la suivante qui met fin à l'exercice : un moine boulanger se trouve surpris par la première cloche en train de mettre du bois dans le feu, il attend le second coup pour retirer ses mains – de ce fait calcinées bien sûr. Mais bouger tout le temps était l'obsession des « gyrovagues » qui, eux, ne s'arrêtaient jamais...

Enfin, l'ascète *conduit sa dignité* vers le rien. Ces hommes et ces femmes qui passent leur vie sous le soleil incandescent du désert ne se lavent jamais. Certains sont nus, d'autres revêtent des peaux de bêtes, moutons ou chameaux, pour transpirer plus encore. Ils ne se coupent jamais les cheveux, ni les ongles si bien qu'ils peuvent s'enrouler dans leur tignasse qui ne connaît pas le savon. Athanase dit d'Antoine : « Il ne baignait pas son corps pour se nettoyer, il ne se lavait jamais les pieds et ne les plongeait même pas dans l'eau sans nécessité » (47, 2-3), autrement dit pour traverser une rivière...

Bien sûr, l'ascète n'habite pas une maison dans laquelle il pourrait se laver – Jésus n'a jamais invité à puer, manger et boire sobrement – et dormir pour réparer ses forces : non, il vit comme les « dendrites » dans des arbres creux, dans des tombes, dans des zones fluviales infestées de crocodiles qui attaquent, dans des cages où l'on ne peut être ni debout ni assis, dans des grottes, dans des cabanes aux ouvertures murées, dans un désert de nitre au sol coupant comme des lames, dans des trous creusés comme des terriers, voire directement dans des tanières naturelles, dans de la boue jusqu'aux côtes, dans des huttes de branchages, dans des citernes, comme les « stylites » au sommet de colonnes, qui peuvent, c'est le cas de Siméon, atteindre vingt-cinq mètres – Alype y a passé vingt-neuf années de sa vie.

Toutes les situations qui permettent de renoncer à sa dignité sont célébrées par l'ascète : manger pourri, boire de l'eau souillée, gâcher sa boisson fraîche avec une eau corrompue ; accepter, au monastère, qu'un moine annonce faussement l'agonie d'un proche ; arroser un bâton mort planté dans le désert avec une eau rare puisée loin du lieu de l'ascèse – qui finira par fleurir bien sûr ; faire et défaire sans arrêt le même panier ou les mêmes nattes sous le soleil égyptien; se laisser ensevelir sous la neige en restant immobile; faire poireauter un disciple en demande de maîtrise à la porte du monastère pendant deux ou trois ans; casser un pot de miel dans le sable et le ramasser avec un coquillage jusqu'à ce qu'aucun grain n'y demeure; manger sept olives par jour parce que six c'est péché d'orgueil et huit péché de gourmandise; aller chercher l'eau au puits le plus lointain et s'y rendre à tous petits pas; vivre au fond d'un puits; rester des années sur une brique, nu, en attendant que la sueur et les larmes la fassent fondre; aider des voleurs surpris chez soi à parfaire leur cambriolage en leur tendant la sandale qu'ils viennent d'oublier; ne pas répondre à l'appel de son nom pour éviter le péché d'orgueil; s'exposer en plein soleil, couvert de miel, en attendant la piqûre des insectes afin d'expier la faute d'en avoir tué un par réflexe parce qu'il nous a inoculé son venin; passer sa vie à errer dans le désert sans cesser de pleurer sur les conséquences du péché originel; simuler la folie par passion de l'humilité; se crucifier une semaine en plein soleil; manger du pain à même le sol à quatre pattes; laisser la vermine s'installer dans une plaie et, quand les vers tombent par terre, les remettre dans les chairs.

Cessons là... On a compris.

Cette logique est celle des moines et moniales du désert qui choisissent leur destin. Pour sauver leur âme, ils décident de mourir en restant en vie. Ils croient qu'en buvant de l'eau croupie et en mangeant des figues pourries, en ne se lavant jamais et en dormant debout, en n'adressant plus la parole à personne ou en refusant de regarder la beauté de la voie lactée, en considérant les femmes comme des diablesses de la famille des démons, en mangeant de l'herbe et en dormant dans des terriers de hyènes, en cessant de rire et en ne coupant plus leurs cheveux, leur âme s'en trouve *de facto* purifiée!

S'il ne s'était agi que de choix volontaires, c'eût été seulement farcesque. Après tout, on peut, comme saint Sisoès, selon Pallade, manifester un «amour de la sainte abjection»! Mais le christianisme, devenu religion officielle de l'Empire, ne l'a pas entendu de cette oreille. Il a souhaité élargir cette mort du vivant des humains à la totalité de l'humanité. Pour ce faire, il se fit une épée, celle de Paul : ce furent les oukases des conciles. La souffrance que certains s'imposaient volontairement par peur de n'être pas prêts lors du retour du Christ sur terre devint, disons, parole d'évangile pour tous. Par souci de l'âme, jamais on n'avait autant torturé les corps.

Mais c'est à ce prix qu'on effectue des choses divines, donc inhumaines : marcher sur l'eau du Nil ou du Jourdain, guérir les malades, ressusciter les morts – même par erreur, comme ce fut le cas de Bessarion, qui avait pris le cadavre pour un agonisant, il ne se serait jamais permis, sinon, de rendre un mort à la vie, ce qui aurait été péché d'orgueil –, voler dans les airs par la puissance de l'oraison, inventer un langage nouveau pour parler avec les anges, passer sa vie avec un lion qu'on a un jour soigné, converser à bâtons rompus avec Jésus, ou, comme Chénouti, arrêter le cours du soleil, se faire mordre par un serpent, mais attendre la fin de sa prière pour tuer l'animal après l'avoir laissé inoculer son venin. Et, surtout, attirer à soi, en plein désert, par exemple dans une forêt de stylites disposant d'un maître, des foules incroyables, des milliers de personnes fascinées par ces orgies d'ascèse.

Saint Jean Chrysostome rapporte que ces anachorètes disent « non pas un tel est mort ; mais il est arrivé à sa perfection » (Guyon, XVI, 58). Peut-on mieux dire ?

9

L'art de dresser les corps

Encager le désir

Avant de devenir une religion, le christianisme est d'abord un archipel de sectes dans lequel on trouve tout et le contraire de tout! Dans son monumental *Contre les hérésies*, Irénée de Lyon propose une véritable encyclopédie de ce qu'il nomme des « hétérodoxies ». Mais en regard de qui ou de quoi le sont-elles? Où est l'orthodoxie en ce IIe siècle de notre ère? Qui la décrète et au nom de quels attendus? L'ouvrage d'Irénée a pour sous-titre *Dénonciation et réfutation de la gnose au nom menteur*. Mais qui déclare la gnose irrecevable?

On se doute qu'il y a le feu à la basilique quand les gnostiques affirment que le monde est mauvais parce qu'il a été créé par un mauvais démiurge, qu'il s'en est suivi une déplorable chute dans le temps et une non moins détestable chute dans la matière, que la société est un mensonge, une duperie et que, pour certains, il faut outrer le négatif pour que, de la négation de la négativité, surgisse une positivité assimilée à la rédemption.

Cette dialectique subtile se comprend plus facilement quand on passe aux exemples: le monde est-il mauvais? Allons donc jusqu'au bout du mauvais, il en sortira du bien, du bon, le bien, du bien. Dès lors, voici le programme: refuser la famille, abolir le mariage, renoncer à la procréation, désobéir aux pouvoirs en place, qu'ils soient païens ou chrétiens. L'âme n'est pas naturellement immortelle, mais elle le devient si et seulement si se crée une âme. Pour ce faire, il faut ne pas être dupe de ce monde qui s'avère une fiction produite par un faux Dieu. Chacun porte en soi une étincelle lumineuse, à charge pour lui d'en faire un incendie.

Soyons plus précis encore. Ainsi, les gnostiques Simon le Magicien et Hélène, sa compagne, invitent-ils à copuler librement ; la sexualité n'a pas à être monogame, à s'embarrasser de la fidélité ; elle évite la conception d'enfants qui génèrent une famille. Simon dit : « Toute terre est terre et qu'importe où l'on sème. La promiscuité des hommes et des femmes, voilà la véritable communion. » L'épuisement dans l'orgie révèle à l'homme sa part divine et cette révélation le sauve de ce monde produit par un mauvais démiurge. Écoutons cette fois l'évêque saint Épiphane de Salamine : « Les *malheureux* se mettent alors à forniquer tous ensemble et bien que je rougisse à la seule idée de décrire leurs pratiques immondes, je n'aurai pas de honte de les dire puisqu'ils n'ont pas honte de les faire. Donc, une fois qu'ils se sont unis, comme si ce crime de prostitution ne leur suffisait pas, ils élèvent vers le ciel leur propre ignominie : l'homme et la femme recueillent dans leur main le sperme de l'homme, s'avancent les yeux vers le ciel et, leur ignominie dans les mains, l'offrent au Père en disant : "Nous t'offrons ce don, le corps du Christ." Puis ils le mangent et communient à leur propre sperme en disant : "Voici le corps du Christ, voici la Pâque pour laquelle souffrent nos corps, pour laquelle ils confessent la passion du Christ." Ils font exactement de même avec les menstrues de la femme. Ils recueillent le sang de son impureté et y communient de la même manière en disant : "Voici le sang du Christ." Mais tout en pratiquant ces promiscuités ils enseignent qu'il ne faut pas procréer d'enfants. C'est par pure volupté qu'ils pratiquent ces actes honteux. Ils accomplissent l'acte voluptueux jusqu'à satisfaction, recueillent leur sperme pour l'empêcher de pénétrer plus avant, puis ils mangent le fruit de leur honte » (*Panarion* ou *Contre les hérésies*, I, II, 26, 4-7 ; je souligne).

Cet Homme Nouveau, selon le vœu de saint Paul, se nomme « homme pneumatique ». Dans sa *Lettre à Flora* (VII, 7), Ptolémée, disciple de Valentin, écrit : « De même qu'il est impossible à l'homme matériel (hylique) d'être sauvé puisque la matière ne peut l'être, de même l'homme pneumatique ne peut être damné, quels qu'aient été ses actes. » Voilà pour quelles raisons, les gnostiques dits licencieux mangent les nourritures destinées aux idoles, assistent aux fêtes païennes, pratiquent une sexualité totalement libre sous prétexte de donner la chair à la chair et l'esprit à l'esprit. Ils ne s'interdisent rien, pas même l'inceste. Les barbélognostiques, par exemple, peuvent inviter les disciples à une orgie générale. Si l'une d'entre eux se trouve enceinte, ils récupèrent le fœtus avec les doigts, le broient dans un mortier, puis le mélangent avec des herbes pour en faire des petits pâtés avec lesquels ils communient.

Les carpocratiens, eux, abolissent la propriété privée et militent pour la mise en commun des personnes et des choses. Selon le fils de Carpocrate, Épiphane, qui mourut à dix-sept ans : « Dieu a mis en chaque homme un désir impérieux et puissant pour propager l'espèce et aucune loi, aucune coutume ne saurait l'exclure de ce monde car c'est Dieu qui l'a institué. Aussi la parole qui dit "Tu ne convoiteras pas le bien de ton prochain" est-elle une parole absurde. Comment ce même Dieu qui a donné à l'homme le désir le lui reprendrait-il ensuite ? Mais la plus absurde de toutes les lois du monde est encore celle qui ose dire : "Tu ne convoiteras pas la femme de ton prochain", car c'est renier la communauté et se résoudre à la séparation » (Clément d'Alexandrie, *Stromates*, III, 2). Bien vu, mais on ne construit pas une civilisation sur ce genre de programme commun...

Les sensibilités gnostiques se montrent diverses et les communautés nombreuses : carpocratiens, valentiniens, nicolaïtes, phibionites, stratiotiques, zachéens, barbélognostiques, borborites, coddiens, ophites et pérates – ces derniers étant des adorateurs de la constellation du Serpent, parce que c'est la plus brillante et qu'ils l'assimilent pour ce faire à Jésus-Christ et à son Verbe... Parmi eux, les euchites refusent le travail, errent, mendient, vivent en insoumis radicaux, pratiquent eux aussi la communauté des femmes et des biens.

Au IIᵉ siècle, l'époque où Irénée écrit, en même temps que les pratiques libertines des gnostiques licencieux, les débats font rage sur la consubstantialité du Père et du Fils, la négation de la divinité du Saint-Esprit, la nature de Marie mère de Dieu, l'Unité des trois hypostases et autres querelles qui sont tranchées quand, de secte, le christianisme devient religion, autrement dit quand, d'archipel de petits groupes persécutés par le pouvoir romain, les disciples de Chrestos accèdent à la tête de l'Empire et deviennent à leur tour persécuteur des païens.

En 313, l'édit de Milan, dit aussi édit de Constantin, permet aux chrétiens de croire en leur Dieu ; en 392, le 8 novembre pour être précis, l'empereur Théodose proclame le christianisme catholique religion officielle de l'Empire et interdit les cultes païens. C'est alors que des chrétiens devenus fanatiques incendient des temples, brûlent des bibliothèques, persécutent, massacrent, torturent, brisent des statues, etc. La vulgate exagère le nombre des martyrs chrétiens ; elle est silencieuse sur leurs semblables païens…

Les conciles agissent comme un formidable instrument pour le pouvoir théocratique chrétien qui, sous prétexte de régler finement des points de doctrine théologique, établit une idéologie avec laquelle il dresse les corps, encage la libido, fabrique l'homme occidental qui meurt sous nos yeux.

Jean Hermant ne s'y trompe pas qui, dans son *Histoire des conciles* (1695) en quatre volumes, consacre un chapitre aux gnostiques sous le titre « De l'hérésie de Carpocrate et des Adamites », dans lequel il défouraille contre ces chrétiens hédonistes, ennemis des chrétiens pauliniens qui, eux, disposent du pouvoir d'État : « La plus dangereuse de toutes les hérésies qui s'élevèrent dans le second siècle, fut celle de Carpocrate et de ses disciples, qui se nommaient gnostiques, parce qu'ils prétendaient avoir des connaissances des choses divines, que le reste des hommes ignorait. Elle causa des maux fâcheux à l'Église ; car les Païens qui savaient les impuretés et les abominations dont on accusait ces hérétiques, qui se glorifiaient d'être Chrétiens, prenaient de là occasion de calomnier généralement tous ceux qui faisaient profession du Christianisme. Ils les regardaient comme une Secte de gens exécrables, dont on devrait délivrer le monde par toutes sortes de supplices. De sorte qu'ils n'avaient pour notre Religion, toute Auguste qu'elle est, qu'une extrême horreur. Saint Épiphane, qui apprit tous les secrets de ces abominables hérétiques de quelques femmes perdues qui tâchèrent de l'entraîner dans leurs impuretés, et dont il fut garanti par une grâce toute singulière, nous en a laissé, quoique à regret, une effroyable peinture. Ensevelissons-la sous le voile d'un éternel oubli, plutôt que d'en salir l'imagination des lecteurs, en l'exposant à leurs yeux » (tome 1, ch. XXXVI, p. 84-85).

Dans son *Commonitorium*, au Ve siècle, Vincent de Lérins l'écrit lui aussi clairement à propos de sa « Digression sur l'hérésie de Photin, d'Apollinaire et de Nestorius » : « Du moment où l'hérésie s'est montrée à découvert par des nouveautés impies, l'Église a convoqué ses conciles » (XXIII, p. 296). Le concile fonctionne donc bel et bien comme une machine de guerre qui anéantit l'hérétique au nom d'une orthodoxie produite pour l'occasion.

Ce dispositif théologique procède de passages particuliers des Évangiles. D'abord, la parole de Jésus qui affirme : « Quand deux ou trois sont réunis en mon nom, je suis là, au milieu d'eux » (Mt 18,20). Ensuite les Actes des apôtres qui mettent en scène, à Antioche, des fidèles venus de Judée, dont Paul de Tarse et Barnabé de Chypre, qui se demandent si l'on peut être sauvé quand on n'est pas circoncis – ce qui est une autre façon de poser la question : peut-on l'être si l'on n'est plus juif, au sens ancien du terme, mais judéo-chrétien ? Une controverse s'ensuit, une vive discussion même. Envoyés à Jérusalem, Paul et Barnabé questionnent « les apôtres et les anciens pour traiter de cette question » (Ac 15,2). Cette phrase particulière : « Les apôtres et les anciens s'assemblèrent pour examiner cette affaire » (15,6) évoque l'origine des synodes autrement nommés conciles. Il est alors question d'une « grande discussion » (15,7) à l'issue de laquelle la question se trouve tranchée. Le problème n'est pas d'être « prépucé » ou « déprépucé », comme il est parfois dit dans certaines traductions, mais de s'interdire quatre choses simples et claires : « S'abstenir des souillures des idoles, et de la fornication, et de chair étouffée, et de sang » (15,20). Ce concile, dit de Jérusalem, le premier d'une longue série, pose les bases de ce qui, en mille ans, va devenir la conception occidentale du corps. L'interdit de la fornication, voilà donc l'un des piliers de la loi chrétienne !

Ce concile généalogique s'effectue sous le signe du Saint-Esprit : « L'Esprit-Saint et nous-mêmes avons décidé de ne pas vous imposer d'autres fardeaux que ceux-ci qui sont indispensables » (15,28), écrit Paul dans la lettre envoyée à ceux qui s'interrogent sur ce qui permet le salut. Suivent les interdits précités. En 252, saint Cyprien écrit au pape Corneille que l'assemblée du concile est placée sous le signe de l'Esprit-Saint. Athanase, Augustin, Grégoire le Grand valident cette thèse. La parole du concile est donc parole d'évangile si je puis dire : elle procède d'une même source.

Quel corps fabriquent les conciles? Et surtout quelle âme? quelle liaison entre les deux? Après le martyr qui pense que le salut de son âme se trouve dans sa *mort sanglante*, l'anachorète et le cénobite qui le pensent dans la *négation d'eux-mêmes* ici et maintenant, le couple paulinien corps-âme s'esquisse dans un savant mélange de mort au monde et de conduite de soi vers le rien. Il suppose le *dressage de la chair*, l'*encagement du désir*, la *persécution de la libido*.

Les conciles légifèrent sur tout, du sujet le plus sérieux – ils tranchent par exemple les querelles du donatisme, de l'arianisme, de l'anoméisme, du modalisme, du montanisme, du monophysisme, du monothélisme, du Filioque, de la Trinité –, au plus futile, comme la chevelure !

Par exemple, le concile in Trullo, sixième concile œcuménique (691-692), édicte cent deux canons – voici le quatre-vingtseizième dans son intégralité : « Que l'homme ne doit pas faire de sa chevelure un piège de péché. Ceux qui ont revêtu le Christ par le baptême ont confessé par là qu'ils imiteront sa vie dans la chair. Donc ceux qui, pour la ruine des âmes, arrangent leur chevelure et l'ordonnent en tresses savantes, offrant ainsi des pièges aux âmes faibles, nous voulons les guérir spirituellement par la peine canonique appropriée, afin de les éduquer et leur apprendre à vivre sagement, en laissant de côté la fraude et la vanité de la matière pour élever sans cesse leur esprit vers la vie impérissable et bienheureuse, mener dans la crainte du Seigneur une vie chaste, s'approcher de Dieu, dans les limites du possible, par une vie pure, et orner l'homme intérieur plutôt que l'extérieur par la vertu et des mœurs honnêtes et irréprochables : ainsi ne porteront-ils plus aucune trace de la grossièreté de l'ennemi. Si quelqu'un agit contre le présent canon, qu'il soit excommunié. »

Le même concile, décidément très en pointe sur les cheveux, décide également ceci : « Que ceux qui s'intitulent ermites, portant la longue chevelure, ne doivent pas demeurer dans des villes. Ceux que l'on nomme ermites, qui vêtus de noir et les cheveux longs, parcourent les villes, vivant dans le monde au milieu d'hommes et de femmes et insultant par là à leur propre profession de vie, nous leur ordonnons, s'ils veulent se faire tondre les cheveux et prendre l'habit des autres moines, d'entrer dans un monastère et s'enrôler parmi les frères ; s'ils ne le veulent pas, qu'on les expulse totalement des villes, et qu'ils habitent les déserts, dont ils ont précisément tiré leur dénomination » (canon 42). On imagine qu'il faut bien le secours du Saint-Esprit pour légiférer en la matière.

Moins anecdotique, les conciles donnent leur solution pour résoudre le problème du désir, dont on sait qu'il est la clé de voûte du christianisme. La « fornication » est donc l'interdit majeur selon Paul de Tarse. Le treizième apôtre propose un idéal fait de chasteté, de virginité, de continence, mais que cette exigence puisse paraître inatteignable, il en convient lui-même. Voilà pour quelle raison il invite au mariage, un dispositif de monogamie fidèle qui mélange savamment un certain goût pour le martyre et le renoncement à soi ! Il dit en effet : « Il est bon pour l'homme de s'abstenir de la femme. Mais à cause des fornications, que chaque homme ait sa femme et chaque femme son mari. Que le mari s'acquitte de son devoir envers sa femme, et pareillement la femme envers son mari. La femme ne dispose pas de son corps, mais le mari. Pareillement le mari ne dispose pas de son corps, mais la femme. Ne vous privez pas l'un de l'autre, sinon d'un commun accord, pour un temps, afin de vaquer à la prière ; et de nouveau soyez ensemble, de peur que le Satan ne vous tente à cause de votre incontinence. Ce que je vous dis là est une concession, non un ordre. Je voudrais que tous les hommes soient comme moi ; mais chacun tient de Dieu son don particulier, celui-ci d'une manière, celui-là d'une autre. Je dis aux célibataires et aux veuves : il leur est bon de demeurer comme moi. Mais s'ils ne peuvent se contenir, qu'ils se marient : mieux vaut se marier que brûler » (1Co 7,1-9).

On oublie souvent que Paul précise dans cette feuille de route du corps occidental, ici : « C'est moi qui leur dis, pas le Seigneur » (1Co 7,12), là : « Je n'ai pas d'ordre du Seigneur, mais je donne un avis qui, par la miséricorde du Seigneur, est digne de confiance » (7,25). Autrement dit, devant le silence de Jésus, en présence d'un blanc doctrinal, il impose sa volonté comme s'il s'agissait d'une parole de Dieu. Il se dit digne de confiance grâce au Seigneur, voilà qui suffit. Mais si Jésus n'a rien dit sur ces questions, probablement estimait-il qu'elles n'étaient pas essentielles pour obtenir le salut.

La jurisprudence de l'épisode de la Pécheresse chez le Pharisien ne compte plus : elle voyait ses péchés remis par Jésus lui-même parce qu'elle avait « beaucoup aimé » (Lc 7,47). Ce qui importe désormais avec le christianisme officiel, paulinien donc, c'est, *contre Jésus*, la haine du corps. L'homme sans femme et sans sexualité qu'est Paul le dit : il veut que tout le monde soit comme lui. On ignore les raisons de ce célibat, de cette asexualité, on ne sait ce qu'il en est de son écharde dans la chair, mais on le voit : entre martyre et anachorétisme, l'obsession ascétique de Paul nourrit sa doctrine, cristallisée par les conciles.

La question de l'âme et de sa nature et celle des modalités de la liaison entre la chair et l'esprit ne font l'objet d'aucun concile avant le IXe siècle – le huitième concile œcuménique, qui est le quatrième concile de Constantinople (869-870). C'est à l'occasion de la dixième session qu'est décrété dans le canon 11 : « Anathème à quiconque soutient qu'il y a deux âmes en l'homme. » C'est précisément à Photius que ces évêques songent. Ce patriarche de Constantinople distinguait l'esprit, le corps et l'âme – c'est ce qui définit la trichotomie. Le concile interdit cette thèse et lui préfère la dichotomie : il y a l'âme et le corps. Il n'y aura plus de discussion sur ce sujet. Le platonisme emporte la mise dans l'aventure chrétienne. Le tour d'Aristote viendra plus tard…

En revanche, les conciles qui abordent les questions ayant trait au corps abondent : célibat, ivrognerie, sodomie, abstinence, virginité, bestialité, avortement, pédérastie, bigamie, courtisanes, fiançailles, grossesse, trigamie, castration, prostitution, mariage et remariage, circoncision, mais également, on l'a vu, chevelure, nourriture, alimentation, loisirs auxquels on pourrait prendre du plaisir – jeux, spectacles, théâtre, haro sur les comédiens –, tout se trouve codifié, normé, légiféré, réglé. La question semble moins le salut de l'âme que la persécution du corps.

Pourquoi, par exemple, le concile d'Elvire, en 305, légifère-t-il sur le mariage des chrétiens, le célibat des prêtres, interdit-il le mariage avec des Juifs et même de partager leur table et, canon 54, excommunie-t-il les femmes qui se font avorter, mais aussi les comédiens ? Pourquoi celui d'Arles en 314 prohibe-t-il les relations sexuelles des clercs avec des femmes ? Pourquoi le premier concile de Nicée décrète-t-il, en 325, sous les auspices de l'empereur Constantin : « Si quelqu'un a été mutilé par les médecins durant une maladie, ou bien par les barbares, qu'il reste dans le clergé ; mais si quelqu'un étant en bonne santé s'est mutilé lui-même, qu'on l'exclue du clergé dont il fait partie, et à l'avenir on ne devra pas admettre celui qui aura agi ainsi. Mais comme il est évident que ce qui vient d'être dit ne regarde que ceux qui ont agi avec intention et qui ont eux-mêmes voulu se mutiler; ceux qui l'auront été par les barbares ou par leurs maîtres pourront, conformément à la règle ecclésiastique, être reçus dans la cléricature, s'ils en sont dignes par ailleurs»? Pourquoi celui d'Ancyre, en 314, légifère-t-il sur la zoophilie, en distribuant étonnamment les peines suivant que le coupable est non marié, marié de plus de vingt ans ou depuis plus de cinquante ans – les peines étant plus lourdes pour les seniors? Pourquoi ce même concile condamne-t-il les lépreux ayant eu des relations sexuelles avec des lépreuses? *Idem* avec les lépreuses qui copulent avec des bêtes? Pourquoi le concile de Carthage de 407 interdit-il le remariage aux divorcés? Pourquoi celui d'Orange oblige-t-il, en 441, à faire pénitence ceux qui manquent au vœu de continence? Pourquoi celui de Laodicée, vers 364, interdit-il l'ordination des femmes, l'entrée dans les tavernes pour les clercs, le bain des hommes avec les femmes, la consommation de pain azyme, la danse pour un chrétien lors d'un repas de mariage? Quelles paroles de Jésus permettent d'interdire tout cela? Saint Paul moque les textes juifs qui légifèrent sur tout, mais, soyons sérieux, que font les conciles sinon, pendant deux mille ans, multiplier les interdits, les prohibitions, les condamnations? Le tout en menaçant de pénitence, de châtiment, de punition, de sanction, de correction et, pour tout dire, de damnation éternelle de la chair.

Les conciles détruisent l'hétérodoxie, autrement dit les pensées libres. Ils le font au nom d'une orthodoxie qui se trouve *de facto* construite en cours de route. La lutte contre ceux qui passent pour hérétiques ou schismatiques dégage une ligne qui devient celle de l'Église: contre Arien et les ariens, contre Valentin et les gnostiques, contre Mani et les manichéens, contre Montan et les montanistes, l'Église définit sa doctrine propre sur la sainte Trinité, l'idéal ascétique, l'origine du mal, la nécessité d'un clergé hiérarchiquement organisé, etc.

Les questions traitées lors d'un concile peuvent être d'une extrême complexité. Par exemple, le *nestorianisme*, qui affirme l'existence de deux hypostases en Jésus, l'une divine, l'autre humaine, se trouve condamné par le concile d'Éphèse (430) ; le *monophysisme*, qui lui répond en affirmant que le Christ n'a qu'une seule nature, est attaqué par le concile de Chalcédoine (451) ; à ne pas confondre avec le *monothélisme*, pour qui Jésus réalise ses actions par une seule volonté théandrique (à la fois de nature humaine et divine), censuré par le concile de Latran (649)...

On imagine que les évêques présents aux conciles sont tous bardés de diplômes en philosophie, en rhétorique ou en théologie qui leur permettent de planer à des hauteurs pareilles. Qu'ils ont lu Platon et Plotin, Aristote et Porphyre, calame à la main! Qu'ils ont la tête bien faite et bien pleine! Que nenni! Une sociologie des évêques de ces premiers temps du christianisme montre une cour des miracles dans laquelle se côtoient des illettrés, des menteurs, des voleurs, des prévaricateurs, des faussaires! Bien sûr, on y trouve également des pointures intellectuelles, saint Augustin par exemple. Mais de Grégoire de Nazianze, qui s'improvise journaliste auprès des évêques croisés à Constantinople dans les années 380, lisons le *De soi et des évêques*: « Certains, venus des tables de changeurs et des images qu'on y trouve; d'autres venus de la charrue, brûlés par le soleil; d'autres de l'incessant travail de la pioche et de la houe; d'autres, venus des galères ou de l'armée, sentent encore l'eau de sentine ou dont le dos conserve la trace du fouet [...]; d'autres encore, couverts de la suie de leur métier de feu comme forgerons, seulement bons pour une bastonnade ou le moulin [...], maintenant en pleine ascension, des bousiers en route pour les cieux [...] débitant des phrases stupides quand ils sont incapables de compter leurs doigts ou leurs orteils » (XXXVII, 1, p. 177). Certains ne savent pas même signer de leur nom. On imagine leur tête devant la question du jour! « Le Christ est-il un dans les propriétés, les noms et les opérations quand il est incarné? »

De sorte que, sur des questions du genre: « L'Esprit-*Pneuma* est-il l'égal du Père ou du Fils? », « Est-ce que le sujet *hupostasis* est la même chose que *subsistance* ou *personne*? », ou bien: « Le venir à l'être du Fils fut-il le même processus que la création?», voire: «Dieu est-il une monade contenant la dyade, ou la triade?», on échange moins des arguments puisés dans le *Parménide* de Platon ou les *Catégories* d'Aristote que des bourre-pifs, des insultes et des jurons. Peut-être même des enveloppes – disons des bourses pleines de pièces d'or, des sinécures ou des postes. Dans la rue, il n'est pas rare que des manifestations, des échauffourées entraînent des morts. Des comptages donnent bien plus de victimes collatérales des conciles que de défunts martyrs dans les arènes – on parle de 25 000 victimes...

On tombe de sa chaise en imaginant que des gens qui se battent, incultes, illettrés, alcoolisés, qui achètent des votes, frappent leurs homologues puissent statuer sur des questions théologiques qui engagent une civilisation sur une voie plutôt qu'une autre! D'autant que, pour certains conciles, il n'y a que peu de clercs réunis: soixante-six à Carthage en 253, trente et un dans la même cité en 255, dix-huit à Ancyre en 314, vingt à Néo-Césarée en 314/320, cinquante à Rome en 343! On a beau placer une Bible sur l'autel dans la salle du concile pour que le Saint-Esprit souffle sur l'assemblée, pas sûr que cela ait toujours suffi!

Finissons par un concile particulier: il est nommé «concile cadavérique», en latin *synodus horrenda*! Il a lieu à Rome en 896. Des querelles partisanes avaient mené à élire un pape, Formose, plutôt qu'un autre; après la mort de ce dernier, le parti vaincu se venge sur son cadavre en contraignant le nouveau pape, Étienne VI, à organiser un jugement posthume. On exhume la dépouille de l'ancien pape en décomposition; dans cette puanteur on le déshabille pour lui faire revêtir les habits sacerdotaux de sa fonction anthume, on l'installe sur le trône pontifical, et des juges le questionnent. Il répond bien sûr, mais par le truchement d'un diacre qui lit un papier qu'on lui a donné pour respecter les droits de la défense. Fort bizarrement, malgré cette défense taillée sur mesure par l'accusation, Formose est condamné! On le dépouille des insignes pontificaux dont on l'avait revêtu, on lui coupe le pouce, l'index et le majeur de la main droite qui lui servaient à bénir, on déclare invalide son élection, on annule ses actes pontificaux, on l'enterre dans la tombe d'un inconnu. Mais la colère, un plat qui se mange froid comme chacun sait, peut être suivie d'un dessert: le pape Étienne VI le sort de sa nouvelle sépulture et fait jeter le cadavre dans le Tibre – version chaude de l'amour du prochain et du pardon des offenses par le représentant du Christ sur terre, rappelons-le. Jésus est parti bien loin...

De 904 à 963 s'ouvre une ère nouvelle, dite « pornocratie papale », qui voit douze papes se succéder. Théodora met sur le trône son amant Jean X; le pape Serge III affiche une jeune maîtresse à ses côtés, Marozie, fille de Théodora; plus tard, cette dernière intrigue pour faire nommer deux papes, Anastase III et Landon; elle fait également assassiner le pape Jean X, amant de sa mère, et met son propre fils à sa place sur le trône; Jean XII, fils illégitime d'un enfant délaissé par Marozie, devient le plus jeune pape de l'histoire, il est âgé seulement de dix-huit ans – il a, dit-on, porté la pornocratie à son plus haut point d'incandescence; la sœur de Marozie, Théodora II, intrigue pour que son fils devienne souverain pontife – il prendra le nom de Jean XIII. Décidément, Jésus est devenu invisible.

Le second millénaire chrétien déraisonne: *il croit*, et ce dans la terreur et la crainte de l'Enfer. La scolastique a beau faire, elle produit moins d'effets que *La Légende dorée* de Jacques de Voragine, qui raconte des histoires édifiantes: on croit par exemple que saint Denis peut être torturé, martyrisé, flagellé, enchaîné, mis sur un gril et que cela lui donne l'envie de chanter, qu'il peut être donné en pâture aux fauves à jeun, qu'il les calme avec un simple signe de croix, qu'il peut être jeté dans une fournaise, mais que par empathie les flammes s'éteignent, qu'on le crucifie, mais qu'il survit. Et puis ceci, enfin, on le décapite à la hache, lui et deux de ses compagnons d'infortune: « Et aussitôt le corps de saint Denis se releva et, sous la conduite d'un ange, précédé d'une lumière céleste, il porta sa tête entre ses bras sur deux milles, depuis l'endroit qu'on appelle le mont des Martyrs au lieu où il repose maintenant, par l'effet de son propre choix et de la Providence divine » (ch. 149).

Anima

L'âme est perdue, il n'y a plus que le corps supplicié. De saint Paul à *La Légende dorée*, en passant par l'épopée des martyrs, des anachorètes et des cénobites, soit pendant plus d'un millénaire, l'âme n'est plus qu'une vague entité qu'on ne prend même plus la peine de définir. Elle est susceptible de mourir, c'est-à-dire de vivre en enfer, ou de vivre, autrement dit de continuer, débarrassée du corps, dans l'éternité du royaume de Dieu. Elle vit si on tue le corps ; elle meurt si on célèbre la chair. Mais à ce prix-là, surtout à ce prix-là, même l'âme meurt. Elle va d'ailleurs mourir…

Deuxième partie

DÉCONSTRUIRE L'ÂME

Sous le signe du chien

Où l'on découvre que, pour Aristote, le chien a une âme.

Où l'on apprend par Montaigne qu'un chien enragé qui mord Socrate enrage sa pensée.

Où l'on découvre avec Vésale que le cerveau d'un chien conduit à celui d'un homme.

Où Descartes disserte sur le chien qui enterre ses crottes.

Où Regius ôte la matière à son chien pour en obtenir la forme.

Où Fontenelle surprend Malebranche en train de bourrer les côtes de sa chienne gravide.

Où Arnauld, de Port-Royal, découvre que deux chiens tournent la broche chez Monsieur de Liancourt.

Où Fontenelle explique que deux chiens copulent, ce que ne sauraient faire deux montres.

Où La Fontaine confesse préférer le loup au chien.

Où le jésuite Pardies fait son miel d'un chien qui bouge la queue.

Où Gassendi lance un os et une pierre au chien de Descartes.

1

Le lieu du fil de la hache

Déplatoniser l'âme

L'École d'Athènes de Raphaël fait cohabiter dans un même temps et un même espace esthétique des hommes qui, dans la vie réelle, n'étaient pas contemporains. Par exemple Pythagore, qui vit au VIᵉ siècle avant Jésus-Christ, côtoie Boèce dont il est séparé par douze siècles puisque celui-ci écrit sa *Consolation de la philosophie* au VIᵉ siècle de notre ère. Diogène de Sinope traîne son hareng dans les rues d'Athènes au IVᵉ siècle avant notre ère, mais cohabite avec Plotin qui enseigne son néoplatonisme à Rome au IIᵉ siècle après. Des penseurs de l'Antiquité grecque, Héraclite ou Zénon par exemple, partagent le même moment pictural que des contemporains du peintre, tels Frédéric II de Mantoue ou le Sodoma. L'œuvre propose un genre de banquet anhistorique de la pensée occidentale sur une fresque dont le cœur battant se trouve être le couple Platon-Aristote, car, philosophiquement, tout procède d'eux et converge vers eux.

L'un et l'autre, côte à côte, occupent le point focal de la peinture. Platon d'Athènes à gauche, Aristote de Stagire à droite, pour le regardeur. Le premier tient son *Timée* à la main ; il regarde le second, qui le considère en retour et porte son *Éthique à Nicomaque*. L'un et l'autre arborent donc un livre, un objet qui n'existe pas encore à leur époque, où l'on écrit sur des rouleaux de papyrus avec un calame... On ne sait rien de leurs visages. Il a été dit que Platon avait celui de Léonard de Vinci. Épicure ou Diogène de Sinope en montrent un dont on n'est pas certain qu'il soit le vrai. Il peut être inspiré d'amis du peintre...

Mais, coup de génie de Raphaël, les deux philosophes voient leur pensée ramassée en un seul geste. Pour Platon : l'index levé vers le ciel ; pour Aristote, la main tendue, paume tournée vers le sol. On comprend : pour l'auteur du *Parménide*, la vérité se trouve dans le ciel du monde intelligible, pour l'auteur de l'*Histoire des animaux*, dans l'ici-bas sensible.

Raphaël choisit le *Timée*, dialogue sur la généalogie de ce qui est, et l'*Éthique à Nicomaque*, morale que le philosophe destine à son fils, mais pas la *Métaphysique*. Ainsi le peintre propose moins une opposition qu'une complémentarité : ce n'est pas *ou bien* le monde intelligible *ou bien* le monde sensible, mais la possibilité d'une cosmogonie platonicienne idéaliste *en même temps* qu'une éthique aristotélicienne pragmatique, voire pratique. Soit une lecture néoplatonicienne du monde – c'est l'esprit de la Renaissance –, soutenue par une morale de la mesure – c'est le Grand Siècle qui s'annonce. Cosmogonie et anthropologie sont du côté de Platon ; éthique et morale, d'Aristote.

Il n'empêche que cette paume tournée vers le sol et cet index tendu vers le ciel disent simplement une chose : Platon est le philosophe idéaliste, pour qui l'Idée prime sur la réalité sensible puisqu'elle lui fournit une existence par participation ; Aristote quant à lui s'avère le philosophe empiriste qui, s'il n'est pas matérialiste, rend possible le matérialisme. L'un parle d'Intelligible et de Sensible, l'autre d'Acte et de Puissance.

Voilà la raison pour laquelle lire *De l'âme* d'Aristote ouvre sur un paysage philosophique intéressant puisque initiant un lignage qui, *via* les polémiques sur l'averroïsme, émancipe l'Occident des pleins pouvoirs donnés à Platon... Ibn Rochd de Cordoue, plus connu sous le nom d'Averroès, ne figure pas par hasard lui aussi, avec son turban et un air obséquieux, dans la fresque de Raphaël.

Dans *De l'âme*, Aristote commence par dire de son sujet qu'il n'est pas facile à saisir : « C'est tout à fait et en tout sens une chose des plus difficiles d'acquérir une connaissance assurée au sujet de l'âme » (I, 402a). On le croit bien volontiers et la lecture de son livre étourdit plus qu'elle n'assure sur cette question.

Platon, nous l'avons vu, se sert de la réminiscence d'un esclave pour prouver l'existence de l'âme par la capacité de celui-ci à résoudre un problème de géométrie alors qu'il n'a jamais fait de mathématiques ! Aristote ne recourt pas à ce genre de facilité rhétorique et sophistique. Pas question d'évoquer un ciel des Idées où l'âme du serviteur aurait acquis son savoir mathématique avant d'aller de corps en corps jusqu'à chuter dans le sien ! Il entend penser son sujet selon l'ordre des raisons.

Aristote met en relation l'âme, la vérité et « la science de la nature » (I, 402a6). Il estime que connaître l'une, c'est connaître les autres. Ce qui veut dire qu'il place sa recherche non pas sur le terrain de la métaphysique – d'ailleurs son analyse de l'âme ne se trouve pas dans sa *Métaphysique* mais dans un traité à part –, mais sur celui d'une double discipline : la physique, pour la matière, et la dialectique, pour la forme (I, 403a29-30). Rien à voir avec la métaphysique, dont la vulgate prétend que le mot serait né chez Théophraste ou encore chez Andronicos de Rhodes qui, classant les livres d'Aristote par rubriques (logique, éthique, politique, histoire des animaux, poétique, rhétorique, etc.), se serait demandé où ranger cet opus et l'aurait placé *après la physique*, d'où, étymologiquement, cette *méta-physique*.

L'âme n'est donc pas pour le Stagirite une affaire d'« après la physique » mais de physique. Toute analyse, tout commentaire ou toute réflexion ignorant cette précaution méthodologique d'Aristote au début de son analyse signale une lecture fautive du philosophe à travers le prisme de ce que le Moyen Âge chrétien en fait. Oublier que le texte renvoie à la *science de la nature* pour en installer le propos dans le ciel des Idées platoniciennes ou dans la quincaillerie scolastique médiévale, c'est opérer une profanation de sépulture.

Toujours dans les premières pages de ce qui va devenir une analyse serrée de l'âme, Aristote donne une clé : « L'âme est, en effet, comme le principe propre des animaux » (I, 402a6-7).

Après cette certitude admirable, suivent des considérations de méthode qui provoquent le tournis : de l'âme, il est question d'envisager la nature, la substance et les propriétés, les déterminations, l'essence, les parties, le genre. Il faudrait se demander de quelles catégories elle relève : outre l'essence et la substance, la quantité, la qualité, la relation, le lieu, le moment, la position, la possession, l'action, la passion.

Aristote arrose le terrain philosophique d'une pluie de questions : l'âme est-elle une substance ou une chose individuelle ? une entéléchie (l'être lui-même en tant que réel et source d'action) ou une puissance ? partageable ou sans parties ? Toutes les âmes sont-elles de la même espèce ? diffèrent-elles par l'espèce ou par le genre ? Aristote affirme en passant qu'il n'y a pas que l'âme humaine... Puis il demande : les animaux ont-ils une seule âme, unique pour tous, du serpent à la girafe, de la méduse à l'éléphant, ou une « âme différente pour chaque espèce, comme pour le cheval, le chien, l'homme, le dieu » (I, 402b6-7) ? L'animal est-il antérieur ou postérieur à son âme ? Y a-t-il pluralité d'âmes ou pluralité de parties ? Faut-il examiner l'âme entière ou ses parties ? ou ses fonctions ?

Il rend justice à Platon en écrivant : « Il semble bien que, non seulement la connaissance de l'essence soit utile pour étudier les causes des propriétés des substances », mais s'en détache plus loin : « ... mais encore, inversement, que la connaissance des propriétés contribue, pour une grande part, à la connaissance de l'essence ; c'est, en effet, quand nous pourrons rendre compte, en accord avec l'expérience, de toutes les propriétés d'une substance, ou de la plupart, que nous serons le plus à même de donner une définition de cette substance » (I, 402b17-25).

Certes, Platon a raison, mais, « inversement », la vérité existe aussi ailleurs et elle permet, *via* une révolution épistémologique de la méthode, de parvenir « pour une grande part » à la connaissance véritable, qui ne fait pas l'économie de « l'expérience ». Voilà un changement de paradigme radical qui n'exclut pas les essences, mais avance que l'examen du réel, la prise en considération du concret, le souci des choses ici et maintenant, le tout validé par l'expérience, autorisent une connaissance au-delà des limites de l'idéalisme platonicien. C'est un véritable discours de la méthode qu'Aristote propose à l'orée de sa quête d'une définition de l'âme.

Il commence par procéder négativement, en exposant ce que l'âme n'est pas. Souvent Aristote effectue un bilan de ce qui fut élaboré avant lui afin de proposer un dépassement des théories anciennes. Soit dit en passant, la conservation de ses œuvres rend de ce fait possible la restitution, bien qu'en dentelles souvent, de la pensée d'auteurs dont les œuvres ont disparu. Ses citations, renvois, références constituent une encyclopédie d'un savoir perdu, mais qu'on a pu récupérer partiellement grâce à sa méthode.

Aristote ne croit donc pas à : une âme moteur d'elle-même, comme chez les orphiques ; une âme harmonie de proportion de choses constituées de « poussières de l'air », comme chez Pythagore ; une âme matérielle composée d'atomes, comme chez Démocrite et Leucippe ; un « moteur non mû », en relation avec les Idées ou les Nombres, comme chez Platon ; une âme assimilée à l'intelligence, comme chez Anaxagore ; un âme constituée d'éléments, comme chez Empédocle ; une âme nombre qui se meut par elle-même, comme chez Xénocrate ; une âme faite d'air qui est le plus subtil des corps, comme chez Diogène de Sinope ; une âme principe incorporel immobile dans un flux perpétuel, comme chez Héraclite ; une âme immortelle, prise dans un éternel mouvement circulaire, comme chez Alcméon ; une âme eau dont la semence est humide, comme chez Hippon ; une âme sang, comme chez Critias...

Quelle est donc la définition d'Aristote ?
Avant de la donner, il me faut passer par une élucidation de son vocabulaire. Car « eccéité », « substance », « accident », « quantité », « qualité », « modalité », « quiddité », « en acte », « en puissance », « entéléchie » et d'autres mots rentrés dans le vocabulaire classique de la philosophie et qui ont fait le bonheur de dix siècles de pensée scolastique en même temps que le malheur de ses lecteurs, ont été inventés par Aristote et méritent qu'on en précise la définition.

Pour ce qui nous concerne, arrêtons-nous sur «en puissance», «en acte» et «entéléchie». Un exemple souvent donné permet de comprendre plus facilement de quoi il s'agit: le chêne est en puissance dans le gland, autrement dit en passe d'être réalisé, mais ne l'étant pas encore; le chêne est en acte une fois réalisé; l'entéléchie désigne l'état de perfection de ce qui se trouve réalisé comme il devait l'être. Le virtuel est en puissance; le réel en acte; l'entéléchie est le pleinement réalisé. Pour Aristote, la substance est matière, figure et forme; la matière est puissance; la force est entéléchie. «L'âme est nécessairement substance, en ce sens qu'elle est la forme d'un corps naturel ayant la vie en puissance» (II, 412a19-21). L'âme est donc l'entéléchie d'un corps ayant la vie en puissance; elle est «l'entéléchie première d'un corps naturel organisé» (II, 412b5-6). L'âme est au corps ce que l'empreinte est à la cire. Elle est la quiddité (l'essence, la qualité essentielle) d'un corps d'une qualité déterminée.

Aristote donne donc une définition vitaliste de l'âme. L'âme est la forme et le principe dynamique du corps. Elle met en forme la matière et l'anime. D'où cette référence aux animaux dont on peut sectionner les corps et qui continuent pourtant de vivre en morceaux séparés (II, 413b20-21). Il n'y a pas plusieurs âmes dans un corps mais une seule âme partout en lui.

Par ailleurs, l'âme ne se meut pas de façon autonome. Le mouvement ne lui appartient pas. Il est translation, altération, diminution, accroissement, or tout ceci suppose un lieu. L'âme appartient à un corps qui, lui, est en mouvement. C'est seulement en ce sens que l'on peut parler d'un mouvement de l'âme. Mais, quand il y a mouvement, c'est l'âme qui meut le corps. Elle ne se meut pas toute seule, mais meut ce qui la meut.

Il n'existe aucune place spécifique à l'âme dans le corps. Elle n'a pas de localisation particulière, car elle est partout *dans le corps*. Elle n'est donc pas ailleurs, ne provient pas d'un avant sans matière pour se rendre vers un après sans matière. Quand le corps n'est pas, elle n'est pas; quand le corps n'est plus, elle n'est plus. Pas question de penser qu'elle se trouve à l'aboutissement d'un trajet de vies antérieures ou qu'elle soit destinée à de nouveaux trajets après la mort du corps. Pas question non plus d'envisager des mérites qui feraient gagner à l'âme un paradis ou des défauts qui lui vaudraient un enfer. Pas question enfin d'imaginer qu'elle prenne place dans le corps d'un animal grossier et vulgaire ou dans celui d'un sage en fonction de sa vie terrestre dans le corps dont elle aurait été prisonnière. Où l'on voit que l'index levé vers le ciel de Platon et la paume tournée vers le sol d'Aristote résument assez bien la pensée de l'un et de l'autre.

L'âme, principe vital, dispose de plusieurs facultés : une *âme végétative*, qui, nutritive et commune à tous les êtres vivants, les végétaux, les animaux, les humains, leur permet de se nourrir et de se reproduire ; une *âme sensitive*, spécifiquement associée aux animaux, qui leur confère le désir et la motricité ; une *âme rationnelle, intellective*, propre à l'homme, qui lui permet de penser. Ces trois degrés ne sont pas séparés, mais intégrés au niveau supérieur de l'âme intellective.

Les êtres vivants peuvent avoir une, deux ou trois de ces facultés. Ainsi les plantes sont-elles dotées d'une âme au même titre que les insectes : « Ce qui se passe dans le cas des plantes, dont certaines, une fois divisées, continuent manifestement à vivre, bien que leurs parties soient séparées les unes des autres (ce qui implique que l'âme qui réside en elles, dans chaque plante, une en entéléchie, mais multiple en puissance), nous le voyons se produire aussi, pour d'autres différences de l'âme, chez les insectes qui ont été segmentés. Et, en effet, chacun des segments possède la sensation, il possède aussi l'imagination et le désir, car là où il y a sensation, il y a aussi douleur et plaisir, et là où il y a douleur et plaisir, il y a aussi nécessairement appétit » (II, 413b16-24). L'âme n'est donc pas quelque part dans le corps mais partout où il y a du corps.

Aristote utilise une image pour rendre sa pensée plus intelligible : celle de la hache, dont le tranchant lui est ce que l'âme est au corps. « Supposons, par exemple, qu'un instrument tel que la hache fût un corps naturel : la quiddité de la hache serait sa substance, et ce serait son âme ; car si la substance était séparée de la hache, il n'y aurait plus de hache, sinon par homonymie »

(II, 412b12-15). Le fil de cet outil est en effet inséparable de son matériau, c'est son âme, mais si le fer disparaît, l'âme de la hache, son fil, disparaît en même temps.

L'âme est donc une substance faite de forme et de matière dont l'association constitue l'être vivant. Il n'y a pas, comme chez Platon, un corps et une âme séparés, mais un corps et une âme liés dans une vie qui, si elle disparaît, défait le dispositif sans que l'âme ait à partir – vers un ciel des idées, par exemple. L'âme est forme du corps, acte du corps : « L'âme ne peut être ni sans un corps, ni dans un corps : car elle n'est pas un corps mais quelque chose du corps » (II, 414a20-21). On dira de ce *quelque chose* qu'il témoigne en faveur de l'annonce des premières pages (I, 402a) : il est bien difficile d'obtenir une définition précise de l'âme...

C'est sur cette difficulté qu'une partie du Moyen Âge va achopper en commentant le traité d'Aristote. C'est le cas notamment d'Averroès qui, dans son *Grand commentaire du De anima*, s'attache à la question de l'intellection à la fin de *De l'âme* (livre III). Il interroge en de longues analyses les différences entre les intellects humains en puissance, susceptibles de recevoir la forme des objets, et l'Intellect, toujours en acte, qui permet de réaliser en chacun le passage de la puissance à l'acte, une opération intellectuelle sans laquelle aucune connaissance n'est possible. S'il n'y a qu'un seul Intellect agent, *quid* alors de l'âme humaine créée par Dieu et, après le péché originel, rachetée par lui ? De même, dans un monde créé par Dieu, comme le pensent les chrétiens et les musulmans, dont Averroès, que faire de cet Intellect agent qui ne ressemble en rien au Dieu créateur des monothéistes ?

Sur l'Intellect agent, Averroès écrit : « Selon la raison, je suis bien obligé de conclure qu'il n'y en a qu'un (qui sert à tous) ; selon la foi c'est le contraire que je soutiens fermement. » On a parlé à ce sujet d'une théorie de la double vérité dans l'islam. On imagine bien que cette question relève désormais du politiquement correct et qu'imbibé par l'idéologie du moment, ce débat technique et pointu de théologie est devenu un enjeu politique. C'est fort heureusement un autre sujet que le mien.

Ce que je retiens ici c'est que la philosophie d'Averroès s'avère une pensée du commentaire. De la même manière que la patristique est réductible tout entière au commentaire de la Bible, la glose infinie sur Aristote donne une direction nouvelle à la philosophie, qui devient la scolastique. Averroès commente Aristote et se fait commenter par Thomas d'Aquin, qui se trouve à son tour commenté, etc.

Le vitalisme d'Aristote, qui fait redescendre la pensée platonicienne sur terre, est intéressant. Définir l'âme comme une puissance qui informe la matière dans des limites physiques, anatomiques, biologiques était une alternative philosophique attirante au platonisme. Mais le vocabulaire du Stagirite relève d'un genre de glossolalie. Quand, dans *De l'âme*, il analyse l'aigu, l'inodore, l'insipide, le sapide, le silence, l'invisible, l'âpre, l'amer, l'astringent, l'acide, le diaphane, le mouillé, il se déplace plus dans la matière du monde et manifeste plus un parti pris des choses que quand il disserte sur la quiddité et la quoddité, sur l'acte et la puissance, la forme et la matière, la substance et l'attribut, le nombre et l'essence, l'accident et le genre, l'entéléchie et l'idée, ou d'autres catégories devenant un langage qui tourne sur lui-même et finit par devenir une fin en soi.

Le problème avec un maître, c'est ce que ses disciples en font. Ses disciples ou ses commentateurs, ses glosateurs, ses analystes. Le pire chez Aristote, ce sont les aristotéliciens. Ceux qui pensent à partir de lui sans jamais véritablement penser plus haut ou plus loin. Les promesses de sa méthode se figent, se fixent, se cristallisent, se solidifient, se pétrifient dans la scolastique – qui, comme l'étymologie l'indique, est la pensée de l'école, autrement dit là où l'on apprend l'ancien plus qu'on n'invente le futur.

Ainsi, qu'ajoute Thomas d'Aquin à la pensée de l'âme d'Aristote quand il l'encage dans un dispositif verbal, voire verbeux, qui permet de grandes architectures faisant écho aux immenses cathédrales gothiques? L'auteur de la *Somme théologique* définit en effet l'âme comme un «acte de la matière» qui débouche sur *trois sortes d'âmes*, la rationnelle, la sensible, la végétale, qui conduisent à *cinq genres de puissance*, l'intellectif, l'appétitif, le sensitif, le locomotif, le végétatif, dont sortent *dix-huit puissances*. La rationnelle, *via* l'intellectif, donne l'intellect agent et l'intellect possible; la sensible, entre la rationnelle et elle, *via* l'appétitif, donne la volonté; la combative; la désirative. La sensible, *via* le sensitif, débouche sur une interne et une externe : l'interne comprend la cogitative, la mémorative, l'imaginative, le sens commun; l'externe comprend la vue, l'ouïe, l'odorat, le goût, le toucher. La sensible, *via* le locomotif, équivaut à l'appareil locomoteur. La végétale, *via* le végétatif, donne la faculté d'engendrement, la faculté de croissance et la faculté nutritive. Ajoutons à cela que le tout se sépare entre organique – tout ce qui relève de l'âme rationnelle – et inorganique – tout ce qui relève des deux autres âmes.

L'exposé de la pensée thomiste procède par découpages systématiques : une question, des articles composés d'objections numérotées, suivies d'une rubrique « en sens contraire », puis d'une réponse dans laquelle, avec force « car », « mais », « or », « donc », « ou bien », « ainsi », le Docteur de l'Église peut prouver, par exemple, que « les hommes gros ont peu de semence » (*Somme théologique*, Question 119, article 2).

Saint Thomas aborde la question de la liaison de l'âme et du corps *via* celle du surgissement, ou non, de l'âme dans l'embryon. L'âme est-elle déjà dans le corps? ou surgit-elle dans la chair à un moment donné, et, si oui, lequel? Cette question agite certains Pères de l'Église comme saint Jérôme dans ses *Lettres* (CXXVI) et saint Augustin dans *De l'origine de l'âme de l'homme* (CLXVI); les deux correspondent sur ce sujet.

On nomme cette question « traducianisme » et l'on doit cette doctrine à Tertullien, pour qui l'âme des enfants est transmise par celle des parents. Les créationnistes, au contraire, comme Thomas d'Aquin, et avec lui Albert le Grand, saint Bonaventure et Calvin, estiment que l'âme des enfants est créée par Dieu. Le Moyen Âge s'empare de cette question et les débats font rage qui opposent les tenants de *l'animation immédiate*, autrement dit dès la conception – c'était aussi la thèse de Grégoire de Nysse, de Basile le Grand –, et les partisans de *l'animation médiate*, pour lesquels l'âme est conférée par Dieu quand le fœtus est assez développé pour recevoir une âme spirituelle – c'était la thèse de Théodoret de Cyr au ve siècle.

L'arrivée en Occident des textes du philosophe et médecin Avicenne aux xiie et xiiie siècles permet d'aborder le sujet moins avec les catégories de la métaphysique qu'avec les observations empiriques de ceux qui analysent le fonctionnement du corps humain. On sait qu'Aristote distingue trois âmes : la végétative, la sensitive et la rationnelle. Ce que nous apprend la médecine, c'est que ces trois âmes semblent nommer trois états de l'âme dans un même embryon qui connaît dans son évolution un passage du végétatif au sensitif et au rationnel. Ce sera la thèse thomiste : « Ainsi donc, dans la génération de l'homme, le fœtus vit d'abord de la vie de la plante, par l'âme végétative ; ensuite, cette forme étant détruite par corruption, il acquiert, par une certaine autre génération, une âme sensitive, et vit de la vie animale, cette âme étant encore détruite par une nouvelle corruption, il revêt enfin la forme dernière et complète, qui est l'âme raisonnable, embrassant toutes les perfections des formes précédentes » (*Somme contre les Gentils*, III, 22, 7).

En effet, pour Thomas, Dieu confère l'âme à l'être, il la donne à l'enfant. L'âme intellective est donc créée par Dieu et mise dans l'embryon après que celui-ci ait connu le temps végétatif, le temps sensitif et moteur, ce qui correspond au moment où la mère sent l'enfant bouger dans son ventre, soit à partir de quarante jours.

Aristote, qui souscrivait à cette théorie dynamique, évolutive, vitaliste, estimait dans son *Histoire des animaux* (VII, 3) que le processus était plus lent et long chez les filles que chez les garçons – quarante chez les garçons, quatre-vingt-dix chez les filles !

Précisons en passant que cette théorie – l'embryon n'est pas un être humain mais un être vivant qui ne relève pas de l'espèce animale – justifie l'avortement chez les chrétiens, pourvu qu'il s'effectue avant cette date ontologique et physiologique. Le Moyen Âge ne fut pas si moyenâgeux qu'on veut bien le dire ! L'Église fait sienne cette théorie thomiste pendant six siècles : l'embryon est donc d'abord un petit homme-plante, puis un petit homme-animal, avant de devenir un petit homme rationnel. Ce schéma qui revient en force au XVIIIe siècle avec l'âme de l'homme-machine, voire l'âme-machine de l'homme lui aussi machine, est abandonné par l'Église en 1869 – peut-être parce qu'elle a compris que le positivisme se nichait dans cette logique post-aristotélicienne et qu'avec lui le loup matérialiste entrait dans la bergerie idéaliste et spiritualiste !

Il faut dire que l'Église a joué la valse-hésitation sur le sujet : le pape Sixte V publie en effet une Bulle intitulée « *Effraenatam* », autrement dit « Sans retenue », le 29 novembre 1588 sur le mont Quirinal. Le texte abolit la thèse de l'animation médiate qui permettait l'avortement en amont de la quarantième semaine, donc la débauche et la luxure, le stupre et la fornication, la prostitution et le libertinage, au profit de l'animation immédiate : l'âme est consubstantielle à l'embryon, s'en débarrasser, c'est attenter à l'âme elle-même – péché mortel s'il en est un ! Dans la foulée, le pape condamne également toute velléité de contraception.

Partisan de l'animation médiate, le pape suivant, Grégoire XIV, abroge la bulle de son prédécesseur en 1591 et restaure la peine d'excommunication seulement quand l'interruption volontaire de grossesse a lieu après le quarantième jour. Dans la foulée, il cesse de faire de l'avortement un homicide. Volte-face en 1869 avec le pape Pie IX qui, avec la constitution apostolique *Apostolicae Sedis moderationi*, remet la thèse de l'animation immédiate en selle ! C'est celle qui triomphe encore aujourd'hui dans l'Église catholique, apostolique et romaine...

Précisons que la bulle *Effraenatam* n'est jamais publiée, encore aujourd'hui, qu'amputée des paragraphes huit, dix et onze qui ne sont visibles que sur le document original, lequel, allez savoir pour quelles étranges raisons, est consultable aux archives du Vatican, mais se trouve étrangement soumis à des autorisations spéciales. On aimerait être petite souris...

2

LES RATIOCINATIONS DU RENARD

Réhabiliter l'animal

La Genèse, on s'en souvient, soumet l'animal à l'homme et le destine à son service : pour le travail, la nourriture, le vêtement. À l'évidence, l'animal n'a pas d'âme et, dans le royaume de Dieu, il n'y a ni chameau, eût-il réussi à passer par le chas d'une aiguille, ni colombe, malgré ses nombreux services rendus, du Déluge à l'Annonciation, ni âne, bien qu'il ait porté Jésus sur son dos lors de son entrée à Jérusalem, après lui avoir donné de la chaleur dans la crèche avec le bœuf, et il n'y a pas plus de coq en enfer pour avoir accompagné de son chant les trois reniements de saint Pierre.

La réhabilitation de l'animal, on la doit à Montaigne qui, dans son *Apologie de Raymond Sebond*, propose un genre d'arche de Noé philosophique qui sauve la totalité des animaux et nous invite à les regarder être et vivre afin d'en tirer des leçons concernant les hommes. On se doute qu'avec une thèse pareille, Montaigne ne sacrifie pas à la vieille opposition entre le corps et l'âme : il révolutionne la totalité de la philosophie en rompant le maléfice d'une discipline définie comme l'art de commenter des textes anciens.

Ceux que l'historiographie dominante nomme les présocratiques nourrissent les grandes figures tels Platon, Aristote, Épicure, qui vont être commentés par des disciples comme

Plotin, Théophraste et Lucrèce, avant que, dans le monde chrétien, la Bible ne devienne le livre de référence pour dix siècles de patristique et de scolastique. Le Moyen Âge croule sous les figures syllogistiques qui, à coups de prémisses majeures et de prémisses mineures, aboutissent à une conclusion parfois déraisonnable bien que produite selon l'ordre des raisons logiques. C'est ainsi que la science universitaire est grande.

Montaigne dynamite mille ans de philosophie sans en avoir l'air en écrivant ses *Essais* pour se raconter – en fait, pour raconter l'ordre du monde. Le syllogisme fait la loi dans les universités où, déjà, on prétend parler au nom de la science : Montaigne ajuste le mousquet, tire et tue. Il écrit ainsi : « Le jambon fait boire, le boire désaltère, par quoi le jambon désaltère » (I, XXVI). Il avoue préférer Démocrite, qui rit, à Héraclite, qui pleure, on voit bien pourquoi.

Il attaque l'enseignement de la dialectique, car il estime qu'elle ne sert à rien dans la vie. Mieux vaut apprendre à vivre avec des recettes de sagesse pratique que de se complaire dans des subtilités rhétoriques et sophistiques. La preuve : « Cent écoliers ont pris la vérole avant que d'être arrivés à leur leçon d'Aristote, *De la tempérance* » *(ibid.)*.

Dans un formidable chapitre consacré aux pédants (I, XXV), il règle leur compte à tous ces faux philosophes qui sont gens de bibliothèque. Il critique le savoir livresque des professeurs penchés sur de vieux grimoires et préfère le savoir acquis en regardant tourner le monde, vivre les gens, aller les bêtes et glisser les astres dans une voie lactée bien plus riche en enseignements qu'un commentaire de commentaire de commentaire. Aristote a-t-il écrit un traité sur l'âme, qu'a commenté Averroès, qui est commenté par saint Thomas d'Aquin, que commenteront des professeurs de philosophie à l'université ? Et alors ?... Montaigne néglige ce tas de papiers et préfère regarder dans la vie comment l'âme fonctionne.

Montaigne écrit : « Je ne suis pas philosophe » (III, IX), ce qui permet à quelques fâcheux de l'université de lui interdire l'entrée dans leurs amphithéâtres, où l'on commente à la chaîne ! Mais c'est mal comprendre son trait d'ironie, car il dit que si la philosophie se réduit à la rhétorique, à la sophistique, au syllogisme, à la glose et à l'entreglose, alors en effet, et seulement dans ce cas, il n'est pas philosophe. Il écrit : « Un rhétoricien du temps passé disait que son métier était, de choses petites les faire paraître et trouver grandes. C'est un cordonnier qui sait faire de grands souliers à un petit pied. On lui eût fait donner le fouet en Sparte, de faire profession d'une art piperesse et mensongère » (I, LI). C'est profession de tromperie, de travestissement, de mensonge.

On lit également sous sa plume que « la philosophie n'est qu'une poésie sophistiquée. D'où tirent ces auteurs anciens toutes leurs autorités, que des poètes ? Et les premiers furent poètes eux-mêmes et la traitèrent en leur art. Platon n'est qu'un poète décousu. Timon l'appelle, par injure, grand forgeur de miracles » (II, XII). Tudieu ! Platon, un poète décousu ? Voilà qui, à la Renaissance, conduit à se mettre les professionnels de la philosophie à dos !

Il n'est pas plus tendre avec Aristote et confie : « De m'être rongé les ongles à l'étude [...] d'Aristote, monarque de la doctrine moderne, ou opiniâtreté après quelque science, je ne l'ai jamais fait : ce n'est pas mon occupation, ni n'est art de quoi je susse peindre seulement les premiers linéaments » (I, XXVI). Ailleurs, il évoque le Stagirite comme le « dieu de la science scolastique » (II, XII). Ou bien encore, critiquant cet art que le philosophe a d'embrouiller les choses sous prétexte de les simplifier : « Les sciences traitent les choses trop finement, d'une mode trop artificielle et différente à la commune et naturelle. Mon page fait l'amour et l'entend. Lisez-lui Léon Hébreu et Ficin : on parle de lui, de ses pensées et de ses actions, et si il n'y entend rien. Je ne reconnais pas chez Aristote la plupart de mes mouvements ordinaires ; on les a couverts et revêtus d'une autre robe pour l'usage de l'école. Dieu leur donne bien faire ! Si j'étais du métier, je naturaliserais l'art autant comme ils artialisent la nature. Laissons là Bembo et Equicola. Quand j'écris, je me passe bien de la compagnie et souvenance des livres, de peur qu'ils n'interrompent ma forme. Aussi que, à la vérité, les bons auteurs m'abattent par trop, et rompent le courage. Je fais volontiers le tour de ce peintre, lequel ayant misérablement représenté des coqs, défendait à ses garçons qu'ils ne laissassent venir en sa boutique aucun coq naturel » (III, 5). Montaigne n'a aucun souci du coq figuré, il lui préfère le coq réel !

On comprend que ni la « poésie sophistiquée » de Platon ni la « doctrine moderne », à savoir la scolastique aristotélicienne, ne nourrissent philosophiquement Montaigne. Il avoue préférer les *Vies des hommes illustres* de Plutarque ou les œuvres de Sénèque. Ou, mieux encore, de véritables philosophes qui ignorent jusqu'au nom de Platon et d'Aristote parce que la philosophie n'est pas pour eux l'art de couper les cheveux en quatre, de commenter les commentaires en jonglant avec le vocabulaire abscons de la scolastique, mais un art de vivre, une sagesse pratique connue par les gens simples et modestes. Dans un chapitre consacré à la présomption, Montaigne écrit : « La moins dédaignable condition de gens me semble être celle qui par simplesse tient le dernier rang, et nous offrir un commerce plus réglé. Les mœurs et les propos des paysans, je les trouve communément plus ordonnés selon la prescription de la vraie philosophie que ne sont ceux de nos philosophes » (II, XVII).

D'où les attaques menées par Montaigne contre le recours pédant et systématique au grec et au latin, il tape sur la forme des dialogues de Platon et accable le style de Cicéron, dont on sait que sa langue lui fut apprise au berceau bien avant le français. D'où également son éloge du gascon. « Le parler que j'aime, c'est un parler simple et naïf, tel sur le papier qu'à la bouche ; un parler succulent et nerveux, court et serré, non tant délicat et peigné comme véhément et brusque » (I, XXVI). Il veut un langage « non pédantesque, non fratesque, non plaideresque, mais plutôt soldatesque » *(ibid.)*.

Voilà pour quelles raisons il récuse le vocabulaire de la corporation philosophante. Il connaît les mots techniques de la scolastique et n'use d'aucun d'entre eux. Il aggrave son cas en écrivant : « [...] Au langage, la recherche des phrases nouvelles et de mots peu connus vient d'une ambition puérile et pédantesque. Puissé-je ne me servir que de ceux qui servent aux halles à Paris ! » *(ibid.)*. De quoi s'étrangler au Collège de France, créé cinquante ans plus tôt par François I*er* !

Il estime également que la philosophie n'est pas affaire d'adultes arborant un bonnet carré et usant leurs culottes sur les bancs d'un amphithéâtre puisqu'il affirme que les enfants devraient en être frottés : « C'est grand cas que les choses en soient là en notre siècle, que la philosophie, ce soit, jusques aux gens d'entendement, un nom vain et fantastique, qui se trouve de nul usage et de nul prix, et par opinion et par effet. Je crois que ces ergotismes en sont cause, qui ont saisi ses avenues. On a grand tort de la peindre inaccessible aux enfants, et d'un visage renfrogné, sourcilleux et terrible. Qui me l'a masqué, de ce faux visage, pâle et hideux ? Il n'est rien plus gai, plus gaillard, plus enjoué, et à peu que je ne dise folâtre » *(ibid.)*.

On comprend qu'à la Sorbonne, où l'on est depuis toujours intellectuellement bien peigné, pareil discours soit subversif, voire révolutionnaire. Arracher la philosophie aux tristes figures qui, dans les amphithéâtres, parlent latin pour gloser sur saint Thomas d'Aquin avec force syllogismes, quantité de rhétorique, abondance de sophistique, c'est en effet sacrilège ! Pire, préférer à cette engeance les pauvres, les simples, les paysans, les jardiniers, les enfants, les palefreniers, la faune des halles de Paris, voilà une impardonnable offense faite aux doctes de l'université !

Montaigne ne cherche pas la vérité dans les livres qui disent le monde, ni dans la Bible, ni dans Platon, ni dans Aristote, mais dans le monde lui-même. C'est une véritable révolution épistémologique en philosophie. Il invite à se passer des bibliothèques afin de regarder directement le monde pour le penser vraiment. Drôle, il écrit : « J'en connais à qui, quand je demande ce qu'il sait, il me demande un livre pour me le montrer ; et n'oserait me dire qu'il a le derrière galeux, s'il ne va sur-le-champ étudier en son lexicon, que c'est que galeux, et que c'est que derrière » (I, XXV).

Voilà pour quelles raisons Montaigne parle de lui et raconte sa vie privée. Non pour s'exhiber, par narcissisme, égotisme ou amour immodéré de lui-même, mais parce que le livre doit laisser place à l'examen du monde et qu'il n'est meilleur sujet pour penser l'homme, indépendamment du christianisme, que soi. Il se regarde, et c'est l'homme qu'il voit : un homme nu, débarrassé des textes, des livres, des commentaires, des mots, du verbe, des bibliothèques, des gloses, qui en dissimulent la vérité depuis des siècles. Il est l'*Homme de Vitruve* de Léonard de Vinci : nu et sans Dieu, non pas contre Dieu, mais indépendamment de lui, sans souci de lui.

D'où ses considérations sur l'éducation reçue dans son enfance, les qualités de son père, sa propre nonchalance, ses lectures, sa petite taille, son ami perdu, Étienne de La Boétie, sa femme, l'oubli du nombre de ses enfants morts, ses goûts alimentaires – les huîtres et le vin clairet, les viandes en sauce –, sa moustache qui garde le souvenir de tout ça, son peu d'adresse en tout, son défaut de mémoire, son esprit d'escalier, son goût des déplacements à cheval, sa charge de maire de Bordeaux, sa maladie de la pierre, la petitesse de son sexe, ses pannes libidinales, les effets de la vieillesse sur sa mémoire, son corps, son amitié tardive et mystérieuse avec sa « fille d'alliance », Marie de Gournay, son avancée vers la mort, et tant d'autres sujets.

Il donne également des détails sur son rapport à la religion : Montaigne croit en Dieu, fait sa prière tous les soirs, assiste à la messe, même du fond de son lit à l'étage supérieur de sa fameuse tour, où l'on voit encore le trou qui lui permettait d'entendre l'office, il effectue un pèlerinage à Notre-Dame de Lorette, rencontre le pape Grégoire XIII, manifeste ostensiblement son catholicisme, refuse la Réforme, demande l'extrême-onction dans les derniers moments – et l'obtient. Il se rend au Vatican, soumet ses *Essais* au pape, qui l'invite à corriger quelques pages : le philosophe refuse. Voilà tout son rapport à la religion catholique : Montaigne croit au Dieu des catholiques parce qu'il est français, et avoue qu'il serait protestant s'il était né en Allemagne ; il respecte le souverain pontife, mais il met la vérité au-dessus de tout, pape compris. Il écrit : « Je propose les fantaisies humaines et miennes, simplement comme humaines fantaisies […]; matière d'opinion, non matière de foi […]; d'une manière laïque, non cléricale, mais très religieuse toujours » (I, LVI). En fait, Montaigne est fidéiste : il croit dans le Dieu de son pays mais ne souscrit pas à l'anti-hédonisme du christianisme, ni à son dolorisme, ni encore à son faste, à son décorum.

Montaigne est donc cet homme qui récuse les sophismes de la philosophie, son jargon scolastique, sa rhétorique, sa dialectique, ses prétentions scientifiques, ses représentants officiels, ses méthodes de glose et d'entreglose, sa dilection pour le grec et le latin ; cet homme qui préfère le français simple des gens simples, le gascon même, le parler des forts des halles à Paris, qui fait confiance aux gens de la terre, qui a choisi de rire du monde plutôt que d'en pleurer ; cet homme qui révolutionne la philosophie en faisant tomber les syllogismes avec une tranche de jambon et un verre de vin clairet. Un peu de charcuterie et une pinte de boisson locale, voilà ses armes de destruction massive contre mille ans de philosophie.

On se doute alors qu'il n'aborde pas la question de l'âme en pérorant sur saint Thomas qui écrivait contre Averroès qui écrivait contre Aristote sur la question de l'Intellect agent ! Quand il questionne l'imagination, Montaigne raconte une anecdote qui renseigne sur le mode de liaison de l'âme et du corps.

Voici une première histoire : Montaigne chevauche en forêt lorsqu'un de ses gens – il avoue en avoir une centaine à son service – arrive sur lui comme un bolide, le percute et l'envoie valdinguer loin de son cheval, renversé à terre lui aussi. Il a le visage écorché, son épée est projetée au loin, sa ceinture en pièces, il est inconscient. Ceux qui l'accompagnant le ramènent chez lui. Pendant deux heures, on le croit mort. Sur le chemin, il revient à lui, vomit un seau de sang, puis deux, puis trois, puis d'autres encore. Bien que conscient, il reste imprécis en tout : « Quant aux fonctions de l'âme, elles naissaient avec même progrès que celles du corps » (II, VI). Il croit avoir pris un coup d'arquebuse dans la tête et se sent mourir : « C'était une imagination qui ne faisait que nager superficiellement en mon âme, aussi tendre et aussi faible que tout le reste » *(ibid.)*. Il lui semble glisser dans la mort, doucement, sans déplaisir, sans souffrance, avec même une certaine suavité, comme quand on entre dans le sommeil. Il effectue des mouvements désordonnés. Il arrive chez lui. Il demande bizarrement qu'on donne un cheval à sa femme. Il s'interroge sur ce qui, en lui, veut ce genre de choses. Il expérimente la langueur, une extrême faiblesse, mais aucune souffrance. Une fois allongé, il ressent une infinie douceur. Revenu à lui deux ou trois heures plus tard, il souffre le martyre et ce pendant trois jours. Il craint alors de mourir. Il comprend ensuite que la mort n'est pas un problème, qu'elle est glissement vers un néant sans souffrance et qu'on craint plus, la plupart du temps, d'avoir à mourir que la mort elle-même. Cette dernière n'est que déliaison de l'âme et du corps, qui se passe en douceur.

Il expérimente ainsi ce que l'on nommerait aujourd'hui le mécanisme psychosomatique, autrement dit l'étroite liaison du corps et de l'âme. Il écrit : « La moindre piqûre d'épingle [...] et passion de l'âme est suffisante à nous ôter le plaisir de la monarchie du monde » (I, XLII).

Une seconde histoire confirme la logique psychosomatique et témoigne d'un certain type de liaison entre le corps et l'âme. Un gentilhomme fait savoir à ses convives qu'il les a régalés quelques jours plus tôt avec un pâté confectionné avec de la viande de chat : « [...] de quoi une demoiselle de la troupe prit telle horreur, qu'en étant tombée en un grand dévoiement d'estomac et fièvre, il fut impossible de la sauver. Les bêtes mêmes se voient comme nous sujettes à la force de l'imagination. Témoin les chiens, qui se laissent mourir de deuil de la perte de leurs maîtres. Nous les voyons aussi japper et trémousser en songe, hennir les chevaux et se débattre » (I, XXI). Le pâté n'était pas fait de viande de chat, bien sûr...

Il y a donc liaison de l'âme et du corps puisque l'imagination peut produire la mort rien qu'avec des suggestions.

Expliquant ces phénomènes, Montaigne écrit: «[...] tout ceci se peut rapporter à l'étroite couture de l'esprit et du corps s'entre-communiquant leurs fortunes» *(ibid.)*. Il ne se soucie pas effectivement de comprendre les modalités de cette étroite couture, il la constate et la montre à l'œuvre, il la voit, il la dit, il la raconte. Voilà ce que n'aiment pas les philosophes de profession qui voudraient un traité de Montaigne intitulé *De l'étroite couture* dans lequel il commenterait, plume à la main, *De l'âme* d'Aristote!

Il constate que des dérèglements de l'âme créent ici un génie, là un fou, une fois un grand poète, une autre un infâme brigand, soit l'extase d'un grand mystique, soit la furie d'un coupeur de bourse. Mais pourquoi cette «agitation de l'âme trouble [la] force corporelle» (II, 12)? Par l'effet des passions en général et de l'imagination en particulier. C'est cette dernière, en effet, qui transforme un succulent pâté de cochon en dégoûtant pâté de chat – dégoûtant et mortel, alors que sa matière n'est pas toxique, mais seule l'idée qu'on s'en fait.

Dans l'*Apologie de Raymond Sebond*, Montaigne, destinant ce texte à son père qui lui a demandé un résumé de la pensée du théologien, aborde la question de l'âme chez les Égyptiens et les Chaldéens, chez les philosophes et les médecins de l'Antiquité, chez Straton de Lampsaque, qui la loge entre les deux sourcils, chez Aristote bien sûr, à qui il donne un soufflet philosophique en passant: «N'oublions pas Aristote: ce qui naturellement fait mouvoir le corps, qu'il nomme entéléchie; d'une autant froide invention que nulle autre, car il ne parle ni de l'essence, ni de l'origine, ni de la nature de l'âme, mais en remarque seulement l'effet» (II, XII). Montaigne voit dans cette liste de théories différentes, voire contradictoires motif à scepticisme: s'il existe autant de définitions ou de localisations de l'âme que de philosophes ou de médecins, alors évitons d'ajouter une pierre à cet édifice ridicule.

Il raconte que la morsure d'un chien malade affecte l'âme de qui se trouve mordu et l'on voit «la salive d'un chétif mâtin, versée sur la main de Socrate, secouer toute sa sagesse et toutes ses grandes et si réglées imaginations, les anéantir de manière qu'il ne restât aucune trace de sa connaissance première [...] ; et ce venin ne trouver non plus de résistance en cette âme qu'en celle d'un enfant de quatre ans ; venin capable de faire devenir toute la philosophie, si elle était incarnée, furieuse et insensée ; si que Caton, qui tordait le col à la mort même et à la fortune, ne peut souffrir la vue d'un miroir, ou de l'eau, accablé d'épouvantement et d'effroi, quand il serait tombé, par la contagion d'un chien enragé, en la maladie que les médecins nomment hydrophobie » (II, XII).

Sur la question de la mortalité ou de l'immortalité de l'âme, Montaigne établit la liste de ce qui a été pensé. D'Aristote, il dit qu'on ignore son point de vue : « Il s'est caché sous le nuage de paroles et sens difficiles et non intelligibles, et a laissé à ses sectateurs autant à débattre sur son jugement que sur la matière » *(ibid.)* – c'est toute la querelle de l'averroïsme à laquelle Montaigne renvoie là à mots couverts.

Et lui-même, qu'en pense-t-il ? Il sait que la multiplicité des avis philosophiques et le caractère contradictoire de leurs conclusions témoignent en faveur d'une suspension du jugement philosophique. La raison ne saurait résoudre ce problème sans l'aide de Dieu : « Tout ce que nous entreprenons sans son assistance, tout ce que nous voyons sans la lampe de sa grâce, ce n'est que vanité et folie » *(ibid.)*. La fable de Babel le dit bien : quand les hommes veulent obtenir le même savoir que Dieu – rappelons que c'est le sens du péché originel –, ils obtiennent la confusion. Précisons en passant que cela suffit pour ne pas faire de l'*Apologie de Raymond Sebond* un moment sceptique, pyrrhonien, dans la pensée de Montaigne, mais témoigne que, du début à la fin de sa vie, donc du commencement à l'achèvement des *Essais*, il tient le cap du fidéisme.

L'âme est immortelle, la preuve : Dieu l'a dit ! « C'était vraiment bien raison que nous fussions tenus à Dieu seul, et au bénéfice de sa grâce, de la vérité d'une si noble créance, puisque *de sa seule libéralité* nous recevons le fruit de l'immortalité, lequel consiste en la jouissance de la béatitude éternelle.

Confessons ingénument que Dieu seul nous l'a dit, et la foi: car leçon n'est-ce pas de nature et de notre raison. Et qui retentera son être et ses forces, et dedans et dehors, sans ce privilège divin; qui verra l'homme sans le flatter, il n'y verra ni efficace, ni faculté qui sente autre chose que la mort et la terre » (*ibid.*; je souligne). N'allons pas plus loin...

Ou plutôt si: Montaigne croit à l'immortalité de l'âme, et les chrétiens peuvent s'en réjouir. Mais, à la différence de ces derniers, il ne souscrit pas aux fables de la vie après la mort. Il récuse l'Éden de Mahomet avec « paradis tapissé, paré d'or et de pierreries, peuplé de garces d'excellente beauté, de vins et de vivres singuliers », et ajoute: « Je vois bien que ce sont des moqueurs qui se plient à notre bêtise pour nous emmieller et attirer par ces opinions et espérances convenables à notre mortel appétit. Si sont aucuns des nôtres tombés en pareille erreur, se promettant après la résurrection une vie terrestre et temporelle, accompagnée de toutes sortes de plaisirs et commodités mondaines » *(ibid.).* Ce qu'est la vie après la mort, nulle raison ne peut le concevoir, encore moins l'imaginer, sinon le penser. Le paradis est une sucrerie ontologique, Montaigne n'en a pas besoin, il préfère le salé. Il écrit en effet: « Ce qui a cessé une fois d'être, n'est plus » *(ibid.).*

Un dernier mot.

Avec Montaigne, on accède à l'âme par le corps, ce qui inverse la perspective de la tradition deux ou trois fois millénaire qui le précède. Avant lui, il y a l'âme, le corps arrive ensuite, et l'âme est éternelle et immortelle. Elle vit plusieurs vies avant de revenir à son lieu d'origine, qui est le Logos, le Ciel des Idées, le Verbe, le Plérôme, autrement dit un monde qui n'existe pas ou, du moins, qui existe comme fiction, fable, mythe, allégorie, métaphore.

De même, chez lui, le corps doit discipliner l'âme, et non l'inverse comme on le prétendait avant lui. « Le corps a une grande part à notre être, il y tient un grand rang; ainsi sa structure et composition sont de bien juste considération. Ceux qui veulent déprendre nos deux pièces principales et les séquestrer l'une de l'autre, ils ont tort. Au rebours, il les faut réaccoupler et rejoindre. Il faut ordonner à l'âme non de se tirer à quartier, de s'entretenir à part, de mépriser et abandonner le corps (aussi ne le saurait-elle faire que par quelque singerie contrefaite), mais de se rallier à lui, de l'embrasser, le chérir, lui assister, le contrôler, le conseiller, le redresser et ramener quand il fourvoie, l'épouser en somme et lui servir de mari ; à ce que leurs effets ne paraissent pas divers et contraires, mais accordants et uniformes » (II, XVII). Et Montaigne de lister les théories aristotélicienne et chrétienne du salut avant de développer la sienne : c'est son éthique hédoniste, sa morale eudémoniste, son art de vivre – mais voilà un autre sujet[1]...

Montaigne révolutionne la philosophie parce qu'il tourne le dos aux livres et leur préfère l'« usage du monde » (III, XI) contre la « philosophie ostentatrice et parlière » (I, XXXIX) ou les « écoles de la parlerie » (III, VIII). Parce qu'il récuse les spécialistes et les professionnels de la discipline, les universitaires qui s'imaginent du côté de la science quand ils avancent coiffés des chapeaux du moment. Parce qu'il croit en Dieu, mais discrètement, en le mettant de côté afin de penser en « laïc » – c'est le mot qu'il utilise. Parce que ses pensées, inédites, ouvrent un incroyable champ de liberté à la pensée européenne. Et parce que, surtout, il pense, de manière originale, l'homme à partir de l'animal.

La rupture entre le Moyen Âge et la modernité s'effectue par cette pensée radicalement nouvelle qui fait basculer l'Occident judéo-chrétien dans un autre temps civilisationnel. Avant Montaigne, l'animal est, dans la nature, en dessous de l'homme, fait pour le servir et lui être utile ; avec Montaigne, l'animal est un compagnon : il parle en effet d'un « cousinage avec la bête » (II, XI).

---

1. Voir sur cette question de la morale de Montaigne le tome II de ma *Contre-histoire de la philosophie* : *Le Christianisme hédoniste*, « Montaigne et "l'usage des plaisirs" », Paris, Grasset, 2006, p. 199-315. Voir également ma préface aux *Essais*, Paris, Éditions Bouquins, 2019 : « "Savoir vivre loyalement de son être." Lire, lire encore et relire Montaigne ».

Les ratiocinations du renard

Saint Thomas d'Aquin place l'homme entre l'ange, qui est au-dessus de lui, ce qu'il faut viser, et la bête, qui est en dessous de lui, ce dont il doit s'éloigner. On sait que Pascal estime que « qui veut faire l'ange fait la bête » – une idée de Port-Royal, comme souvent avec l'auteur des *Pensées*. Mais Montaigne l'aurait trouvée sotte : il n'y a pas à faire la bête puisque l'homme en est le cousin. Il est un genre de bête, une variation sur le thème de la bête. Trois siècles avant Darwin, voilà une véritable révolution ontologique.

Si, comme le pense Montaigne, entre l'homme et l'animal « il y a quelque différence, il y a des ordres et des degrés ; mais c'est sous le visage d'une même nature » (II, XII) ; ou qu'« il se trouve plus de différence de tel homme à tel homme que de tel animal à tel homme » *(ibid.)* ; ou bien encore que les animaux sont aux hommes « ses confrères et compagnons » *(ibid.)*, alors il faut radicalement tourner le dos à ce qu'enseigne la Genèse depuis près de trois mille ans ! Or, il faudra attendre *L'Origine des espèces* (1859), mais surtout *La Filiation de l'homme* (1871) de Darwin pour que cette pensée du philosophe devienne vérité scientifique – une vérité scientifique que nous ne parvenons toujours pas à digérer, on le verra.

Le passage de l'*Apologie de Raymond Sebond* sur les animaux est un diamant philosophique, un axe sur lequel bascule la pensée occidentale. Montaigne remet l'homme à sa place ou, du moins, pour la première fois, il le met à sa place, qui n'est pas au centre du monde. On se doute que la définition de l'âme s'en trouve considérablement modifiée – sa définition, son essence, sa nature, ses propriétés, ses mécanismes, etc. À partir de considérations sur les taupes et les « arondelles », comme il écrit, les oiseaux migrateurs et les poissons pilotes, qui nagent dans le sillage des cétacés, l'alcyon ou le rémora, Montaigne coupe le monde philosophique en deux.

Que dit-il sur ce sujet ? Les bêtes ne sont pas bêtes ; les hommes se trompent et disent des choses fausses à leur propos ; un malentendu existe entre les bêtes et nous ; on mésestime les possibilités de leurs sens ; elles communiquent entre elles mieux que nous avec elles ; elles partagent avec nous un langage non verbal, celui des corps ; elles disposent d'un langage, qui n'est donc pas le propre de l'homme ; elles ont une organisation sociale impressionnante, en témoignent les « mouches à miel » ; les arondelles font preuve de mémoire, de jugement, de capacité de prévision, de connaissance des vents et de la texture des matériaux pour construire et orienter leurs nids ; l'araignée pense, délibère et conclut quand elle tisse sa toile de cette manière plutôt que d'une autre ; les animaux manifestent une évidente supériorité sur nous dans nombre de domaines ; ils naissent avec ce qui les protège, coquille, poils, laine, cuir, plumes, écailles, crocs, dents, griffes, cornes, ils peuvent voler, nager, courir et s'enfuir dès la naissance, alors que l'homme doit tout apprendre pour vivre et survivre ; l'homme a probablement la pensée en usage, mais souvent pour son plus grand malheur parce qu'elle augmente sa souffrance, ses craintes, ses angoisses ; le renard avance sur la rivière gelée en écoutant le bruit de l'eau sous la glace, bruit duquel il déduit s'il peut y aller sans risque, ce qui est « ratiocination et conséquence tirée du sens naturel » *(ibid.)* ; les animaux, au contraire des humains, n'asservissent jamais l'un des leurs ; nous manifestons de l'ingéniosité pour chasser, nos cousins à quatre pattes font de même ; les humains n'ont pas besoin d'être attaqués par des crocodiles, des éléphants, des baleines pour être vaincus : une colonie de poux suffit à entraver la dictature de Sylla ; la tortue, quand elle a mangé une vipère, cherche illico de l'origan pour se purger, les cigognes s'infligent des clystères à l'eau de mer pour recouvrer la santé – et Montaigne de donner d'autres exemples qui témoignent que les animaux savent se soigner ; grâce à son flair, un chien trouve sa route plus sûrement que ne le fait son maître ; des merles, des corbeaux, des pies, des perroquets apprennent à parler le langage des humains ; des chiens servent aux aveugles et sont leurs yeux pour se déplacer sans encombres, d'autres sont dressés à danser par leurs propriétaires, qui gagnent ainsi quelques pièces, d'autres encore jouent des rôles dans des pièces de théâtre ; des éléphants apprennent des chorégraphies données dans des cirques; des bœufs habitués à faire tourner une roue cent fois par jour prennent l'habitude de s'exécuter sans faire un seul tour supplémentaire; les animaux donnent des leçons aux hommes: de chant, de tissage, de pharmacopée; un chien, conscient qu'il n'atteindrait pas l'huile au fond d'un pot, l'a rempli de cailloux afin de pouvoir laper; des murènes ou des anguilles reconnaissent la voix de qui les nourrit; des éléphants saluent le soleil avec leur trompe, puis méditent et contemplent; des fourmis manifestent un souci de leurs morts; un banc de rémoras peut arrêter la progression d'un bateau de guerre en se fixant sur sa carène; le caméléon change de couleur, comme l'homme qui rosit, rougit ou jaunit en fonction de ses passions; les animaux migrateurs disposent d'une «faculté divinatrice» *(ibid.)*; les chiens se suicident pour accompagner leur maître dans la mort; les chevaux font preuve d'empathie et de sympathie entre eux; des anecdotes connues montrent des histoires d'amour entre des humains et des animaux – ainsi un éléphant d'Aristophane le grammairien, amoureux d'une jeune bouquetière qu'il suivait partout, à qui il offrait des fruits en les prenant avec sa trompe sur les marchés et qui «lui mettait quelquefois la trompe dans le sein par-dessous son collet et lui tâtait les tétins» *(ibid.)*; de même avec des «magots furieusement épris de l'amour des femmes»; les animaux connaissent l'homosexualité et l'inceste; les fourmis font des provisions pour les temps froids; les deux règnes, Montaigne le déplore, connaissent également la guerre et les combats; les chiens sont fidèles à l'extrême, ils ignorent l'ingratitude; les animaux sont solidaires: un seul est en mauvaise passe, tous accourent pour le sauver; des petits animaux accompagnent des grands et leur sont utiles: le poisson pilote des baleines par exemple, des roitelets se montrent inséparables de crocodiles dont ils nettoient les dents, la nacre vit en collaboration avec le pinnothère; les thons possèdent la science des solstices et des équinoxes et leurs bancs sont mathématiquement et géométriquement organisés; les bêtes sont magnanimes, elles reconnaissent leurs fautes, manifestent de la repentance, sont clémentes; l'alcyon est monogame, toute sa vie il fait preuve envers sa femelle de fidélité et d'assistance ; les animaux rêvent – ainsi un lévrier, secoué par ses songes pendant le sommeil, rêve-t-il, c'est certain, d'un « lièvre sans poil et sans os » *(ibid.)*. N'est-ce pas là une idée platonicienne ? la *lièvrité* par exemple ? Qu'on me pardonne ces saillies, elles sont de moi... Cessons là, nous disposons d'assez de témoignages pour attester « cette égalité et correspondance de nous aux bêtes » *(ibid.)*.

À quoi Montaigne ajoute que, une fois nu, l'homme n'offre pas un beau spectacle et qu'il a bien fait de cacher tout ça sous des vêtements... Je ne sache pas qu'il ait parlé de la laideur d'un quelconque animal.

Avec les *Essais* la transcendance cesse de mener le bal de la pensée occidentale.

3

Leçons des leçons d'anatomie

Effacer l'âme

Montaigne écrit pis que pendre de la médecine. Il rappelle que son père était affligé de la maladie de la pierre, comme lui, et que ses calculs dans la vessie lui ont occasionné moult souffrances. L'incapacité dans laquelle la corporation médicale a été de soigner «cette infusion et cette instillation fatale», aussi bien chez lui que chez son père, mais également dans sa parentèle, affligée de cette «qualité pierreuse» depuis deux siècles, a généré, écrit-il, «la haine et le mépris de leur science». Il ajoute: «Cette antipathie que j'ai à leur art m'est héréditaire» (II, XXXVII).

Le philosophe fait de la santé le bien sans lequel aucun autre n'est possible; elle s'avère donc le plus précieux des biens. D'où l'importance des médecins. Platon frappé d'épilepsie ou d'apoplexie, et il n'y a plus personne pour émettre les hypothèses du *Parménide*!

Nous avons perdu le contact véritable avec la nature, au contraire des hirondelles ou des brochets. L'artifice n'est pas toujours supérieur à la nature. Des régimes prescrits accélèrent parfois la fin de ceux dont ils devraient prolonger la vie. De sorte que «les médecins ne se contentent point d'avoir la maladie en gouvernement, ils rendent la santé malade, pour éviter qu'on ne puisse en aucune saison échapper à leur autorité» *(ibid.)*. Ils transforment une bonne santé ici et maintenant en une inévitable maladie. Montaigne fait de la souffrance l'occasion d'un exercice de stoïcisme pratique. Il prétend n'avoir pas manqué d'occasions de vérifier la validité de la formule des philosophes du Portique : « Supporte et abstiens-toi » et n'avoir jamais eu besoin des médicastres. Il constate que la sociologie de cette profession ne montre pas une surreprésentation de centenaires ou de gens en forme olympique. Les peuples ignorant la médecine et les médecins sont les plus vigoureux et les plus sains, les plus résistants et les plus heureux. Montaigne n'aime ni les drogues ni les purgations. Il estime que « toute chose qui se trouve salubre pour notre vie se peut nommer médecine ». Autrement dit, hédonisme et eudémonisme valent mieux que clystère et saignée ! Et puis cette invitation magnifique : « Faites ordonner une purgation à votre cervelle, elle y sera mieux employée qu'à votre estomac » *(ibid.)*. La nature fait mieux les choses que les médecins pour réparer ses désordres. D'autant que les descendants d'Esculape ne pouvant expliquer d'où viennent les maladies accablent les malades en les tenant pour responsables de leurs maux. La maladie ? C'est la faute des malades. La guérison ? C'est grâce au médecin. Pile, le médecin gagne, face, le malade perd.

Les prétendus hommes de l'art utilisent un vocabulaire abscons. Ils prescrivent « un broyat de terrigène, herbigrade, domifère, anémique », mais c'est une simple ordonnance de bave d'escargots. S'ils obtiennent quelque résultat, c'est seulement parce que le patient croit à leurs sornettes et souscrit à leurs balivernes. Si, pédant et péremptoire, le médecin inflige cette sécrétion de colimaçons à un benêt convaincu de son efficacité, alors les effets ne manquent pas d'advenir ! En plein XVIe siècle, Montaigne découvre les principes de la psychosomatique.

Ainsi cette ordonnance qui n'obtient pas l'assentiment du philosophe : « Le pied gauche d'une tortue, l'urine d'un lézard, la fiente d'un éléphant, le foie d'une taupe, du sang tiré sous l'aile droite d'un pigeon blanc ; et pour nous autres coliqueux (tant ils abusent dédaigneusement de notre misère) des crottes de rat pulvérisées, et telles autres singeries qui ont plus le visage d'un enchantement de magicien que d'une science solide. Je laisse à part le nombre impair de leurs pilules, la destination de certains jours et fêtes de l'année, la distinction des heures pour cueillir certaines herbes pour leurs ingrédients, et cette grimace rébarbative et prudente propre à leur port et à leur mine. » La médecine est une activité de charlatans qui recourent à des recettes de sorcière et se prétendent scientifiques. Rappelons que, comme toujours, l'université couvre ces impostures de l'époque.

Montaigne s'amuse à lister les différents diagnostics et traitements posés pour une même maladie. Autant d'étiologies, de posologies, de médications que de médecins ! C'est dire le caractère scientifique de leur activité. Si encore ces errances étaient inoffensives ! Mais elles causent des maladies alors qu'elles devraient les soigner. Et le philosophe de continuer son procès de la médecine – plus encore que des médecins. Il double son mépris des médicastres d'un éloge des chirurgiens. Un tel se vit diagnostiquer la maladie de la pierre par des médecins, mais une opération de barbier révéla qu'il n'en était rien : « C'est par là que la chirurgie me semble beaucoup plus certaine, parce qu'elle voit et manie ce qu'elle fait ; il y a moins à conjecturer et à deviner, alors que les médecins n'ont point de *speculum matricis* qui leur puisse découvrir notre cerveau, notre poumon ou notre foie. » Montaigne poursuit ses réflexions sur les cures thermales, les régimes alimentaires, la diététique, les bains quotidiens, les saignées… Retenons cette idée géniale, comme souvent chez lui, qu'il y a plus à apprendre du chirurgien que du médecin.

On a beaucoup estimé que le passage du géocentrisme de Ptolémée à l'héliocentrisme de Copernic effondre une vision du monde au profit d'une autre – à cela, je souscris, bien sûr. Ce vertige astronomique n'est pas sans conséquences épistémologiques, éthiques, théologiques, spirituelles, philosophiques, etc. On n'est pas le même dans un monde au centre de tout et dans un univers dont le centre ne se trouve nulle part et la circonférence partout. Il faut trouver une autre place à Dieu, donc une autre à l'homme.

Mais on a beaucoup moins disserté sur l'accès à l'infiniment petit que rend possible, au XVIIe siècle, l'invention du microscope, en même temps que la lunette astronomique autorise un accès à l'infiniment grand. L'au-delà du monde présente autant d'intérêt que son ici-bas pourtant nettement plus accessible. La pluralité des mondes va de pair avec la composition atomique du monde. À cette époque, Paracelse pense le microcosme et le macrocosme comme avers et revers d'une même médaille.

La Renaissance redécouvre la puissance inexploitée de la philosophie abdéritaine, matérialiste, atomiste, épicurienne. Démocrite a l'intuition de l'atome en voyant des particules de poussière danser dans un rai de lumière. Mais si tout est atome tombant dans le vide, *quid* de Dieu, et de son représentant sur terre, l'âme?

Pour l'heure, ce que Montaigne fait avec l'âme de l'homme, en examinant la sienne et en construisant sa quête comme un roman du Moi, Vésale l'effectue avec le corps. Les *Essais* sont une leçon d'*anatomie de l'âme* sans le secours de Dieu. Le philosophe s'installe devant un miroir, raconte ce qu'il voit de lui-même et déduit l'universel à partir du singulier qu'il est. Ce «speculum vaginal» dont Montaigne regrette qu'il n'ait pas son équivalent pour les autres organes dispose tout de même d'un analogue en son genre: le scalpel. On a peu mesuré ce que l'ouverture des corps fait à l'âme.

Non que le scalpel tue l'âme, mais il en précise les contours qui, petit à petit, deviennent matériels. On la cherche dans les plis du corps, dans ceux du cerveau, on croit la découvrir dans une glande, on la traque avec un rasoir, elle est présente partout mais visible nulle part, elle se laïcise et échappe à Dieu, aux dieux, donc, au diable. On feint de ne pas s'en occuper, mais parce qu'elle est invisible et qu'on la suppose autrement que comme elle se trouve racontée depuis si longtemps. Immatérielle? Si l'on veut, pourquoi pas, rien n'interdit de le penser, mais un chirurgien n'opère pas de l'immatériel. Montaigne le dit, le pense, l'écrit: le chirurgien «voit et manie» (II, XXXVII). Or, de l'âme, qu'y a-t-il à voir et à manier?

Leçons des leçons d'anatomie

Seule la théorie d'Épicure permettra de résoudre cette énigme en recourant à l'atome. Mais l'heure n'est pas encore venue. Le XVIᵉ siècle la prépare. Montaigne estime que les Atomes d'Épicure sont des constructions intellectuelles au même titre que les Idées de Platon ou les Nombres de Pythagore. Rien de réel, donc.

Le médecin a pour réputation d'être plus distingué que le chirurgien : le premier parle latin, il passe pour un intellectuel lecteur des grands textes de la médecine ancienne, il est issu des bonnes et belles familles ; le second parle français – par exemple Ambroise Paré ignore le latin –, il vient des classes populaires, il est renvoyé du côté du travail manuel : il incise les abcès, il ampute, il cautérise au fer rouge ou à l'huile bouillante, il ligature les vaisseaux, il réduit les hernies, il opère les calculs dans la vessie, il trépane, il nettoie les fistules anales, il enlève le cristallin, il arrache et réimplante des dents, mais, avec les mêmes instruments, il taille aussi la barbe et les cheveux. Il se trouve donc assimilé aux barbiers ! L'un relève des arts libéraux, l'autre des arts mécaniques. Le médecin prescrit force saignées et quantité de clystères ; le chirurgien, qui endort son patient avec de l'opium, le perd souvent à cause d'infections et de gangrènes. Celui-là fait couler le sang, celui-ci, le pus.

Avant Vésale, la leçon d'anatomie relève plus du théâtre que de la science. On feint de connaître ce que l'on ignore et on « spectacularise » l'ouverture des corps selon des rituels apparentés à l'art de la mise en scène. Le *magister*, ou *lector*, se trouve sous le dais d'une chaire professorale. Il lit un traité d'anatomie de Galien qui décrit les organes disséqués par un autre personnage : le *sector*, un assistant subalterne. Pendant ce temps, un dernier acteur, l'*ostensor*, ou *demonstrator*, montre au public l'organe en question, soit du doigt, soit avec une baguette. Où l'on voit que cette trifonctionnalité permet au maître de *parler* pendant qu'un autre *montre* ce qu'un troisième *touche*. Dire, montrer, toucher, autant de fonctions qui permettent de tenir le livre pour la vérité, de déléguer à un autre la monstration de ce qu'il y aurait à voir et qui a été dit, pendant qu'un dernier se coltine la matière, une matière d'autant plus détestable qu'elle est celle d'un cadavre.

Vésale s'insurge contre cette façon de faire. Il propose une révolution méthodologique. Il estime que Galien n'est pas omniscient et qu'il a accumulé nombre d'erreurs, plus de deux cents, écrit-il, concernant des descriptions d'assemblage de parties du corps et de leurs usages – une hérésie de le dire à cette époque –, et ce parce qu'il ne pratiquait pas lui-même de dissections anatomiques d'humains mais de singes.

Contre la glose de type universitaire, Vésale propose clairement « la dissection soigneuse et l'observation directe des choses ». Autrement dit, selon lui, le réel ne se trouve plus dans les livres qui disent le monde mais directement dans le monde. La nature et le fonctionnement d'un organe ne sont pas affaire de lectures commentées de textes qui parlent de ce sujet mille quatre cents ans plus tôt, mais examen et analyse de ce qui peut être *vu et manié*, pour utiliser la formule de Montaigne. La mémoire et le psittacisme doivent laisser place à l'analyse et à l'intelligence.

Vésale ne veut plus découper des chiens, tronçonner des chats, disséquer des singes. Il veut ouvrir les cadavres de ses semblables. Voilà pourquoi il se rend dans des cimetières ou au pied des gibets où les pendus se décomposent en plein air, lâchant de temps en temps des morceaux de chair que les chiens viennent se disputer avant de les dévorer. La police rôde et interdit qu'on décroche les morts du gibet de Montfaucon. Les profanateurs risquent d'être poursuivis en justice et exclus de la faculté.

Quand un cadavre est tout de même volé au néant, la dissection s'effectue sur plusieurs jours, dans une cave, plutôt l'hiver pour éviter la décomposition accélérée pendant les saisons caniculaires. On commence par inciser le ventre et sortir les entrailles, partie la plus vite corrompue. Le corps est arrosé de vinaigre pour lutter contre une innommable puanteur. Vésale manipule, voit et dessine. Plus besoin de demander à Galien ce qu'il en pense, pas plus qu'aux professeurs de l'université ce qu'ils pensent de ce que pensait Galien, c'est-à-dire la même chose que lui, il faut désormais se concentrer sur ce qu'il y a à voir. Ce savoir pue la charogne et la pourriture, le vinaigre et les excréments, il ne sent pas l'encre du traité. Pour l'heure, l'âme, qui s'avère incolore, inodore et sans saveur, n'a pas droit de cité. Elle échappe au fil du rasoir, ou à celui de la hache d'Aristote.

Encore étudiant, Vésale se rebelle. Il dit à ses maîtres qu'il faut disséquer directement et jeter par-dessus bord leur dispositif théâtral. L'un qui lit Galien, l'autre qui coupe la rate et la sort des entrailles, le dernier qui la montre avec une badine : rien de tout cela n'est efficace. Si on ne manipule pas et si on ne voit rien, le tout dans l'ambiance ronronnante d'une lecture par un professeur à bonnet, on ne sait pas. Et si on ne sait pas, quand on opère, on envoie *ad patres* celui qu'on prétend soigner.

L'étudiant Vésale demande à prendre les choses en main : il veut lui-même manipuler et donner à voir, donc à savoir. Il en fait la demande ; bien sûr, le doyen de la faculté refuse. Le prosecteur Jean Gonthier d'Andernach croit en son élève et convainc les autorités. Vésale donne alors une leçon d'anatomie en public. L'histoire n'en a pas retenu la date exacte, mais, vu sa date de naissance, 1514, et l'âge auquel on fait ses études, disons autour de vingt ans, nous sommes dans les années 1530. C'est l'époque où Descartes rédige ses *Règles pour la direction de l'esprit*. Vésale conduit les opérations : il ouvre lui-même le corps, il montre lui-même l'organe, il l'examine lui-même et il le commente lui-même. Certes il a lu Galien et les autres, mais il ne met pas une bibliothèque entre le réel et lui. Il conquiert l'auditoire. On le laisse continuer.

Vésale critique la médecine livresque ; il met en cause l'établissement des textes du corpus médical à partir de la tradition médiévale arabe ; il dénonce le rôle de Paul d'Égine qui, au VIIe siècle, publie son *Epitome medica* en sept livres, qui réunit des textes galéniques compilés à travers les âges ; il pointe le rôle néfaste d'Avicenne, une autorité médiévale, dans la propagation de ce matériel didactique fautif.

Parallèlement à ce travail d'établissement scientifique critique des textes de médecine antique et médiévale, il dissèque des corps à l'Université de Padoue où il est nommé professeur.

À la demande des étudiants de Bologne, le 15 janvier 1540, André Vésale se mesure à son rival Matteo Corti. Chacun effectue des dissections; comme dans un duel, les étudiants arbitrent. L'affrontement se déroule dans l'église Saint-François de Bologne. Quatre rangées de gradins s'étagent autour de la table où Vésale officie. Il dispose d'un singe, de six chiens, de petits animaux et de trois cadavres humains. Avec autant de matériel à disposition, il constate les différences notables entre le singe et l'homme. Il découvre également que Galien n'a probablement pas travaillé sur des humains et qu'il s'est contenté de magots.

Un jour, Vésale prend Corti à parti devant ses étudiants. Il décrit l'insertion d'un muscle abdominal et questionne son adversaire, qui répond en recourant à l'autorité de Galien. Vésale l'humilie en montrant que la leçon qu'il donne confond tout aussi bien Galien que Corti – lequel quitte l'église suivi de sa clique. Les étudiants applaudissent. Charivari et hourras dans la maison de Dieu transformée en bloc opératoire de cadavres. Ces mêmes étudiants veulent le remercier. Pour ce faire, ils sortent du cimetière le corps d'un prêtre fraîchement inhumé. Ils en profitent pour ramasser une cargaison d'os: ceux d'un nouveau-né, ceux d'un homme de quatre-vingt-dix ans et ceux d'un homme dans la force de l'âge. Vésale utilise ce bouquet d'ossements pour ses comparaisons. Puis il pose les bases d'une pratique alors inédite: l'ostéologie comparée. Il met côte à côte, c'est le cas de le dire, le squelette d'un prêtre et celui d'un singe – j'ignore si Darwin connaissait ce fait, qui peut s'apparenter à une facétie...

En 1543, Vésale publie *La Fabrique du corps humain*. La même année, Copernic signe *Des révolutions des sphères célestes*. Le frontispice du livre de Vésale est une déclaration philosophique: c'est son discours de la méthode. La scène représentée se déroule dans un amphithéâtre circulaire dont on aperçoit sept colonnes corinthiennes. Faut-il y voir une référence aux sept colonnes de la maison de la sagesse dans les Proverbes (9,1) qui correspondent aux sept qualités de la sagesse d'en haut – «pure, paisible, modérée, conciliante, pleine de miséricorde et de bons fruits, sans partialité, sans hypocrisie » –, mais pour en bas ? Un cartouche baroque flanqué de grotesques encadre le nom de l'auteur et le titre du livre sous les armes de Vésale : un écusson aux trois belettes. Quantité de gens sont représentés, plus d'une soixantaine. Les visages devaient être connus à l'époque. Le graveur propose un genre d'*École d'Athènes* de la chose médicale. Au centre de ces vivants qui grouillent, le cadavre d'une femme, ventre ouvert. Vésale montre de l'index ses entrailles et plus précisément son utérus. Juste derrière ce corps de femme, telle une Ève ouverte, un squelette regarde en direction du ciel et tient un bâton à la main. Il semble invoquer le ciel, comme Platon, quand Vésale, tel Aristote, désigne l'ici et maintenant : les organes génitaux d'une femme, autrement dit ce qui rend possible la génération, que toute mort abolit un jour. Ce qui naît dans ces entrailles est toujours pris par ce squelette qui, sur le mode de l'imploration, semble regarder un ciel vide ou, mieux, vidé.

À la question « D'où vient l'homme ? » ou « *Quid* de la fabrique de l'homme ? », Vésale répond en montrant du doigt l'utérus d'une femme. Avec ce geste, qui rappelle moins l'index de Platon tendu vers le ciel que la paume de la main d'Aristote dirigée vers la terre, on ne peut mieux conjurer silencieusement la transcendance au profit de l'immanence. Ici et maintenant, l'anatomie remplace la théologie.

Des historiens de la médecine repèrent la présence, dans ce frontispice, des anatomistes anti-galénistes Colombo, Fallope (l'homme des trompes du même nom), Rondelet et Ingrassia, mais également des galénistes Paracelse, Sylvius, Gonthier d'Andernach, l'ancien maître de Vésale. On pourrait aussi probablement repérer ici ou là Avicenne et Razi. On y voit enfin les éditeurs Alde Manuce et Oporinus – auxquels l'on doit ce livre. Précisons également que, dans cette assemblée, on reconnaît Titien et le maire de Padoue.

Cette scène se compose de scènes : ainsi, deux hommes se partagent le bas de l'œuvre, un à droite, l'autre à gauche, celui-ci porte un singe sur son épaule, celui-là tient un chien par l'encolure – probablement des prosecteurs qui amènent les animaux pour une vivisection. Au pied de la table de dissection, deux hommes préparent les outils du chirurgien : l'un affûte un scalpel, l'autre parle à son acolyte. À gauche, au centre de la gravure, un jeune blondinet lit un livre à côté d'un moine recouvert de sa bure noire : on imagine un groupe de défenseurs de Galien. Bien sûr, ils ne regardent pas ce que montre Vésale, l'utérus, le *lieu immanent de la fabrique de l'homme*, qui fait l'économie de sa généalogie transcendante, mais les livres au travers desquels ils voient le monde.

Dans ce fort volume qui frise les sept cents pages, accompagnées de deux cent soixante-dix-sept planches xylographiques gravées par un élève du Titien, probablement Jan Stephan van Calcar, le mort est montré comme un vif. Le squelette est l'habit du mort représenté accoudé sur un piédestal à l'antique, évoluant dans une ruine antique, un paysage romain, un décor classique. L'un est pendu devant un mur, l'autre face à son sarcophage, le troisième médite devant… un crâne et fait face à un autre qui semble pleurer, affligé par la douleur ; ici c'est un écorché tout de muscles, là un autre tout de nerfs, ou bien tout de vaisseaux et de veines, ailleurs un autre encore qui porte sa peau pendante et flasque.

Dans ce livre majeur pour l'Occident, Vésale entretient du corps humain : os, cartilages et articulations, vertèbres, dents, mandibules, sternum, clavicules ; muscles ; système circulatoire, veines, aorte et artères ; ongles, cartilages du visage ; moelle épinière, système nerveux périphérique, nerfs crâniens, nerfs spinaux ; organes digestifs, abdominaux, génitaux ; organes intrathoraciques ; cerveau, « corps pinéal », organes sensoriels ; cœur et mouvements cardiaques. Mais aucun développement ne concerne l'âme ou quelque chose d'approchant… Vésale laïcise innocemment le corps des hommes, il le déchristianise à bas bruit, il le matérialise en esquissant ses formes.

Au chapitre VI, Vésale parle de la vivisection : « Il n'est pas difficile de prendre une planche quelconque, dans laquelle on a percé des trous, de façon à pouvoir lier les pattes, ou, s'il n'y a pas de trous, de mettre rapidement sous la planche deux bâtons et d'y attacher les pattes. Pour le reste, il faut surtout tenir compte de la mâchoire supérieure et veiller à ce qu'elle soit solidement fixée sur la planche, ce que vous réussirez en fixant une petite chaîne ou une corde solide à l'avant des canines et en attachant l'autre bout à un anneau quelconque sur la planche, à un petit trou ou ailleurs, comme vous le jugerez le plus commode, de manière que le cou soit tiré en arrière et la tête immobilisée. » Il préférait ouvrir des truies plutôt que des chiens, car ceux-ci hurlaient plus que tout autre animal.

Dans cet appel d'air vivisecteur, il écrit : « Dans l'examen du cerveau et de ses parties, il n'y a vraiment rien à voir au moyen de la vivisection, puisque ici, que nous le voulions ou non, par respect pour les théologiens de notre pays, nous *devons* refuser aux animaux privés de raison, la mémoire, le raisonnement et la réflexion, *même si* la structure de leur cerveau est la même que chez l'homme » (je souligne).

Et puis ceci : « Mais comment le cerveau accomplit son office dans l'imagination, le raisonnement, la pensée, la mémoire (ou quelle que soit la manière dont vous désiriez subdiviser ou nommer les pouvoirs de l'âme souveraine en fonction de telle ou telle doctrine), je ne peux le comprendre de manière satisfaisante pour moi » (VII). Autrement dit, par respect pour les théologiens de son pays Vésale préfère n'en rien dire. On admire la prudence. Mais on comprend bien que s'il avait souscrit aux fables chrétiennes d'une âme immatérielle, éternelle et immortelle, il l'aurait fait savoir. Le croyant Ambroise Paré, par exemple, consacre un long développement à l'âme, dans son œuvre, qu'il associe à Dieu.

Avec la même prudence Vésale envisage l'homme comme une créature qui peut aussi bien être attribuée à Dieu, au Créateur ou… à la Nature ! L'utérus de la femme incisée tient la place de Dieu dans la généalogie de l'homme. Moins prudent, disons plus imprudent, Vésale pouvait conclure, en risquant de blesser les théologiens de son pays, que l'âme n'était pas susceptible d'être montrée et vue. Il disait à ses étudiants : « Accordez *foi* à ce que touchent vos propres mains » (je souligne). Qui imagine une âme un jour touchée par des mains ? À cette époque, personne.

4

Une certaine glande fort petite

Localiser l'âme

On doit à Pierre Dionis, chirurgien de Louis XIV qui enseigne son art au Jardin du Roi, la description d'une leçon d'anatomie avec des détails sur l'ouverture d'un crâne. Pour un philosophe, c'est une visite guidée dans sa manufacture personnelle. Lisons *in extenso* comme on assisterait à l'intégralité de cet exercice : « L'opérateur prendra le scalpel fait en couteau, ou cet autre fait en bistouri, dont il fera à la tête une incision longitudinale depuis la racine du nez jusqu'à la nuque du cou, et une autre transversale depuis une oreille jusqu'à l'autre coupant le cuir chevelu et le péricrâne, car il faut que le tranchant de l'instrument aille jusqu'au crâne et appuie sur ces deux incisions, faisant une croix sur le sommet de la tête. Il lèvera ensuite ces quatre parties qu'il séparera du crâne et qui tombant en bas laissent le crâne à découvert. Alors, avec la scie qu'il posera sur l'os frontal assez près des sourcils, il commencera à le scier, en faisant tenir la tête par un serviteur pour l'empêcher de vaciller. L'os frontal étant scié, il conduira peu à peu la scie sur l'un des temporaux, et ensuite sur l'autre ; lesquels étant sciés, l'on retourne le corps pour en faire autant à l'os occipital. » Dionis poursuit : « Toute la circonférence du crâne étant sciée, l'on prend cet élévatoire dont on fourre un des bouts dans la voie de la scie pour faire éclater quelques éminences qui excèdent au-dedans de l'épaisseur du crâne que la scie n'aura point entièrement coupées. Si l'on ne peut pas y réussir avec l'élévatoire, cet instrument, fait en forme de forêt, en viendra à bout, parce qu'il a plus de force. Aussi est-il fait exprès à ce dessein, car en mettant la partie qui est plate dans l'ouverture de la scie et en donnant un tour de main à droite et à gauche, l'on fait éclater ce qui tenait. Ce que l'on reconnaît bientôt au bruit qu'il fait et qu'on entend lorsqu'il se casse. L'on glisse ensuite cet instrument, fait en forme de grande spatule emmanchée, entre le crâne et la dure-mère, pour en séparer les filaments qui l'attachent aux endroits des sutures. » Enfin : « Le crâne étant enlevé, on le place à côté de la tête pour mettre dedans les morceaux du cerveau à mesure qu'on les coupe. [...] Le toit bien examiné, l'on remet cette substance à sa place et, après l'avoir refermée dans le crâne, on prend l'aiguille enfilée du cordonnet et l'on coud les quatre coins du cuir chevelu qu'on a relevé, pour en recouvrir la calotte du crâne et pour contenir le tout dans son lieu ordinaire. »

On incise, on coupe, on taille, on écarte, on scie, on fend l'os qui reste attaché, ça craque, on casse, on sépare, on enlève la calotte du crâne, on sectionne la matière du cerveau en portions, on regarde, on remet les petits bouts dans la boîte crânienne, on coud et l'on obtient une tête explosée mais « maniée » et « vue », pour en rester aux mots de Montaigne. Dionis ne parle pas des odeurs. La matière grise ne sent pas : si elle pue parfois, c'est juste par ses sécrétions mentales, intellectuelles.

Et l'on voit quoi ?

Ambroise Paré, lui, y repère les œuvres complètes d'Aristote et les commentaires qu'on en a faits le long des siècles ! En effet, quand il parle de l'âme, Paré n'est pas comme Vésale, circonspect par prudence, aveugle par précaution, innocent par crainte : il voit clairement avec son scalpel que « l'âme est un esprit divin, invisible et immortel qui se répand dans toutes les parties du corps, infusé par la puissance de Dieu le Créateur, sans aucune qualité de la semence génitale, quand les membres de l'enfant sont déjà formés dans l'utérus de la mère : le quarantième jour pour le mâle, le cinquantième pour la femelle, quelquefois plus tôt, quelquefois plus tard». Ainsi les théologiens ne vont pas chercher des poux dans la tête de l'Ambroise. Il précise: «Toutefois, à l'instant où l'âme est infusée, elle ne peut produire ses fonctions ou opérations parce que les organes ou instruments ne sont pas encore capables de lui servir. Mais avec le temps et à mesure que ces organes se perfectionnent, que le corps se développe, alors elle commence à se manifester. Toutefois, les organes peuvent être mal conformés dès le début, comme ceux, par exemple, qui ont le sommet de la tête en pointe; c'était le cas de Triboulet et de Tenin qui étaient naturellement fous parce que les ventricules du cerveau et les autres organes se trouvaient si comprimés que l'âme ne pouvait agir.» On comprend que l'âme et le corps entretiennent un rapport intime dans l'espace et dans le temps. En effet, si un organe se trouve comprimé dans l'espace, alors l'âme qui s'y loge ne peut faire son office dans le temps. Le crâne pointu de Triboulet, fou du roi de sa profession, explique son âme déréglée. Si un quidam mange mal, boit trop, souffre de fièvre, subit quelque brutalité infligée par la sage-femme, sa mère ou sa nourrice, il devient Triboulet à son tour.

Outre la sage-femme, la mère et la nourrice, Ambroise Paré convoque Dieu, qui distribue les talents. Il produit des Triboulet s'il veut, quand il veut, comme il veut. Il n'a pas besoin d'infliger des coups réels sur la tête. Il fait le paysan ou le laboureur, le seigneur ou le manant, l'individu fin ou le grossier personnage. Chercher à savoir ce que Dieu veut, c'est aller au-devant des ennuis: le chirurgien a lu la Genèse, il sait que vouloir la connaissance, c'est pécher et que pécher conduit en enfer. Il se contente de regarder et de raconter ce qu'il voit, dit-il.

Mais ce qu'il voit c'est surtout ce qu'on lui a dit de voir: «L'âme donne au corps vie et mouvement quand elle est unie à lui; c'est le réceptacle de l'illumination divine puisque, par sa présence, le corps ne meurt pas, créé par la puissance de Dieu, qui n'est pas corporelle; l'âme est un esprit invisible, répandue par toutes les parties du corps, mais elle est tout entière en chacune de ses parties. Cette âme infinie ne peut être un corps.

De même que divers lieux se trouvent en elle sans tenir aucune place, également sans changer de place, elle se trouve en mille lieux, non par succession de temps ou par intervalles, mais bien souvent au même moment. » Suivant qu'elle sert à ceci ou à cela, l'âme est dite raison, esprit, pensée, courage pour l'action, sens... Elle permet de sentir, de bouger, de vivre, de vouloir, d'entendre. Ambroise Paré démarque Aristote en dissertant sur l'âme végétative, l'âme sensitive, l'âme raisonnable et intellectuelle. Où l'on voit qu'il fait partie des autorités que Vésale entend dépasser. Ses développements sur le sens commun, l'imagination, la raison, la mémoire n'ont rien à voir avec l'observation d'un chirurgien, mais avec ses lectures.

Dans son analyse, Ambroise Paré, qui a vu tant de corps déchiquetés sur les champs de bataille et tant d'hommes mourir en se vidant de leur sang par des plaies faites par les armes, évoque la liaison entre l'âme et le corps, leur « union ». La mort, c'est la déliaison, la vie, c'est la liaison ; Dieu est le maître de cette ligature, le chirurgien fait ce qu'il peut. Ambroise Paré est célèbre pour avoir prononcé cette phrase concernant un malade sauvé par ses soins : « Je le pansais, Dieu le guérit. »

Le chirurgien, plus qu'un autre, doit pouvoir poser la question de la modalité de cette liaison entre l'âme et le corps : quand et comment y a-t-il union, puis désunion *dans le corps* ? Par prudence, André Vésale évince la question ; Ambroise Paré la résout de façon chrétienne. Il faut sortir de la faculté de médecine pour envisager cette question avec les outils conceptuels et matériels du chirurgien et du philosophe, puis convoquer René Descartes qui dissèque et pense en même temps.

Ce philosophe souffre d'être écrasé par sa réputation. Il existe un Descartes pour classes de terminale qui est réduit au *Discours de la méthode*, texte dont sont oubliées les conditions de production et dont le rôle se voit limité à celui de manifeste prérévolutionnaire inventant la raison laïque et conduisant à 1789. C'est confondre Descartes et *les cartésianismes*, qui ont été nombreux et, bien sûr, contradictoires. Qu'on songe à la radicalité matérialiste de Regius, à l'occasionnalisme de l'oratorien Malebranche, au panthéisme du marrane Spinoza, à l'athéisme antispéciste du curé Meslier...

Descartes n'est pas que l'épistémologue de la raison moderne, c'est également un philosophe existentiel qui pense pour vivre, bien vivre et mieux vivre. Il souhaite effectuer son travail non pas contre Dieu, mais sans lui, en ayant fait savoir une bonne fois pour toutes qu'il fallait obéir à la « religion de son roi et de sa nourrice » – à savoir, bien sûr, au catholicisme romain. Il donne des preuves de l'existence de Dieu, il lit les actes des conciles afin de savoir ce qu'il en est des dogmes de l'Église et ne pas y déroger, il tient dans une même main la doctrine de la transsubstantiation et sa philosophie.

Son *Discours de la méthode* est en fait un exposé de la méthode qu'il a utilisée, mais il ne lui viendrait pas à l'idée d'appeler à ce qu'elle devienne la méthode des autres, encore moins celle de son pays tout entier ! C'est un texte introductif à ses autres livres : *La Dioptrique*, *Les Météores*, *La Géométrie*, autant d'ouvrages scientifiques. À l'époque, rien de plus.

En émule de Montaigne, ce qui est peu souligné, il écrit en français, mais il n'est pas le premier, voir les *Essais* justement, afin de pouvoir être lu par tout le monde, et pas seulement par les gens de lettres qui ne jurent que par le latin. Il ne vise pas les docteurs de la Sorbonne, car, comme il l'écrit le 22 février 1638, au père Antoine Vatier, son projet est que « les femmes même pussent entendre quelque chose » (Lettre 3) à sa pensée.

Il ne souhaite pas brûler Aristote et la scolastique, il montre comment on peut s'y prendre pour penser le monde sans leur secours. Car le monde, voilà l'objet qu'il veut penser. Dans sa correspondance, qui est l'atelier de la formation de sa pensée jour après jour, lettre après lettre, on voit ce qui le préoccupe : non pas le *cogito*, qui fait tant – ou faisait tant... – souffrir les élèves en classe terminale, mais une foultitude de sujets. Comment empêcher les cheminées de fumer ? Pourquoi, lorsque le poisson est cuit, peut-on toucher le fond du chaudron sans se brûler ? Le poids de l'hostie change-t-il après la transsubstantation ? Pour quelles raisons la neige a-t-elle cette clarté particulière la nuit ? Quelle explication donner à la couronne de la flamme d'une chandelle ? *Quid* des taches du soleil ? du son d'une balle de mousquet ? de la forme des cristaux de neige ? de la vie des plantes de son jardin ? de la flottaison d'une tranche de pain sur l'eau ? du flux de la mer ? de la luminosité des étoiles ? de la vitesse de gel d'une eau salée ? de la propagation de l'écho ? de la force d'attraction des astres ? Quelles raisons peut-on fournir à la luminescence d'un ver luisant ? au chromatisme d'un arc-en-ciel ? à la relation entre chaleur et lumière ? à ce qui se passe quand l'eau filtre dans un drap ? Le penseur expérimente. Il questionne par exemple la fécondité d'un grain de blé « trempé dans du sang ou du suc de fumier » (Lettre 74 à Mersenne). Il pèse l'air... Il fait de même avec la moelle de sureau et constate qu'elle s'avère quatre ou cinq fois moins lourde que l'or. Il frappe sur du sureau et sur du sapin pour chercher s'ils conduisent mieux le son que le cuivre... Descartes triomphe en homme de la *libido sciendi*, les mécanismes de la raison l'intéressent autant que ceux des marées...

Il écrit au père Marin Mersenne, qui a été son condisciple au collège de La Flèche : « Touchant quoi que ce soit de la nature, mais principalement de ce qui est universel et que tout le monde peut expérimenter, de quoi j'ai entrepris de traiter seulement. Car pour les expériences particulières, qui dépendent de la foi de quelques-uns, je n'aurais jamais fait, et suis résolu de n'en point parler du tout » (Lettre 7). Son sujet ? L'universel que chacun peut expérimenter.

Et l'universel qu'il exprime en premier lieu, c'est la vieillesse. Non pas l'idée platonicienne de la vieillesse, la catégorie aristotélicienne de la vieillesse, ni même le discours cicéronien sur la vieillesse. La vieillesse non pas comme un sujet de joute philosophique, mais comme un souci pratique, existentiel. Chez Descartes elle se manifeste d'une façon toute particulière, renseignée par son premier biographe, le prêtre Adrien Baillet, dans sa *Vie de monsieur Descartes* (1691) : il voit apparaître sur ses tempes, à l'âge de quarante-trois ans, des cheveux blancs ! À

Une certaine glande fort petite

Constantin Huygens, il écrit : « Les poils blancs qui se hâtent de me venir m'avertissent que je ne dois plus étudier à autre chose qu'aux moyens de les retarder. C'est maintenant à quoi je m'occupe, et je tâche à suppléer par industrie le défaut des expériences qui me manquent, à quoi j'ai tant de besoin de tout mon temps que j'ai pris résolution de l'y employer tout, et que j'ai même relégué mon *Monde* bien loin d'ici, afin de n'être point tenté d'achever de le mettre au net » (Lettre 24).

Descartes a eu d'une servante une petite fille, Francine, qui meurt âgée de cinq ans ; il a perdu sa mère treize mois après sa naissance ; enfant, il était chétif et malingre ; de « santé infirme », il obtient des autorités du collège jésuite de rester au lit sous ses couvertures le matin, une habitude qu'il conservera toute sa vie – il travaille allongé et peut certains jours passer douze heures au lit ; il porte une perruque pour des raisons de santé ; il avoue préférer les légumes à la viande. Cet homme, donc, décide de s'occuper de « la science de bien vivre », écrit Baillet.

Descartes le sait, il l'a vécu, il le vit, il le pense : la santé est le plus grand des biens, il va se consacrer à ce projet. À Mersenne, qui lui fait part de sa pathologie dermatologique, un érysipèle, il écrit, le 15 janvier 1630, en quoi consiste son sujet d'étude principal : « Une médecine qui soit fondée en démonstrations infaillibles, qui est ce que je cherche maintenant » (Lettre 81).

Dans les dernières lignes du *Discours*, souvent oubliées, il écrit, sept ans plus tard : « Je ne veux point parler ici en particulier des progrès que j'ai l'espérance de faire à l'avenir dans les sciences, ni m'engager envers le public d'aucune promesse que je ne sois pas assuré d'accomplir ; mais je dirai seulement que j'ai résolu de n'employer le temps qui me reste à vivre à autre chose qu'à tâcher d'*acquérir quelque connaissance de la nature, qui soit telle qu'on en puisse tirer des règles pour la médecine, plus assurées que celles qu'on a eues jusqu'à présent* ; et que mon inclination m'éloigne si fort de toute sorte d'autres desseins, principalement de ceux qui ne sauraient être utiles aux uns qu'en nuisant aux autres, que si quelques occasions me contraignaient de m'y employer, je ne crois point que je fusse capable d'y réussir » (VI). Nous sommes en 1637, il meurt en 1650, il lui reste donc treize années pour mener à bien ce projet.

Comment acquérir ces « règles pour la médecine » ? Par l'observation. On sait que le *Discours de la méthode* raconte comment Descartes parvient à de premières vérités n'ayant rien à voir avec la foi et la religion mais tout avec la raison et la philosophie. Doute méthodique, levée du doute par le constat qu'on ne peut douter de tout, notamment du fait qu'on doute (ce dont pour ma part je doute, mais c'est une autre histoire…), voilà la première certitude obtenue : *on pense* ; la seconde s'en trouve induite : *on est* – chacun reconnaît là le fameux *cogito ergo sum*, « je pense, donc je suis ».

C'est un regard sur soi, en soi, une introspection donc, qui invalide le savoir livresque. Plus besoin de Bible ou de *Cité de Dieu* d'Augustin, de *Catégories* d'Aristote ou de *Somme théologique* de Thomas d'Aquin pour savoir quoi penser du monde, des choses, du réel, de l'homme : une raison bien conduite en direction du tréfonds de l'être accouche de cette première vérité que l'homme est parce qu'il pense. Voilà fondée l'*ontologie* cartésienne.

Mais pour fonder la *médecine* cartésienne, comment s'y prendre ? En observant non plus des âmes qui pensent, comme dans le cas précité de l'ontologie, mais des corps qui vivent, tels que décrits dans le *Traité de l'homme*. Et pour bien observer, quoi de mieux que d'ouvrir des corps ?

Baillet raconte dans sa biographie que Descartes dissèque des animaux morts et vivants. Le philosophe le précise à Mersenne, il a disséqué la tête d'un mouton (Lettre 42), l'œil d'un bœuf (Lettre 50), de jeunes veaux *(ibid.)*, des grenouilles (Lettre 36), des vaches et des poulets (Lettre 127).

Il écrit à son correspondant : « J'ai fait autrefois tuer une vache, que je savais avoir conçu peu de temps auparavant, exprès afin d'en voir le fruit. Et ayant appris, par après, que les bouchers de ce pays en tuent souvent qui se rencontrent pleines, j'ai fait qu'ils m'ont apporté plus d'une douzaine de ventres dans lesquels il y avait de petits veaux, les uns grands comme des souris, les autres comme des rats, et les autres comme de petits chiens, où j'ai pu observer beaucoup plus de choses qu'en des poulets, à cause que les organes y sont plus grands et plus visibles» (Lettre 127). Il dissèque aussi des poissons ou un lapin vivant, plutôt qu'un chien, afin d'examiner le fonctionnement de la circulation cardiaque (Lettre 5 à Vopiscus Plempius).

À propos de la vivisection d'un chien afin d'en observer le mésentère, Descartes écrit au père Mersenne : « J'ai remarqué, dans les chiens ouverts tout vifs, que leurs boyaux ont un mouvement réglé quasi comme celui de la respiration » (Lettre 78).

Dans le cinquième discours de *La Dioptrique*, Descartes analyse la question de la formation des images sur le fond de l'œil. Il renvoie aux observations faites sur «l'œil d'un homme fraîchement mort, ou à défaut celui d'un bœuf ou de quelque autre gros animal», suit le détail de la leçon d'anatomie. Une autre fois, le philosophe raconte une leçon d'anatomie ayant eu lieu à Leyde, trois ans avant la date à laquelle il écrit sa lettre, autrement dit en 1637, c'est-à-dire l'année de parution du *Discours*. C'est pour lui l'occasion de chercher la glande pinéale, le lieu prétendu de la liaison de l'âme et du corps dans le cerveau. Descartes travaille donc sur des corps humains, il ne s'est pas contenté de lire Vésale, ce qu'atteste une lettre à Mersenne (Lettre 65).

Sur les dissections, Descartes écrit à Mersenne, le 20 février 1639, qu'il s'agit d'«un exercice où [il s'est] souvent occupé depuis onze ans»; il ajoute : « et il n'y a guère de médecin qui y ait regardé de si près que moi » (Lettre 65). Et puis ceci qui ne manque pas d'intérêt concernant la question de l'âme : « Mais je n'y ai trouvé aucune chose dont je ne pense pouvoir expliquer en particulier la formation par les causes naturelles, tout de même que je l'ai expliqué, en mes *Météores*, celle d'un grain de sel, ou d'une petite étoile de neige. Et si j'étais à recommencer mon *Monde*, où j'ai supposé le corps d'un animal tout formé, et me suis contenté d'en montrer les fonctions, j'entreprendrais d'y mettre aussi les causes de sa formation et de sa naissance. Mais je n'en sais pas encore tant pour cela, que je puisse seulement guérir une fièvre. Car je pense connaître l'animal en général, lequel n'y est nullement sujet, et non pas encore l'homme en particulier, lequel y est sujet.» Autrement dit, plus d'une décennie de dissections d'animaux morts ou vifs ne lui permet pas de déduire l'homme de l'animal et encore moins de parvenir à des certitudes médicales et pharmaceutiques. En un mot, ouvrir des corps ne suffit pas à percer les mystères du vivant, de ses réglages et de ses dérèglements. Toutefois, le scalpel dit beaucoup du corps de l'homme, et permet malgré tout d'en dire aussi un peu sur l'âme.

Lors de la dissection d'une femme à Leyde, Descartes met en relation la glande pinéale, dite aussi conarium, avec la physiologie du cerveau : « Je ne trouverais pas étrange que la glande conarium se trouvât corrompue en la dissection des léthargiques, car elle se corrompt aussi fort promptement en tous les autres ; et la voulant voir à Leyde, il y a trois ans, en une femme qu'on anatomisait, quoique je la cherchasse fort curieusement, et susse aussi bien où elle devait être, comme ayant accoutumé de la trouver, dans les animaux tous fraîchement tués, sans aucune difficulté, il me fut toutefois impossible de la reconnaître. Et un vieux professeur qui faisait cette anatomie, nommé Valcherr, me confessa qu'il ne l'avait jamais pu voir en aucun corps humain ; ce que je crois venir de ce qu'ils emploient ordinairement quelques jours à voir les intestins et autres parties, avant que d'ouvrir la tête» (Lettre 74). Où l'on suppose que le philosophe, qui semble avoir beaucoup et souvent cherché la glande pinéale dans des cerveaux, constate sa difficulté à la trouver à cause du temps qui sépare la mort de la découpe anatomique. Elle serait donc spécialement corruptible pour des raisons physiologiques. Il constate en effet que la glande pinéale, l'épiphyse en fait, n'est irriguée que par de petites artères ; elle s'avère donc fragile, très corruptible.

Descartes localise dans cette glande ce qui se manifeste comme nécessaire à la mémoire, «principalement dans les bêtes brutes, et en ceux qui ont l'esprit grossier». Il explique : «Pour les autres, ils n'auraient pas, ce me semble, tant de facilité qu'ils ont à imaginer une infinité de choses qu'ils n'ont jamais vues, si leur âme n'était jointe à quelque partie du cerveau, qui fût fort propre à recevoir toutes sortes de nouvelles impressions, et par conséquent fort malpropre à les conserver. Or est-il qu'il n'y a que cette glande seule, à laquelle l'âme puisse être ainsi jointe ; car il n'y a qu'elle seule, en toute la tête, qui ne soit point double. Mais je crois que c'est tout le reste du cerveau qui sert le plus à la mémoire, principalement ses parties intérieures, et même aussi que tous les nerfs et les muscles y peuvent servir ; en sorte que, par exemple, un joueur de luth a une partie de sa mémoire en ses mains ; car la façon de plier et de disposer ses doigts en diverses façons, qu'il a acquise par habitude, aide à le faire souvenir des passages pour l'exécution desquels il les doit ainsi disposer » (Lettre 64). Descartes distingue deux mémoires : l'une dépend du corps, l'autre, intellectuelle, dépend de l'âme seule.

Le philosophe oppose une substance étendue et une substance pensante. Côté substance étendue : le corps divisible, corruptible et mortel, une matière commune à l'homme et à l'animal ; côté substance pensante : l'âme indivisible, incorruptible et immortelle, commune à Dieu et aux seuls humains. « Qu'est-ce donc que je suis ? » demande-t-il dans la deuxième *Méditation métaphysique*. Réponse : « Une chose qui pense. »

Dès les premières lignes du *Traité de l'homme*, Descartes écrit : « Je suppose que le corps n'est autre chose qu'une statue ou machine de terre, que Dieu forme tout exprès, pour la rendre plus semblable à nous qu'il est possible : en sorte que, non seulement il lui donne au-dehors la couleur et la figure de tous nos membres, mais aussi qu'il met au-dedans toutes les pièces qui sont requises pour faire qu'elle marche, qu'elle mange, qu'elle respire, et enfin qu'elle imite toutes celles de nos fonctions qui peuvent être imaginées procéder de la matière, et ne dépende que de la disposition des organes. » Ces lignes, on s'en doute, constituent la généalogie de la *théorie de l'homme-machine*, qui fascine les tenants contemporains du transhumanisme.

Le philosophe d'ajouter : « Nous voyons des horloges, des fontaines artificielles, des moulins, et autres semblables machines, qui n'étant faites que par des hommes, ne laissent pas d'avoir la force de se mouvoir d'elles-mêmes en plusieurs diverses façons ; et il me semble que je ne saurais imaginer tant de sortes de mouvements en celle-ci, que je suppose être faites des mains de Dieu, ni lui attribuer tant d'artifice, que vous n'ayez sujet de penser, qu'il peut avoir encore davantage. »

Descartes commence alors la description du corps humain comme machine : machine à manger, machine à digérer, machine à respirer, machine à sentir, machine à goûter, machine à toucher, machine à voir, machine à désirer, mais aussi machine à penser, à mémoriser, à juger, à produire des idées. Une fois, il recourt à la métaphore d'une fontaine : les esprits animaux circulent dans les nerfs et les muscles les actionnent comme l'eau passant dans des tuyaux actionne ressorts et engins ; ailleurs, il compare la machine corporelle à un orgue.

On eût aimé le lire sur la question, annoncée dès les premières lignes, de l'âme et du corps et, surtout, des modalités de leur liaison, mais ce traité est inachevé. Cette statue de terre fictionnée, cette fontaine hydraulique, ces machines agencées en machines de machines, ces orgues, ces tuyaux, ces ressorts, voilà une image du corps issue des heures d'anatomie pratiquées par le philosophe.

Le corps ouvert renseigne sur la substance étendue ; que dit-il de la substance pensante ? Ouvrons *Les Passions de l'âme* pour découvrir la pensée de Descartes sur le sujet des modalités de la liaison entre le corps et l'âme : « Bien que l'âme soit jointe à tout le corps, il y a *néanmoins* en lui quelque partie en laquelle elle exerce ses fonctions plus particulièrement qu'en toutes les autres ; et on croit communément que cette partie est le cerveau, ou peut-être le cœur : le cerveau, à cause que c'est à lui que se rapportent les organes des sens ; et le cœur, à cause que c'est comme en lui qu'on sent les passions. Mais, en examinant la chose avec soin, il me semble avoir évidemment reconnu que la partie du corps en laquelle l'âme exerce immédiatement ses fonctions n'est nullement le cœur, ni aussi tout le cerveau, mais seulement la plus intérieure de ses parties, qui est une certaine glande fort petite, située dans le milieu de sa substance et tellement suspendue au-dessus du conduit par lequel les esprits de ses cavités antérieures ont communication avec ceux de la postérieure que les moindres mouvements qui sont en elle peuvent beaucoup pour changer le cours de ces esprits, et réciproquement que les moindres changements qui arrivent au cours des esprits peuvent beaucoup pour changer les mouvements de cette glande» (I, 31 ; je souligne).

L'analyse de cette «certaine glande fort petite», présentée comme «le principal siège de l'âme» (I, 32), ouvre une nouvelle ère dans la philosophie occidentale : c'est le diable matérialiste qui entre dans le château idéaliste par la cheminée! Descartes l'affirme clairement : «L'âme ne peut avoir en tout le corps aucun autre *lieu* que cette glande où elle exerce immédiatement ses fonctions» (*ibid.* ; je souligne). Le philosophe croit pouvoir en apporter la preuve à partir de ses observations lors des dissections : quand il découpe un cerveau, mais également quand il observe la totalité d'un corps, il voit que la symétrie fait la loi partout, sauf en cet endroit un et unique. Deux hémisphères dans l'encéphale, deux yeux, deux oreilles, deux narines, deux jambes, deux mains, etc., mais une seule glande pinéale. Si les deux yeux qui permettent la perception donnent une seule image, c'est que la glande pinéale y met bon ordre par sa fonction. Ce qui arrive par deux organes dans le cerveau ne devient une seule perception que par la médiation de cette fameuse glande, lieu de l'âme.

Dès lors, Descartes croit pouvoir écrire : «Concevons donc ici que l'âme a son siège principal dans la petite glande qui est au milieu du cerveau, d'où elle rayonne en tout le reste du corps par l'entremise des esprits, des nerfs et même du sang, qui, participant aux impressions des esprits, les peut porter par les artères en tous les membres ; et nous souvenant de ce qui a été dit ci-dessus de la machine de notre corps, à savoir, que les petits filets de nos nerfs sont tellement distribués en toutes ses parties qu'à l'occasion des divers mouvements qui y sont excités par des objets sensibles, ils ouvrent diversement les pores du cerveau, ce qui fait que les esprits animaux contenus en ces cavités entrent diversement dans les muscles, au moyen de quoi ils peuvent mouvoir les membres en toutes les diverses façons qu'ils sont capables d'être mus, et aussi que toutes les autres causes qui peuvent diversement mouvoir les esprits suffisent pour les conduire en divers muscles ; ajoutons ici que la petite glande qui est le *principal* siège de l'âme est tellement suspendue entre les cavités qui contiennent ces esprits qu'elle peut être mue par eux en autant de diverses façons qu'il y a de diversités sensibles dans les objets ; mais qu'elle peut aussi être diversement mue par l'âme, laquelle est de telle nature qu'elle reçoit autant de diverses impressions en elle, c'est-à-dire qu'elle a autant de diverses perceptions qu'il arrive de divers mouvements en cette glande ; comme aussi réciproquement la machine du corps est tellement composée que, de cela seul que cette glande est diversement mue par l'âme ou par telle autre cause que cela puisse être, elle pousse les esprits qui l'environnent vers les portes du cerveau, qui les conduisent par les nerfs dans les muscles, au moyen de quoi elle leur fait mouvoir les membres » (I, 34 ; je souligne). Où l'on découvre que la machine corporelle est un mélange de matière et d'énergie, d'élan vital et de dispositifs organiques, de substance étendue et de substance pensante, le tout lié *principalement*, la précision est donnée par le philosophe lui-même, dans et par la glande pinéale.

Un esprit vif et curieux, attentif et malicieux interrogerait ce «principal» et demanderait à quel *accessoire* il renvoie ! Si la glande pinéale s'avère en effet le principal siège de l'âme, quels en sont les sièges secondaires ?

Ici «principal» siège de l'âme, là «unique» lieu de l'âme, et ce dans un même texte, *Les Passions de l'âme*, la glande pinéale semble poser plus de problèmes qu'elle n'en résout ! On comprend qu'un homme qui croit en Dieu, qui a le souci de fournir des preuves de son existence, qui mène une vie solitaire hors de France, loin de Paris, loin de tout, afin d'éviter une persécution et une condamnation par l'Église comme Galilée en son temps, qui ne donne jamais son adresse, qui déménage régulièrement,

UNE CERTAINE GLANDE FORT PETITE

qui a pour devise *Larvatus prodeo*, «J'avance masqué», qui lit les documents des conciles pour éviter de penser en dehors des clous catholiques, qui truffe sa correspondance de signes de soumission à l'ordre en place, Sorbonne et jésuites compris, tout en essayant de ne rien lâcher sur le fond philosophique, qui publie anonymement, qui envisage d'être édité après sa mort, on comprend que cet homme, donc, avance avec une extrême prudence : affirmer que l'âme immatérielle loge en un lieu matériel, outre qu'il s'agit d'une contradiction, c'est ouvrir la porte à un monisme abdéritain, atomiste, matérialiste, épicurien, qui génère directement des ennuis avec le Vatican ! L'âme immatérielle, si elle est vraiment immatérielle, ne saurait se trouver dans un lieu matériel, localisable, susceptible d'être détaché du corps avec un scalpel. À quoi ressemblerait une âme immatérielle sur le fil du rasoir d'un chirurgien qui anatomise ?

Cette question nourrit nombre de polémiques autour de Descartes et du cartésianisme. C'est en effet un enjeu majeur, non pas tant pour l'histoire de la philosophie en général, idéaliste, spiritualiste, que pour la religion catholique, qui a besoin d'une âme immatérielle, totalement indépendante de la matière, opposée même à la matière, pour justifier son dispositif de punition et de récompense des âmes après la mort, lors du Jugement dernier.

En son temps, Descartes a nombre d'ennemis : on écrit beaucoup contre lui, on publie quantité de méchants livres de son vivant. L'attaque *ad hominem* fait partie des procédés de ces gens-là. On rappelle son histoire d'amour avec une servante, Hélène, à qui il fit un enfant, Francine, et on se scandalise qu'ils aient vécu tous les trois jusqu'à ce que la mort s'empare de la petite fille, alors âgée de cinq ans, peut-être à cause d'une scarlatine, le 7 septembre 1640 – Descartes eut une grande peine à cette disparition.

Il fut facile d'utiliser cette partie de sa vie privée pour le présenter comme un libertin, d'autant que sa jeunesse allait en ce sens. Son biographe Adrien Baillet, curé de son état, soutient la thèse d'une faiblesse de la chair rédimée par la mort de l'enfant... D'incroyables ragots courent à cette époque sur un Descartes tellement obsédé par la dissection qu'il aurait profité de la mort de Francine pour la soumettre à son scalpel – ce que, doublement de l'infamie, le grand-père du philosophe, Pierre Descartes, aurait lui-même pratiqué en son temps sur son propre géniteur!

Une légende se crée autour de ce deuil: Descartes aurait construit une petite poupée mécanique lui rappelant l'existence de sa fille perdue. Certains extrapolent et font de cet automate un objet sexuel. En 1699, dans ses *Mélanges d'histoire et de littérature*, Bonaventure d'Argonne affirme de cet automate qu'il est une invention des ennemis du philosophe. Pourquoi n'a-t-on jamais retrouvé ce jouet? Parce que, a-t-on prétendu, le capitaine d'un bateau traversant la mer de Hollande, ayant été intrigué par des bruits provenant d'une malle où se trouvait l'automate, l'aurait ouverte et, effrayé par l'aspect diabolique de ce qu'il avait vu, jetée à la mer!

De son côté, moins dans la polémique et l'attaque personnelle, le père Poisson, oratorien, affirme que Descartes aurait construit lui-même des automates: «Voulant vérifier par expérience ce qu'il pensait de l'âme des bêtes, il avait inventé une petite machine qui représentait un homme dansant sur la corde, et par cent petites adresses imitait assez naturellement les tours que font ceux qui voltigent en l'air. Il donne aussi l'invention de faire une colombe qui vole en l'air. Mais la plus ingénieuse de ces machines est une perdrix artificielle qu'un épagneul fait lever. Je ne sais s'il a fait mettre en œuvre le dessein que j'en ai vu, mais la description qu'il fait de ce petit automate ne paraît pas quelque chose de si difficile qu'il ne l'ait pu, s'il en a voulu faire la dépense ou s'en donner la peine.»

On ne sache pas que Descartes ait réalisé de ses mains pareils automates... En revanche, il fait preuve d'une fascination pour eux. On a vu qu'il recourt à la fiction d'une «statue ou machine de terre», qu'il compare le fonctionnement du corps humain à celui d'un orgue, ou d'une horloge, ou d'un mécanisme hydraulique. Dans sa correspondance avec Mersenne, il écrit : « On peut bien faire une machine qui se soutienne en l'air comme un oiseau, *metaphysice loquendo* ; car les oiseaux mêmes, au moins selon moi, sont de telles machines ; mais non pas *physice* ou *moraliter loquendo*, pour ce qu'il faudrait des ressorts si subtils et ensemble si forts, qu'ils ne sauraient être fabriqués par des hommes » (Lettre 80).

Rappelons également que, dans la deuxième *Méditation métaphysique*, Descartes écrit : « Si par hasard je regardais d'une fenêtre des hommes qui passent dans la rue, à la vue desquels je ne manque pas de dire que je vois des hommes, tout de même que je dis que je vois de la cire ; et cependant que vois-je de cette fenêtre, sinon des chapeaux et des manteaux, qui peuvent couvrir des spectres ou des hommes feints qui ne se remuent que par ressorts ? Mais je juge que ce sont de vrais hommes, et ainsi je comprends, par la seule puissance de juger qui réside en mon esprit, ce que je croyais voir de mes yeux » – ce qui ne manque pas de permettre de poursuivre dans la même direction. Cette dilection est ancienne car, dans sa jeunesse, il écrit déjà, dans l'*Explication des engins*, sur l'âme des bêtes et les automates, nous apprend Baillet.

Descartes ouvre la porte à une révolution anthropologique – il ne pouvait s'en douter. Il n'a donc pas fait que rendre possible une révolution ontologique ou philosophique. Lui qui, dans le *Discours de la méthode*, nous invite à « nous rendre comme maître et possesseur de la nature » ne pouvait imaginer qu'avec l'hypothèse de sa glande pinéale, il ouvrirait l'horizon du posthumain et du transhumanisme, pendant qu'il clôturait la domination de plus de mille ans de pensée chrétienne.

5

Le cartésianisme contre Descartes

Cerner l'esprit

La prudence de Descartes est légendaire. Fut-elle juste et fondée? excessive ou pathologique? Difficile de répondre clairement tant l'embrouille se trouve bien conduite. Rappelons tout de même que, pour leurs idées, Giordano Bruno monte sur le bûcher, sur le Campo dei Fiori à Rome, en 1600, Vanini se fait arracher la langue, étrangler et brûler à Toulouse en 1619, Galilée se voit condamné par l'Inquisition et assigné à résidence en 1633. Voilà de quoi tempérer les ardeurs des plus intrépides.

Descartes aborde à plusieurs reprises la condamnation de Galilée dans sa correspondance avec Mersenne. Compte tenu des ennuis de l'auteur du *Dialogue des deux grands systèmes du monde*, il décide de renoncer à la publication de ses travaux scientifiques. Apprenant les malheurs de l'homme de science, il écrit: «Je me suis quasi résolu de brûler tous mes papiers, ou du moins de ne les laisser voir à personne.» Puis ceci: «Je ne voudrais pour rien au monde qu'il sortît de moi un discours où il se trouvât le moindre mot qui fût désapprouvé de l'Église, aussi aimai-je mieux le supprimer, que de le faire paraître estropié» (Lettre 28). Courageux, mais pas téméraire.

Dans ses lettres à Henricus Regius, Descartes ne cesse d'inviter son interlocuteur à la prudence. Il faut ménager le pouvoir, la Sorbonne, les théologiens, les chrétiens, le Vatican. En ce qui le concerne, il souhaite éviter également de froisser les autorités de la ville d'Utrecht. Ne pas dire le contraire de ce qu'on pense, bien sûr, mais le formuler avec assez de circonspection et de précaution pour que les puissants n'y trouvent rien à redire. Si Descartes c'est la France, comme il fut beaucoup dit à partir de Victor Cousin, Descartes ce fut aussi très souvent de la poltronnerie, ce qui ne va pas sans une certaine couardise. Un siècle plus tôt, en pleine guerres de Religion, il n'y a pas chez Montaigne ce genre de dissimulation.

Abordons la question de ce qu'il est convenu de nommer la « querelle d'Utrecht ».

Henricus Regius est un médecin néerlandais né et mort à Utrecht – on le connaît sous son nom francisé : Henri Le Roy. Il est médecin, mais il enseigne également la médecine et la botanique à l'Université d'Utrecht. Il correspond avec Descartes et commence sa carrière en allié du philosophe ; il la poursuit en adversaire ; il la termine en ennemi. Il ferraille en effet contre lui sur les questions de la nature substantielle de l'âme, des idées innées, de la liaison accidentelle de l'âme et du corps. Marx et Engels écrivent dans *La Sainte Famille* que ce penseur méconnu fonde la philosophie matérialiste française. On ne s'étonne pas que, de ce fait, la tradition philosophique néglige cet homme pourtant majeur dans l'histoire de la philosophie française : il constitue le maillon entre la philosophie cartésienne, idéaliste et compatible avec le christianisme et la philosophie matérialiste dont les attendus atomistes s'avèrent incompatibles avec les enseignements de l'Église catholique. *Quid* en effet de la possibilité d'une âme immatérielle, donc susceptible de punition ou de salut, avec une doctrine atomiste en vertu de laquelle il n'existe que des atomes ? *Quid* de l'explication de l'eucharistie si, dans le pain de l'hostie et le vin du calice, on ne trouve que des particules atomiques ? *Quid* de la Parousie et du Jugement dernier, qui concernent des corps glorieux par principe dépourvus de matière ? *Quid* du paradis et de l'enfer, régis par des lois qui échappent à celles de la philosophie abdéritaine ?

Disserter, à l'époque de Descartes, sur la nature de l'âme, l'âme des animaux, les modalités de liaison entre l'âme et le corps, le caractère *substantiel* de l'âme ou *accidentel* de la liaison, et ce, en jouant du vocabulaire de la scolastique lesté de mille ans de bons et loyaux services, disons-le ainsi, c'est dire plus que l'écume de ces choses : c'est orienter autrement la lame de fond ontologique dominante, c'est détourner le flux idéaliste et spiritualiste, c'est changer le cours du fleuve chrétien. Or, le Vatican veille au maintien de la Firme.

Regius, Néerlandais de formation protestante, enseigne la pensée du catholique Descartes ; or les Pays-Bas sont calvinistes, donc le pasteur Gisbertus Voetius attaque Regius, Descartes et le cartésianisme. Ce qui se dit, se raconte, se rapporte, se publie génère une polémique nommée la querelle d'Utrecht.

Adrien Baillet a beau, dans sa biographie, montrer Descartes comme un fin bretteur, auteur dans sa jeunesse d'un *Traité d'escrime*, n'hésitant pas à tirer l'épée de son fourreau quand, dans un bateau, deux malfrats conviennent, en néerlandais, langue que Descartes connaît, de le dépouiller de ses biens, de le mettre à l'eau, le philosophe n'aime rien tant que de ne pas se faire remarquer, quel qu'en soit le prix, même si, pour ce faire, il faut retenir sa pensée par crainte qu'elle soit mal reçue. Il préfère la tranquillité de son vivant à l'audace d'une pensée qui lui vaudrait la mort, mais lui survivrait. Ainsi, faute de pouvoir sonder le cœur et les reins de l'auteur du *Discours de la méthode*, on ignore jusqu'où il était prêt à penser. Ce que l'on sait, c'est que Regius allait plus loin.

La correspondance de Descartes et de Regius témoigne de l'évolution de leur relation. Ils travaillent de conserve aussi bien sur des corrections de manuscrits – la place des points, des virgules, les fautes d'orthographe – que sur des précisions de formulation ou bien encore des recherches expérimentales. Ainsi, dans un échange concernant la circulation sanguine, plus particulièrement sur ce qui distingue les veines lactées des mésentériques, Descartes écrit-il à Regius : « Nous les chercherons ensemble à la première occasion dans un chien en vie » (Lettre 2).

Mais très tôt, dès le début de leurs échanges, Descartes retient son disciple : « Toute notre dispute sur *la triple âme* que vous établissez est plutôt une question de nom qu'une question réelle : mais 1. parce qu'il n'est pas *permis* de dire à un catholique romain qu'il y a *trois âmes* dans l'homme, et que je *crains* qu'on ne m'impute ce que vous mettez dans vos thèses, j'aimerais mieux que vous vous abstinssiez de cette manière de parler » (Lettre 5a ; je souligne). On se doute bien qu'il ne s'agit pas du tout d'une question de nom, ce n'est pas la forme ou la formulation qui se trouve ici en jeu, c'est bel et bien le fond. Descartes prend avis des conciles, qu'il lit scrupuleusement pour savoir ce qui peut être dit ou pas, ce qu'il s'autorise donc à penser ou non. Regius n'a pas de ces pudeurs : le calviniste n'est pas tenu de demander aux papistes ce qu'ils pensent pour savoir ce qu'il doit, lui, penser.

Regius publie donc ses thèses et place le nom de Descartes d'emblée. Réaction du philosophe : « J'aurais tort de me plaindre de votre honnêteté [...] de m'avoir fait l'honneur de mettre mon nom au commencement de vos Thèses ; mais je ne sais bonnement comment m'y prendre pour vous en faire mon remerciement. Je vois *seulement* un surcroît de travail pour moi, parce qu'on va croire dans la suite que mes opinions ne diffèrent plus des vôtres, et que je n'ai plus d'excuse à l'avenir pour m'empêcher de défendre de toutes mes forces vos propositions ; ce qui me met par conséquent dans la nécessité d'examiner avec un soin extrême ce que vous m'avez envoyé pour lire, de peur de passer quelque chose que je ne voulusse pas soutenir dans la suite » (Lettre 5b ; je souligne). Et de reprendre cette question de l'âme triple : « Ce mot est une hérésie parmi ceux de ma religion. » Descartes tient pour une âme une, unique : « Il n'y a qu'une seule âme en l'homme, c'est-à-dire la raisonnable. »

De même, Descartes affirme que le siège des passions se trouve dans le cœur, alors que Regius le place au contraire dans le cerveau. Le Français affirme : « L'homme ne comprend point par le moyen du corps » ; le Néerlandais croit l'inverse. Le second affirme que le corps et l'âme se trouvent accidentellement liés ; le premier estime cette liaison naturelle : c'est la nature du corps d'être lié à l'âme, le corps humain n'est pas corps humain sans l'âme. Les échanges montrent qu'en effet Descartes se meut dans un idéalisme dualiste et spiritualiste. Le corps ne sert à rien pour connaître les choses immatérielles et l'on ne peut s'acquitter de cette tâche que grâce à l'immatérialité de l'âme. Regius ne fait pas l'économie du corps dans le processus de connaissance, y compris de l'âme. Descartes regarde en arrière, Regius en avant.

Le ton monte dans une lettre datée de la fin du mois de janvier 1642. Descartes reçoit un visiteur qui l'entretient de l'affaire d'Utrecht. Il écrit à Regius combien tout cela, disons, l'énerve : « Vous devez vous abstenir durant un certain temps des disputes publiques, et vous donner bien de garde d'aigrir personne contre vous par des paroles trop dures. Je souhaiterais bien aussi que vous n'avançassiez aucunes opinions nouvelles ; mais que vous vous tinssiez seulement de nom aux anciennes, vous contentant de donner des raisons nouvelles, ce que personne ne pourrait reprendre, et ceux qui prendraient bien vos raisons, en concluraient d'eux-mêmes ce que vous souhaitez qu'on entende. »

Descartes d'indiquer la façon d'exercer cette prudence intellectuelle : « Par exemple, sur les formes substantielles et sur les qualités réelles, quelles nécessités de les rejeter ouvertement ? Vous pouvez vous souvenir que dans mes *Météores*, j'ai dit en termes exprès que je ne les rejetais, ni ne les niais aucunement, mais seulement que je ne les croyais pas nécessaires pour expliquer mes sentiments. Si vous eussiez tenu cette conduite, aucun de vos auditeurs ne les aurait admises, quand il se serait aperçu qu'elles ne sont d'aucun usage, et vous ne vous seriez pas chargé de l'envie de vos collègues : mais ce qui est fait est fait ; le seul remède que j'y trouve présentement est de défendre les propositions vraies que vous avez avancées le plus modestement qu'il vous sera possible ; et s'il vous en est échappé quelques-unes de fausses, ou qui ne soient pas assez exactes, vous les corrigerez sans entêtement ; vous devez être persuadé qu'il n'y a rien de plus louable à un philosophe que d'avouer sincèrement ses erreurs » (Lettre 16).

Descartes reproche à Regius d'affirmer que « l'homme est un être par accident », ce que ne sauraient entendre ceux qui liraient pareille affirmation et ne disposeraient pas des tenants et des aboutissants scolastiques d'une telle notion. Il ajoute alors, en corrigeant vraiment la copie de son disciple : « Il est, dis-je, beaucoup mieux d'avouer bonnement que vous n'aviez pas tout à fait bien compris ce terme de l'école, que de déguiser la chose mal à propos ; et qu'étant d'accord avec les autres pour le fond, vous n'avez été différent que pour les termes ; ainsi toutes les fois que l'occasion s'en présentera, vous devez avouer, soit en particulier, soit en public, que vous croyez que l'homme est *un véritable être par soi, et non par accident*, et que l'âme est réellement et substantiellement unie au corps, non par sa situation et sa disposition (comme vous dites dans votre dernier écrit, ce qui est encore faux et sujet à être repris selon moi), mais qu'elle est, dis-je, unie au corps par une véritable union, telle que tous les philosophes l'admettent : quoiqu'on n'explique point quelle est cette union, ce que vous n'êtes pas tenu non plus de faire, cependant, vous pouvez l'expliquer comme je l'ai fait dans ma *Métaphysique*, en disant que nous percevons que le sentiment de la douleur, et tous les autres de pareille nature ne sont pas de pures pensées de l'âme distincte du corps, mais des perceptions confuses de cette âme qui est réellement unie au corps » *(ibid.)*.

Descartes accuse son interlocuteur de confusion, d'imprécision et de radicalité. Il l'invite à répondre au texte que Voetius lui a consacré, un « Appendice » à ses *Corollaires théologico-philosophiques*, dont il estime que, par ricochet, il l'atteint lui-même. Le philosophe souhaite donc que son disciple s'expose, prenne les coups et détourne ainsi les flèches décochées qui, sinon, le frapperont.

Que dit cet « Appendice » qui se présente comme un exposé en neuf thèses ? C'est d'abord l'occasion d'un festival de catégories scolastiques : causes premières et causes secondes, substance et attribut, forme informante et forme assistante, essence, *eidos*, entéléchie, rien ne nous est épargné !

Le procès intenté aux cartésiens prend bien ici l'allure d'un combat des Anciens contre les Modernes, ceux qui demandent aux livres de raconter le monde, et plus particulièrement aux Écritures et aux textes des Pères de l'Église, contre ceux qui en appellent à l'expérience pour saisir la nature du monde. La question de Voetius est : les propos des modernes sont-ils compatibles avec ce qu'enseignent les Écritures ? car, apprécions la rigueur épistémologique de sa démonstration, « le vrai s'accorde au vrai » !

Pour Voetius, les formes substantielles actualisent le corps humain et constituent avec lui un seul composé ; pour Regius, comprenons pour Descartes, l'homme est composé d'une substance étendue, le corps, et d'une substance pensante, l'âme, reliées par la glande pinéale, seul organe non double dans le cerveau, ce qui expliquerait sa fonction de communication – un bel obstacle épistémologique à la connaissance scientifique, soit dit en passant... Voetius écrit : « L'homme forme une seule espèce de substance et d'animal, étant créé d'une âme et d'un corps, de façon à former une seule essence ou nature » (thèse VI). Suivent alors des citations extraites de la Genèse et de la première Épître aux Corinthiens. Pour l'auteur du *Discours de la méthode*, l'homme est « un » par accident, alors que pour Voetius il l'est par essence, par nature, par création, donc par définition – c'est le fer de lance de sa thèse VIII. Voilà l'enjeu !

Mais c'est un enjeu de taille, car la suite de l'aventure philosophique occidentale se joue ici. Voetius peut bien écrire que, si l'on supprime l'essence du chien, la matière de ce dernier ne cesse pas d'être, car c'est sa forme, qui ne peut ni naître ni périr, qui constitue son être, ce sans quoi il deviendrait un non-être (thèse III), Descartes n'est déjà plus sur la même planète et se soucie moins de l'essence et de l'être du chien que de la façon de l'entraver sur un plan de travail en bois afin de mener à bien la vivisection, qui seule lui permet de parler de l'être du chien.

Lutter contre les formes substantielles, c'est ouvrir la porte à la matière des choses et du monde, au caractère tangible du réel. C'est donc s'engager sur une voie où l'âme va finir par être elle aussi matérielle : à terme, la substance pensante devient une seule et unique substance étendue, et la glande pinéale tout bêtement l'épiphyse. Regius franchit bientôt le Rubicon, et ce, contre Descartes bien sûr, qui travaille toujours sous le regard non pas du Dieu des philosophes, mais du Dieu d'Abraham et de Jacob. Il peut bien fouiller le ventre d'une truie gravide, il ne veut pas y trouver quelque chose qui déplairait au Dieu de son roi et de sa nourrice. Il paraît probable que si d'aventure son scalpel mettait au jour un organe incompatible avec les fictions catholiques, il en tairait la découverte pour sa tranquillité.

Voetius ne s'y trompe pas qui écrit : « Si les jeunes gens, dans leur imprudence, ne cessent de faire fausse route et de participer à la subversion et à la moquerie de toute la philosophie saine et sobre par ce méchant et vicieux joueur de flûte, le résultat sera que, par une conséquence certaine, ils finiront comme des bêtes ou des athées » (thèse IV). On comprend que les « jeunes gens » sont les étudiants de Regius, qui est le « méchant et vicieux » joueur de flûte, sans qu'il soit pour autant exclu que ce puisse être également Descartes, et que la « saine et sobre » philosophie renvoie à la scolastique médiévale – qui semble pourtant ici patiner après mille ans de service...

Dans sa péroraison, Voetius écrit : « Voici en guise de supplément quelques notes sur l'invention, la constitution et l'augmentation des sciences. a) Ne pas vouloir bénéficier des choses proprement inventées ou constituées, mais en leur lieu les vouloir inventer de nouveau et en chercher d'autres, c'est multiplier les êtres sans nécessité et c'est faire injure à l'entendement et à la science. Car l'art est long, la vie courte, l'expérience trompeuse. b) Pendant leurs cours à l'Académie, les étudiants ne s'occupent pas des observations et des expériences, mais sont fascinés plutôt par les nouveautés. De sorte que, comme Aristote, je préférerais un étudiant instruit mais qui n'a pas fait des expériences à un étudiant qui les a faites mais ne serait pas instruit. Cependant, si l'expérience pouvait être jointe comme supplément à la doctrine qui est le principal (ce qui se produit chez nous), je jugerais cette Académie-là comme réussissant le mieux. Trompeuse et inutile est la méthode pour inventer et constituer les sciences par laquelle on désapprend, on oublie, on rejette et, pour ainsi dire, on désavoue toutes les expériences de tout le monde, toutes les inventions, tous les dogmes qui, depuis tant de siècles, ont été examinés et prouvés par le chœur universel des savants, par des expériences nouvelles et répétées, et par un échange très subtil des arguments. Et cela dans l'espoir qu'on trouvera soi-même – ou que d'autres trouveront – une philosophie nouvelle et meilleure » (thèse IX). *In cauda venenum*.

Descartes invite Regius à répondre publiquement sous peine de passer pour vaincu par l'attaque. Il lui conseille la douceur et la modestie : il ne faut pas prendre le risque de blesser qui l'a blessé. En même temps, il l'enjoint d'être théoriquement ferme et définitif, de convaincre avec des arguments auxquels personne ne pourra répondre. Et comme on n'est jamais mieux servi que par soi-même, il annonce : « Je vais vous donner en gros le sujet de la réponse que vous devez lui faire, et telle que je la ferais moi-même si j'étais à votre place ; je la mettrai partie en français, partie en latin, selon que les termes se présenteront plus facilement à mon esprit, de peur que si j'écrivais seulement en latin, vous ne voulussiez point changer mes paroles, et que mon style négligé me fît méconnaître le vôtre. » Et ce « en gros » se développe sur presque une dizaine de pages…

Ce texte écrit par Descartes s'avère un modèle de flagornerie, de flatterie, d'hypocrisie. La prudence et les circonlocutions y dégoulinent. Il faut donc défendre les formes substantielles, mais dire qu'on les respecte, sans avoir pour autant besoin d'elles et affirmer que les Écritures les ignorent. Regius rétorque qu'une réponse à cette attaque pourrait lui valoir son poste à l'université ; Descartes convient du bien-fondé de cette objection : Regius doit en effet sa chaire à Voetius et se trouve donc obligé d'enseigner ce que son patron veut – c'est là une façon mal dissimulée de se débarrasser d'un disciple gênant pour en faire un thuriféraire de celui qui l'attaque.

Plus tard, en juillet 1645, Descartes lui écrit à propos de ses *Fundamenta physices (Fondements de la physique)* : « Quand je suis parvenu au chapitre sur l'homme, et que j'ai vu ce que vous dites de l'âme et de Dieu, non seulement je me suis confirmé dans mon premier sentiment, mais outre cela, j'ai été saisi et accablé de douleur, voyant que vous croyez de telles choses, et que vous ne pouvez vous abstenir de les écrire et de les enseigner, quoique cela ne puisse vous procurer aucune louange, mais vous causer de grands chagrins et une grande honte. [...] Si ces écrits tombent entre les mains de personnes mal intentionnées, comme cela ne manquera pas d'arriver, puisque quelques-uns de vos disciples les ont déjà, ils pourront prouver par-là, et vous convaincre même par mon jugement, que vous faites de même à l'égard de Voetius, etc., de peur que le blâme ne retombe sur moi, je me verrai dans la nécessité de publier partout à l'avenir que je suis entièrement éloigné de vos sentiments sur la métaphysique, et je serai même obligé de le faire connaître par quelque écrit public. »

Ce que, de fait, il effectue deux ans plus tard dans la préface à la traduction française de ses *Principes de la philosophie*. Le passage est un véritable lâchage de Regius, Descartes prenant soin de dire que si ce dernier avait été l'un de ses disciples, tel n'était plus le cas. Regius est coupable, *horresco referens*, de n'avoir pas appuyé sa physique sur des principes métaphysiques, autrement dit, de n'avoir pas donné de gages aux pouvoirs en place – « Je suis obligé de le désavouer entièrement »... Le cartésianisme est une philosophie révolutionnaire, mais bien indépendamment de la volonté de Descartes !

C'est ainsi que, fondant l'eucharistie sur des principes de métaphysique sur lesquels il appuie sa physique, à coups de superficie du pain et de superficie de l'air, d'air qui environne le pain et de pain qui ne se modifie pas, de superficie moyenne entre le pain et l'air, de corps qui dure et de corps qui change, de corps coupé ou de corps intègre, de « corps de Jésus-Christ étant mis à la place du pain, et venant d'autre air en la place de celui qui environnait le pain », de particules de pain et de vin digérées dans l'estomac puis coulant dans les veines, le philosophe envisage un genre de transsubstantiation naturelle; il ajoute une pincée de concile de Trente et une citation de ses propres travaux; il prend soin d'« éviter la calomnie des hérétiques ». Ainsi Descartes veut bien expliquer au père Mesland, jésuite, qu'il souscrit à la théorie catholique de la transsubstantiation, mais, prend-il soin d'ajouter : « S'il vous plaît, à condition que, si vous la communiquez à d'autres, ce sera sans m'en attribuer l'invention ; et même vous ne la communiquerez à personne, si vous jugez qu'elle ne soit pas entièrement conforme à ce qui a été déterminé par l'Église » (Lettre 22). Tout Descartes est là. Il ajoute : « Cette transsubstantiation se fait sans miracle » – pas sans miracle sophistique et rhétorique tout de même...

Le potentiel révolutionnaire du cartésianisme vient non pas de Descartes, mais de ceux qui, tel Regius, vont au-delà de ses pudeurs théoriques issues de sa crainte maladive. Il suffit pour s'en rendre compte de lire la *Philosophie naturelle* de Regius : dès 1687 – Descartes est mort depuis trente-sept ans –, pareil ouvrage sort la pensée du carcan scolastique dans lequel Descartes se trouvait encore contraint.

La *Philosophie naturelle* énonce un certain nombre de thèses, dont celle-ci : « Les sens, et non pas *cogito ergo sum*, sont les principes de toute connaissance », ce qui est proprement mettre les fondations de l'édifice de Descartes par terre et lui préférer un lignage qui part de son contemporain Francis Bacon et qui initie le sensualisme philosophique. La vérité n'est pas une affaire de métaphysique ni d'ontologie, mais de physique et d'expérimentation. Descartes tenait toujours ensemble ces deux mondes, un ancien qui s'appuie encore sur Dieu, un moderne construit sur le sujet ; ses disciples lâchent l'ancien et optent clairement pour le moderne.

Parmi les autres thèses de Regius : l'étendue et la pensée ne sont pas deux choses opposées ; l'esprit peut être un mode du corps ; l'esprit ne peut être conçu comme nécessairement et réellement distinct du corps ; l'esprit de l'homme est une substance ;

l'âme a besoin des organes du corps pendant qu'elle y est unie ; l'âme se trouve dans le cerveau dont elle se sert ; l'âme est une cire vierge chez tout nouveau-né ; les idées innées n'existent pas car toutes sont formées par l'observation ; la pensée procède des sensations, qui constituent le principe de toute connaissance ; elle nécessite un cerveau dans lequel sont mémorisées un certain nombre de choses nécessaires à la pensée ; il n'existe aucune idée de Dieu mise en nous par lui, car cette dernière nous arrive par l'observation. Où l'on constate que la scolastique n'est plus nécessaire, que la prudence n'est pas de mise, que les concessions philosophiques n'ont pas ou plus lieu d'être.

Une phrase de la *Philosophie naturelle* ouvre un nouveau monde dans l'histoire des idées, la voici : « L'animal est, ou bête, ou homme » (p. 420). Si les animaux ont une âme, c'est que plus grand-chose ne les distingue des hommes. Un animal-machine n'a plus besoin *que* d'une âme pour être un homme. L'automate questionne et l'animal et l'homme. Chez Regius, « l'homme est un animal composé d'un corps et d'une âme », et non plus, comme chez Descartes, « un être qui pense ». Quand l'âme sera devenue corporelle, plus grand-chose ne séparera l'homme du singe.

6

Penser sans penser qu'on pense
Humaniser l'animal

En vertu du principe que l'anecdote conduit souvent à l'essentiel, sifflons un peu la chienne du père oratorien Nicolas de Malebranche, le vénérable auteur de *De la recherche de la vérité*, pour qu'elle nous offre, comme au temps béni de Diogène le cynique, une leçon de philosophie.

Elle arrive par l'entremise de Trublet, qui nous en raconte l'histoire dans ses *Mémoires pour servir à l'histoire de la vie et des ouvrages de M. de Fontenelle* parus en 1759 : « M. de Fontenelle contait qu'un jour étant allé [...] voir [Malebranche] aux Pères de l'Oratoire de la rue Saint-Honoré, une grosse chienne de la maison, et qui était pleine, entra dans la salle où ils se promenaient, vint caresser le Père Malebranche et se rouler à ses pieds. Après quelques mouvements inutiles pour la chasser, le philosophe lui donna un grand coup de pied, qui fit jeter à la chienne un cri de douleur, et à M. de Fontenelle un cri de compassion. "Eh! quoi, lui dit froidement le Père Malebranche, ne savez-vous pas bien que cela ne sent point?" "Ce conte, dis-je à M. de Fontenelle, la première fois que je le lui entendis faire, peint parfaitement le Père Malebranche et son intrépide cartésianisme; mais, ajoutai-je en badinant, il vous peint aussi vous-même, et prouve votre bon naturel. Je suis tout à fait édifié de la peine que vous ressentîtes du coup de pied donné à cette pauvre chienne : et comme de son cri de douleur vous conclûtes avec raison qu'elle sentait, je conclus de votre cri de compassion que vous sentez aussi. On a beau dire ; les bêtes ont une âme, et vous avez de l'âme ; cela est démontré par les faits." Monsieur de Fontenelle prit très bien cette petite plaisanterie, et ne fit qu'en rire. » Mais n'y a-t-il matière qu'à en rire ?

La question de l'âme des bêtes fut centrale au XVIIe siècle, celui de Descartes ; elle le redevient aujourd'hui parce qu'elle interroge l'homme sur sa nature en des temps où sa définition chancelle. L'animal offre un miroir dans lequel les hommes voient leur visage et interrogent leurs traits pour répondre à la question « Quel genre d'animal suis-je ? » ou bien encore « Quel genre d'homme est l'animal ? », avant d'élargir à « Qu'est-ce que l'homme ? », « Quel genre d'animal est-il ? ».

On se souvient que, dans sa deuxième *Méditation métaphysique*, Descartes se demande si les hommes qu'il voit dans la rue ne sont pas des machines, des ressorts sur lesquels auraient été posés des chapeaux ! On peut imaginer que, devant des automates, il puisse inverser son questionnement, du moins le prolonger, et se demander si, dans ces machines dont les ressorts sont évidents, il n'existe pas quelque chose qui pourrait être appelé une âme !

Dans cette même méditation, il résout le problème : « Mais qu'est-ce donc que je suis ? Une chose qui pense. Qu'est-ce qu'une chose qui pense ? C'est-à-dire une chose qui doute, qui conçoit, qui affirme, qui nie, qui veut, qui ne veut pas, qui imagine aussi, et qui sent. » Des esprits querelleurs, et il n'en a pas manqué – il n'en manquera jamais –, pourraient rétorquer : les animaux sont également capables de penser, de douter, de concevoir, d'affirmer, de nier, de vouloir et de ne pas vouloir, d'imaginer et de sentir ! Ce que les automates ne savent faire – pour l'heure… Montaigne déjà soutenait cette thèse. Qu'on se souvienne de son *Apologie de Raymond Sebond*.

Pour Descartes, l'homme est composé d'une âme et d'un corps, séparés mais liés dans et par la glande pinéale, et il dispose de langage, de raison, d'entendement et de liberté; l'animal est quant à lui un corps sans âme, une substance étendue privée de substance pensante, il est dénué de pensées et ne réagit, instinctivement, qu'à des *stimuli*, il est totalement déterminé; l'automate est, pour sa part, une pure mécanique privée de vivant. L'homme est plus proche de Dieu que les animaux, les automates n'entrent pas du tout dans cette compétition ontologique.

Dans sa lettre à William Cavendish, marquis de Newcastle, Descartes assimile les bêtes à des machines: «Elles agissent naturellement et par ressorts, ainsi qu'une horloge, laquelle montre bien mieux l'heure qu'il est que notre jugement ne nous l'enseigne. Et sans doute que, lorsque les hirondelles viennent au printemps, elles agissent en cela comme des horloges. Tout ce que font les mouches à miel est de même nature, et l'ordre que tiennent les grues en volant et celui qu'observent les singes en se battant, s'il est vrai qu'ils en observent quelqu'un, et enfin l'instinct d'ensevelir leurs morts, n'est pas plus étrange que celui des chiens et des chats, qui grattent la terre pour ensevelir leurs excréments, bien qu'ils ne les ensevelissent presque jamais: ce qui montre qu'ils ne le font que par instinct et sans y penser» (Lettre 21). Qui pourrait dès lors se formaliser d'un coup de pied lancé à une pendule quand elle sonne pour nous donner l'heure?

Voilà pour quelles raisons Malebranche peut bien bourrer les côtes de sa chienne qui attend des petits: la littérature de Descartes l'y autorise! Il ne saurait donc être moralement répréhensible d'infliger des mauvais traitements aux animaux, pas plus qu'il ne le serait de saccager à coups de godillot un magasin d'horloges comtoises!

Les attaques anticartésiennes se font donc à l'avantage des animaux. Montaigne qui, un siècle plus tôt, était allé beaucoup plus loin que Descartes, trouve dans cette querelle sur l'âme des bêtes des disciples *post mortem*.

Ainsi, au salon du duc de Liancourt, dans son hôtel particulier de la rue de Seine, les discussions sont-elles vives sur cette question. La philosophie et la théologie sont au rendez-vous, on disserte sur Bacon, Descartes ou Gassendi. On bataille contre les averroïstes, les libertins, les matérialistes. On dit que ce janséniste y reçoit parfois La Fontaine, mais aussi Bossuet. Ou bien encore Clerselier, l'éditeur et traducteur de Descartes. On rapporte, à propos de ce libertin passé chez les dévots, cette histoire édifiante concernant notre sujet : Arnauld, le grand homme de Port-Royal, «était entré dans le système de Descartes sur les bêtes, [il] soutenait que ce n'étaient que des horloges et que, quand elles criaient, ce n'était qu'une roue d'horloge qui faisait du bruit. Monsieur de Liancourt lui dit : "J'ai là-bas deux chiens qui tournent la broche chacun leur jour. L'un, s'en trouvant embarrassé, se cacha lorsqu'on l'allait prendre, et on eut recours à son camarade pour tourner au lieu de lui. Le camarade cria et fit signe de sa queue qu'on le suivît : il alla dénicher l'autre dans le grenier et le houspilla. Sont-ce là des horloges?" M. Arnauld trouva cela plaisant et ne put faire autre chose que d'en rire» – ce qui, concernant l'auteur de l'austère *Logique de Port-Royal*, est un exploit…

Le Normand Fontenelle, qui fut témoin, on s'en souvient, du coup de godasse de l'oratorien Malebranche, traite lui aussi la chose en ironiste dans un courrier envoyé à Monsieur C., un cartésien, repris dans ses *Lettres galantes* : «Vous dites que les bêtes sont des machines aussi bien que des montres? mais mettez une machine de chien et une machine de chienne l'une auprès de l'autre, il en pourra résulter une troisième petite machine ; au lieu que deux montres seraient l'une auprès de l'autre toute leur vie, sans faire jamais une troisième montre. Or nous trouvons par notre philosophie, Madame de B. et moi, que toutes les choses qui étant deux ont la vertu de se faire trois sont d'une noblesse bien élevée au-dessus de la machine» (Lettre 11).

Ces chiens qui tournent la broche à rôtir et ces montres qui cohabitent sans engendrer auraient pu donner des idées à Jean de La Fontaine, qui n'en manquait d'ailleurs pas. Lui aussi, inspecteur sans grand zèle des Eaux et Forêts, dans le civil, prend parti dans cette querelle et, on s'en doute, contre le philosophe des animaux-machines. Comment aurait-il pu en être autrement ?

Penser sans penser qu'on pense

Dans son «Discours à Mme de la Sablière sur l'âme des animaux», au neuvième livre de son deuxième recueil de Fables, le poète écrit :

> [...] ne trouvez pas mauvais
> Qu'en ces Fables aussi j'entremêle des traits
> De certaine Philosophie
> Subtile, engageante, et hardie.
> On l'appelle nouvelle. En avez-vous ou non
> Ouï parler ? Ils disent donc
> Que la bête est une machine ;
> Qu'en elle tout se fait sans choix et par ressorts :
> Nul sentiment, point d'âme, en elle tout est corps.
> Telle est la montre qui chemine,
> À pas toujours égaux, aveugle et sans dessein.
> Ouvrez-la, lisez dans son sein ;
> Mainte roue y tient lieu de tout l'esprit du monde.
> La première y meut la seconde,
> Une troisième suit, elle sonne à la fin.
> Au dire de ces gens, la bête est toute telle :
> L'objet la frappe en un endroit ;
> Ce lieu frappé s'en va tout droit,
> Selon nous, au voisin en porter la nouvelle.
> Le sens de proche en proche aussitôt la reçoit.
> L'impression se fait, mais comment se fait-elle ?
> Selon eux, par nécessité,
> Sans passion, sans volonté ;
> L'animal se sent agité
> De mouvements que le vulgaire appelle
> Tristesse, joie, amour, plaisir, douleur cruelle,
> Ou quelque autre de ces états
> Mais ce n'est point cela ; ne vous y trompez pas.
> Qu'est-ce donc ? Une montre. Et nous ? C'est autre chose.
> Voici de la façon que Descartes l'expose ;
> Descartes ce mortel dont on eût fait un dieu
> Chez les Païens, et qui tient le milieu
> Entre l'homme et l'esprit, comme entre l'huître et l'homme
> Le tient tel de nos gens, franche bête de somme.
> Voici, dis-je, comment raisonne cet auteur (IX, XX).

Voici un excellent résumé de la philosophie de René Descartes – excellent et ironique : Descartes, entre l'huître et l'homme, c'est assez bien vu...

Suit une critique de celle-ci : aux raisonnements du philosophe le fabuliste oppose le comportement d'un cerf aux abois qui, comprenant que sa vie est en danger, invente le stratagème qui lui permet d'échapper à la mort, ce qui revient, fort opportunément, je ne dirais pas à philosopher, mais du moins à penser. Il ajoute la leçon d'une perdrix qui, voyant ses petits en danger à cause d'un chasseur, détourne l'attention de ce dernier ; une fois les oisillons hors de danger, elle s'envole sous le nez de l'homme, auquel elle inflige un camouflet. De même, il convoque l'exemple des castors qui, dans le Grand Nord, là où les hommes vivent de façon primitive – de récents récits de voyage en témoignent –, manifestent des talents d'ingénieurs sans pareils pour construire des ponts leur permettant de franchir aisément les torrents. Enfin, il cite les animaux qui, lui fit savoir le roi de Pologne – sourions en passant à cette pointe ironique censée valider la vérité de son propos : « Jamais un Roi ne ment » –, se font la guerre sur ses frontières avec un art à faire pâlir les hommes !

La leçon de cette fable ? Elle est proprement philosophique : les hommes ont une âme, les animaux n'en ont pas, mais disposent d'un instinct qui suppose *une mémoire matérielle*, « la mémoire est corporelle », écrit-il. L'homme dispose d'une « volonté ». Un « agent » pilote en lui : un « principe intelligent [...] distinct du corps », un « arbitre suprême » commande la machine, Dieu pilote tout ça et l'on ignore comment !

La fable qui clôt à la fois le « Discours » et le livre IX des *Fables* est intitulée « Les deux rats, le renard et l'œuf ». C'est une fois encore un exemple d'intelligence animale, elle illustre la thèse de la dédicace : deux rats trouvent un œuf pour leur repas, un renard le convoite lui aussi, comment le sauver ? « Nécessité l'ingénieuse/Leur fournit une invention » : l'un se met sur le dos et prend l'œuf sur le ventre, l'autre tire son compagnon par la queue et transporte ainsi le repas hors de portée du goupil. « Qu'on m'aille soutenir après un tel récit,/Que les bêtes n'ont point d'esprit. » Pour La Fontaine, les rats en montrent autant qu'un enfant, une idée proprement révolutionnaire car elle inscrit le nouveau-né dans un trajet qui conduit de la bête à l'homme. Cette dynamique est au XIXe siècle celle d'un Ernst Haeckel pour qui l'ontogénèse récapitule la phylogénèse. Les animaux ont une raison qui, bien qu'elle ne soit pas la nôtre, est plus qu'un « aveugle ressort ».

Avec un seul vers, « Quelqu'un peut donc penser ne pouvant se connaître », La Fontaine, qui n'a pas caché qu'il préférait le loup au chien, règle son compte à Descartes, le philosophe du *cogito*, pour qui l'homme est le seul être qui pense et sait qu'il pense : on peut, dit le fabuliste, penser sans penser qu'on pense. La fable des deux rats, dont la trame reprend celle que Pline prête à des marmottes dans l'*Histoire naturelle*, en apporte la preuve et la démonstration. Et, sous le signe du conditionnel, La Fontaine recourt lui aussi à la création d'un automate :

> Je subtiliserais un morceau de matière,
> Que l'on ne pourrait plus concevoir sans effort,
> Quintessence d'atome, extrait de la lumière,
> Je ne sais quoi plus vif et plus mobile encor
> Que le feu : car enfin, si le bois fait la flamme,
> La flamme en s'épurant peut-elle pas de l'âme
> Nous donner quelque idée, et sort-il pas de l'or
> Des entrailles du plomb ? Je rendrais mon ouvrage
> Capable de sentir, juger, rien davantage,
> Et juger imparfaitement,
> Sans qu'un Singe jamais fît le moindre argument.
> À l'égard de nous autres hommes,
> Je ferais notre lot infiniment plus fort :
> Nous aurions un double trésor ;
> L'un cette âme pareille en tout-tant que nous sommes,
> Sages, fous, enfants, idiots,
> Hôtes de l'univers sous le nom d'animaux ;
> L'autre encore une autre âme, entre nous et les Anges
> Commune en un certain degré ;

> Et ce trésor à part créé
> Suivrait parmi les airs les célestes phalanges,
> Entrerait dans un point sans en être pressé,
> Ne finirait jamais quoique ayant commencé,
> Choses réelles quoique étranges.
> Tant que l'enfance durerait,
> Cette fille du Ciel en nous ne paraîtrait
> Qu'une tendre et faible lumière ;
> L'organe étant plus fort, la raison percerait
> Les ténèbres de la matière,
> Qui toujours envelopperait
> L'autre âme imparfaite et grossière.

En somme, le fabuliste s'adonne par cette fiction à un jeu démiurgique duquel sortirait à la fois un animal humanisé et un homme angélisé, si l'on me permet le néologisme. Il effectue un genre de translation de la relation *bêtes-hommes* à un autre paradigme, ontologiquement novateur, *hommes-anges*.

L'âme est ici «quintessence d'atome», autrement dit clairement matière. On n'a pas de mal à sentir ici l'influence de Pierre Gassendi qui, avec *Vie et mœurs d'Épicure* (1647) et son *Traité de la philosophie d'Épicure* (1658), réhabilite Épicure et l'épicurisme en plein Grand Siècle, où jansénistes, jésuites, quiétistes et autres mystiques dans l'esprit de Pascal se partagent le marché des idées chrétiennes. Je reviendrai sur Gassendi, qui se trouve philosophiquement au point de bascule entre l'idéalisme chrétien – il est chanoine de Digne – et le matérialisme français du siècle des Lumières.

Insoucieux d'une chienne gravide savatée par un curé, de chiens qui devisent tranquillement auprès d'un genre de barbecue, de rats qui snobent un renard, de cerfs et de perdrix qui abusent des chasseurs, de castors qui se montrent de redoutables architectes, d'animaux qui guerroient comme des hommes, on peut faire œuvre philosophique moins drôle, disons moins drôlement.

Le Père jésuite Ignace Gaston Pardies, par exemple, avec son ouvrage intitulé *Discours de la connaissance des bêtes* (1672), défend en scolastique l'idée que les animaux ont une «connaissance sensible », mais sont dépourvus de « connaissance spirituelle ». Ils ont « une âme matérielle capable de connaissance et de sentiment » (p. 220) qui est intermédiaire entre la matière pure et la pensée, autrement dit la substance étendue et la substance pensante.

Pardies réfute l'idée que les animaux ne seraient que des machines, des horloges, pour reprendre la comparaison de Descartes. Contre les cartésiens, dont il expose le propos, il écrit : « Quelque empressement que nous remarquions dans un Chien qui a perdu son maître, et quelque allégresse qu'il fasse paraître quand il l'a trouvé, ce Chien néanmoins n'a ni joie, ni inquiétude : il ne connaît pas même son maître ; ayant des yeux il ne le voit pas ; et quoiqu'il obéisse à sa voix, il ne saurait pourtant pas l'entendre : de sorte qu'à la vue de toutes ces allées et venues si inquiètes, de tous ces bonds, de ces tressaillements, et de ces caresses, nous n'avons plus de sujet d'attribuer au Chien aucune véritable passion qu'à une aiguille aimantée, qui semble chercher avec empressement son pôle, et demeurer paisible et contente quand elle l'a trouvé. De même, disent-ils, quand un chien est blessé, il ne sent point de douleur ; et quelque pitoyables que soient ses cris, ce n'est pourtant qu'un bruit fait naturellement par la machine de son corps, qui ne marque pas plus de douleur ou de sentiment que le fait le bruit d'un tambour ou d'une charrette mal graissée. Ainsi on a grand tort d'accuser de cruauté ceux qui *massacrent* les animaux. À la vérité, c'est grand dommage de gâter ainsi des machines si admirables ; mais après tout il n'y a pas en cela plus de cruauté qu'à déchirer un tableau de Raphaël, ou à briser impitoyablement une Antique. Aussi lorsqu'après avoir frappé une Bête, elle se retourne et nous mord, si nous nous imaginons que c'est par colère et par vengeance ce qu'elle en fait, nous sommes aussi simples que ces bons Gnidiens, qui voulant percer leur Isthme, et se mettant déjà en devoir de piquer à coups de marteau le Roc qui sépare les deux mers, s'arrêtèrent bientôt, voyant que les éclats leur en sautaient au visage, et crurent fermement que le Rocher ne trouvait pas bon leur dessein, qu'il était choqué de se sentir ainsi frappé, et que c'était par vengeance qu'il leur voulait crever les yeux; si bien qu'ils allèrent consulter l'Oracle, pour apprendre le moyen d'apaiser une pierre, qui assurément ne machinait rien contre leur ruine» (p. 15-18; je souligne). Effet de pensée magique, dirions-nous aujourd'hui…

On s'étonne qu'un Descartes pour qui «le bon sens est la chose du monde la mieux partagée» en fasse si peu preuve sur ce sujet de l'âme des animaux. Car, tout membre de la Compagnie de Jésus qu'il est, et tout aristotélicien également, Pardies active, lui, le bon sens pour penser le réel tel qu'il se présente, il ne disserte pas sur des catégories ou des concepts mais sur ce qu'il voit: un chien triste que son maître soit loin, puis heureux de le retrouver. Le simple trépignement d'un chien fait plus que force démonstrations philosophantes en la matière.

Pardies se réjouit qu'en revanche d'autres philosophes reconnaissent aux animaux, aux plantes et aux pierres une activité propre. Il nous arrive, à nous les hommes, de faire des choses sans y penser, par exemple digérer des aliments, respirer ou bien être soumis à la circulation du sang dans notre corps. De même avec les réflexes, comme retirer sa main d'une plaque brûlante, fermer les yeux quand un objet menace d'y entrer, effectuer un mouvement du corps pour compenser un déséquilibre. Ces comportements n'ont rien à voir avec la connaissance et la volonté. Pourquoi dès lors faudrait-il, ou voudrait-on, que les animaux soient mus par la connaissance et la volonté?

Par ailleurs, nous parlons. Il nous faut pour ce faire activer en nous une série de mouvements physiologiques, avec la langue, les dents, le palais, la bouche, toutes choses qui n'exigent aucunement connaissance et volonté. On imagine mal un orateur occupé simultanément à deux choses: penser à la position de sa langue dans sa bouche à chaque syllabe exprimée et penser à ce qu'il dit!

Le jésuite salue ce qui permet au joueur de luth d'exécuter un morceau avec justesse: un nombre incroyable de bons mouvements des doigts, des mains, du poignet, au bon moment et dans une suite logique convenable, qui permet l'enchaînement d'accords. Mais il en va de même avec le rossignol, dont chacun apprécie le chant au printemps. Or l'un et l'autre jouent sans penser qu'ils jouent. Le concertiste ne saurait donner un concert en même temps qu'il se dirait qu'il donne un concert sans rater ce concert, troublé qu'il serait par ces pensées parasites. Et Pardies de parler d'une « connaissance virtuelle » (p. 43-44) – une expression sidérante d'actualité sous la plume d'un auteur du Grand Siècle – obtenue pendant l'apprentissage de la musique. Cette virtualité, bien sûr, procède du vocabulaire de la scolastique aristotélicienne : elle signifie que la connaissance est *en puissance* avant que d'être *en acte*.

La connaissance virtuelle procède chez le musicien d'une longue habitude, de pratiques réitérées, d'apprentissages répétés. Mais il se peut que Dieu lui-même se trouve à l'origine d'« habitudes infuses » (p. 46) – c'est en effet possible pour qui permet aux apôtres de parler des langues qu'ils ignorent. À ce Dieu-là, il ne serait donc pas en effet impossible de conférer une âme aux bêtes. Ce que des ingénieurs de l'Antiquité faisaient, comme « un pigeon artificiel qui volait en l'air » (p. 49) ou une statue qui chantait au soleil levant, ou encore des automates de satyre jouant de la flûte à une nymphe qui tend l'oreille en retour, voire des petits oiseaux tranquilles jusqu'à ce qu'un automate de grand-duc apparaisse et les fasse criailler, Dieu, bien sûr, serait en capacité de le créer. Mais il y a, de l'animal véritable à sa figuration mécanique, une différence majeure qui suppose l'action et la volonté d'un Dieu créateur pouvant reproduire à l'identique un chien, par exemple : peau, poils, os, chair, muscles, sang, veines, artères, cœur, circulation, esprit, chaleur – jusque-là il n'est point besoin d'âme ou de connaissance pour que les fonctions de respiration, de digestion, de circulation sanguine soient. Dieu peut faire une machine en tout point semblable à l'animal qu'il veut copier. Mais cette machine est animée d'un « principe vital et intérieur » (p. 67) sans lequel les tuyaux et les soufflets ne servent à rien ! Des animaux coupés en deux, reptiles ou insectes par exemple, voient leurs deux moitiés continuer à exister séparément. Pardies avoue lui-même avoir procédé à ce genre d'expérience de vivisection – « avec du plaisir », précise-t-il. Ces expérimentations lui font conclure à ce vitalisme qui concerne aussi bien les hommes que les bêtes. *Quid* de l'âme dans un animal coupé en deux? Est-elle dans l'un des deux morceaux? dans les deux? On ne saurait conclure qu'elle ne se trouve plus nulle part car le mouvement en témoigne : elle anime pareillement les tronçons. Mais elle siège ailleurs que dans ces deux bouts animés, car ce qui meut les parties c'est un réflexe qui ne suppose ni connaissance, ni sentiment, ni perception.

Il en va de même, écrit le jésuite, chez les hommes! On a vu la tête coupée d'un individu décapité tournant le regard, remuant les lèvres, mordant la terre où elle a chuté, en signe de colère, de douleur et de rage. Pendant ce temps, le cœur continuait de battre. Pardies souscrit à cette histoire, mais pas à celle d'un voyageur qui rapporte qu'en Inde un jeune garçon sacrifié a continué à parler la poitrine ouverte et le cœur arraché : « ce que je trouve un peu difficile » (p. 87), précise-t-il… On ne lui fait pas dire.

Contre les libertins qui, après la substantialisation de l'âme, travaillent à sa matérialisation, Pardies combat le principe d'une « âme matérielle » (p. 100). Il prévoit l'argumentaire du libertin en imaginant qu'il pourrait lui dire : « [...] si vous mettez une fois que les bêtes sans aucune âme spirituelle sont capables de penser, d'agir pour une fin, de prévoir le futur, de se ressouvenir du passé, de profiter de l'expérience par la réflexion particulière qu'elles y font ; pourquoi ne direz-vous pas que les hommes sont capables d'exercer leurs fonctions sans aucune âme spirituelle? Après tout, les opérations des hommes ne sont point autres que celles-là, que vous attribuez aux Bêtes : s'il y a de la différence, ce n'est que du plus ou du moins ; et ainsi tout ce que vous pourrez dire, ce sera que l'âme de l'homme est plus parfaite que celle des Bêtes, parce qu'il [...] pense avec plus de réflexion, et qu'il prévoit avec plus d'assurance : mais enfin vous ne pourrez pas dire que leur âme ne soit toujours matérielle » (p. 100-102). Convenons que cet éminent membre de la Compagnie de Jésus se glisse à merveille dans le cerveau, donc l'âme, d'un libertin! Voilà la signature d'un parfait jésuite.

Penser sans penser qu'on pense

Que répond-il au libertin qui ne lui demande rien, sinon dans cet exercice rhétorique ? « Que les bêtes ont de véritables pensées, et des sentiments comme nous » (p. 136-137) et qu'Aristote, qu'il se met alors à citer abondamment, nous permet de résoudre cette question : au contraire des animaux, qui ne disposent que d'une connaissance sensible et non pas de connaissance spirituelle puisqu'il leur manque l'âme spirituelle conférée par Dieu, l'homme dispose d'une « connaissance intellectuelle ». Disons-le autrement : seul l'homme pense Dieu, parce qu'il a en lui de quoi le penser ; or, ce qui, en son intime, lui permet de penser Dieu procède de Dieu et le constitue en tant qu'homme en le séparant de l'animal.

Le vitalisme du jésuite s'oppose au mécanisme de Descartes. La fiction de l'animal-machine économise ce qui, en lui, ne se réduit pas à un agencement de dispositifs machinaux. La somme des pièces qui constituent une montre n'est rien sans l'agencement opéré par le vouloir de l'horloger. Il existe en l'homme, en l'animal aussi, mais également dans les plantes, un « principe vital », pour reprendre l'expression de Pardies, qui anime le tout de l'être et ne saurait procéder des hommes, incapables de le produire. Seul Dieu peut conférer l'âme à la machine. Il est ce qui, ou celui qui, donne la vie au vivant dans la machine. L'âme est l'*anima* de la machine, or sans Dieu, ou, disons-le dans le vocabulaire d'Aristote, sans la cause incausée, sans le premier moteur immobile, pas d'*anima*.

Ce « principe vital », Pardies le cerne et le borne avec prudence grâce au vocabulaire de sa profession. Si le tout est plus que la somme des parties, si la somme des organes d'un être ne suffit pas à constituer le vivant et la vitalité de cet être, qu'est-ce qui donne son mouvement au tout ? Réponse : « Il faut donc dire qu'il y a outre tout cela quelque autre principe, que nous appelons *la forme* ; et puisque ces opérations ne sont pas au-delà de la puissance corporelle, il n'est pas besoin de dire que cette forme est un pur esprit, mais ce peut être une forme matérielle » (p. 198-199). Et ailleurs : « Nous sommes dans la nécessité de reconnaître d'autres choses, que nous appelons *Formes substantielles*, et qui n'étant ni corps, ni modes, ou accidents des corps, sont néanmoins quelque chose de corporel » (p. 205). On a bien lu...

Pas dupe, le jésuite envisage bien sûr les enjeux religieux de la résolution de cette question. On ne saurait donner de l'âme une définition permettant à ses adversaires d'en faire franchement et définitivement l'économie, ce qui serait ôter l'échafaudage ontologique du dispositif chrétien du salut et de la damnation : « Quelques-uns pensent que cette opinion qui nie les âmes dans les animaux est dangereuse et qu'elle favorise l'impiété des libertins, qui ne veulent pas reconnaître l'immortalité de notre âme : car, disent-ils, si une fois l'on admet que toutes les opérations des Bêtes peuvent se faire sans âme, et par la seule machine du corps, on viendra bientôt à faire le pas et à dire aussi que toutes les opérations des hommes peuvent se faire par une semblable disposition de la machine de leur corps » (p. 98-99). Le Père Pardies ne croyait pas si bien dire.

Ce pas fut franchi probablement plus vite qu'il ne l'aurait imaginé. Et l'impulsion de cette enjambée philosophique qui fait entrer dans un nouveau monde est donnée par Pierre Gassendi. Pour lui, la question de l'âme des bêtes ne se résout ni avec les anciens, Aristote en l'occurrence, ni avec les modernes, Descartes bien sûr, mais avec Épicure, un ancien qui s'avère éminemment moderne. Ni les formes substantielles ni la glande pinéale, mais des atomes subtils, la « fleur des atomes », voilà qui va permettre de sortir de ce questionnement qui traverse tout le XVIIe siècle. Les Lumières s'allument au flambeau d'un chanoine.

7

LA FLEUR DES ATOMES

Atomiser l'âme

Si l'on en croit les *Vies et doctrines des philosophes illustres* (X, 26) de Diogène Laërce, l'œuvre complète d'Épicure comportait plus de trois cents titres. Or, il ne nous en reste que trois lettres, fort heureusement synthétiques, destinées à des disciples : l'une à Pythoclès sur l'astronomie, une autre à Hérodote sur la physique et la nature, la dernière à Ménécée sur l'éthique et la morale. La pensée d'Épicure, telle que nous la connaissons, a donc pour substrat textuel une infime poignée de feuillets, alors que nous disposons de deux mille pages des œuvres de Platon.

Les épicuriens subissent les foudres de philosophes romains qui, pour des raisons de basse politique politicienne – César était épicurien –, montent cette école, le Jardin, contre celle des stoïciens, le Portique, et ce parce qu'Épicure fait du plaisir le souverain bien. Cicéron, devenu ennemi de César, et d'autres avec lui comparent les épicuriens à des pourceaux. Alors qu'Épicure assimile ce fameux plaisir à l'absence de troubles et qu'il n'invite jamais à autre chose qu'à une sobriété radicale, du genre étancher sa soif avec de l'eau et sa faim avec un morceau de pain, ce qui suffit au bonheur, il fait face à une conjuration des imbéciles pendant plus d'un millénaire, conjuration faite de calomnies et d'attaques *ad hominem* destinées à salir un homme avec l'idée que sa pensée ne s'en remettrait jamais.

On sait que les Pères de l'Église attaquent violemment l'homme, l'œuvre et la doctrine parce que sa pensée radicalement matérialiste interdit leurs fictions : s'il n'existe que des atomes qui chutent dans le vide et qui, en vertu d'une déclinaison nommé *clinamen*, s'agrègent et agrègent les agrégations afin de former la matière du monde et de constituer ainsi la totalité de ce qui est, alors tout est atomique.

Quid alors du Dieu des monothéistes créateur du monde, omniprésent, omnipotent, omniscient ? De la conception de Jésus sans géniteur et d'une mère vierge ? D'une âme éternelle, immortelle, immatérielle ? D'une mort suivie trois jours plus tard d'une résurrection permettant à l'heureux bénéficiaire de remporter le gros lot d'une vie éternelle ? D'une eucharistie selon laquelle le corps du Christ et son sang se retrouvent dans une hostie de farine et dans un calice rempli de vin blanc à chaque messe célébrée par un prêtre ? D'une résurrection de la chair sous forme de corps glorieux ? Autant d'histoires impossibles quand le réel est exclusivement constitué d'atomes.

On peut donc émettre l'hypothèse que si les œuvres d'Épicure ont presque toutes disparu, c'est que les supports végétaux sur lesquels elles ont été rédigées ont péri avec le temps, certes, mais également que leur duplication sur parchemin n'a bien sûr pas été assurée par des moines copistes auxquels on ne donnait pas comme tâche prioritaire de conserver les idées ennemies de l'idéologie dominante. Les trois lettres d'Épicure sont probablement sauvées parce qu'éditées au cœur du livre de Diogène Laërce qu'il fallait lire pour les trouver ! Or, de tout temps, les vrais lecteurs, besogneux et déterminés, consciencieux et laborieux, constituent une espèce rare...

C'est à Gassendi qu'on doit l'honorable travail d'une réhabilitation d'Épicure et de son œuvre. Le chanoine de Digne introduit le loup atomique dans la bergerie chrétienne. *Vie et mœurs d'Épicure* est publié en 1647, et en 1658, dans l'édition posthume de ses œuvres, paraît un *Traité de la philosophie d'Épicure*, deux ouvrages dans lesquels, tout chrétien qu'il est, il réhabilite Épicure, dans un temps qui fait la part belle à l'aristotélisme, au stoïcisme, au néoplatonisme, voire au pyrrhonisme, mais surtout pas à l'épicurisme. Il traduit également le livre X des *Vies* de Diogène Laërce, entièrement consacré à Épicure – c'est dans ce livre que se trouvent les trois lettres du philosophe matérialiste ayant échappé à la destruction.

Déjà, en 1624, dans un texte de jeunesse – il a trente et un ans –, intitulé *Dissertations en forme de paradoxes contre les aristotéliciens*, Gassendi attaque la philosophie scolastique au nom de l'épicurisme. Il annonce une « philosophie morale » à venir dans un livre VII, avec pour programme : « Le Souverain Bien se trouve dans la Volupté, et comment la récompense des Vertus et des actions humaines résulte de ce principe. » Le livre étant inachevé, cette annonce ne sera pas honorée !

À l'évidence, le chanoine Gassendi ne peut tout prendre du philosophe matérialiste sans mettre en péril les idées de sa profession. Dès la dédicace de son livre à François Luillier, un « libertin érudit » qu'il présente comme son meilleur ami, il avertit donc qu'il va réhabiliter l'épicurisme « pourvu qu'on en efface un petit nombre d'erreurs » (*Vie et mœurs d'Épicure*, dédicace). Pour restaurer la personne et l'homme dans leur dignité, il critique les fables émises sur Épicure afin de salir sa réputation. Loin de l'image sulfureuse d'un personnage grossier, bâfreur, vulgaire, intéressé, hypocrite, fourbe, efféminé, dépravé, pédéraste, paresseux, pingre, alcoolique, dissimulé, plagiaire, médisant, ambitieux, vaniteux, ce qui est beaucoup pour un seul homme, Gassendi brosse le portrait d'un Épicure honnête, sobre, frugal, chaste, probe, innocent, pur, continent, qui manifeste intelligence, jugement, perspicacité, tempérance et mansuétude. Le chanoine examine la biographie du philosophe : parents, naissance, enfance, formation, Jardin, santé, testament, mort, disciples – il n'y voit qu'occasions d'un beau portrait.

Gassendi analyse les raisons de la construction de la mauvaise réputation d'Épicure. Il accable les stoïciens, qui revendiquent le monopole de la sagesse. Zénon, Cléanthe, Chrysippe le calomnient. Diotime le stoïcien écrit un faux constitué de cinquante lettres impudiques. Plutarque donne aussi dans la contrefaçon. Épictète charge la barque des médisances. Cléomène écrit un discours perfide et outrancier. Cicéron fait dans la démagogie. Parce que le médecin Asclépiade est un disciple d'Épicure, Galien le jalouse. La machine à détruire fonctionne à plein régime. Épicure souhaite-t-il qu'avec sa philosophie, qui établit des exercices spirituels de sagesse pratique, ses disciples soient «tels des dieux parmi les hommes»? On l'accuse de se prendre pour un dieu et d'organiser son culte dans le Jardin.

Pour Gassendi, le différend porte sur des questions simples: Épicure ne croit ni en la Providence ni en l'immortalité de l'âme, signe d'une «*apparence* d'impiété» (121; je souligne) – on mesure la puissance subtile du terme «apparence». Quand il doit choisir entre foi catholique et épicurisme, le chanoine opte pour sa religion. Dans un débat qui oppose Raison, Vérité, Justesse, Justice et Foi, la foi fait la loi, mais seulement en cas de litige.

Gassendi restaure Épicure dans son honneur et l'épicurisme dans sa vérité. Certes, il convient que le philosophe grec n'a pas été touché par la grâce de Dieu, mais comment aurait-il pu l'être trois siècles avant le surgissement du fameux Jésus dans le désert proche-oriental? Il arrondit les angles en ajoutant que, si Dieu ne lui a pas accordé la grâce, du moins sa raison droite l'a-t-elle conduit à une piété naturelle.

Épicure critique le paganisme, la superstition, les sacrifices, les cultes, les rituels, de sorte qu'il prépare «au culte de la véritable divinité». Ce préchrétien, qui ne pouvait être disciple du Christ pour d'évidentes raisons de chronologie, se trouve donc pardonné parce qu'il annonce l'avènement du christianisme? Certes, «étant un homme et faute d'avoir été éclairé des mêmes lumières que nous le sommes aujourd'hui, il n'a nullement atteint son but» (*Vie et mœurs d'Épicure*, IV, 4).

Répondons simplement à Gassendi qu'un contemporain d'Alexandre, puis des Diadoques, aurait du mal à enseigner l'existence d'un dieu qui apparaît trois siècles plus tard! Chacun sait que dieu est omnipotent, c'est d'ailleurs à ça qu'on le reconnaît, mais faire de telle sorte que les hommes croient à ce qui n'est pas encore inventé s'avère sinon une légèreté intellectuelle du moins une prudence bienvenue dans un siècle où le bûcher s'allume facilement pour un philosophe audacieux – ce qui devrait être un oxymore, mais hélas ne l'est pas si souvent.

Ajoutons à cela que le but d'Épicure ne saurait d'être chrétien, et pour cause, de sorte qu'il ne manque aucun but! Il enseigne l'existence de dieux composés eux aussi d'atomes, mais d'atomes subtils, autrement dit d'une nature spécifique, plus fine, plus éthérée, plus... immatérielle. Gassendi s'en souvient quand il aborde la question de l'âme. Ces dieux, divers et multiples – Épicure est en effet polythéiste –, vivent impassibles, inaccessibles, insoucieux de quelque trouble que ce soit, dans des intermondes, c'est-à-dire dans les intervalles entre les univers – puisque les épicuriens croient à la pluralité des mondes. La nature subtile de leurs corps fournit le modèle d'ataraxie, d'absence de trouble, à laquelle invite la philosophie du Jardin. Être tel un dieu parmi les hommes, c'est vivre dans la sérénité existentielle épicurienne qu'expérimentent les dieux et qui est pur plaisir d'exister.

Gassendi propose un autoportrait en Épicure quand il écrit que, certes, le philosophe grec assiste à des cérémonies religieuses, mais qu'il n'y adhère pas sur le fond: «[...] le droit civil et la tranquillité publique l'attendaient de lui [...]. À l'intérieur, il était son propre maître; à l'extérieur, il était lié par les lois de la société des hommes. Ainsi accomplissait-il dans le même temps ce qu'il devait à la fois aux autres et à lui-même» (*ibid.*, IV, 4). À l'époque où les procès intentés aux penseurs se multiplient, qu'on se souvienne de l'affaire Galilée, ceux qu'on nomme les libertins érudits, dont Gassendi fait partie, avancent masqués.

Dans son *Traité de la philosophie d'Épicure* (1658), Gassendi donne la parole au philosophe. Ce n'est pas une façon de parler, car le chanoine de Digne annonce quand il écrit: «C'est Épicure qui parle», et c'est parti pour un long plaidoyer philosophique d'une générosité et d'une honnêteté sans pareilles dans l'histoire de la philosophie. On y trouve un exposé classique de la pensée épicurienne sur lequel on ne s'étendra pas. On constate que la vie épicurienne, faite de sagesse, de tempérance, de sobriété, d'austérité, de rigueur, de frugalité, d'amitié ressemble trait pour trait à la règle qui réunit... des moines dans un monastère!

Gassendi expose la philosophie d'Épicure comme si ce dernier lui-même s'exprimait. Toutefois, ici ou là, il manifeste son désaccord. Une première fois : Épicure refuse l'existence de la Providence, ce à quoi le chanoine ne souscrit évidemment pas; une deuxième fois : Épicure justifie le suicide pour un homme qui préférerait la mort à une vie trop douloureuse – on s'en doute, le religieux refuse cette thèse; une troisième fois, sur la question de l'articulation entre libre arbitre et nécessité, Gassendi écrit du *clinamen* qu'il faut « suggérer comment la fortune pouvait intervenir dans les choses humaines sans que le libre arbitre disparaisse du tout en nous ». Somme toute, c'est assez peu...

In fine, en ventriloque d'Épicure, Gassendi affirme que posséder des biens immortels, c'est être soi-même immortel. Mais *quid* de ces biens immatériels? Voici ce qu'ils sont : tranquillité d'âme, sérénité du sage, ataraxie du philosophe, pur plaisir d'exister, vie philosophique indexée sur la vie heureuse des dieux, ce qui, à demi-mot, renvoie à la solution existentielle matérialiste! Gassendi et Épicure, voilà une affaire qui marche.

Le chanoine se montre beaucoup plus sévère avec René Descartes qu'avec Épicure! En 1644, il publie en effet *Recherches métaphysiques, ou doutes et instances contre la métaphysique de R. Descartes et ses réponses*, un texte qui, dans une analyse dense et serrée, constitue un incroyable éreintement de l'auteur du *Discours de la méthode*.

Car leur échange est violent! Gassendi traite Descartes de « dictateur » (II, III, III295b) et tape dur sur ses thèses fondamentales, ce qui n'invite pas à l'élégance et à la courtoisie : il refuse l'idée que les sens sont trompeurs, ce qui suppose que les sensations sont fausses ; il critique la méthode ; il doute du doute méthodique ; il sait qu'il est impossible de se défaire de ses préjugés juste en décidant de s'en débarrasser ; il attaque le *cogito* en estimant ironiquement qu'on pourrait tout aussi bien dire : « Je me promène donc je suis » ; il fustige l'hypothèse du Dieu trompeur, donc du « malin génie » ; il récuse les idées innées ; il refuse l'opposition entre substance étendue et substance pensante ; il questionne la nature de la liaison de l'âme et du corps ; il déplore le rôle magique de la glande pinéale – autrement dit, il effectue un bombardement massif des positions cartésiennes...

Gassendi répond ainsi à une objection de Descartes à l'une de ses réfutations : « Ici sans doute vous parlez en Maître, ou plutôt en Dictateur, quand vous fixez avec tant de rigueur ce qu'il convient de faire en vous tenant sur les hauteurs ou plutôt sur la citadelle de la Philosophie. Mais enfin, je demande tout le temps des raisons, je comprends que cela vous soit fort désagréable ; seulement j'ai bien aussi le droit de le faire, puisque vous vous vantez de démontrer, c'est-à-dire de prouver par des raisons extrêmement approfondies ce que vous dites ; et que cependant je ne vois nulle raison de ce genre. Vous vous conduisez, vous, en juge de l'École ; souffrez que ceux que vous voulez instruire se conduisent en auditeurs d'esprit libre : sinon, s'ils se conduisent comme de bêtes d'un troupeau, c'est-à-dire s'ils ne croient qu'en vous, parce que *c'est vous qui le dites*, craignez que l'on vous prenne non pour un conducteur d'hommes, mais de bestiaux. Et de répéter ô chair, ô chair ; et, vous emportant encore, et toujours davantage, de dire tout ce qui vous vient aux lèvres, jusqu'à ce que votre cœur cesse de s'enfler ; ainsi du moins saurons-nous ce qu'il contient de sentiment caché » (II, III, III295b). Un normalien résumerait tout ça en expliquant que Gassendi reproche à Descartes d'être assertorique au lieu d'être apodictique !

Les formules de courtoisie qui ouvrent et ferment ce dialogue de sourds dessinent la silhouette d'un arbre qui cache la forêt d'injures. Démonstration : « Je vois bien ici la cause de votre aigreur, et ce qui vous a dès le début poussé à croire qu'il convenaît de me traiter comme un homme de chair. Ainsi vous avez trouvé spirituel et digne de votre finesse, puisque je vous traitais d'Âme, et même dans tout le cours de l'ouvrage à partir de là, d'Esprit, de m'appeler chair. Je prendrai donc cela sans m'offenser, comme une plaisante chose, moi qui ai coutume d'en dire plus contre moi-même qu'aucun autre ne le pourrait ; mais qu'il me soit permis de dire qu'en vous appelant âme ou esprit, je n'ai en aucune façon voulu user de Prosopopée ni de fiction d'aucune sorte ; je n'ai rien dit de façon ironique ou affectée ; ce qui vous eût donné le droit, en dehors des lois de l'honnêteté et de l'amitié, de vous plaindre et de donner libre cours à vos invectives » (II, 1290a). Gassendi de poursuivre sa démonstration sans y mettre de limites, comme verbigérant tout seul, sans souci que Descartes le lise véritablement.

On pourrait s'étonner que, dans l'histoire de la philosophie occidentale, ce livre de Gassendi ne l'ait pas emporté sur les *Méditations métaphysiques,* qui sortent exsangues de cette leçon d'anatomie conduite par le compagnon de route d'Épicure ! Car Descartes n'est pas si philosophiquement révolutionnaire qu'on veut bien le dire. Certes, il semble l'être en France par sa méthode formulée comme on sait, mais il ne l'est nullement par sa philosophie dualiste, son ontologie idéaliste ou sa métaphysique spiritualiste, voire par son aisance dans le jardin des catégories scolastiques, toutes choses parfaitement compatibles avec le judéo-christianisme, ce qui n'est bien sûr pas le cas de l'épicurisme.

Précisons que sa méthode épate plus facilement un Français qu'un Anglo-Saxon qui n'ignore pas qu'avec le *Novum Organum* (1620) de Francis Bacon l'essentiel de ce qu'annonce Descartes, c'est-à-dire la *laïcisation de la méthode et son indexation sur l'observation,* se trouve exposé dix-sept ans avant le *Discours de la méthode* du Tourangeau. Mais c'est une autre histoire…

Gassendi écrit beaucoup *pour,* on l'a vu avec Épicure, et *contre,* notamment Aristote et la scolastique ou encore Descartes et le cartésianisme. Il n'est pas toujours facile de découvrir ce que pense Gassendi lui-même sur des sujets sensibles. Sur l'âme des bêtes, c'est assez clair, sur la nature de l'âme, c'est plus compliqué, car politiquement plus dangereux. Descartes revendique de porter le masque, on se souvient de sa devise : *Larvatus prodeo*. Sa correspondance montre sa pusillanimité : il a peur du roi, des sorbonagres et du Vatican, ce qui, hier comme aujourd'hui, fait du monde. Gassendi ne le dit pas, mais lui aussi écrit sous le regard de l'Inquisition et sous la menace de l'Index.

On le sait, c'est *ad nauseam* dans sa correspondance avec Descartes, il ne se satisfait pas d'une opposition classique entre « substance étendue » qui, comme son nom l'indique, suppose l'extension dans l'espace et « substance pensante » qui – elle non plus ne peut rien cacher vu son nom – a pour spécificité de penser. Si penser relève d'une substance non étendue, *quid* des modalités de production des pensées, des idées et des jugements? *Quid* de la liaison entre ce qui n'a pas d'étendue et ce qui n'est qu'étendue? Entre ce qui ne pense pas et ce qui pense? La glande pinéale ne satisfait pas Gassendi. En anatomiste lui aussi, il constate que manquent des « nerfs » à même d'assurer la liaison. Mais que peut-on dire de ces nerfs sinon qu'ils sont ce qui se manifesterait à l'œil après que le scalpel de l'anatomiste les aurait isolés? Descartes est peut-être moins le *premier des modernes* que le *dernier des scolastiques*, et Gassendi, avec son scepticisme actif, non pas le premier moderne mais *celui qui rend possibles les modernes* – le premier d'entre eux est d'ailleurs membre du clergé lui aussi : le curé Jean Meslier.

Si l'on veut savoir ce que Gassendi pense, il faut souvent l'induire ou le déduire – peut-être est-ce l'une des raisons pour lesquelles Descartes a pris l'ascendant sur lui dans l'histoire des idées... Il s'exprime ici sur un sujet tiers et il faut, là, dans les plis de ce qui se trouve écrit, comprendre à demi-mot.

Par exemple dans ces lignes où Gassendi répond à la théorie des animaux-machines assimilables à des horloges selon Descartes : « Un os envoie dans l'œil d'un chien une espèce analogue à lui, et s'étant frayé un chemin jusqu'au cerveau, cette espèce adhère à l'âme comme par des crochets minuscules : par suite l'âme elle-même et tout le corps qui lui est attaché sont attirés vers l'os par des sortes de chaînes très fines. La pierre ainsi qu'on lui lance envoie des espèces analogues à elle, qui à la manière d'un levier exercent sur l'âme une poussée et contraignent en même temps le corps au mouvement, c'est-à-dire à la fuite. Mais, n'est-il pas exact que tout cela se passe de même chez l'homme ? À moins peut-être qu'il y ait une autre voie par laquelle vous conceviez que se fassent ces opérations, et si vous vouliez nous l'enseigner, nous vous serions bien obligés » (II, VI304a).

Ce texte rassemble toute la stratégie libertine de dissimulation. Le nom d'Épicure n'apparaît pas, bien que tout l'épicurisme s'y trouve, mais, pour le comprendre, encore faut-il savoir ce qu'est la doctrine du philosophe grec, de sorte que Gassendi s'adresse, à mots couverts, aux connaisseurs, de façon entendue. Car l'« espèce analogue à l'os » qui passe par l'œil pour arriver au cerveau du chien, voilà tout bonnement la théorie épicurienne des *simulacres* – dont le mot, bien sûr, se trouve sagement évité afin de ne pas attirer l'attention du lecteur lambda. Les « crochets minuscules » eux aussi renvoient à la doctrine du Jardin : ce sont bien sûr les *atomes*, dont les formes multiples peuvent être crochues, pour exprimer l'affinité, alors que la forme lisse explique le rejet. L'âme dont il est ici question s'avère de même nature que le simulacre, autrement dit, elle est matérielle, constituée d'atomes et liée au reste du corps par des « chaînes très fines », elles aussi atomiques. Il n'y a donc pas, comme chez les cartésiens, séparation entre substance étendue et substance pensante, qui sont deux substances hétérogènes, mais différentes modalités d'une même substance matérielle liées par des atomes. Passant de l'os offert à la pierre jetée, Gassendi file la métaphore épicurienne : comment les simulacres de la pierre qui parviennent au cerveau du chien pourraient-ils agir comme un levier en exerçant une poussée sur l'âme si l'âme ne relevait pas de la substance étendue, donc de la matière ? Car une poussée réalisée sur une substance pensante n'a aucun sens. Ce sont des dynamiques atomiques, une physique de flux matériels qui permettent à Gassendi d'expliquer la fuite du chien quand il perçoit ou aperçoit la pierre jetée dans sa direction. Le chanoine de conclure sous forme interrogative, stratégie libertine là aussi, là encore : n'en serait-il pas de même pour les hommes ? On voit bien que, pour lui qui feint de questionner Descartes afin d'obtenir une réponse, cela ne fait aucun doute.

L'ironie conclusive de ce passage ne décide pas Descartes à sortir de sa cache, il reste dans son trou et répond à côté, du moins il prend soin de ne pas répondre : « Vous faites encore ici bien des murmures, mais qui pas plus que les précédents n'ont besoin de réponse. » Descartes, comme partout dans cet échange, prend Gassendi de haut. C'est lui qui appelle une discussion publique de ses *Méditations métaphysiques*, mais quand on lui oppose de réels arguments, il rétorque avec morgue : Gassendi n'est pas philosophe, il ne comprend rien, il déforme les propos de son interlocuteur, il lui prête des idées qui ne sont pas les siennes, on ne peut avoir un échange digne de ce nom avec lui, etc.

On eût aimé, en réponse à cette objection, un développement de Descartes sur le chien, l'os et la pierre qui eût permis de savoir ce qu'il pensait des simulacres, des atomes et de leurs crochets, des images, de l'action matérielle des particules sur une âme matérielle, de la possibilité d'exercer une poussée sur une substance privée d'étendue, sur la réaction appropriée du chien qui, comprenant que cette pierre peut le blesser, manifeste une *mémoire du temps passé* (il se souvient de la douleur jadis causée par une pierre), une *compréhension du temps présent* (le projectile effectue un trajet dont l'aboutissement est le corps du chien qui garde la mémoire de la souffrance), une *capacité de futurition* (ce passé de la pierre mis en relation avec son présent génère un futur que le chien est capable de prévoir puisqu'il sait pouvoir y échapper par la fuite). Certes ce chien qui pense ne pense pas qu'il pense, un talent qui définit l'homme selon Descartes, mais ne reprochons pas à un animal de penser comme un animal. Autant affirmer que l'exemple d'un homme incapable de retrouver son chemin avec son seul odorat pourrait témoigner en faveur de l'absence d'intelligence humaine ! Gassendi l'écrit clairement: «L'homme, encore qu'il soit le plus parfait des animaux, n'est cependant pas en dehors du nombre des animaux» (II, VI303b). Voilà une ligne de démarcation nette entre l'idéalisme cartésien, son spiritualisme dualiste, et l'épicurisme gassendien qui définit un matérialisme chrétien fonctionnant comme une étape dans le mouvement vers une âme matérielle autonome.

Car, pour Gassendi, le *clinamen*, cette déclivité à l'origine de l'agrégation des atomes qui, avant, chutaient dans le vide de façon parallèle, sans jamais risquer de se rencontrer un jour, sans, donc, que jamais il n'y eût possibilité d'un monde, cette déclivité n'est pas pensable: le *clinamen* risque en effet de prendre la place ontologique, donc théologique, d'un Dieu créateur du monde. Le Dieu de Gassendi crée le monde matériel à partir d'atomes déjà mobiles et pesants, qu'il a créés eux aussi afin de produire une matière immédiatement active. Il existe des courants de matière subtile qui procèdent, *dixit* Gassendi, de la «fleur de la matière» et qui meuvent les corps à la façon des âmes végétatives. Son matérialisme n'est pas mécaniste: il est disons déiste – ce qui, probablement à son corps défendant, s'avère un pas en direction d'un matérialisme mécaniste – et, osons le mot, vitaliste.

8

Comme la flamme d'une chandelle

Mécaniser l'âme

La véritable révolution philosophique ne se trouve pas chez Descartes mais chez un philosophe souvent présenté comme un cartésien : Jean Meslier, curé d'Étrépigny, dans les Ardennes. Il peut paraître singulier de transformer cet ennemi de Descartes en disciple, comme s'il fallait toujours se référer à l'auteur du *Discours de la Méthode*, à la façon dont jadis on procédait avec celui du *Parménide*, pour classer, ordonner, ranger, caser et, pour tout dire, neutraliser.

Car, là où René Descartes se montre théiste, monarchiste, dualiste, spiritualiste, catholique, conservateur en fait, Jean Meslier écrit un mémoire qui sera trouvé après sa mort en 1729 et dont Voltaire fera publier des extraits en 1762 sous le titre de *Testament de Jean Meslier*, dans lequel il se proclame athée, communiste, moniste, matérialiste, anticlérical, révolutionnaire radical. Meslier récuse le Dieu de Descartes, son *cogito*, ses idées innées, son opposition entre une substance étendue et une substance pensante, sa fiction d'une glande pinéale, son Dieu trompeur grimé en malin génie, sa théorie des animaux-machines, sa prudence politique, son conservatisme religieux : en quoi donc serait-il cartésien ? « Cartésien d'extrême gauche », a-t-on pu dire dans des colloques universitaires ! Je vois pour ma part dans ces étiquettes insolites une incapacité à reconnaître en lui, dans l'histoire de la philosophie dominée par une historiographie idéaliste, le premier philosophe matérialiste athée digne de ce nom.

Montaigne rend possible cette révolution plus que Descartes. On trouve chez l'auteur des *Essais* une authentique radicalité sur nombre de sujets fondamentaux : il décrit l'homme nu, sorti des mains de la nature ; dans la foulée, il inaugure le relativisme culturel en célébrant les us et coutumes des cannibales ; il invente un corps païen libéré de Dieu ; il promeut une pédagogie non autoritaire inspirée de l'éducation qu'il a reçue de son propre père ; il pose les bases d'un féminisme universaliste en estimant que l'inégalité entre les hommes et les femmes n'a pas des raisons naturelles mais culturelles ; il engage la pensée sur une ontologie antispéciste ; il crée *ex nihilo* une méthode fondée sur l'observation du monde réel ; il propose sans en avoir l'air une éthique de la sobriété heureuse ; il libère la pensée de sa tutelle théologique et, par là même, il invente la religion rationnelle et son corrélat, la laïcité ; il initie la construction du sujet moderne – sans parler de ce supplément d'âme sublime : il rend possible l'amitié débarrassée de sa médiation par Dieu.

Mais Montaigne avance *sans Dieu* et sans la religion chrétienne, pas *contre Dieu* ou contre la religion chrétienne comme Meslier. Le premier fait comme si la Bible, les Pères de l'Église et la scolastique n'existaient pas, il semble passer en sifflotant devant les Évangiles, les œuvres complètes de saint Augustin ou la *Somme théologique* de Thomas d'Aquin. À l'inverse, le second met en pièces les livres du Nouveau Testament, il attaque au couteau la littérature religieuse, il pourfend la philosophie chrétienne, l'idéalisme spiritualiste de Descartes, le quiétisme de Fénelon ou l'occasionnalisme de Malebranche, contre lequel il bataille ferme.

Meslier écrit son volumineux texte en secret, il souhaite qu'il soit publié après sa mort, pour que ses paroissiens découvrent ce qu'il pensait vraiment : il ne croit ni en Dieu ni en diable, il est devenu prêtre pour faire plaisir à ses parents ; il a détesté dire la messe et administrer les sacrements ; il n'a pas aimé les puissants, les rois, les nobles et leur a préféré les petits, les sans-grade, les paysans ; il estime que la religion catholique est une imposture qui permet aux puissants d'imposer leur pouvoir aux miséreux privés de tout, et ce avec la complicité active du clergé ; il affirme que Jésus était un « homme du néant, vil et méprisable » (I, p. 414), saint Paul un « grand mirmidolin » (I, p. 416), que les textes dits sacrés doivent être lus comme des ouvrages païens afin de découvrir leurs contradictions donc leur inanité ; pour lui, les Évangiles sont falsifiés, leur sélection et leur assemblage procèdent des conciles, donc des hommes, et pas de Dieu ; il n'y a pas d'âme immatérielle, donc ni punition ni récompense après la mort ; il n'existe aucune raison de souffrir ici et maintenant en vue de gagner une vie heureuse dans l'au-delà, car, après la mort, il n'y a rien, sinon décomposition de la matière qui nous constitue ; il se moque de ce qu'on pensera de lui après sa mort et va jusqu'à affirmer qu'on peut tout aussi bien le brûler, le griller et le manger si l'on veut. Il n'aurait qu'une seule peine : que ses parents souffrent de la haine induite par la publication de son *Testament*.

Cet homme qui tape sur la religion à bras raccourcis mène également sa guerre sur le terrain politique : il attaque les rois, les puissants, les nobles, les propriétaires, qui, main dans la main avec le pape, les évêques, les prêtres, les curés, les chanoines, les moines et « moinesses », utilisent la religion pour affamer les pauvres et asseoir leur domination sur eux. Il charge également les nervis de cette autorité : notaires, sergents, procureurs, avocats, greffiers, contrôleurs, juges, intendants de police, fermiers généraux, percepteurs et autres « gens d'injustice » (II, p. 58). On doit à Jean Meslier une formule qui a fait fortune en mai 68 ; il écrit en effet dans son *Testament* : « Il me souvient à ce sujet d'un souhait que faisait autrefois un homme, qui n'avait ni science ni étude mais qui, selon les apparences, ne manquait pas de bon sens pour juger sainement de tous ces détestables abus, et de toutes les détestables tyrannies que je blâme ici ; il paraissait par son souhait, et par sa manière d'exprimer sa pensée, qu'il voyait assez loin, et qu'il pénétrait assez avant dans ce détestable mystère d'iniquité dont je viens de parler, puisqu'il en reconnaissait si bien les auteurs et les fauteurs. Il souhaitait que tous les grands de la terre, et que tous les nobles fussent pendus, et étranglés avec des boyaux de prêtres. Cette expression ne doit pas manquer de paraître rude, grossière et choquante, mais il faut avouer qu'elle est franche et naïve ; elle est courte mais elle est expressive puisqu'elle exprime en assez peu de mots, tout ce que ces sortes de gens-là mériteraient » (I, p. 23-24). Ce qui, sur les murs du Quartier latin donnait ceci : « L'humanité ne sera heureuse que quand le dernier capitaliste sera pendu avec les tripes du dernier des bureaucrates » – une autre version existe avec « le dernier gauchiste »...

Cette négativité se double d'une positivité : Meslier attaque la religion mais pour donner à la philosophie sa puissance ! Il souhaite enseigner « les seules lumières de la raison humaine » (I, p. 34), afin de travailler à l'abolition, *sur le terrain spirituel*, de la religion catholique, du pouvoir du clergé et des rois, du règne des fables, des mythes, des allégories et autres histoires pour les enfants que sont les religions, et, *sur le terrain politique*, de l'injustice, de la misère, de la pauvreté, de l'exploitation, de la propriété, qui serait remplacée par un communalisme rural, une forme de communisme d'avant la révolution industrielle, qui n'exclut pas un internationalisme de l'intérêt général et du bien public. Meslier veut le bonheur de tous contre la jouissance des quelques-uns qui confisquent tout.

Il écrit : « La raison naturelle est le seul chemin que je me suis toujours proposé de suivre dans les pensées » (I, p. 336). On le croit. C'est pourquoi cet anticartésien radical avance également des thèses révolutionnaires *sur le terrain ontologique*, dont celle-ci qui entraîne toutes les autres : « Il n'y a point de dieu » (II, p. 150), une formule répétée dans les mêmes termes une seconde fois dans ces mille pages (III, p. 120). Ce *Testament* est découvert à la mort de Meslier, c'est-à-dire en 1729. Il avoue l'écrire « dans la hâte et la précipitation » (I, p. 39) sans qu'on sache pour quelle raison – une maladie ? un suicide ? quelle autre urgence pour un athée sinon la proximité de la mort ? On peut donc imaginer que ce texte a été rédigé à la fin du premier quart du XVIIIe siècle. Qui à cette époque affirme clairement et distinctement « Dieu n'existe pas » ? Personne...

Pendant plus de mille ans, l'Église accuse d'athéisme quiconque ne croit pas à son Dieu ! Les polythéistes Épicure et Lucrèce, Montaigne le fidéiste, Descartes le théiste, Spinoza le panthéiste, Bayle le protestant, Voltaire et Rousseau les déistes, tous font face à l'accusation d'athéisme qui vaut mise à l'Index ou condamnation au bûcher par le Vatican : pourtant aucun ne nie l'existence de Dieu.

Car d'athée véritable qui ne se contente pas de dire « les dieux sont multiples ; il faut croire au dieu de son pays, dans les formes qu'il prend dans la région qu'on habite ; le dieu d'Abraham peut aussi être assimilé au dieu des philosophes, au Grand Tout, ou bien encore au dieu réformé de Luther et Calvin, voire au Grand Horloger », mais qui affirme clairement « Dieu n'existe pas », il semble jusqu'à preuve du contraire qu'on n'en trouve pas avant le curé Meslier.

Dans l'histoire des idées, de la pensée, de la philosophie, de l'humanité, l'athéisme véritable constitue une franche ligne de partage des eaux, qui plus est dans une civilisation judéo-chrétienne ! Car le Dieu monothéiste de la Bible garantit l'existence de l'édifice civilisationnel. L'homme créé par Dieu à son image, donc finalité, sommet et couronnement de la création, l'âme immatérielle susceptible de récompense ou de punition et, conséquemment – si l'on ne veut pas retrouver de colombes au paradis et de serpents en enfer –, l'absence d'âme chez les bêtes, le corps peccamineux, tout cela tient parce que Dieu le porte ontologiquement. Mais s'il n'existe pas, sur quoi repose le réel ? *Sur la matière et rien d'autre.*

Voilà l'ontologie du curé Jean Meslier, elle constitue un point de bascule de notre civilisation.

Donc, Dieu n'existe pas, car *tout est matière*. Le monde n'a pas été créé. Contre le créationnisme chrétien, Meslier propose une lecture matérialiste du monde : nullement créée et voulue par une cause extérieure à elle-même qui lui aurait préexisté, Dieu donc, la matière est éternelle, cause de soi, et elle rend possibles les mouvements du monde ; elle est divisible et une simple observation permet de constater qu'elle se meut.

Dès lors, tout ce qui existe dans la nature peut être expliqué de manière naturelle et physique par le matérialisme. « L'idée seule d'une matière universelle qui se meut en divers sens, et qui par ces diverses configurations de ses parties se peut tous les jours modifier, en mille et mille sortes de manières différentes, nous fait clairement voir que tout ce qu'il y a dans la nature se peut faire par les lois naturelles du mouvement, et par la seule configuration et combinaison, ou modification des parties de la matière » (II, p. 180).

Meslier avoue ne pas pouvoir dire ce qui, dans la matière, meut la matière, mais il constate le mouvement en son épicentre : « L'ignorance où l'on est de la nature d'une chose ne prouve nullement que cette chose ne soit pas » *(ibid.)*. Par exemple, même quand on ne sait comment on voit, ce que sont les mécanismes du fonctionnement de l'œil, on ne saurait douter qu'on voit par lui.

De même, on méconnaît les mécanismes de décision de la volonté qui président à tel ou tel geste plutôt qu'à un autre, mais on constate sans difficulté que, en nous, la volonté veut ce que nous voulons. Plutôt avouer qu'on ignore pourquoi les choses sont telles qu'elles sont quand, d'évidence, elles sont comme elles sont, plutôt qu'inventer des causalités magiques tel un Dieu premier, moteur immobile de tous les mouvements.

Précisons en passant que, s'il avoue ne pas savoir ce qui meut la matière, Meslier propose tout de même une hypothèse, qu'il ne creuse hélas pas... « Il faut nécessairement dire de même de la vie corporelle, soit de la vie des hommes, soit de la vie des bêtes, soit de la vie des plantes ; leur vie n'est qu'une espèce de modification, et de fermentation continuelle de leur être, c'est-à-dire de la matière dont ils sont composés, et toutes les connaissances, toutes les pensées, et toutes les sensations qu'ils peuvent avoir ne sont que diverses autres nouvelles modifications particulières et passagères, de cette modification, et de cette fermentation continuelle qui fait leur vie» (III, p. 89). Meslier avance dans la direction dynamique d'un matérialisme vitaliste. Il n'incarne donc pas un matérialisme mécaniste de stricte observance. Je reviendrai sur cette question du vitalisme…

À la façon de Diogène qui, contre les raisonnements idéalistes de Platon, prouve le mouvement en marchant, Meslier propose son *cogito* matérialiste contre le *cogito* cartésien obtenu par le doute méthodique : «Suivons les plus claires lumières de la raison, qui nous montrent évidemment l'existence de l'être, car il est clair et évident au moins à nous-mêmes, que l'être est ; que nous ne serions point, et que nous ne pourrions pas même avoir la pensée de l'être, si l'être n'était point. Or nous savons et nous sentons bien certainement que nous sommes, et que nous pensons, nous n'en pouvons nullement douter, donc il est certain, et évident que l'être est. Car s'il n'était point, nous ne serions certainement point, et si nous n'étions point, nous ne penserions certainement point ; il n'y a rien de plus clair, ni plus évident que cela» (II, p. 187).

Cette ontologie de l'être s'avère une ontologie matérialiste radicale : dans un monde de matière saturé d'être, ou un monde d'être saturé de matière – c'est la même chose, car l'être c'est la matière, la matière c'est l'être –, l'homme, tout l'homme, ne saurait être autre chose que cette matière qui représente la totalité de l'être. Contre Descartes qui définit l'homme comme l'être qui pense qu'il pense, grâce à sa substance pensante prétendument indépendante de sa substance étendue, Meslier affirme que qui pense ne peut douter qu'il pense qu'en niant ce qui lui permet de penser : son être matériel. Les cartésiens, écrit Meslier, sont des «philosophes déicoles» (II, p. 471) – on ne le lui fait pas dire…

Dieu n'existe pas, car il n'y a que de la matière, ou il n'y a que de la matière, donc Dieu n'existe pas ; par conséquent, le problème de l'âme et de sa liaison avec le corps se trouve résolu : pour Meslier le corps et l'âme sont constitués d'une seule et même matière ! « Pour ce qui est de la prétendue spiritualité de l'âme, si elle était spirituelle, comme nos christicoles l'entendent, elle n'aurait ni corps, ni parties, ni matière, ni forme, ni figure, ni étendue aucune, et par conséquent ce ne serait rien de réel et de substantiel, car, comme je l'ai dit ci-devant, ce qui n'a ni corps ni matière, ni forme, ni figure, ni étendue aucune, n'est rien de réel, et de substantiel. Or l'âme est quelque chose de réel et substantiel, puisqu'elle anime le corps, et qu'elle lui donne la force et le mouvement qu'il a. Car on ne dira pas que ce soit un rien ou un néant qui anime le corps, et qui lui donne sa force et son mouvement, donc l'âme est quelque chose de réel et de substantiel, et par conséquent il faut nécessairement qu'elle soit corporelle et matérielle et qu'elle ait l'étendue, puisque rien de réel et de substantiel ne peut être sans corps, et sans étendue, et la preuve évidente de cela est qu'il est impossible de se former aucune idée d'un être ou d'une substance qui serait sans corps, et sans forme, sans figure et sans étendue aucune » (III, p. 13-14). Une âme matérielle, étendue, corporelle, atomique – nous y voilà, enfin.

La matière peut donc percevoir, sentir, connaître, aimer, haïr, désirer, subir les passions de l'âme. Toutes ces opérations se réduisent à des modifications de la matière. Les cartésiens affirment que l'âme est immortelle. Meslier pense au contraire qu'elle meurt avec le corps : « Elle se dissout, elle se dissipe incontinent dans l'air, comme une légère vapeur ou comme une légère exhalaison à peu près comme la flamme d'une chandelle, que l'on éteint tout d'un coup, ou qui s'éteint insensiblement d'elle-même, faute de matière combustible pour l'entretenir » (III, p. 45). Et Meslier de citer... Montaigne ! Nous sommes faits, pour l'âme, d'une « matière subtile et agitée qui nous donne la vie », pour le corps, d'une « matière grossière et pesante » *(ibid.)*, mais c'est une seule matière diversement modifiée. Par conséquent « notre âme est matérielle, et mortelle comme notre corps » (III, p. 47).

Récapitulons : Dieu n'existe pas ; il n'y a que de la matière ; notre âme est de ce fait matérielle ; comme notre corps, elle est mortelle et périssable. Il n'y a donc aucune objection à ce que cette loi qui concerne les humains soit également valable pour les animaux. Toujours en opposition avec Descartes, ce qui finit par faire beaucoup pour un cartésien, même d'extrême gauche, le curé Meslier attaque la théorie de l'animal-machine et se montre le premier philosophe à défendre l'idée d'une âme animale ontologiquement semblable à celle des hommes.

Dans une longue tirade contre les sacrifices animaux prétendument commandés par Dieu, où il cite abondamment les textes sacrés qui les justifient, le philosophe prend le parti des animaux et règle le problème de leur âme :

« C'est une cruauté et une barbarie de tuer, d'assommer, et d'égorger comme on fait, des animaux qui ne font point de mal, car ils sont sensibles au mal et à la douleur aussi bien que nous, malgré ce qu'en disent vainement, faussement, et ridiculement nos nouveaux cartésiens, qui les regardent comme des pures machines sans âmes et sans sentiments aucuns, et qui pour cette raison, et sur un vain raisonnement qu'ils font sur la nature de la pensée, dont ils prétendent que les choses matérielles ne sont pas capables, les disent être entièrement privées de toute connaissance, et de tout sentiment de plaisir et de douleur. Ridicule opinion, pernicieuse maxime, et détestable doctrine puisqu'elle tend manifestement à étouffer dans le cœur des hommes tous sentiments de bonté, de douceur et d'humanité qu'ils pourraient avoir pour ces pauvres animaux, et qu'elle leur donne lieu et occasion de faire un jeu, et un plaisir de les tourmenter, et de les tyranniser sans pitié, sous prétexte qu'ils n'auraient aucun sentiment du mal qu'ils leur feraient, non plus que des machines qu'ils jetteraient au feu, ou qu'ils briseraient en mille pièces. Ce qui serait manifestement une cruauté détestable envers ces pauvres animaux, lesquels étant vivants et mortels *comme nous*, et étant faits *comme nous* de chair, et de sang et d'os et ayant, *comme nous*, tous les organes de la vie et du sentiment, à savoir des yeux pour voir, des oreilles pour entendre, des narines pour flairer, et discerner des odeurs, une langue et un palais dans la bouche pour discerner les goûts des viandes, et de la nourriture qui leur convient, ou qui ne leur convient pas, et qu'ils ont des pieds pour marcher ; et voyant d'ailleurs comme nous voyons en eux toutes les marques et tous les effets des passions que nous sentons en *nous-mêmes*, il faut indubitablement croire aussi qu'ils sont sensibles *aussi bien que nous* au bien et au mal, c'est-à-dire au plaisir et à la douleur, ils sont nos domestiques et nos fidèles compagnons de vie et de travail, et par ainsi il faut les traiter avec douceur ; bénies soient les nations qui les traitent bénignement et favorablement, et qui compatissent à leurs misères, et à leurs douleurs, mais maudites soient les nations qui les traitent cruellement, qui les tyrannisent, qui aiment à répandre leur sang, et qui sont avides de manger leurs chairs » (I, p. 216 ; je souligne).

Incroyable texte, écrit au début du XVIIIe siècle, qui, avec la répétition de « comme nous », avec la préférence du mot « pieds » au lieu de « pattes », avec l'idée qu'il existe des animaux de compagnie au côté des animaux de labeur, donne aux bêtes, qu'à cette époque on appelle aussi « brutes » – c'est le cas sous la plume de Descartes –, une dignité égale à celle des hommes !

Meslier poursuit son analyse comme il le fait dans la totalité de ce *Testament* : à la façon d'un peintre baroque, voire maniériste, il répète, reprend, réitère, recommence et développe encore et encore la même analyse, parfois avec les mêmes mots, les mêmes périodes, les mêmes suites verbales, les mêmes idées bien sûr. Au détour de l'une de ces reprises qui ralentissent la progression de son texte, mais témoignent en faveur de son ardeur à dire et redire, il confesse : « Je n'ai jamais rien fait avec tant de répulsion, que lorsqu'il me fallait dans certaines occasions couper, ou faire couper la gorge à quelques poulets et pigeonneaux, ou qu'il me fallait faire tuer quelques porcs. Je proteste que je ne l'ai jamais fait qu'avec beaucoup de répugnance et avec une extrême aversion, et si j'eusse été tant soit peu superstitieux, ou enclin à la bigoterie de religion, je me serais infailliblement mis du parti de ceux qui font religion de ne jamais tuer de bêtes innocentes, et de ne jamais manger de leur chair. Je hais de voir seulement les boucheries, et les bouchers» (I, p. 217-218).

Voilà aussi qui suffirait à interdire qu'on parle de Meslier comme d'un cartésien, quel qu'en soit le complément associé, fût-ce «d'extrême gauche», car on se souvient que Descartes pratique la vivisection sans aucun état d'âme sur des chiens, dont il scie le thorax afin de fouiller leurs organes et examiner le fonctionnement de leur cœur. L'auteur du *Traité de l'homme* n'est en effet qu'une substance pensante, Gassendi n'a pas tort de le surnommer «Esprit», on cherche en vain chez lui la compassion, la douceur, l'affection et la tendresse que Meslier préconise à l'endroit des animaux. Ce dernier ferraille aussi beaucoup contre Malebranche dont on se souvient qu'il ne répugne pas, Fontenelle en témoigne, à bourrer les côtes de sa chienne gravide à coups de pied sous prétexte qu'elle ne sent rien.

Une autre fois, Meslier réactive ses arguments. Il estime que la théorie cartésienne des animaux-machines justifie les traitements cruels à l'endroit des animaux, comme lors de ces prétendues fêtes où l'on torture et massacre des chats en public. Il flétrit «les folâtres, ou ces insensés brutaux qui dans leurs divertissements, et même dans des réjouissances publiques, lient et attachent des chats tous vifs au bout de quelques perches qu'ils dressent, et au bas desquelles ils allument des feux de joie, où ils les font brûler tous vifs pour avoir le plaisir de voir les mouvements violents, et entendre leurs cris effroyables que ces pauvres malheureuses bêtes sont contraintes de faire par la rigueur et la violence de leurs tourments, ce qui certainement est un brutal, un cruel, et un détestable plaisir, et une folle et détestable joie». Il poursuit: «S'il y avait un tribunal établi pour punir telle cruauté, et pour rendre justice à ces pauvres bêtes, je dénoncerais à ce tribunal une si perverse, et si détestable doctrine que celle-là de nos cartésiens, qui leur est si préjudiciable, et j'en poursuivrais volontiers la condamnation, jusques à ce qu'elle serait entièrement bannie de l'esprit, et de la créance des hommes, et que les cartésiens qui la soutiennent soient condamnés à faire amende honorable, et à condamner eux-mêmes leur doctrine» (III, p. 104). Voilà un cartésien bien rebelle!

Ailleurs, Meslier récuse le Descartes pour qui les bêtes ne pensent pas, car penser serait d'abord penser qu'on pense, savoir qu'on sait : or les animaux, même s'ils ne pensent pas qu'ils pensent, pensent tout de même. Mais a-t-on besoin de voir son propre œil pour voir? Certes, l'animal ne pense pas en sachant qu'il pense, voire comment il pense, mais on a beau invoquer, comme Descartes, les catégories d'étendue, de mouvement, de profondeur, de forme, de figure, de matière pour essayer de prouver que les animaux sont des machines au même titre qu'une horloge, cela est *contraire à l'évidence*!

Meslier quant à lui en appelle au bon sens, à l'observation de la basse-cour où tout démontre leur erreur aux cartésiens! Nul besoin d'entraver des chiens sur des planches et de leur ouvrir le ventre pour savoir comment ils fonctionnent : il suffit de regarder, auprès des poules et des cochons comment se comportent les animaux vivants. «Nos cartésiens» (III, p. 78), comme il écrit souvent sans jamais aucune aménité, y prendraient des leçons utiles pour éviter de proférer autant de bêtises : «Dites un peu à des paysans que leurs bestiaux n'ont point de vie, ni de sentiments, que leurs vaches et que leurs chevaux, que leurs brebis et moutons ne sont que des machines aveugles et insensibles, au bien, et au mal, et qu'ils ne marchent que par ressort comme des machines, et comme des marionnettes sans voir, et sans savoir où ils vont. Ils se moqueront certainement de vous. Dites à ces mêmes paysans ou à d'autres leurs semblables, que leurs chiens n'ont point de vie ni de sentiment, qu'ils ne connaissent pas leurs maîtres, qu'ils les suivent sans les voir, qu'ils les caressent sans les aimer, qu'ils poursuivent des lièvres et des cerfs et qu'ils les attrapent à la course sans les voir, et sans les sentir. Dites-leur qu'ils boivent et qu'ils mangent sans plaisir, et même sans faim, sans soif et sans appétit ; dites-leur encore qu'ils crient sans douleur quand on les frappe, et qu'ils fuient devant les loups sans aucune crainte, et vous verrez comme ils se moqueront de vous! Et pourquoi s'en moqueront-ils? si ce n'est parce qu'ils sont si éloignés de croire, et de se persuader, que des bêtes vivantes, comme celles dont je viens de parler, soient sans âme, sans vie, sans connaissance et sans sentiment qu'ils ne sauraient s'empêcher de regarder comme des gens ridicules ceux qui leur diraient sérieusement qu'elles seraient véritablement sans vie, sans connaissance, et sans sentiment» (III, p. 99-100).

Tudieu! En appeler au bon sens, à la raison, à l'observation, à l'expérience, à la réalité, demander aux penseurs qu'ils sortent des bibliothèques et des scriptoriums, invoquer le savoir des paysans contre l'autorité des bonnets carrés, préférer les leçons de la basse-cour, de l'étable, de l'écurie, de la porcherie aux verbigérations d'amphithéâtre des universités, voilà qui ne pouvait que heurter les philosophes d'école! Meslier dans la cour des grands? La corporation philosophante a veillé, veille et veillera à ce que tel ne soit pas le cas...

9

Le cœur de la grenouille
sur une assiette réchauffée

Électriser les corps

La fortune du *Testament* du curé Meslier n'est pas en faveur de la corporation philosophante, qui a bien mal traité ce hors-la-loi dans la tribu! Abondamment pillé, rarement cité, voire cité mal à propos et détourné, il infuse la pensée matérialiste du XVIIIe siècle, et bien au-delà. Il sert également aux déistes, dont bien sûr il n'était pas – Voltaire s'active en grand profanateur de l'âme matérielle du curé Meslier.

Notre philosophe ardennais rédige trois copies, voire quatre, de ce très gros mémoire qu'il prend soin de répartir dans des endroits différents. Un seul texte eût été facile à détruire après sa mort, et tout son travail aurait pu finir facilement dans un feu de cheminée une fois tombé dans des mains ennemies – et il n'en manque jamais à l'endroit des athées véritables.

Vers 1732, trois ans après la mort du curé, plus d'une centaine de copies circulent dans Paris; elles se vendent sous le manteau à prix d'or... Tout ce qui se pique de penser dans la capitale lit l'ouvrage; de nombreuses répliques circulent également en province.

Voltaire publie un texte qui a beaucoup fait contre Meslier, *Extrait des sentiments de Jean Meslier* (1762), car il en donne une image fautive: le monarchiste déiste, ami des puissants, qu'est Voltaire ne peut aimer cet homme qui défend le matérialisme, l'athéisme, le petit peuple, les paysans, la révolution, le tyrannicide, le communisme, l'internationalisme! Tout ce qui le gêne dans le mémoire de Meslier disparaît, tout ce qui nourrit son propre combat anticlérical se trouve évidemment mis en exergue, mais, comme si ce charcutage ne suffisait pas, après qu'il a censuré le Meslier athée révolutionnaire, Voltaire ajoute des passages déistes de sa main pour mieux embrigader le curé d'Étrépigny! Sorti de l'obscurité par le déiste Voltaire, l'athée Meslier devient alors malgré lui un genre de disciple du déisme! Voltaire diffuse son forfait à marche forcée. Mais cet ouvrage n'est pas de Meslier : il est de Voltaire qui écrit « Si Dieu n'existait pas, il faudrait l'inventer » et qui pense que la canaille a besoin d'une religion pour que le monde puisse continuer à tourner autour de la monarchie et de son système féodal, que le penseur ne remet jamais en cause. Voltaire écrit en effet à Son Altesse Monseigneur le Prince de *** : « On devrait réfléchir sur le travers d'esprit de ce mélancolique prêtre qui voulait délivrer ses paroissiens du joug d'une religion prêchée vingt ans par lui-même. Pourquoi adresser ce testament à des hommes agrestes qui ne savaient pas lire? Et s'ils avaient pu lire, pourquoi leur ôter un joug salutaire, une crainte nécessaire qui seule peut prévenir les crimes secrets? La croyance des peines et des récompenses après la mort est un frein dont le peuple a besoin. La religion bien épurée serait le premier lien de la société » (63.b, 463). Le Robespierre du culte de l'Être suprême s'en souviendra... On doit également à Voltaire des thèses bien singulières sur la religion. Voici en effet ce qu'il écrit à son ami encyclopédiste d'Amilaville : « Il est à propos que le peuple soit guidé et non pas qu'il soit instruit : il n'est pas digne de l'être » (19, III, 1766). Ou bien, quelques jours plus tard, au même : « Il me paraît essentiel qu'il y ait des gueux ignorants. Quand la populace se mêle de raisonner, tout est perdu » (1, IV, 1766). Ce même Voltaire dispose chez lui d'un aumônier et d'une église, qu'il fait construire en prenant soin de demander au pape Benoît XIV des reliques pour l'autel de son temple particulier.

Le cœur de la grenouille sur une assiette réchauffée

Tous les philosophes du XVIIIe siècle lisent donc Voltaire au lieu de Meslier: d'Alembert, Diderot, d'Holbach, Rousseau, Mably, Morelly, Maréchal, Helvétius, Condillac, pour les plus connus. C'est seulement en 1864, par l'entremise de Rudolf Charles, de son vrai nom Rudolf Charles d'Ablaing Van Giessenburg, un Néerlandais athée franc-maçon, qu'on peut enfin lire une édition complète du *Testament* de Meslier, débarrassée des tromperies et mensonges de Voltaire. Entre la mort du curé et la publication en trois volumes à Amsterdam de son œuvre complète de plus de mille pages, la Révolution française a eu le temps de passer...

Pour ce qui nous importe, *l'odyssée occidentale de l'âme*, l'essentiel consiste à savoir si Julien Offray de La Mettrie connaît le texte de Meslier et comment. La Mettrie est un contemporain de Meslier, bien qu'il n'ait que vingt ans à la mort de ce dernier ; il en a cinquante-trois au moment où paraît l'édition fautive de Voltaire. L'auteur de *L'Homme-machine* meurt en 1751. Il a probablement entendu parler de ce travail dans les salons où il se rend et dans lesquels Meslier fait l'actualité. Quoi qu'il en soit, il existe une copie complète du *Testament* à la cour du roi Frédéric de Prusse, où vit La Mettrie entre 1747 et 1751, date de sa mort, la même année que celle de la publication de son *Art de jouir* (1751) – trépas philosophique et cohérent pour cet hédoniste, dû, dit-on, à une indigestion de pâté de faisan !

On sait que La Mettrie connaît Meslier, car il écrit dans *L'Ouvrage de Pénélope, ou Machiavel en médecine*, paru en 1748 : « Spinoza ne dit jamais ce qu'il pensait : on le trouva dans ses papiers après sa mort, comme ceux de ce curé champenois dont bien des gens savent l'histoire, homme de la plus grande vertu, et chez lequel on a trouvé trois copies de son athéisme » (II, p. 105).

La Mettrie passe souvent pour un athée, ce qu'il n'est pas ; il est déiste, de façon résiduelle[1], mais il s'avère radicalement

---

1. Voir Michel Onfray, *Contre-histoire de la philosophie*, tome IV, *Les Ultras des Lumières*, Grasset, 2007.

matérialiste et pousse les conséquences du système épicurien à ses dernières extrémités. On le cite peu ou pas, non parce qu'il serait *athée*, mais pour son *hédonisme* revendiqué : il écrit *L'Art de jouir* (1751), ai-je déjà dit, mais également *L'École de la volupté* (1746), *Discours sur le bonheur* dit aussi *Anti-Sénèque* (1748), dans lequel il affirme qu'«un stoïcien n'a pas plus de sentiment qu'un lépreux» (II, p. 247), et une *Vénus métaphysique ou De l'origine de l'âme humaine* (1752). Voilà qui ne saurait satisfaire ces messieurs des Lumières qui, certes, critiquent le christianisme, mais défendent pourtant un austère et sévère idéal ascétique. Ajoutons à ces considérations qu'avec son déterminisme radical, La Mettrie ne partage pas l'optimisme des Lumières.

Il ne croit pas qu'un changement de société induise une métamorphose de l'homme. Le médecin qu'il est, auteur de deux livres sur les maladies vénériennes, n'espère guère dans l'*Homme Nouveau* qui se profile au XVIIIe siècle. Dans *Discours sur le bonheur*, il écrit clairement : «En général les hommes sont nés méchants, sans l'éducation, il y en aurait peu de bons» (II, p. 251) – on évolue ici aux antipodes du discours naïf, iréniste et toxique de Rousseau !

Dans son *Discours préliminaire*, il s'adresse à une élite, à une aristocratie de la pensée ; il ne manifeste aucun souci des petites gens, des pauvres. Il réserve au peuple la sévérité des lois civiles et religieuses pour contenir ses furies. À propos des gens du peuple, il affirme : «Nous savons combien il est difficile de mener un Animal qui ne se laisse point conduire ; nous applaudissons à vos Lois, à vos mœurs, et à votre Religion même, presque autant qu'à vos Potences et à vos Échafauds» (I, p. 25).

La Mettrie tape également comme un sourd sur les philosophes des Lumières qui veulent éduquer les foules, les masses, car «Le peuple ne vit point avec les Philosophes, il ne lit point de Livres philosophiques. Si par hasard il en tombe un entre ses mains, ou il n'y comprend rien, ou s'il y conçoit quelque chose, il n'en croit pas un mot ; et traitant sans façons de fous, les Philosophes, comme les Poètes, il les trouve également dignes des petites Maisons» (I, p. 24). Il poursuit sa charge avec un réel enthousiasme! Comment aurait-il pu obtenir l'assentiment et le soutien de la caste philosophante?

Son œuvre est multiple et, comme les ouvrages à haute teneur idéologique antichrétienne, elle se trouve écrite selon les logiques libertines de la dissimulation: parution anonyme, impression à l'étranger, refus d'endosser la paternité d'un texte associé à son nom, rédaction de contre-textes défendant des contre-thèses rédigées par l'accusé lui-même pour attaquer les siennes qu'il prétend n'être pas de lui, les stratégies abondent! Dans son *Abrégé des systèmes*, La Mettrie pointe la dissimulation chez Descartes ou Spinoza, mais il reste difficile de relever chez lui tout ce qui en procède.

L'Homme-machine (1747) est l'ouvrage auquel le nom de La Mettrie se trouve associé dans l'histoire des idées. Que dit ce livre qui paraît presque vingt ans après la mort de Jean Meslier? Il annonce que deux courants existent en philosophie: le matérialisme, le plus ancien, et le spiritualisme, qui lui succède. Les matérialistes expérimentent et observent – et La Mettrie prêche pour sa paroisse en faisant l'éloge des médecins philosophes –, alors que les autres prennent leurs informations dans les Écritures et se contentent de métaphysique ou de théologie.

Le médecin La Mettrie affirme que tout dérèglement dans le corps – une fièvre, une maladie, la fatigue, l'ivresse, l'apoplexie, une syncope, l'opium, le sommeil, le café, la faim, la satiété, la grossesse, la continence, la vieillesse... – produit des effets dans et sur l'âme: «Les divers états de l'âme sont donc toujours corrélatifs à ceux du corps. Mais pour mieux démontrer toute cette dépendance, et ces causes, servons-nous ici de l'anatomie comparée. Ouvrons les entrailles de l'Homme et des Animaux. Le moyen de connaître la Nature humaine, si l'on n'est éclairé par un juste parallèle de la Structure des uns et des autres!» (I, p. 73). En ouvrant le corps on découvre donc les mécanismes de l'âme. Le corps, mais plus particulièrement le cerveau qui, à peu de chose près, est le même chez l'homme et chez certains animaux: «L'homme est de tous les animaux, celui qui a le plus de cerveau, et le cerveau le plus tortueux, en raison de la masse de son corps : ensuite le singe, le castor, l'éléphant, le chien, le renard, le chat, etc. Voilà les animaux qui ressemblent le plus à l'homme » (I, p. 73).

La Mettrie invoque le « corps calleux » comme siège de l'âme et met en relation quantité de matière et qualité de l'âme : plus il y a de matière grise et de matière connectant les deux hémisphères du cerveau, plus il y a de l'homme et de l'humain ; moins il y en a, comme chez les « poissons [qui] ont la tête grosse, mais [...] vide de sens, comme celle de bien des hommes » (I, p. 74), moins on trouve de l'humain. Les poissons sont privés de corps calleux et n'ont que peu de cerveau et les insectes en sont franchement dépourvus.

La Mettrie fournit donc une hiérarchie du vivant multiple avec, au sommet, l'homme, à la base, les insectes, et en deuxième position, le singe. Il récuse la logique judéo-chrétienne dualiste, celle de Descartes notamment, qui sépare les hommes des animaux en prêtant une âme aux premiers mais pas aux seconds : il tient pour une âme matérielle et corporelle située dans le cerveau, plus particulièrement dans son corps calleux. Dans *L'Homme-plante*, il affirme : « Un rien de plus ou de moins dans le cerveau où est l'âme de tous les hommes (excepté des leibniziens) peut sur-le-champ nous précipiter au bas, et ne méprisons point des Êtres qui ont la même origine que nous. Ils ne sont à la vérité qu'au second rang, mais ils y sont plus stables et plus fermes » (I, p. 299-300).

Le philosophe affirme une incroyable chose, qui l'installe dans la modernité la plus actuelle : il se propose d'apprendre à parler à un singe – on imagine le bouleversement ontologique que représente pareille promesse dans le landernau judéo-chrétien ! Si le singe parle, qu'est-ce qui désormais le distingue de l'homme ? En toute ironie, c'est sa façon de répondre au Descartes des animaux-machines pour qui seul l'homme pense et parle. Le singe de La Mettrie réfute la chienne cartésienne de Malebranche.

« Cet animal nous ressemble si fort, que les naturalistes l'ont appelé Homme Sauvage, ou Homme des Bois » (I, p. 76). Pour son expérience, il choisit un singe ni trop jeune ni trop vieux, avec une allure maligne et déliée. Il le place dans une école de sourds-muets, celle d'Amman, où l'on apprend la langue des signes, par laquelle il estime pouvoir faire parler son singe. On doit en effet à Johann Conrad Amman un ouvrage publié en 1692 et intitulé *Surdus loquens (Le sourd qui parle, c'est-à-dire Méthode par laquelle celui qui est né sourd peut apprendre à parler)*. Les *Quatre lettres sur l'éducation des sourds* de l'Abbé de L'Épée datent de 1774 et son *Institution des sourds et muets par la voie des signes méthodiques* de 1776, ils paraissent donc après la mort de La Mettrie, qui consacre plusieurs pages à la méthode d'Amman dans son *Traité de l'âme* (II, p. 229-235).

Le philosophe part du principe que cette méthode permet aux sourds-muets de voir les signes: ils ont des oreilles dans les yeux, pour reprendre son image. Or le singe voit et entend, et il comprend ce qu'il voit et entend. Dès lors, la méthode peut fonctionner, et peut-être mieux encore qu'avec des enfants sourds et muets. La Mettrie célèbre le génie d'Amman qui « a tiré les hommes de l'instinct auquel ils semblaient condamnés; il leur a donné des idées, de l'esprit, une âme en un mot, qu'ils n'eussent jamais eue » (I, p. 77).

Où l'on voit que, pour La Mettrie, l'âme est matérielle, mortelle, substantielle, localisée – dans le corps calleux du cerveau, on l'a vu – et, incroyable nouvelle, *susceptible d'être acquise*! Car « donner une âme », par une méthode d'enseignement de la parole, à ceux qui, sinon, s'en seraient trouvés privés constitue une révolution ontologique. La Mettrie ouvre l'ère postchrétienne en matière d'âme – c'est celle dans laquelle nous nous trouvons et dans laquelle le transhumanisme inscrit son horizon.

Se projetant après le travail d'acquisition, La Mettrie conclut de son singe qui sera devenu loquace: « Alors ce ne serait plus ni un Homme Sauvage, ni un Homme manqué: ce serait un Homme parfait, un petit Homme de Ville, avec autant d'étoffe ou de muscles que nous-mêmes, pour *penser* et profiter de son éducation » (I, p. 78; je souligne). Et de poursuivre: « Des animaux à l'homme, la transition n'est pas violente; les vrais philosophes en conviendront. Qu'était l'homme, avant l'invention des Mots et de la connaissance des langues ? Un animal de son espèce, qui avec beaucoup moins d'instinct naturel, que les autres, dont alors il ne se croyait pas Roi, n'était distingué du singe et des autres animaux, que comme le singe l'est lui-même ; je veux dire par une physionomie qui annonçait plus de discernement » *(ibid.)*.

Si l'âme est bien matérielle, cérébrale en l'occurrence, elle se définit par ce qu'elle engramme. Elle est constituée d'atomes du corps calleux, dans lequel se trouvent des informations acquises par l'éducation ou l'expérience. Convenons donc que, s'il existe une égalité formelle, substantielle, naturelle, car tout le monde dispose de ce corps calleux, il y a une inégalité qualitative, relative à ce qui s'y trouve placé et qui dépend du hasard des rencontres et des expériences. D'où une inégalité ontologique entre les hommes, position qui place La Mettrie dans le camp des penseurs inaccessibles à l'optimisme des Lumières. Certes une éducation semblable pour tous produirait des âmes égales, mais c'est rêver que de souscrire à une telle fiction. Une partie des acteurs de la Révolution française aspire pourtant à cela dans le projet de fabriquer un Homme Régénéré…

Qu'est-ce qui explique qu'il y ait des hommes et des animaux alors que « la nature n'a employé qu'une seule et même pâte, dont elle a seulement varié les levains » (I, p. 90) ? L'image du levain est intéressante : elle introduit l'idée d'une dynamique, d'une activité de la matière. Ce qui sépare La Mettrie, qui écrit *L'Homme-machine*, du petit singe dansant sur un pont auquel il fait référence, c'est donc juste « un degré de fermentation » *(ibid.)*.

Ailleurs, le philosophe renvoie une fois de plus à la physiologie : « Si on me demande à présent quel est le siège de cette force innée dans nos corps ; je réponds qu'elle réside très clairement dans ce que les Anciens ont appelé Parenchyme ; c'est-à-dire dans la substance propre des parties, abstraction faite des veines, des artères, des nerfs, en un mot de l'organisation de tout le corps ; et que par conséquent chaque partie contient en soi des ressorts plus ou moins vifs, selon les besoins qu'elles en avaient » (I, p. 101).

« Cerveau », « corps calleux », « parenchyme », ailleurs « toile médullaire » (I, p. 81), ou encore « force innée dans nos corps » (I, p. 101), « principe incitant et impétueux » (I, p. 102) dans l'encéphale, La Mettrie abolit la métaphysique du théologien chrétien au nom de la physique du médecin matérialiste. Il sait que tout procède de l'organisation de la matière mais s'avoue incapable d'en dire plus : « Qu'on m'accorde seulement que la matière organisée est douée d'un principe moteur, qui seul la différencie de celle qui ne l'est pas (eh! peut-on rien refuser à l'observation la plus incontestable?) et que tout dépend dans les animaux de la diversité de cette organisation » (I, p. 109). Il met ce principe moteur en lien, on l'a vu, avec un « degré de fermentation », ce qui le fait parler de « levain ».

Souvenons-nous que, placé devant la même tâche, difficile, de résoudre les questions : « comment la matière se trouve-t-elle organisée ? », « de quelle façon passe-t-on de la matière à l'idée ? », ou bien encore « quels processus font que la matière pense ? », Jean Meslier invoque lui aussi, dans son *Testament*, « une espèce de modification, et de fermentation continuelle » (III, p. 389) pour expliquer ce qui, dans la vie, veut la vie comme elle se manifeste.

Précisons qu'aujourd'hui, ces questions, sur lesquelles Meslier et La Mettrie butent, n'ont toujours pas été résolues malgré l'ingénierie contemporaine de l'imagerie médicalisée! « Merveilles incompréhensibles de la nature » (I, p. 108), se contente d'écrire La Mettrie, et on ne peut mieux faire ni mieux dire de nos jours!

La physique lamettrienne interdit donc désormais toute possibilité de métaphysique et elle induit une éthique radicalement postchrétienne. En écrivant : « L'homme est une machine qu'un fatalisme absolu gouverne » (I, p. 21), l'auteur de *L'Homme-machine* se trouve moins à l'origine d'une thèse *mécaniste* – on a vu que l'hypothèse du ferment interdit cette lecture – qu'à la racine d'une thèse *fataliste*, qui ruine une fois encore l'ontologie chrétienne. Car dire, d'une part, qu'*il n'y a que de la matière*, puis que *l'âme est matérielle donc mortelle*, et, d'autre part, que *le libre arbitre n'existe pas* et qu'*un pur déterminisme fait loi*, c'est ravager l'édifice chrétien.

Écrire : « Il n'y a dans tout l'univers qu'une seule substance diversement modifiée » (I, p. 116), outre qu'il s'agit d'une thèse franchement spinoziste, c'est affirmer que le corps et l'âme, le singe et l'homme, le criminel et le prêtre, le ciron et le soleil constituent des variations sur un seul et même thème, celui de la matière. Pas plus que le ciron n'est responsable d'être ciron plutôt que soleil et que le soleil ne l'est d'être astre plutôt qu'insecte, l'assassin n'a choisi d'avoir commis son crime ou le saint de mener une vie vertueuse. Il s'agit juste d'une organisation différente de leur matière, sans qu'on sache *ce qui* en décide – et non *qui* en décide.

L'Homme-machine est une ode au fatalisme, qui abolit la responsabilité donc la culpabilité. Si l'âme est matérielle au même titre que la vessie, que la matière qui la constitue dans le cerveau est semblable à celle qui compose la prostate, alors il est tout aussi sot de punir un criminel (comme, par exemple, cette Fille-Sauvage de Châlons-en-Champagne qui a mangé sa sœur) qu'un incontinent urinaire. « Je pense la même chose, poursuit-il, de tous ceux qui commettent des crimes, mêmes involontaires, ou de tempérament : de Gaston d'Orléans qui ne pouvait s'empêcher de voler ; de certaine femme qui fut sujette au même vice dans la grossesse, et dont ses enfants héritèrent ; de celle qui dans le même état, mangea son mari ; de cette autre qui égorgeait les enfants, salait leurs corps et en mangeait tous les jours comme du petit salé ; de cette fille de voleur anthropophage qui le devint à douze ans, quoique ayant perdu père et mère à l'âge d'un an, elle eût été élevée par d'honnêtes gens, pour ne rien dire de tant d'autres exemples dont nos observateurs sont remplis ; et qui prouvent tous qu'il est mille vices et vertus héréditaires, qui passent des parents aux enfants, comme ceux de la nourrice, à ceux qu'elle allaite. Je dis donc et j'accorde que ces malheureux ne sentent pas pour la plupart sur le champ l'énormité de leur action. La boulimie, par exemple, ou la faim canine peut éteindre tout sentiment ; c'est une manie d'estomac qu'on est forcé de satisfaire.

Le cœur de la grenouille sur une assiette réchauffée

Mais revenues à elles-mêmes, et comme désenivrées, quel remords pour ces femmes qui se rappellent le meurtre qu'elles ont commis dans ce qu'elles avaient de plus cher! quelle punition d'un mal involontaire, auquel elles n'ont pu résister, dont elles n'ont eu aucune conscience!» (I, p. 90-91.) Le philosophe conclut que les juges manquent de sagesse quand ils condamnent à mort des personnes déjà victimes de l'agencement de leur matière corporelle, avant d'être coupables de quoi que ce soit. Il en appelle aux médecins plus qu'aux magistrats pour juger ce genre d'affaires.

La fin de l'âme immatérielle, immortelle, responsable, donc punissable, ouvre la voie, moderne, à une âme matérielle, mortelle, innocente. Avec son Dieu et son diable, mais surtout avec son âme immatérielle et éternelle, la morale chrétienne jouait de la menace de l'enfer et de la promesse du paradis pour fabriquer de l'ordre social et obtenir la soumission aux pouvoirs en place – Meslier a analysé tout cela à la perfection. Sans Dieu et sans diable, avec une âme sise dans le corps calleux d'un cerveau et soumise à la génération et à la corruption, l'amoralité apparaît. L'Église la nomme immoralité, réglant son jugement sur sa propre morale, mais cette anomie fissure l'édifice civilisationnel.

Dans son *Discours sur le bonheur*, La Mettrie invite à ce que chacun obéisse à sa nature, puisque personne ne peut rien faire d'autre! «Le corps humain est une machine qui monte elle-même ses ressorts; vivante image du mouvement perpétuel» (I, p. 69). Que le vaurien mène donc sa vie de débauche, le libertin sa vie de stupre et de fornication, le saint son existence de prière et de contemplation, tout cela se joue au-delà du bien et du mal: «Qu'on ne me dise point que j'invite au crime; car je n'invite qu'au repos dans le crime» (II, p. 287).

Un philosophe prit La Mettrie au mot et ne se contenta pas du «repos dans le crime»: il attendait plus et mieux, à savoir la *jouissance dans le crime*. Que dis-je? Il ne l'attendait pas, il l'espérait, la désirait, la voulait, il en fit même, en forcené qu'il était, la raison d'être de la totalité de sa vie et de son œuvre. Cet homme, c'est le marquis de Sade.

En matière d'œuvre, il existe deux marquis qui n'en font qu'un : l'un rédige des *pages pornographiques*, dans lesquelles toutes les combinaisons sexuelles sont possibles, sans oublier viols, sévices, tortures, nécrophilie, bestialité, zoophilie, pédophilie, coprophilie, scatologie, inceste, homicides, et autres crimes célébrés comme préférences des libertins ; l'autre entrelarde – c'est très visible, parce que grossièrement effectué, particulièrement dans *La Philosophie dans le boudoir* – des *leçons de philosophie* entre deux décharges, trois partouzes, dix orgasmes et trente éjaculations – je parle des performances d'une seule demi-journée, bien sûr…

Ces leçons de philosophie, le héros sadien, instituteur libertin s'il en est, les assène en situation : il tient un braquemart dans une main, sodomise une chèvre en même temps, se fait lui-même socratiser par une femme harnachée d'un godemiché, utilise son autre main à fourrager l'anus d'un évêque – un tableau reconstitué par mes soins –, et trouve le temps de débiter sans détumescence des pages entières de philosophes matérialistes pour justifier ses pratiques : Helvétius, d'Holbach, Diderot et La Mettrie sont convoqués, sans guillemets, dans les œuvres complètes du marquis, dernier penseur féodal et non, comme le prétend une ancienne vulgate germanopratine, rabâchant les éléments de langage fournis par Apollinaire dans une anthologie de commande effectuée en 1909, le premier des modernes, féministe, libertaire, solaire, libérateur du sexe et du genre humain ! Et puis quoi encore ? Pasolini a fort justement rapproché *Les 120 journées de Sodome* des camps de la mort nazis – mais ce n'est pas ici le sujet…

On passe souvent sous silence le Sade philosophe, du moins l'auteur qui effectue des collages de textes philosophiques issus de la littérature, clandestine ou non, antichrétienne, athée, matérialiste, pour justifier sa vie de délinquant sexuel avéré[1].

---

1. Pour le détail de cette vie de délinquant sexuel, voir Michel Onfray, *La Passion de la méchanceté. Sur un prétendu divin marquis*, Éditions Autrement, 2014. Voir également, pour la pensée de Sade, *Contre-histoire de la philo-*

On imagine bien que le nouveau paradigme formulé par La Mettrie dans son *Homme-machine* d'un monde sans Dieu, gouverné par un fatalisme de la matière, qui exclut toute responsabilité donc toute culpabilité, *un monde* de facto *sans âme*, fait l'affaire de cet homme, qu'une certaine fermentation de la matière, pour utiliser les formules de Meslier et La Mettrie, fait de lui ce qu'il est. Voilà une créature qu'il valait mieux ne pas rencontrer dans la vie quand on n'était ni de la noblesse ni du clergé. Credo du libertin Sade : « Que m'importe le crime pourvu que je me délecte », lit-on dans *Les 120 journées de Sodome* (p. 205). C'est l'impératif catégorique du féodal.

Ce que je retiens dans cette dernière œuvre du marquis, c'est ce qui semble lui appartenir en propre sur le terrain des idées, à savoir l'introduction de l'électricité dans la pensée matérialiste. Sade entretient en effet, dans ce roman catalogue de toutes les perversions possibles, du « fluide électrique qui coule dans nos nerfs » (p. 249). Qu'en est-il ?

Dans l'*Histoire de Juliette*, l'un des personnages de Sade, la sorcière Durand s'exprime ainsi : « L'âme de l'homme [...] n'est autre chose qu'une portion de ce fluide éthéré, de cette matière infiniment subtile, dont la source est dans le Soleil. Cette âme, que je regarde comme l'âme générale du monde, est le feu le plus pur qui soit dans l'univers : il ne brûle point par lui-même, mais en s'introduisant dans la concavité de nos nerfs, où est sa résidence habituelle, il imprime un tel mouvement à la machine animale, qu'il la rend capable de tous les sentiments et de toutes les combinaisons ; c'est un des effets de l'électricité dont l'analyse ne nous est pas encore suffisamment connue » (III, p. 666). Il n'est pas étonnant que Sade fasse porter cette théorie radica-

---

sophie, tome IV, *Les Ultras des Lumières*. La sadophilie en vogue à Saint-Germain-des-Prés témoigne du degré de décomposition de la pensée française au XXe siècle, en dehors de quelques individus comme Albert Camus ou Raymond Queneau.

lement antichrétienne, païenne et, d'une certaine manière, panthéiste, spinoziste, dirait-on à l'époque, par une sorcière.

Ce texte, suivant le principe du pillage des œuvres libertines par le marquis, procède du *Traité des trois imposteurs*, un ouvrage anonyme dont le cinquième chapitre concernant l'âme reprend lui-même les *Discours anatomiques* de Guillaume Lamy qui, à son tour, mélange un doigt de la théorie stoïcienne du feu dynamique, âme du monde dans la matière, le fameux *pneuma*, un soupçon de théorie de l'âme ignée de Telesio et un trait de théorie cosmologique copernicienne.

Sade explique tout par la matière et plus particulièrement par un fatalisme des atomes porteurs d'électricité. Par-delà le bien et le mal, les flux animent la matière pour produire ici un bourreau, là une victime. Un personnage de l'*Histoire de Juliette* proclame : « Le célèbre La Mettrie avait raison, quand il disait qu'il fallait se vautrer dans l'ordure comme les porcs ; et qu'on devait trouver comme eux du plaisir, dans les derniers degrés de la corruption » (III, p. 817).

Personne ne choisit jamais rien, c'est la complexion atomique, nerveuse, électrique particulière d'un être qui fait de lui un homme féroce comme un tigre ou doux comme un agneau. Épaisseur des organes, vitesse de transmission des informations nerveuses, quantité de fluides en jeu, vortex des particules, et l'un dévore son prochain alors qu'un autre lui lave les pieds. De sorte que « l'inflammation causée dans le fluide électrique par le rapport des objets extérieurs, opération dont nous nommons l'effet, *les passions*, vient décider l'habitude au bien ou au mal » (III, p. 422).

Sade parle de « fluide électrique » (II, p. 672, III, p. 194, I, p. 575), de « globules électriques » (III, p. 548), de « fluide nerval » (III, p. 752), d'« atomes électriques » (II, p. 833) et donne ainsi raison au La Mettrie qui, dans *L'Homme plus que machine*, s'interroge sur l'« agent des corps animés, cet Archée à qui le sentiment doit son existence, comme au sentiment la pensée, je veux dire le mouvement. Certainement l'un sans l'autre n'eût pu produire tant d'effet, surtout celle du Parenchyme, qui est le plus faible. Effectivement qu'est-ce que la contraction spontanée, sans les secours vitaux ? Et ceux-ci à leur tour remueraient-ils si puissamment de telles Machines, s'ils ne les trouvaient toujours prêtes à être mises en branle par cette force motrice, par ce ressort inné, si universellement répandu partout qu'il est difficile de dire où il n'est pas et même où il ne se manifeste pas par des effets sensibles, même après la mort, même en parties détachées du corps, et coupées par morceaux. Le feu qui fait durer plus longtemps la contraction du cœur de la grenouille, mis sur une assiette réchauffée serait-il le principe moteur dont nous parlons ? L'électricité ne rendrait-elle point plausible cette nouvelle conjecture ? » (I, p. 333).

Le plaisir, la jouissance, l'orgasme, la volupté tout autant que la générosité, l'amour du prochain, la bonté, l'altruisme sont donc chez La Mettrie comme chez Sade, son disciple d'une certaine manière, une affaire d'atomes, nullement de morale. Quiconque juge se trompe : ni le vice ni la vertu ne sont volontaires. C'est bien plutôt eux qui décident : le vice s'empare de celui-ci, la vertu prend celui-là. Le sadisme définit un jansénisme de la chair. L'âme atomique aussi.

Troisième partie

DÉTRUIRE L'ÂME

Sous le signe du singe

Où La Mettrie entreprend d'apprendre à parler à un singe
avec le langage des signes récemment inventé.

Où dans sa démonologie Jean Bodin fait du singe
la figure lubrique par excellence.

Où le naturaliste Buffon distingue le singe de l'homme
par l'âme immatérielle et invisible.

Où le marquis de Sade fait du singe un partenaire sexuel idéal
parce qu'il ne parle ni pendant l'orgie ni après.

Où l'académicien Maupertuis professe que le singe se reproduit
sans difficulté avec les Nègres.

Où Restif de La Bretonne nous apprend que le singe préfère
les femmes aux odeurs fortes plutôt que ses propres femelles.

Où l'abbé Sieyès envisage le croisement des singes et des hommes
pour produire une race de domestiques efficaces.

Où Rousseau hiérarchise le sauvage, l'homme naturel, le singe et l'homme.

Où Darwin nous apprend que Dieu a fait l'homme à son image,
mais qu'il descend tout de même d'un singe.

1

Vie et mort de l'huître
Bestialiser l'homme

Tant que Dieu dure, il semble facile de régler le problème des rapports entre les hommes et les animaux, donc de répondre à la question de la nature de l'âme : il suffit d'en appeler à la Genèse. Elle nous apprend en effet, on s'en souvient, que Dieu crée le monde dans un ordre bien particulier : la lumière, le jour, la nuit, le ciel, la Terre et la mer, les végétaux, les étoiles, le Soleil, la Lune, les êtres vivants, à commencer par les animaux marins, les oiseaux, puis les êtres terrestres, dont les bestiaux, les petites bêtes, et, juste après, l'homme, avant de parfaire sa création dans la foulée avec… la femme ! Le créateur, lecteur du *Discours de la méthode* avant l'heure, enseigne à sa créature de se rendre comme maître et possesseur de la nature et de soumettre les animaux pour sa nourriture, son travail, son vêtement. Dieu crée l'animal herbivore (Gn1,30) ; mais *quid* du lion ? Et l'homme carnivore ; mais *quid* du végane ? On connaît l'histoire. Cependant le roi de la jungle et le petit marquis du boulgour mettent à mal la vérité de ce récit mythologique.

Mais quand Dieu cesse de durer ? Quand il fatigue, comme à partir de la Renaissance ? Qu'il mollit ou faiblit sous les assauts moins de Descartes que du cartésianisme ? Voire quand il vacille, chute sous le poids des atomes des matérialistes et autres sensualistes, utilitaristes et empiristes, puis se fracasse? Ou bien quand, après le tremblement de terre de Lisbonne qui noie des innocents dans ce raz-de-marée lisboète, il est envoyé par les philosophes déistes vivre sa vie ailleurs, loin des hommes, des choses et du monde? *Quid* de l'âme immortelle, éternelle, immatérielle, quand des philosophes dits des Lumières la prétendent mortelle, temporelle et matérielle? Et quand les mêmes estiment que, du singe à l'homme, il n'y a pas grand-chose, pas même l'épaisseur du souffle de l'âme?

Dans l'article «Inné» de l'*Encyclopédie*, Diderot lie la connaissance et les sens. Innée, la faculté de connaître l'est, donc, car elle est donnée à la naissance – ce qui reste à démontrer... Les sens rendent possible l'abstraction. Le sensible conduit à l'intellection. Suivons la démonstration: «Supprimez le nez, et vous supprimez en même temps toutes les idées qui appartiennent à l'odorat; et ainsi du goût, de l'ouïe et du toucher. Or toutes ces idées et tous ces sens supprimés, il ne reste aucune notion abstraite; car c'est par le sensible que nous sommes conduits à l'abstrait.» On reconnaît la théorie de la statue popularisée par Condillac dans son *Traité des sensations* (1754), cette idée lui ayant été fournie par... Diderot lui-même, ce dont témoigne la *Lettre sur les aveugles* (I, p. 183).

Suite de la démonstration: «Mais après avoir procédé par voie de suppression, suivons la méthode contraire. Supposons une masse informe, mais sensible; elle aura toutes les idées qu'on peut obtenir du toucher; perfectionnons son organisation; développons cette masse, et en même temps nous ouvrirons la porte aux sensations et aux connaissances. C'est par l'une et l'autre de ces méthodes qu'on peut réduire l'homme à la condition de l'huître, et élever l'huître à la condition de l'homme» (I, p. 467).

À l'évidence, cette «masse informe, mais sensible» se trouve en dessous de l'animal, car le chien, par exemple, pour ne pas parler du singe, ne pourrait être dit «masse informe», puisqu'il est, au contraire, même Descartes en convient (c'est le sens de son hypothèse d'un animal-machine), une forme éminemment organisée mais sans âme. Pour les besoins de sa démonstration, non sans sacrifier également aux délices de l'ironie, Diderot mobilise le vivant bien en deçà de la chienne savatée par Malebranche ou du singe de La Mettrie, menacé d'être placé à l'internat chez les sourds-muets pour apprendre à parler, puisqu'il fait entrer l'huître dans l'histoire de la philosophie...

Dans l'article «Âme» des *Questions sur l'Encyclopédie*, entre scepticisme et profession de foi déiste, Voltaire, qui met l'«Être suprême» dans la cabine de pilotage de l'âme, répond au texte que rédige l'abbé Yvon sur ce sujet pour l'*Encyclopédie*. Ce dernier renvoie, ce qui n'est pas si sot, à l'instinct pour régler la question de l'âme des animaux. Voltaire ne croit pas que les bêtes soient privées d'âme, mais il ne pense pas pour autant que les crapauds, les insectes, les punaises en soient pourvus! Il écrit: «Avant l'étrange système qui suppose les animaux de pures machines sans aucune sensation les hommes n'avaient jamais imaginé dans une bête une âme immatérielle; et personne n'avait poussé la témérité jusqu'à dire qu'une huître possède une âme spirituelle» (p. 95-96). Avec Diderot, un pas se trouve donc franchi; revenons dès lors à ses considérations.

Du mollusque à l'homme, on ne constate qu'un je-ne-sais-quoi qui s'avère un presque-rien: on commence par un bivalve et l'on finit par un philosophe. Pour passer de l'un à l'autre, il suffit de *perfectionner l'organisation* de la matière sensible. Et comment? Par l'*éducation*, pour l'individu – merci Helvétius; par l'*eugénisme*, pour l'espèce – merci Maupertuis; par la *politique* dans les deux cas – merci Rousseau. L'ensemble de ce dispositif de rééducation se nomme «régénération» pour les révolutionnaires français, et plus particulièrement chez les Jacobins – merci l'abbé Grégoire. Cette idéologie de l'Homme Nouveau, un emprunt révolutionnaire à saint Paul, permet d'envisager une production artificielle de l'homme; le sujet, on ne l'ignore plus, se trouve toujours au cœur du transhumanisme. Pour mener à bien ce projet de régénération, le singe est l'avenir de l'homme.

Tel ou tel auteur antique rapporte des relations sexuelles entre hommes et animaux – Élien, Pline, Pausanias, par exemple ; avec la découverte du reste du monde par les Européens, des récits de voyage emportent leurs lecteurs en Amérique, en Océanie, en Afrique, en Asie et attestent des naissances prétendument viables issues de relations sexuelles entre des orangs-outangs et des femmes ; Montaigne raconte des rapports amoureux entre une femme et un éléphant ou des singes et des femmes ; les auteurs fervents s'y mettent eux aussi, mais non plus pour signaler des *curiosa*, ou raconter que les hommes ne sont pas si loin des animaux que ça, mais pour enseigner que le diable se trouve dans ce genre de copulations ; les démonologues, comme Jean Bodin dans *De la démonomanie des sorciers* (1580), embouchent cette trompette et racontent dans le détail comment le malin prend les formes qu'il veut, dont celles de bêtes, pour faire pécher les hommes. Dans cet ordre d'idées, le singe est par excellence la figure de la tentation : il semble l'animal le plus proche des hommes, alors qu'il en est le plus éloigné d'un point de vue catholique.

Le singe fonctionne longtemps comme figure de papier : on ne l'a pas vu, mais on a lu ses frasques chez nombre d'auteurs – naturalistes, historiens, voyageurs, démonologues, théologiens, philosophes donc.

Au XVIIe siècle, il arrive en Europe en chair et en os, pas encore en âme. À La Haye, en 1630, un spécimen est disséqué par Nicolaes Tulp, le fameux anatomiste peint par Rembrandt dans sa *Leçon d'anatomie du docteur Tulp* qu'il nomme « Satyre indien ». Dans ses *Observations médicales* (1641), ce confrère de Vésale écrit des singes mâles qu'ils sont « si hardis et si puissamment musclés qu'ils s'attaquent non seulement aux hommes armés, mais aussi aux femmes et aux filles. Leur désir pour elles est si brûlant qu'il leur arrive de les violer après les avoir enlevées. En fait, ils sont si portés sur les ébats amoureux (même entre eux, comme l'étaient les satyres libidineux des Anciens) qu'ils se montrent sans cesse paillards et lubriques : au point que les femmes indiennes évitent, plus encore que les serpents et les chiens, les bois et les forêts que hantent ces bêtes impudiques» (III, 56, p. 276-277). Descartes connaît le chirurgien-barbier Tulp, sans qu'on puisse en dire plus. La Mettrie cite cette histoire dans son *Traité de l'âme* (I, p. 238). Pour l'heure, c'est-à-dire en ce début du XVIIe siècle, ce singe de papier baigne dans son sang versé au cours d'un genre de baptême de la modernité anatomique. Donc de la modernité tout court.

La sexualité du singe avec les hommes génère deux réactions, suivant qu'il s'agit du singe mâle ou du singe femelle. Le mâle est associé à la puissance, à la lubricité, à la sauvagerie du sexe primitif, qui offre un modèle aux libertins, dont Sade bien sûr; il se montre le partenaire idéal pour les orgies: disponible, efficace, stérile, amoral, immoral, une fois son rôle tenu. Entre un dindon décapité, une chèvre, un bouc, des chiens, un cygne, un cheval, un taureau, une vache, un serpent apprivoisé, c'est au singe de jouer sa partition dans *Les 120 journées de Sodome* (p. 321-332). La femelle, quant à elle, apparaît comme une mère douce et tendre avec sa progéniture. L'un et l'autre jouent leur partition harmonique comme l'homme nomade qui chasse, tue, décharge, et la femme sédentaire qui reste au foyer à s'occuper des enfants.

Maupertuis, qui, dès 1749, dans son *Essai de philosophie morale*, propose une éthique utilitariste à même de faire pièce à la morale déontologique chrétienne, va plus loin dans le post-christianisme en faisant, dans la *Vénus physique* (1745), l'éloge du principe de l'eugénisme. Il parle de Frédéric II de Prusse, à la cour duquel il vit, à Berlin, pendant plusieurs années: «Un roi du Nord est parvenu à élever et embellir sa nation. Il avait un goût excessif pour les hommes de haute taille et de belle figure: il les attirait de toute part dans son royaume où la fortune rendait heureux tous ceux que la Nature avait formés grands. On voit aujourd'hui un exemple singulier de la puissance des Rois: cette nation se distingue par les tailles les plus avantageuses et par les figures les plus régulières. C'est ainsi qu'on voit s'élever une forêt au-dessus de tous les bois qui l'environnent, si l'œil attentif du maître s'applique à y cultiver des arbres droits et bien choisis» (p. 112). Mais cette sélection des hommes n'est que prolégomènes à d'autres sélections bien plus audacieuses.

Il poursuit en effet avec un plaidoyer pour ce qui s'apparente à des haras humains dans lesquels se mèneraient des expériences de croisements entre les races humaines, mais également, la chose se trouve dite avec d'infinies précautions de langage, entre les hommes et les animaux. Le troisième chapitre de ce livre s'intitule de manière éloquente: «Production de nouvelles espèces». Le philosophe, qui ignore, et pour cause, les logiques du récessif et du dominant découvertes par Mendel au siècle suivant, disserte sur les différentes carnations que peuvent avoir les enfants dont les parents sont de couleur. Là où d'aucuns créent des «races de chiens, de pigeons, de serins, qui n'étaient pas auparavant dans la nature», Maupertuis souhaite passer de la bête à l'homme: «Pourquoi, écrit-il, cet art se borne-t-il aux animaux? pourquoi ces sultans blasés dans des sérails qui ne renferment que des femmes de toutes les espèces connues, ne se font-ils pas faire des espèces nouvelles? Si j'étais réduit comme eux au seul plaisir que peuvent donner la forme et les traits, j'aurais bientôt recours à ces variétés. Mais quelque belles que fussent les femmes qu'on leur ferait naître, ils ne connaîtraient jamais que la plus petite partie des plaisirs de l'amour, tandis qu'ils ignoreraient ceux que l'esprit et le cœur peuvent faire goûter» (IV, p. 110-111).

Ailleurs, dans sa *Lettre sur le progrès des sciences* (1752), il envisage d'effrayantes perspectives politiques pour l'eugénisme: «Ce travail à la vérité n'est pas absolument de ceux qui peuvent être entrepris sans la protection et les bienfaits du souverain: plusieurs de ces expériences ne seraient pas au-dessus de la portée des simples particuliers; et nous avons quelques ouvrages qui l'ont bien fait voir: cependant il y a de ces expériences qui exigeraient de grandes dépenses, et toutes peut-être auraient besoin d'être dirigées à ne pas laisser les physiciens dans un vague qui est le plus grand obstacle aux découvertes. Les ménageries des Princes, dans lesquelles se trouvent des animaux d'un grand nombre d'espèces, sont déjà pour ce genre de science des fonds dont il serait facile de tirer beaucoup d'utilité. Il ne faudrait qu'en donner la direction à d'habiles naturalistes, et leur prescrire les expériences » (p. 101-103).

Poursuivons : « On pourrait éprouver dans ces ménageries ce qu'on raconte des troupes de différents animaux, qui rassemblés par la soif sur les bords des fleuves de l'Afrique, y font, dit-on, ces alliances bizarres d'où résultent fréquemment des monstres. Rien ne serait plus curieux que ces expériences : cependant la négligence sur cela est si grande qu'il est encore douteux si le taureau s'est jamais joint à une ânesse, malgré tout ce qu'on dit des jumars. Les soins d'un naturaliste laborieux et éclairé feraient naître bien des curiosités en ce genre, en faisant perdre aux animaux, par l'éducation, par l'habitude et le besoin, la répugnance que les espèces différentes ont d'ordinaire les unes pour les autres. Peut-être même parviendrait-on à rendre possibles des générations forcées qui feraient voir bien des merveilles. On pourrait d'abord tenter sur une même espèce ces unions artificielles ; et peut-être dès le premier pas rendrait-on en quelque sorte la fécondité à des individus qui par les moyens ordinaires paraissent stériles : mais on pourrait encore pousser plus loin les expériences, et jusque sur les espèces que la nature porte le moins à s'unir. On verrait peut-être de là naître bien des monstres, des animaux nouveaux, peut-être même des espèces entières que la nature n'a pas encore produites » (p. 104-106).

Maupertuis consacre aussi un chapitre aux « expériences métaphysiques » (p. 112). Il se demande comment modifier les états de conscience avec de l'opium ou d'autres substances, afin, si possible, de conduire volontairement les rêves. Il pose ensuite cette question : « N'y aurait-il pas encore d'autres moyens de modifier l'âme ? » (p. 113). Puis il répond en convoquant le cerveau, les nerfs, les blessures dans l'encéphale qui, selon lui, n'ont pas été assez exploitées en médecine. Pour ce faire, le philosophe trouve un bon moyen de « modifier l'âme » : « On aurait plus de moyens de pousser les expériences, si l'on y faisait servir ces hommes condamnés à une mort douloureuse et certaine, pour qui elles seraient une espèce de grâce » (p. 115) !

Mélanges des races et des couleurs, mélange des espèces et des talents, expérimentations dans des harems ou des ménageries, éducation des animaux comme les humains, et, au plus osé, au plus audacieux, mélanges d'espèces hétérogènes que la nature réprouve à unir, autrement dit – qui ne le comprend ? –, mélanges *des hommes et des bêtes*. Maupertuis incarne une face habituellement cachée des Lumières : celle qui, entre haine du petit peuple, haine des sauvages, haine des femmes, haine des Juifs – Voltaire cochant toutes les cases –, réclame avec ardeur un Homme Nouveau, régénéré, comme il est dit sans complexes par l'historiographie de la Révolution française, ce qui, on le souligne peu, suppose tout de même en amont... un homme dégénéré !

Le fameux abbé Sieyès qui, dans *Qu'est-ce que le Tiers État ?* (1789), désespère que ce dernier ne soit rien et souhaite qu'il devienne tout, est aussi celui auquel on doit, ailleurs, cette belle idée bien dans l'esprit de Maupertuis : « Ne serait-il pas à désirer, surtout dans les pays trop chauds ou trop froids, qu'il y eût une espèce moyenne entre les hommes et les animaux, espèce capable de servir l'homme pour la consommation et la production ? Nous avons le grand et le petit orang-outang, ou le pongo et le jocko et le pithèque, trois espèces de singes qui produisent parfaitement avec les nôtres et avec les nègres, espèces très susceptibles de la domesticité et de la bonification. Le croisement de ces races vous fournirait : 1° une race forte (6 à 8 pieds de hauteur) pour les ouvrages de la fatigue tant à la campagne qu'à la ville, les pongos ; 2° une race moyenne (3 à 4 pieds de hauteur) pour les détails domestiques, les jockos ; 3° enfin une petite espèce (12 à 15 pouces) pour le petit service domestique et l'amusement ; 4° les nègres les commanderaient, les dresseraient et en répondraient... Dès lors, les citoyens, les chefs de production, seraient des blancs, les instruments de labeur auxiliaires seraient les nègres, et les nouvelles races de singes anthropomorphes seraient vos esclaves » (*Écrits politiques*, p. 75).

Un autre catholique, le chanoine Cornelius de Pauw, auteur de *Recherches philosophiques sur les Américains, ou mémoires intéressants pour servir à l'histoire de l'espèce humaine* (1770), mais également d'articles pour le *Supplément à l'Encyclopédie*, avance quelques idées dans le même esprit. L'Assemblée nationale législative proclame ce ressortissant néerlandais citoyen français le 26 août 1792. Pour ses hypothèses eugénistes ? Le citoyen nouveau écrit ceci concernant les expérimentations sexuelles entre humains et animaux : « Quelques moralistes, pour faire ostentation d'une sévérité outrée, ont condamné d'avance tous les essais qu'on serait tenté d'entreprendre dans la suite, en les déclarant criminels ou attentatoires aux lois que chaque genre doit respecter comme des limites que la Providence lui a fixées. On leur a répondu que l'indécision où l'on est à l'égard de l'Orang excuserait les moyens dont on se servirait pour s'assurer de son caractère générique, et qu'aussi longtemps que l'on peut former sur ce caractère des doutes raisonnables, on ne violerait aucune convention naturelle, puisque l'expérience seule nous apprendrait vers quel degré est tracée la ligne de séparation entre sa race et la nôtre » (II, p. 50). Autrement dit, rien ne doit entraver l'expérience d'une copulation entre un singe et un humain, car seul le résultat de cet accouplement dira s'il aurait fallu ou non la mener à bien…

Restif de La Bretonne estime que la fornication entre singes et hommes témoigne d'une tendance que j'ai plaisir à nommer « progressiste » chez le singe ! On peut en effet lire dans *Monsieur Nicolas* ou *Le Cœur humain dévoilé* (1796) : « Ce qui marque la grande approximation de l'espèce des singes avec la nôtre, c'est le désir du coït avec la femme, désir inné, et si grand que le singe, en cela différent de tous les autres animaux, préfère une femme, surtout celles qui ont une odeur un peu forte, aux femelles de son espèce. C'est *donc* un désir de perfectibilité, désir sans doute aveugle, et parfaitement instinctial, que la Nature a mis dans le singe, qui le fait tendre à s'améliorer » (II, p. 114 ; je souligne). Où l'on voit que le progressisme a plus d'un tour dans son sac quand il s'agit de se faire le fourrier du nihilisme !

Toujours Restif de La Bretonne, qui a probablement entendu parler de Frédéric II par Maupertuis, du moins par ce qui se disait de lui, rapporte à son propos de singulières informations dans le même ouvrage : « On sait que le roi de Prusse Frédéric II a tenté des expériences d'accouplement de l'homme avec tous les animaux ; anecdotes dont lui-même dans ses derniers jours, ou son successeur, a cherché à faire disparaître les résultats. » Il aurait réussi ses essais avec le cochon, mais « le singe n'a rien produit avec une femme : la guenon avec l'homme n'eut qu'un avorton » (I, 148). Bien sûr, rien de cela n'est vrai.

Mirabeau fut un étrange personnage et pas seulement au cours de la Révolution française. Ce militaire déserteur, ce joueur endetté, connu pour son extrême laideur, son pied tordu, ses deux grandes dents, sa tête énorme, sa figure grêlée par la petite vérole, ce libertin qui côtoie Sade avec lequel il se bat au donjon de Vincennes où il est emprisonné pour avoir séduit et rapté une femme mariée, ce député révolutionnaire qui aurait été un agent double à la solde de la cour, cet homme, donc, fut panthéonisé en 1791 puis, après qu'on l'eut accusé de trahison, jeté à la fosse commune en 1794. On lui doit un certain nombre de livres pornographiques dans lesquels il délivre sa vision du monde.

Ce ci-devant comte tient lui aussi pour la fécondité du croisement entre hommes et bêtes. Il écrit dans son fameux *Erotika biblion* (1770) : « Le curieux, l'intéressant, l'utile, seraient donc de savoir jusqu'à quel point un être dégradé de l'espèce humaine par sa copulation avec la brute, peut être *plus ou moins* raisonnable ; c'est peut-être la seule manière d'assiéger la nature qui puisse en ce genre lui arracher une partie de son secret ; mais pour y parvenir il aurait fallu suivre les produits, leur donner une éducation convenable, et étudier avec soin ces sortes de phénomènes. On aurait probablement tiré de cette opération plus d'avantage pour le progrès des connaissances humaines que des efforts qui apprennent à parler aux sourds et aux muets, qui enseignent les mathématiques à un aveugle, etc. ; car ceux-ci ne nous montrent qu'une même nature, un peu moins parfaite dans son principe, en ce que le sujet est privé d'un ou deux sens, et qu'on a perfectionnée ; au lieu que le fruit d'une copulation avec la brute, offrant, pour ainsi dire, une autre nature, mais entée sur la première, éclaircirait plusieurs des points dont le développement a tant occupé tous ces êtes pensants » (p. 139 ; je souligne).

À la façon du marquis de Sade qui entrelarde de réflexions philosophiques ses fictions pornographiques, Mirabeau estime, dans ses développements didactiques, que la production expérimentale de chimères par croisement de *brutes*, comme on dit alors pour parler des bêtes qui ne sont pourtant pas si bêtes, et d'humains, même dépravés, permettrait d'avancer sur le terrain de la connaissance.

Si l'homme n'a pas plus d'âme que l'animal, s'il n'en a de toute façon pas une qui soit éternelle, immortelle, immatérielle et divine mais qu'il en possède une qui s'avère temporelle, matérielle, mortelle et terrestre, alors il n'y a pas malice à unir ces deux matières, le singe et la femme par exemple, car elles ne sont que deux agencements différents des mêmes atomes parcourus d'un même flux électrique et qu'elles connaissent exactement de la même manière : par perception et sensation organisées par un cerveau vers lequel convergent les informations formées par les sens, *via* des fils nerveux, les nerfs.

Buffon voit bien que la seule façon de sauver l'homme d'une noyade définitive dans cet océan d'animaux animés, où l'huître vaut le pape, où tout se vaut malgré quelques subtiles variations matérielles, c'est de sauver l'âme. Lui, le naturaliste, auquel on doit une monumentale *Histoire naturelle, générale et particulière* (quinze volumes parus entre 1749 et 1767), écrit de l'orang-outang qu'il est « un animal très singulier, que l'homme ne peut voir sans rentrer en lui-même, sans se reconnaître, sans se convaincre que son corps n'est pas la partie la plus essentielle de sa nature » (VIII, p. 104). Autrement dit, certes le singe et l'homme semblent, d'abord, du point de vue de l'anatomie, de la physiologie, de la science naturelle, une seule et même chose, mais cette approche ne s'attache qu'aux apparences : la différence se joue avec l'âme, dont Buffon parle en creux comme ce qui, en l'homme, ne relève pas du visible.

Certes, il écrit pour répondre à Rousseau qui, dans son *Discours sur l'origine et les fondements de l'inégalité parmi les hommes*, pose la question de l'accouplement du singe et de l'homme pour établir ce qui les unit et ce qui les sépare. La question de la différence entre l'homme et le singe ne peut être tranchée qu'à partir de l'observation de l'homme sauvage, le Hottentot en l'occurrence – cet homme d'Afrique du Sud découvert par les marins hollandais au XVIIe siècle devient en effet à l'époque de Rousseau un nouveau paradigme philosophique.

Crépu, barbu, velu, lippu, le front bas, les yeux enfoncés, le nez aplati, le regard hébété ou apeuré, la peau dure et tannée, les ongles longs, épais et crochus, les seins pendants et longs pour les femmes, le ventre effondré jusqu'au genou, les enfants sales et traînant à terre, tous sont crasseux et puants : voilà le portrait du sauvage. On imagine en effet tout ce qui le sépare de l'académicien, intendant du jardin du roi, le parfumé, poudré et perruqué Georges-Louis Leclerc, comte de Buffon, bien évidemment doté, lui, d'une âme immatérielle et immortelle !

Le naturaliste établit une hiérarchie qui va du singe à l'homme, en passant par le sauvage hottentot, puis l'homme à l'état de nature. Ce qui, du bas vers le haut, donne : le *singe*, tel le chimpanzé disséqué par Edward Tyson à Londres en 1698, l'*homme naturel*, tel que raconté par Rousseau dans son *Discours sur l'origine et les fondements de l'inégalité parmi les hommes*, le *Hottentot*, tel que découvert par les marins néerlandais, voyageurs du Grand Siècle, et l'*homme*, dont le prototype est, disons, le comte de Buffon, qui écrit : « Il y a plus loin de l'homme dans l'état de pure nature à l'Hottentot, que de l'Hottentot à nous » (XIV, p. 31). Sur la question du mélange des espèces, Buffon rapporte l'existence de « mélanges forcés ou volontaires des négresses aux singes, dont le produit est rentré dans l'une ou l'autre espèce ; et voyez, supposé qu'elles ne soient pas les mêmes, combien l'intervalle qui les sépare est difficile à saisir » (XIV, p. 31-32). Le naturaliste ne doute pas de ces informations.

C'est dans cet intervalle, inframince, que se situe, bien sûr, l'âme :

« Je l'avoue, si l'on ne devait juger que par la forme, l'espèce du singe pourrait être prise pour une variété dans l'espèce humaine : le Créateur n'a pas voulu faire pour le corps de l'homme un modèle absolument différent de celui de l'animal : il a compris sa forme, comme celle de tous les animaux, dans un plan général ; mais en même temps qu'il lui a départi cette forme matérielle semblable à celle du singe, il a pénétré ce corps animal de son souffle divin ; s'il eût fait la même faveur, je ne dis pas au singe, mais à l'espèce la plus vile, à l'animal qui nous paraît le plus mal organisé, cette espèce serait bientôt devenue la rivale de l'homme ; vivifiée par l'esprit, elle eût primé sur les autres ; elle eût pensé, elle eût parlé : quelque ressemblance qu'il y ait donc entre l'Hottentot et le singe, l'intervalle qui les sépare est immense, puisque à l'intérieur il est rempli par la pensée et au dehors par la parole. Qui pourra jamais dire en quoi l'organisation d'un imbécile diffère de celle d'un autre homme ? Le défaut est certainement dans les organes matériels, puisque d'homme à homme, où tout est entièrement conforme et parfaitement semblable, une différence si petite, qu'on ne peut la saisir, suffit pour détruire la pensée ou l'empêcher de naître, doit-on s'étonner qu'elle ne soit jamais née dans le singe qui n'en a pas le principe ? L'âme en général a son action propre et indépendante de la matière ; mais comme il a plu à son divin Auteur de l'unir avec le corps, l'exercice de ses actes particuliers dépend de la constitution des organes matériels : et cette dépendance est non seulement prouvée par l'exemple de l'imbécillité, mais même démontrée par ceux du malade en délire, de l'homme en santé qui dort, de l'enfant nouveau-né qui ne pense pas encore et du vieillard décrépit qui ne pense plus : il semble même que l'effet principal de l'éducation soit moins d'instruire l'âme ou de perfectionner ses opérations spirituelles que de modifier les organes matériels et de leur procurer l'état le plus favorable à l'exercice du principe pensant » (XIV, p. 32-33).

Buffon le précise : au contraire des animaux, les hommes sont capables de réfléchir, de penser, de parler, de communiquer, de se perfectionner, d'inventer. L'âme sépare l'homme et l'animal, rien ne les réunira jamais, car l'un a Dieu en partage et l'autre non.

Ce qui n'empêche pas le naturaliste, comme l'écrit le perfide Mirabeau, ci-devant Honoré-Gabriel Riqueti de Mirabeau, comte de son état, de faire des expérimentations de mélange des espèces et des races : « Ce grand homme ne nous a pas donné ses expériences sur les mélanges des hommes avec les bêtes, et c'est ce qu'il faudrait imprimer, afin qu'il fût possible de suivre ses grandes vues et que ne perdant un si beau génie, nous ne perdissions pas la suite de ses idées » (p. 143). C'est bien sûr pure calomnie, parfaite médisance, vilenie gratuite, crasse intellectuelle et défaut de probité, comme on en trouve chez nombre d'acteurs de la Révolution française, notamment parmi les Jacobins qui ne parlaient que « régénération » et « Homme Nouveau ». Peut-être qu'à la faveur d'un peu d'introspection l'idée leur était venue d'en finir avec le trop-plein de ce genre d'hommes dégénérés à cette époque.

2

Fabriquer l'émule d'un chevreuil

Régénérer l'Homo sapiens

Le mot « régénération » qui infuse l'idéologie révolutionnaire de 1789 à 1793 ne se trouve pas chez Rousseau, bien que la notion constitue le socle de son œuvre. Le philosophe théorise trois moments philosophiques appelés à fonder l'entreprise jacobine : la *dégénérescence de l'homme à cause de la civilisation* – c'est la thèse de son *Discours sur les sciences et les arts* (1750) ; l'*excellence de l'homme naturel* – idée cardinale de son *Discours sur l'origine et les fondements de l'inégalité parmi les hommes* (1755) ; la *régénérescence obtenue par l'éducation des enfants* – voir l'*Émile* (1762) ; et le *pacte social* – idée au cœur du *Contrat social* (1762). Ce qui constitue le triptyque : *Haro sur la civilisation, Vive l'homme naturel* et *Vive la cité régénérée composée d'hommes régénérés !*

Haro sur la civilisation : le *Discours sur les sciences et les arts* répond à une question de concours proposée par l'Académie de Dijon. Le texte est donc un exercice rhétorique, voire sophistique : Rousseau cherche à séduire le jury pour empocher l'argent du concours, une médaille d'or d'une valeur de trois cents livres ! On ignore la part de sincérité de cette copie composée pour séduire un cénacle provincial. Voici la thèse de l'impétrant : « La dépravation [est] réelle et nos âmes sont corrompues à mesure que nos sciences et nos arts se sont avancés à la perfection » (III, p. 9). Dépravation, corruption, nous y voilà ; la régénération suivra.

Le philosophe Rousseau, qui écrit des livres, en lit, compose des opéras, met au point une nouvelle méthode de notation musicale, se fait entretenir par des riches femmes aristocrates, déclare la guerre à l'argent, aux efféminés et aux amollis, au commerce, à la corruption des mœurs, au luxe, aux travaux intellectuels, à la culture, à la métaphysique, à l'imprimerie, aux livres, à la musique, aux beaux-arts, à l'opéra, à l'éducation, à la philosophie, aux lettrés, aux écrivains ! Il double ces attaques d'un certain nombre d'éloges : la discipline militaire, la pauvreté, l'esprit conquérant, l'armée, le soldat, le guerrier, la vertu, la rusticité, l'agriculture, le bon sens, la foi, la religion, les lois. Il préfère le laboureur au philosophe, sans toutefois s'interdire de célébrer le philosophe conseiller du prince. Modeste, comme toujours, Rousseau affirme qu'il n'écrit pas pour son siècle mais pour l'éternité ! Dans une *Lettre à l'abbé Raynal*, il note : « J'ai assigné [le] premier degré de la décadence des mœurs au premier moment de la culture des Lettres dans tous les pays du monde, et j'ai trouvé le progrès de ces deux choses toujours en proportion » (III, p. 32).

Vive l'homme naturel : le *Discours sur l'origine et les fondements de l'inégalité* répond lui aussi à une question posée une fois encore par l'Académie de Dijon. Rousseau ne le sait pas mais, par cette réponse, il fonde, hélas, l'anthropologie moderne ; il ignore également qu'en 1789 ses « hypothèses » deviendront des vérités politiques imposées par les Jacobins à coups de guillotine ; enfin, il n'imagine pas que sa méthode, qui n'en est pas une, s'imposera en Occident, jusqu'à nos jours, chez les intellectuels, les philosophes, les sociologues et autres gens d'idées. Il écrit : « Commençons par écarter tous les faits, car ils ne touchent point à la question » (III, p. 132). Depuis Platon, cela fait deux mille cinq cents ans que les philosophes dominants commencent par « écarter tous les faits » pour mieux refourguer leurs vues de l'esprit présentées comme des vérités ! En lieu et place des faits, Rousseau revendique des « raisonnements *hypothétiques* et *conditionnels* » ou bien encore « des *conjectures* » (III, p. 133 ; je souligne). Le Genevois, toujours aussi modeste, une basse continue chez lui, s'imagine au Lycée d'Athènes, dans l'École d'Aristote donc, avec Platon et Xénocrate pour juges de ses propos « et le genre humain pour auditeur ». Pour l'heure, il parle à des bourgeois de Dijon, à qui il tend la sébile, pour remporter le prix.

Il écarte donc les livres, les bibliothèques et les idées qui existent déjà et prétend questionner « la nature qui ne ment jamais » (III, p. 133). Elle ment d'autant moins qu'il ne lui laisse aucune possibilité de se défendre de ses allégations philosophantes. Dès lors, la nature ne ment pas, mais Rousseau, qui parle pour elle, peut mentir. C'est d'ailleurs souvent le cas...

Rousseau célèbre la nature et déplore que l'homme en sorte au prix d'une *dépravation* – « dépraver » est son mot. L'homme peut souhaiter « rétrograder », car son passé fut merveilleux, son présent se montre terrible, son futur sera effrayant. Voici posé le schéma ontologique nouveau, celui des Lumières, une fiction qui, *dans les faits*, produit 1789, puis 1793.

Pas question pour lui de penser l'homme historiquement, évoluant, changeant, autrement dit véritablement. Rousseau pense la réalité en général et l'homme en particulier en platonicien, en leur conférant une essence qu'il a lui-même imaginée. Contre toute évidence, son homme naturel est en effet posé comme naturellement bon, le contraire de l'homme peccamineux des chrétiens donc !

Commence alors l'exposé de sa *vision* de l'homme : « Je le *vois* se rassasiant sous un chêne, se désaltérant au premier ruisseau, trouvant son lit au pied du même arbre qui lui a fourni son repas, et voilà ses besoins satisfaits » (III, p. 135 ; je souligne). Qui dit mieux ? Depuis la fable du Jardin d'Éden, personne... Le philosophe poursuit son roman lyrique et bucolique : la nature est généreuse, elle pourvoit en aliments un homme qui vit en bonne intelligence avec les animaux, ses compagnons, qu'il domine par une sagacité supérieure ; robuste, habitué au froid et aux rigueurs, il est fort, son tempérament quasi inaltérable ; ses enfants eux aussi sont magnifiques, car s'ils ne sont pas à la hauteur, la nature les supprime ; agile, pas comme les hommes du jour qui se montrent faibles et maladroits, cet «homme sauvage» (III, p. 136) se trouve paré de toutes les vertus, il est l'antithèse de l'homme dépravé, contemporain du philosophe.

Rousseau parle d'«état de nature» *(ibid.)* non sans avoir écrit, quelques pages en amont : «Il faut nier que, même avant le Déluge, les Hommes ne se soient jamais trouvés dans le pur état de Nature» (III, p. 132). En quelques lignes voici la cohérence du philosophe : l'état de nature n'existe pas, mais il raconte ce qu'est l'état de nature – le mot «nature» passant d'ailleurs de la minuscule à la majuscule ! Il travaille ainsi au glissement de son hypothèse à la certitude. Prestidigitation épistémologique !

L'homme à l'état de nature ignore les maladies, qui sont des produits pervers et nocifs de la civilisation. Il ne voit aucun animal infirme dans la nature, aucun qui ait besoin de médecin ou de chirurgien : c'est donc dans l'état de culture qu'on trouve maladies et infirmités. Dans l'esprit de Montaigne, Rousseau affirme que c'est bien souvent le médecin qui provoque la maladie ou la mort, avec ses drogues, ses incisions, ses jeûnes, ses empoisonnements.

Le philosophe célèbre le Sauvage contre le Civilisé, qu'il nomme Domestique : «Entre les conditions Sauvage et Domestique la différence d'homme à homme doit être plus grande encore que celle de la bête à la bête» (III, p. 139). On ne peut mieux signifier que le sauvage c'est le civilisé ! Nu, simple, il se confectionne des habits avec des peaux de bêtes. Sur ce sujet, Rousseau écrit : «À moins de supposer ces concours singuliers et fortuits de circonstance, dont je parlerai dans la suite, et qui *pouvaient fort bien ne jamais arriver*, il est clair, en tout état de cause, que le premier qui fit des habits ou un logement, se donna en cela des choses peu nécessaires, puisqu'il s'en était passé jusqu'alors, et qu'on ne voit pas pourquoi il n'eût pu supporter, homme fait, un genre de vie qu'il supportait dès son enfance» (III, p. 140 ; je souligne).

Fabriquer l'émule d'un chevreuil

Ce dont il parle ensuite, c'est l'invention de la propriété par un premier homme sorti de l'état de nature. Mais, miracle de la méthode rousseauiste, son hypothèse est devenue réalité, d'autant plus réalité qu'elle aurait pu ne pas avoir lieu! On rêve... Rousseau ajoute des hypothèses aux hypothèses pour construire sa fiction à laquelle il confère le statut de réalité. Puis il valide ses inventions en recourant à des récits de voyage, dont il avait pourtant fait savoir quelques pages plus haut qu'il tenait leur autorité pour rien.

Rousseau distingue l'homme de la bête, tous deux machines, par la conscience, dont seul l'homme est pourvu. Non pas l'entendement ou le jugement, mais l'« agent libre » (III, p. 141). Il ajoute : « C'est surtout dans la conscience de cette liberté que se montre la spiritualité de son âme » (III, p. 142). Car savoir qu'au contraire de l'animal l'homme dispose d'un libre arbitre ne suffit pas à démontrer le caractère spirituel de l'âme! C'est un postulat... Qu'un pigeon affamé meure de faim devant un tas de viande, *idem* pour un chat en présence de fruits, témoigne que l'animal obéit à la nature, alors que l'homme, qui lui commande, aurait changé son régime alimentaire pour ne pas périr, mais ne permet en rien de déduire ou de conclure que l'âme est spirituelle – et non pas matérielle. Un cerveau suffit, nul besoin d'âme, sauf à réduire l'une à l'autre.

Rousseau estime donc l'homme perfectible, au contraire de l'animal. Cette perfectibilité constitue le noyau ontologique de la funeste entreprise de régénération. L'homme naturel débouche sur un homme dégénéré, produit de la civilisation, dont Rousseau ne dit pas qu'elle est judéo-chrétienne, et que je dirais technique ; le philosophe n'attaque ni le christianisme ni la chrétienté, mais le progrès et, même si le mot n'existe pas encore, alors que la chose semble vieille comme le monde, le « progressisme », qui est religion de ce progrès, foi et croyance en lui. Cette nouvelle confession a pour prophète le Condorcet de l'*Esquisse d'un tableau historique des progrès de l'esprit humain*, un texte auquel le philosophe travaillait quand, poursuivi par le progrès, il se suicide pour échapper à la guillotine des progressistes Jacobins. L'ouvrage sera publié de manière posthume en 1795.

Le philosophe genevois ne croit pas au progrès technique, mais au regrès éthique qui est le nom de son progrès : de l'homme naturel à l'homme civilisé il n'y a que décadence, dégénérescence. Dans l'état de nature, dit-il, l'inégalité n'existe pas car les hommes sont naturellement égaux, elle est donc un pur produit de la société. Ce nouveau postulat s'accompagne d'une simili-démonstration dans l'esprit de Rousseau : c'est une nouvelle fiction.

La phrase est célèbre : « Le premier qui, ayant enclos un terrain, s'avisa de dire, ceci est à moi, et trouva des gens assez simples pour le croire, fut le vrai fondateur de la société civile » (III, p. 164). On s'étonne que, dans l'état de nature, où tous sont égaux, certains le soient plus que d'autres, car, convenons que tel qui enclôt un terrain et tel autre qui se trouve assez bête pour le laisser faire ne sont pas égaux, disons, en jugeote ! Car l'un, qui possède, domine l'autre, qui est possédé. Cette partition prouve bien que, dans la nature, il existe des rusés, des malins, des finauds, des avisés, des futés, des astucieux, des habiles qui, avant l'enclos donc, créent des biens qu'ils estiment *ensuite* nécessaire d'enclore ! En l'occurrence des maisons ! Avant la propriété, il y a donc... la propriété, note Rousseau lui-même sans y voir contradiction.

Ce « le premier » devient le bouc émissaire à sacrifier pour régénérer la société, c'est l'Adam socialiste ou communiste – Rousseau écrit en effet : « Gardez-vous d'écouter cet imposteur ; vous êtes perdus, si vous oubliez que les fruits sont à tous, et que la Terre n'est à personne » (III, p. 165). Désigner ce « premier » homme comme un « imposteur » allume un feu dont l'incandescence illumine la Terreur. Le premier propriétaire, un « imposteur » – le mot est fort –, se trouve déclaré ennemi de l'homme naturel : voici le thème de la guerre initiée par Rousseau à la faveur d'un simple exercice rhétorique – nous n'en sommes pas sortis...

Fabriquer l'émule d'un chevreuil

Dès lors, *vive la société régénérée!* Si l'on en croit Rousseau, on peut la régénérer de deux façons : premièrement par l'éducation de l'homme en tant qu'individu, deuxièmement par son dressage comme citoyen. La même année 1762, l'*Émile* et le *Contrat social* fournissent les deux feuilles de route de cette entreprise ontologique et politique.

Dans l'*Émile*, Rousseau propose une pédagogie novatrice : l'enfant est une entité autonome ; l'emmaillotage, la bouillie, les châtiments sont à bannir ; l'allaitement, l'enseignement par l'exemple, l'acceptation des cris et des pleurs, voilà autant de bonnes choses parce que naturelles ; les nourrices et les précepteurs, les collèges et les pensions exclus ; il faut solliciter chez l'enfant la réflexion plutôt que la mémoire ; l'hygiène doit devenir un souci majeur ; on préférera le régime végétarien ; les vêtements doivent être confortables et amples ; la campagne s'avère préférable à la ville qui est pathogène ; le berceau doit être large et rembourré ; l'éducation de l'enfant commence bien avant qu'il ne sache parler, elle détermine totalement l'adulte ; un petit rien advenant dans les jeunes années peut causer un traumatisme irréparable par la suite ; l'habitude tue l'imagination ; il faut laisser venir patiemment la maîtrise de la parole, de la lecture ou de la marche et ne pas forcer l'enfant ; l'apprentissage doit s'effectuer sans contrainte, en évitant l'ennui ; le corps compte autant que l'esprit, l'un et l'autre sont à éduquer, ainsi que les sens ; filles et garçons sont mêmement concernés – toutes choses aujourd'hui acquises, mais révolutionnaires en leur temps. Rousseau savait d'autant mieux comment se comporter avec les enfants qu'il en a lui-même abandonné cinq...

Mais on dit moins que Rousseau propose également une pédagogie faussement libertaire, vraiment autoritaire, car elle soumet drastiquement l'élève au maître – de même le citoyen à la cité... Ainsi, Rousseau veut : transporter le moi dans l'unité commune ; enseigner l'endurance et la rudesse, apprendre à supporter le froid, les choses répugnantes, la souffrance, l'absence de sommeil, les vicissitudes de la vie ; moins instruire que conduire ; soumettre l'élève au précepteur omniprésent, omnipotent, omniscient – « il est nécessairement à votre merci » (p. 362) – car l'indépendance est une mauvaise chose : il faut que l'élève « croie toujours être le maître et que ce soit toujours vous qui le soyez. Il n'y a point d'assujettissement si parfait que celui qui garde l'apparence de la liberté » *(ibid.)* ; ou bien encore : l'enfant « ne doit vouloir que ce que vous voulez qu'il fasse » (p. 363) ; il faut donner des leçons sans que l'élève ait l'impression d'en recevoir ; utiliser la force, la ruse, les stratagèmes, le charme, la flatterie, la contrainte, la tromperie (p. 639) pour circonvenir Émile ; éteindre sa libido, retarder ses passions, ordonner ses affections, prolonger son innocence, diriger les mouvements de son âme, réprimer l'activité de ses sens, choisir ses plaisirs ; cultiver son ignorance ; supprimer les désirs par le travail et l'effort physique ou la chasse qui accoutume au sang et à la cruauté ; choisir la compagne qui lui convient et le marier ; le rendre docile ; ne jamais le laisser seul et, pour ce faire, coucher dans la même chambre que lui – « Ne le laissez seul ni jour ni nuit » (p. 663) ; lui créer un goût sûr et sain ; quand Émile atteint vingt-cinq ans, le précepteur se sépare de lui, mais le jeune homme conserve tout de même un tuteur jusqu'à la mort ; et, *in fine*, ceci : « J'en ferais l'émule d'un chevreuil plutôt que d'un danseur d'opéra » (p. 391) – on ne peut mieux dire que Rousseau enseigne son disciple... *à devenir une bête* ! Le Saint-Just des *Fragments sur les institutions républicaines* a bien lu Rousseau. L'un et l'autre aimaient Sparte plus qu'Athènes.

L'exercice théorique qui écarte les faits permet au philosophe de produire un Émile parfait, matrice de l'Homme Nouveau que les Jacobins veulent engendrer par la régénération de 1793 : il est sans parents ; il parle un français pur ; il supporte les fortes douleurs ; il est toujours gai ; il ne ment jamais ; il sait parfaitement lire et écrire ; il nage à la perfection ; il est bon car il ignore le mal ; il excelle en géométrie, qu'il enseigne à son éducateur – réminiscence platonicienne ; il se montre toujours maître de lui ; il n'est pas « faiseur de livres » (p. 473) ; il mène une vie simple et rustique ; il est estimé par les femmes

Fabriquer l'émule d'un chevreuil

même si elles savent qu'il est dur ; il montre de l'âme et de la sensibilité ; il inspire l'estime et la confiance, on l'aime ; il est sans préjugés ; ennemi des vanités et des pouvoirs factices, il est sage dans un monde de fous ; il est sensé, déteste la violence, ne parle que lorsque c'est utile, a des sentiments sublimes, ne reconnaît d'autorité que celle de la raison ; il est « l'homme de la nature » (p. 558) ; il est intelligent alors que les jeunes de son âge s'amusent ; il est pur – la chose se trouve régulièrement dite ; il n'estime pas les hommes mais ne les méprise pas pour autant ; il est « trop instruit pour être babillard » (p. 666) ; il se moque de ce que l'on pense de lui, il pratique l'humilité calculée ; modeste, il veut plaire aux femmes et aux autres ; il est homme de bon sens ; il aime la lecture des Anciens ; il estime les vrais biens : frugalité, simplicité, générosité, désintéressement, mépris du faste et des richesses ; il se montre en agriculture plus doué que les agriculteurs ; il sait tout et peut tout faire, il peut être médecin, juriste, entrepreneur, maçon – c'est le futur Homme Total du Marx des *Manuscrits de 1844* ; il est le plus rapide à la course ; il triomphe en « meilleur ouvrier du pays » (p. 808) ; il a une compagne parfaite, Sophie, dont Rousseau brosse également le portrait – retenons qu'elle cuisine, coud, fait la vaisselle et le ménage, elle est propre, méticuleuse, pure elle aussi bien sûr, gaie, modeste et réservée, elle a de la religion, se montre chaste et vertueuse, honnête... Enfin, cerise politique sur le gâteau éthique, Émile est fait pour gouverner, car « il primera partout, il deviendra partout le chef des autres, ils sentiront toujours sa supériorité sur eux. Sans vouloir commander il sera le maître, sans croire obéir ils obéiront » (p. 423).

Ce formatage radical de l'être individuel prescrit dans l'*Émile* se double d'un formatage du citoyen exposé dans *Du contrat social*. Il existe déjà des considérations politiques dans l'*Émile*, notamment cette idée que la destination de l'homme construit par la pédagogie rousseauiste a vocation à se fondre, se diluer, disparaître dans le corps politique qui prend le pas sur le corps individuel : « Dans une législation parfaite, la volonté particulière et individuelle doit être presque nulle, la volonté de corps propre au gouvernement très subordonnée, et par conséquent la volonté générale et souveraine est la règle de toutes les autres » (845). Or la volonté générale n'est pas la somme des volontés particulières, mais la volonté de tous en tant qu'elle se manifeste non pas selon le caprice individuel mais en vue de réaliser l'intérêt général et le bien commun. Rousseau ajoute : « Quiconque refusera d'obéir à la volonté générale y sera *contraint* par tout le corps : ce qui ne signifie autre chose sinon qu'on le *forcera* d'être libre » (III, p. 364). Cette phrase justifie et légitime à elle seule : la loi sur les suspects, qui condamne quiconque est signalé comme manquant de zèle jacobin ; l'établissement du Tribunal révolutionnaire, qui prive les suspects de tout droit à la défense ; le régime de la guillotine qui, *dixit* Robespierre, réalise le projet rousseauiste du gouvernement par la vertu ; le génocide du peuple vendéen.

Paradoxalement, c'est ici qu'apparaît l'âme. Car, dans le chapitre du *Contrat social* consacré à « La religion civile », Rousseau ne craint pas de recourir à la transcendance pour fonder sa politique immanente. Récapitulons : *dans l'état de nature*, l'homme connaît un bonheur de type virgilien ; *dans l'état de culture*, marqué par l'avènement de la propriété, il connaît l'inégalité, la civilisation, la souffrance ; *dans l'état politique*, *via* le contrat social, il recouvre son bonheur perdu par la loi qui lui assure le rétablissement de l'égalité. Mais ce pacte social semble plus une fiction politique qu'une réalité concrète, une hypothèse de travail plus qu'une vérité sociologique ou politique. Le philosophe invoque donc Dieu et la religion pour obtenir des hommes ce que l'immanence ne saurait obtenir seule.

La Profession de foi du vicaire savoyard forme comme un livre dans le livre, consacré à l'éducation religieuse d'Émile. Ce vicaire en appelle au sentiment et à la raison, et reconnaît l'existence d'un moteur à notre univers en mouvement : c'est moins un dieu chrétien créateur du monde qu'un dieu aristotélicien, agent premier immobile et cause première incausée ; le recours à la métaphore de la montre et de l'horloger active le lieu commun déiste ; contre le matérialisme, qui réduit tout à la matière, le vicaire rousseauiste prône le jugement, la pensée, la réflexion, l'intelligence, la liberté, autant de facultés qui distinguent l'homme de l'animal et attestent l'existence en l'homme de plus que la matière, d'un au-delà d'elle – en effet, selon Rousseau, l'homme est « animé d'une substance immatérielle » (p. 365) : l'âme, bien sûr, que nous connaissons par intuition et dont nous savons, toujours selon le même mode, qu'elle survit à notre mort et au périssement de la matière. Ce qui donne ce raisonnement : « Si l'âme est immatérielle, elle peut survivre au corps ; et si elle lui survit, la Providence est justifiée » (p. 368). Mais Rousseau part d'une supposition et non d'une vérité démontrée ! La répétition de « si » prouve que Rousseau manque de preuve et se voit contraint à l'hypothèse. L'Église, pas si bête, comprend bien ce qui se trame ici, voilà pourquoi elle inscrit l'*Émile* à l'Index...

Rousseau attaque la religion chrétienne non parce qu'elle est religion, mais parce qu'elle est chrétienne et que, en vendant son arrière-monde et son au-delà, elle s'arrange des misères du monde ici-bas et collabore avec ceux qui entretiennent l'injustice sociale et qui, en vertu de la jurisprudence paulinienne selon laquelle tout pouvoir vient de Dieu, célèbrent la soumission aux pouvoirs terrestres comme moyen de gagner le salut.

Il faut une religion civique, patriote : « Il y a donc une profession de foi purement civile dont il appartient au souverain de fixer les articles non pas précisément comme dogmes de cette Religion, mais comme sentiments de sociabilité, sans lesquels il est impossible d'être bon Citoyen ni sujet fidèle. Sans pouvoir obliger personne à les croire, il peut bannir de l'État quiconque ne les croit pas ; il peut le bannir, non comme impie, mais comme insociable, comme incapable d'aimer sincèrement les lois, la justice, et immoler au besoin sa vie à son devoir. Que si quelqu'un, après avoir reconnu publiquement ces mêmes dogmes, se conduit comme ne les croyant pas, qu'il soit puni de mort ; il a commis le plus grand des crimes, il a menti devant les lois » (III, p. 468).

Anima

On comprend dès lors ce que signifie «on le forcera d'être libre» sous la plume de Jean-Jacques Rousseau. Une décennie plus tard, le docteur Guillotin invente le moyen d'exaucer le souhait du philosophe disparu en 1778 : Robespierre et les Jacobins conduisent la politique de l'Homme Nouveau en installant une guillotine sur quantité de places publiques. Le bolchevisme s'en souviendra; le fascisme, sa créature métastasée, aussi. L'âme prend désormais la forme que lui donne le Rasoir national : un cerveau sanguinolent sectionné du reste du corps.

3

Généalogie de l'eugénisme républicain

Décapiter l'âme

L'abbé Grégoire inaugure la notion de « régénération » et en donne la méthode dans son *Essai sur la régénération physique, morale et politique des Juifs*, écrit en 1788 et publié en 1789. Cet ouvrage est célébré pour d'étranges raisons, car son auteur souscrit à toute la thématique antisémite, mais échappe aux accusations d'antisémitisme, parce qu'il estime culturels, autrement dit artificiels et non essentiels, les prétendus vices des Juifs qui, de ce fait, peuvent être sauvés de la dégénérescence par la régénération citoyenne.

Autrement dit, les Juifs sont dégénérés, mais s'ils cessent d'être juifs, deviennent des citoyens français, renient leurs rites, coutumes et traditions, alors ils seront régénérés. Asociaux parce que juifs, ils se socialiseront en oubliant qu'ils le sont – du moins qu'ils l'étaient... Cette rééducation des Juifs pour que leur judaïsme devienne acceptable, cette idée qu'un bon Juif est un Juif christianisé et, plus tard, converti aux idées jacobines de la religion d'État des prêtres jureurs sont autant de thèses qui m'ont toujours paru indéfendables.

L'abbé Grégoire estime que l'apport des Juifs à la culture européenne est quantité négligeable, que la croissance rapide de leur population est dangereuse, que leur foi les oblige à croire les sottises des rabbins, que leur pratique de l'usure s'avère dommageable pour les paysans, que les critiques qui leur sont faites sur ce sujet sont fondées, qu'ils ont eu tort de ne pas souscrire au message chrétien de l'accomplissement du judaïsme dans le christianisme, que le Talmud fourmille d'inepties, que le rabbinisme procède du délire. Avec des amis comme ça, nul besoin d'ennemis! L'abbé Grégoire invente le Juif honteux comme, au siècle suivant, Lessing inventera la haine de soi juive.

La régénération, pour cet abbé panthéonisé en 1989 par un président de la République décoré de la francisque, passe par la conversion: «L'entière liberté religieuse accordée aux Juifs sera un grand pas en avant pour les réformer, et j'ose le dire, pour les convertir.» Et ceci: «À force d'encourager les Juifs, insensiblement ils adapteront notre manière de penser et d'agir, nos lois, nos usages et nos mœurs.» Moins ils seront eux, plus ils seront nous, mieux ils seront régénérés!

L'abbé Grégoire estime que les Juifs sont sexuellement dégénérés et doivent se corriger physiquement: les garçons sont trop précoces et les filles fort sujettes à la nymphomanie tant qu'elles sont célibataires. De Johann Caspar Lavater, l'inventeur de la physiognomonie, avec lequel il s'est entretenu, il tient que les Juifs ont «le visage blafard, le nez crochu, les yeux enfoncés, le menton proéminent, et les muscles constricteurs de la bouche fortement prononcés». Il véhicule le lieu commun antisémite de leur mauvaise odeur. Il estime que leurs traits physiques expriment des traits psychiques négatifs.

Pour régénérer la race juive, l'abbé propose d'en finir avec les lois kasher qui contraignent à laver la viande de toute trace de sang pour la rendre propre à la consommation. Se priver de sang c'est se couper des forces qu'il donne. Sur cette question du sang, il invite également à combattre les mariages consanguins en faisant la promotion de mariages mixtes avec des chrétiens, ce qui présente également l'avantage d'accélérer les conversions!

Que cet *Essai sur la régénération physique, morale et politique des Juifs* passe pour un progrès philosémite ne cesse d'étonner, car c'est au prix de leur disparition, de l'abandon de ce qu'ils sont au profit d'un autre être, même physiquement, d'une autre identité, que les Juifs cesseraient d'être dégénérés – car, précisons-le à nouveau, l'idée de la régénération suppose bien qu'en amont on soit dégénéré.

Dégénérés, les provinciaux le sont aussi, avec leurs langues régionales que l'abbé Grégoire combat pour imposer le français, qui a l'avantage d'être une seule et même langue, ce qui facilite la régénération, c'est-à-dire l'idéologisation, la politisation, l'endoctrinement des citoyens.

Dans le même esprit éradicateur, on lui doit un *Rapport sur la nécessité et les moyens d'anéantir le patois et d'universaliser l'usage de la langue française*, dit *Rapport Grégoire*, texte présenté devant la Convention le 4 juin 1794. Il s'agit d'« anéantir » – le mot est fort et choisi à dessein –, trente langues dites « patois » par l'abbé :

« Le bas-breton, le normand, le picard, le rouchi ou wallon, le flamand, le champenois, le messin, le lorrain, le franc-comtois, le bourguignon, le bressan, le lyonnais, le dauphinois, l'auvergnat, le poitevin, le limousin, le picard, le provençal, le languedocien, le velayen, le catalan, le béarnois, le basque, le rouergat et le gascon ; ce dernier seul est parlé sur une surface de soixante lieues en tout sens.

Au nombre des patois, on doit placer encore l'italien de la Corse, des Alpes-Maritimes, et l'allemand des Haut et Bas-Rhin, parce que ces deux idiomes y sont très-dégénérés.

Enfin, les Nègres de nos colonies, dont vous avez fait des hommes, ont une espèce d'idiome pauvre comme celui des Hottentots, comme la langue franque, qui, dans tous les verbes, ne connaît guère que l'infinitif. »

Dégénérés donc les Picards et les Bretons, les Béarnais et les Gascons, les Nègres et les Hottentots. Les patois, autrement dit les langues régionales, constituent un idiome féodal pendant que le français unique, enseigné par des instituteurs dans toutes les écoles de France, est la langue de la République. D'un côté le patois limité et inculte, de l'autre la langue universelle et cultivée de la nation. « L'idiome est un obstacle à la propagation des Lumières. » En fait, il s'agit véritablement d'opposer les langues diverses et multiples du peuple et la langue unique, centralisée et parisienne des Jacobins : « [Les dialectes] empêchent l'amalgame politique, et d'un seul peuple en font trente. » L'abbé Grégoire, qui vend ses miracles chrétiens en les estimant dignes des Lumières, fustige les croyances populaires : visiblement, il n'aime pas le peuple, qu'il estime dégénéré et qui doit donc être régénéré. Voilà tout le projet jacobin.

Pour mener à bien ce projet, l'abbé Grégoire compte sur le zèle des instituteurs, sur la publication de brochures en français destinées à inonder les campagnes, sur l'aide des journaux, sur le colportage de poésies et de chansons édifiantes, sur le changement de signalétique : ici s'esquisse une société totalitaire qui endoctrine par tous les moyens, enseignants et journalistes en tête de milice. Grégoire imagine même n'accorder le mariage qu'à ceux qui sauraient lire, écrire et parler le français. Il déclare également la guerre aux accents régionaux. Enfin, il invite à réformer l'orthographe, à écrire un dictionnaire, à produire une « nouvelle grammaire », à emprunter des mots aux langues étrangères – plutôt l'anglais du commerce que l'occitan des poètes, donc... L'abbé Grégoire conclut son discours en célébrant la « révolution qui doit améliorer le sort de l'espèce humaine ».

Condorcet partage ce projet d'amélioration du sort de l'espèce humaine et ne rechigne pas à inventer l'eugénisme révolutionnaire. Il écrit en effet dans l'ultime développement de sa sidérante *Esquisse d'un tableau historique des progrès de l'esprit humain* qu'il faut envisager le perfectionnement biologique de l'espèce. Dans cette « dixième époque », qui examine les « progrès futurs de l'esprit humain », Condorcet prétend s'appuyer sur des règles scientifiques pour expliquer que ce qui adviendra ne peut pas ne pas advenir. Il invente la prédiction progressiste. Parmi ses prévisions, « le perfectionnement réel de l'homme » (p. 204).

S'il existe un grand ancêtre au transhumanisme, n'est-ce pas chez lui qu'on le trouve, lui qui écrit que « le perfectionnement

GÉNÉALOGIE DE L'EUGÉNISME RÉPUBLICAIN

réel des facultés intellectuelles, morales et physiques » peut procéder de l'invention «des instruments qui augmentent l'intensité et dirigent l'emploi de ces facultés, ou même de celui de l'organisation naturelle de l'homme » (p. 205). Une âme augmentée en intensité et en performance par des instruments inédits? Nous y sommes...

Condorcet part du principe que « la nature n'a mis aucun terme à nos espérances » *(ibid.)*. C'est pourquoi, quand on y ajoute la culture, sourions un peu, on obtient d'incroyables performances : au vu du perfectionnement des « instruments », de l'« industrie », des « machines », le philosophe conclut à la « perfectibilité indéfinie » (p. 222) de l'homme.

Sur ce qu'il est convenu désormais de nommer le transhumanisme, Condorcet envisage cette hypothèse : «Il doit arriver un temps où la mort ne serait plus que l'effet, ou d'accidents extraordinaires, ou de la destruction de plus en plus lente des forces vitales, et qu'enfin la durée de l'intervalle moyen entre la naissance et cette destruction n'a elle-même aucun terme assignable » (p. 236-237) – la quête de l'immortalité, par les technologies, chère à Elon Musk et les siens trouve ici un précédent.

Dans les dernières lignes de son *Esquisse*, Condorcet propose le perfectionnement biologique de l'espèce : « Les facultés physiques, la force, l'adresse, la finesse des sens, ne sont-elles pas au nombre de ces qualités dont le perfectionnement individuel peut se transmettre? L'observation des diverses races d'animaux domestiques doit nous porter à le croire, et nous pourrons le confirmer par des observations directes faites sur l'espèce humaine » (p. 238). Le philosophe ajoute que les facultés intellectuelles et morales sont elles aussi susceptibles d'un pareil traitement. Intelligence, force de tête, énergie de l'âme ou sensibilité morale peuvent ainsi se trouver produites par l'homme grâce au perfectionnement des techniques, des instruments, des machines.

On peut supposer que Cabanis, médecin et philosophe, développe les idées de son ami Condorcet, qu'il côtoie dans le salon de Madame Helvétius, quand il écrit dans *Rapports du physique et du moral de l'homme* (1802) : « Après nous être occupés si curieusement des moyens de rendre plus belles et meilleures les races des animaux ou des plantes utiles et agréables; après avoir remanié cent fois celles des chevaux et des chiens; après avoir transplanté, greffé, travaillé de toutes les manières les fruits et les fleurs, combien n'est-il pas honteux de négliger totalement la race de l'homme! Comme s'il était plus essentiel d'avoir des bœufs grands et forts, que des hommes vigoureux et sains; des pêches bien odorantes ou des tulipes bien tachetées, que des citoyens sages et bons! Il est temps, à cet égard comme à beaucoup d'autres, de suivre un système de vues plus digne d'une époque de régénération: il est temps d'oser faire sur nous-mêmes ce que nous avons fait si heureusement sur plusieurs de nos compagnons d'existence; d'oser revoir et corriger l'œuvre de la nature. » Cabanis aide Condorcet à fuir la furie terroriste de 1793 et lui aurait fourni le poison avec lequel il a mis fin à ses jours. Le progrès avait encore des progrès à faire pour être vraiment progrès...

En attendant l'heure de la régénération par la science – le nazisme attend son tour –, Robespierre emboîte le pas à Rousseau avec la régénération par l'éducation et la politique, mais cette fois-ci sur le terrain concret de la politique. On connaît la dilection du Jacobin pour l'auteur du *Contrat social* qui, dans le chapitre intitulé «Du législateur», écrit: «Celui qui ose entreprendre d'instituer un peuple doit se sentir en état de changer, pour ainsi dire, la nature humaine; de transformer chaque individu, qui par lui-même est un tout parfait et solitaire, en partie d'un plus grand tout dont cet individu reçoive en quelque sorte sa vie et son être; d'altérer la constitution de l'homme pour la renforcer; de substituer une existence partielle et morale à l'existence physique et indépendante que nous avons reçue de la nature. Il faut, en un mot, qu'il ôte à l'homme ses forces propres pour lui en donner qui lui soient étrangères et dont il ne puisse faire usage sans le secours d'autrui. Plus ces forces naturelles sont mortes et anéanties, plus les acquises sont grandes et durables, plus aussi l'institution est solide et parfaite : en sorte que si chaque Citoyen n'est rien, ne peut rien, que par tous les autres, et que la force acquise par le tout soit égale ou supérieure à la somme des forces naturelles de tous les individus, on peut dire que la législation est au plus haut point de perfection qu'elle puisse atteindre » (III, p. 381-382). C'est très exactement la feuille de route de Maximilien Robespierre, donc des Jacobins. Le philosophe et le politicien veulent un Homme Nouveau : ce sera celui des Jacobins ; ce sera aussi celui des fascistes et des bolcheviques ; c'est aujourd'hui celui des transhumanistes.

Quelle âme pour cet Homme Nouveau ?

On connaît l'anecdote : Robespierre dit avoir rencontré Rousseau dans ses jeunes années. Il a en effet vingt ans quand meurt le philosophe, mais sans qu'on sache ce qu'il en fut véritablement : rencontre par les textes ? rencontre physique à Paris ou à Ermenonville ? rencontre d'une silhouette que le jeune avocat n'ose pas aborder ? rencontre véritable de quelques minutes pour une conversation informelle du genre : « J'aime beaucoup ce que vous faites » ? Rencontre réelle, mais plus longue ? Robespierre crée le mythe, n'attendons pas qu'il en livre les clés...

Le petit avocat issu de la noblesse de robe, descendu à Paris, qui fréquentait les salons de la bourgade d'Arras dans laquelle il concourait aux prix littéraires locaux, est devenu Maximilien Robespierre. La particule a disparu bien sûr, bien qu'il conserve la perruque poudrée des aristocrates qu'il envoie en masse sous le rasoir national pour la raison... qu'ils sont aristocrates !

En bon rousseauiste, Robespierre croit en Dieu, il est déiste et souscrit à l'idée d'une âme immortelle. Il déteste l'athéisme, selon lui un vice d'aristocrate qui fait le lit du libertinage ; il déteste Hébert, grand déchristianisateur devant Dieu, qui n'existe pas ; il exècre les sans-dieu que sont les hébertistes qu'il envoie à la guillotine – une vingtaine dans les charrettes du 24 mars 1794. Il se fait le bras armé du catéchisme de la *Profession de foi du vicaire savoyard*.

N'oublions pas que, dans le préambule de la *Déclaration des droits de l'homme et du citoyen* de 1789, on peut lire la phrase suivante : « L'Assemblée nationale reconnaît et déclare, en présence et sous les auspices de l'Être suprême, les droits suivants de l'homme et du citoyen. » *En présence de Dieu et sous ses auspices* donc – ce dernier mot, issu de la religion antique, renvoie à la faveur des dieux, dont on perce le présage par l'examen du vol des oiseaux et de leurs entrailles. On peut faire plus immanent ! Voilà malgré tout ce qu'on nomme les Lumières…

Le 21 novembre 1793, dans un discours tenu devant la Société populaire des Jacobins, Robespierre entretient de ce fameux Être suprême et cite Voltaire sans le nommer : « Si Dieu n'existait pas, il faudrait l'inventer. » Il estime en effet que l'athéisme est une posture d'aristocrate libertin et qu'il faut se démarquer de ces dégénérés au sang impur. Il défend donc la Providence mais, comme Rousseau, il n'est pas capable de procéder autrement qu'en postulant : il revendique le sentiment, qu'il complète par la raison et, comme par un heureux hasard, il débouche sur Dieu ! Abracadabra… Il a beau dire : « la Convention n'est point un faiseur de livres, un auteur de systèmes métaphysiques », elle défend une métaphysique déiste qui reprend ce qu'on trouve chez Kant sous forme de postulats : le libre arbitre, l'existence de Dieu, l'immortalité de l'âme. Autrement dit, le trépied ontologique, théologique et métaphysique chrétien.

Dans son *Rapport sur les principes de morale politique qui doivent guider la Convention nationale dans l'administration intérieure de la République* du 5 février 1794, Robespierre propose paradoxalement la même lecture de la Révolution française que le contre-révolutionnaire Joseph de Maistre. Pour l'un comme pour l'autre, elle est un outil de la Providence pour régénérer l'homme corrompu, sauf que ce qui est vice selon le contre-révolutionnaire est vertu pour le révolutionnaire. Robespierre se dit contre la superstition catholique, contre le fanatisme du catholicisme monarchiste, contre le « philosophisme », le nom qu'il donne au matérialisme athée.

Généalogie de l'eugénisme républicain

Le 7 mai 1794, un discours intitulé *Sur les rapports des idées religieuses et morales avec les principes républicains, et sur les fêtes nationales* permet à Robespierre de créer, ni plus ni moins, une nouvelle religion : le culte de l'Être suprême et de la Raison. Il attaque l'épicurisme et fait l'éloge de l'immortalité de l'âme. Contre Danton il proclame :

« Qui donc t'a donné la mission d'annoncer au peuple que la Divinité n'existe pas, ô toi qui te passionnes pour cette aride doctrine, et qui ne te passionnas jamais pour la patrie ? Quel avantage trouves-tu à persuader à l'homme qu'une force aveugle préside à ses destinées, et frappe au hasard le crime et la vertu, que son âme n'est qu'un souffle léger qui s'éteint aux portes du tombeau ?

L'idée de son néant lui inspirera-t-elle des sentiments plus purs et plus élevés que celle de son immortalité ? lui inspirera-t-elle plus de respect pour ses semblables et pour lui-même, plus de dévouement pour la patrie, plus d'audace à braver la tyrannie, plus de mépris pour la mort ou pour la volupté ? Vous qui regrettez un ami vertueux, vous aimez à penser que la plus belle partie de lui-même a échappé au trépas ! Vous qui pleurez sur le cercueil d'un fils ou d'une épouse, êtes-vous consolés par celui qui vous dit qu'il ne reste plus d'eux qu'une vile poussière ? Malheureux qui expirez sous les coups d'un assassin, votre dernier soupir est un appel à la justice éternelle ! L'innocence sur l'échafaud fait pâlir le tyran sur son char de triomphe : aurait-elle cet ascendant, si le tombeau égalait l'oppresseur et l'opprimé ? Malheureux sophiste ! de quel droit viens-tu arracher à l'innocence le sceptre de la raison, pour le remettre dans les mains du crime, jeter un voile funèbre sur la nature, désespérer le malheur, réjouir le vice, attrister la vertu, dégrader l'humanité ? Plus un homme est doué de sensibilité et de génie, plus il s'attache aux idées qui agrandissent son être, et qui élèvent son cœur ; et la doctrine des hommes de cette trempe devient celle de l'univers. Eh ! comment ces idées ne seraient-elles point des vérités ? Je ne conçois pas du moins comment la nature aurait pu suggérer à l'homme des fictions plus utiles que toutes les réalités ; et si l'existence de Dieu, si l'immortalité de l'âme n'étaient que des songes, elles seraient encore la plus belle de toutes les conceptions de l'esprit humain. » Et puis ceci : « L'idée de l'Être suprême et de l'immortalité de l'âme est un rappel continuel à la justice ; elle est donc sociale et républicaine. *[On applaudit.]* La Nature a mis dans l'homme le sentiment du plaisir et de la douleur qui le force à fuir les objets physiques qui lui sont nuisibles, et à chercher ceux qui lui conviennent. Le chef-d'œuvre de la société serait de créer en lui, pour les choses morales, un instinct rapide qui, sans le secours tardif du raisonnement, le portât à faire le bien et à éviter le mal ; car la raison particulière de chaque homme égaré par ses passions n'est souvent qu'un sophiste qui plaide leur cause, et l'autorité de l'homme peut toujours être attaquée par l'amour-propre de l'homme. Or ce qui produit ou remplace cet instinct précieux, ce qui supplée à l'insuffisance de l'autorité humaine, c'est le sentiment religieux qu'imprime dans les âmes l'idée de la sanction donnée aux préceptes de la morale par une puissance supérieure à l'homme. Ainsi je ne sache pas qu'aucun législateur se soit jamais avisé de nationaliser l'athéisme. »

Il attaque les Encyclopédistes et leur oppose Rousseau sans le nommer : « Parmi ceux qui, au temps dont je parle se signalèrent dans la carrière des lettres et de la philosophie, un homme, par l'élévation de son âme et par la grandeur de son caractère, se montra digne du ministère de précepteur du genre humain. Il attaqua la tyrannie avec franchise ; il parla avec enthousiasme de la divinité ; son éloquence mâle et probe peignit en traits de flamme les charmes de la vertu ; elle défendit ces dogmes consolateurs que la raison donne pour appui au cœur humain. La pureté de sa doctrine, puisée dans la nature et dans la haine profonde du vice, autant que son mépris invincible pour les sophistes intrigants qui usurpaient le nom de philosophes, lui attira la haine et la persécution de ses rivaux et de ses faux amis. Ah ! s'il avait été témoin de cette révolution dont il fut le précurseur, et qui l'a porté au Panthéon, qui peut douter que son âme généreuse eût embrassé avec transport la cause de la justice et de l'égalité ! Mais qu'ont fait pour elle ses lâches adversaires ? Ils ont combattu la révolution, dès le moment qu'ils ont craint qu'elle n'élevât le peuple au-dessus de toutes les vanités particulières. »

Robespierre propose la « religion universelle de la nature » dans laquelle ce qui faisait la religion chrétienne, toute de superstition et, il ose le dire, d'athéisme complice des rois et de la misère, disparaît au profit de la nature, de la vertu, de l'Être suprême complètement débarrassé des oripeaux anthropomorphiques. Il affirme : « Il ne s'agit plus de former des *messieurs*, mais des citoyens », *via* les institutions, le gouvernement, l'éducation publique et les « fêtes nationales », qui permettent aux hommes de se rassembler, donc d'expérimenter la fraternité. « Un système de fêtes bien entendu serait à la fois le plus doux lien de fraternité et le plus puissant moyen de *régénération* » (p. 330 ; je souligne). Dans ces fêtes on célèbre les lois, la fraternité, l'égalité, la liberté, la constitution, la patrie, et l'on n'oublie pas la haine, un ciment facile et bestial, brutal et efficace, primitif et frénétique, contre la « mémoire des tyrans et des traîtres » auxquels est réservée l'« exécration » – rappelons que Robespierre, qui connaissait son catholicisme sur le bout des doigts, n'ignore pas que l'exécration a aussi un sens ecclésiastique : « Lorsqu'un lieu saint est pollué par quelque accident, écrit Littré, on dit qu'il y a exécration, c'est-à-dire perte de consécration, et il faut de nouveau le consacrer », autrement dit régénérer ce qui a dégénéré.

Robespierre célèbre les enfants qui se sacrifient pour la patrie, les mères de famille, ces femmes françaises qui donnent de pareilles progénitures endoctrinées, les pères qui les élèvent dans cet esprit, l'amour et le respect de la terre : à l'aveugle, on dirait un discours du maréchal Pétain...

Contre la « dépravation », bien sûr contre-révolutionnaire, il célèbre la divinité, l'immortalité de l'âme et la morale, évidemment révolutionnaires ! Puis il décrète, dès l'« article premier » : « Le Peuple français reconnaît l'existence de l'Être suprême et l'immortalité de l'âme » ! A-t-on jamais vu un texte de loi disposant que l'immortalité de l'âme doive être reconnue par le peuple français ? Qu'est-ce que « reconnaître » une chose dont l'existence n'a pas été prouvée, ni par Rousseau, ni par Robespierre, ni par qui que ce soit d'ailleurs, Kant lui-même devant se contenter d'un postulat après avoir essayé vainement de transformer sa métaphysique en science tout au long des six cents pages de sa *Critique de la raison pure*?

L'article deux est du même tonneau : « Le peuple français reconnaît que le culte digne de l'Être suprême est la pratique des devoirs de l'homme. » Suit une litanie du catéchisme poisseux de ces haineux : détester la mauvaise foi, haïr la tyrannie, punir les tyrans et les traîtres, secourir les malheureux, respecter les faibles, défendre les opprimés, faire le bien, n'être injuste envers personne – à quoi il manque ceci : envoyer à la guillotine quiconque se moque de ce prêchi-prêcha ! Près de vingt mille têtes sont coupées à travers le pays pour réaliser ce projet de fraternité révolutionnaire, sans parler des deux cent mille Vendéens, femmes et enfants compris, torturés, massacrés, exécutés, exterminés selon un plan préparé par les Jacobins. Régénération oblige...

La Terreur n'a rien à voir avec les contrevérités colportées par l'historiographie marxiste de la Révolution française, qui fait toujours la loi à l'heure où j'écris : ce bain de sang n'est pas l'inévitable réponse à la Vendée qui menace le pouvoir jacobin à Paris, ni au péril de guerre des monarchies coalisées, mais le moyen pour les Jacobins de réaliser leur projet d'avènement d'un *Homme Nouveau*. Comment d'ailleurs couper des têtes en quantité dans tout le pays aurait-il pu arrêter la rébellion vendéenne et stopper les armées royalistes européennes ? La Terreur appauvrit la nation, saigne le pays, dévitalise la France, mutile le peuple, ensanglante l'histoire, enterre l'humanité – tout en étant sans effet à l'intérieur, en Vendée, et sans effet à l'extérieur, aux frontières.

Cette régénération servie par la Terreur, l'abbé Grégoire la veut, et avec lui, Robespierre, Marat, Saint-Just, Babeuf, Rabaut-Saint-Étienne, Billaud-Varenne, Le Peltier de Saint-Fargeau, Barère, Pétion de Villeneuve, autrement dit les Jacobins. Le député robespierriste Barère, rapporteur au Comité de Salut public, à qui l'on doit d'avoir mis la Terreur à l'ordre du jour et qui est aussi l'initiateur de la profanation des tombeaux royaux, affirme : « Le comité s'occupe d'un vaste plan de régénération, dont le résultat doit être de bannir à la fois de la République l'immoralité et les préjugés, la superstition et l'athéisme » (*Journal des débats et des décrets*, séance du décadi 10 germinal, l'an second de la République française, p. 169). C'était obéir au Robespierre qui, dans son discours du 29 juillet 1793 aux Jacobins, fournissait la feuille de route pour la création d'« une race renouvelée, forte, laborieuse, réglée, disciplinée et qu'une barrière impénétrable aura séparée du contact impur des préjugés de notre époque vieillie ».

Pendant plusieurs années, les Jacobins disposent du territoire national pour réaliser leur Homme Nouveau. Ils ne parviennent qu'à exacerber le pire de l'Homme Ancien : la méchanceté, la vilenie, la sauvagerie, la bêtise, la haine, les passions tristes. L'homme des Lumières, mécanique dépourvue de libre arbitre, donc ni responsable, ni coupable, ni punissable, parent du singe, porteur d'une âme matérielle, mû par son intérêt personnel, évoluant au-delà du bien et du mal, cire vierge à informer, donc à régénérer, accouche d'un monstre : l'Homme Nouveau des Jacobins.

Si l'on change de mesure et que l'on passe de la France comme terrain d'expérimentation de ces fanatiques que furent les Jacobins à la production d'un seul exemplaire de cet Homme Nouveau par les mêmes, nous disposons de la référence : cet Émile mis entre les mains d'un précepteur rousseauiste a existé, il avait pour nom Louis Charles de France, plus connu sous le nom de Louis XVII, deuxième fils et héritier du roi Louis XVI, décapité le 21 janvier 1793 à l'âge de trente-huit ans, et de la reine Marie-Antoinette.

Commençons par ne pas écarter les faits.

Pour créer son homme régénéré, Rousseau ne voulait-il pas un enfant sans parents ? Habitué au froid, à la rudesse, à l'effort, aux choses répugnantes, à la résignation, à l'absence de sommeil? Soumis à son maître, qui ne le quitte pas d'un centimètre au point de dormir dans la même chambre que lui? Le philosophe ne souhaitait-il pas que le précepteur cultive l'ignorance de son élève, qu'il veut docile, à sa merci? Plutôt bête qu'homme – Rousseau parle d'un chevreuil comme modèle. Son ami Robespierre l'écoute et l'exauce au-delà de toute raison.

Le fils du roi se trouve violemment soustrait à ses parents qu'on guillotine; on le sépare de sa sœur, elle aussi emprisonnée au Temple; le Comité de Salut public lui donne comme geôlier un cordonnier, Antoine Simon, membre des Cordeliers, et sa femme, domestique, qui vivent dans la même cellule que lui et sont chargés de son éducation; on le maltraite, on l'humilie, on le méprise – ne faut-il pas l'habituer à se résigner? Il vit dans la crasse, parmi les rats, les punaises, les araignées et la vermine; on lui rase la tête, puis on l'oublie, ses cheveux poussent comme les poils d'un animal, ses ongles aussi. Ne faut-il pas lui éviter les soins du corps d'un être urbain et civilisé? Ne doit-il pas prendre exemple sur le chevreuil qui ne va ni chez le coiffeur, ni chez le pédicure, ni chez le blanchisseur? Simon le réveille la nuit pour qu'il vienne recevoir un coup de pied – lui ne quitte pas son lit – et l'invite à retourner se coucher; ne faut-il pas l'éduquer à dormir peu? Le Jacobin lui donne une guimbarde, instrument de musique populaire savoyard, pour lui faire passer l'idée de jouer du clavecin; ne faut-il pas préférer les amusements du rat des champs à ceux du rat des villes? «Moi qui suis ton maître, dit le Jacobin Simon, je ne dois pas te laisser croupir dans ton ignorance. Il faut te faire au progrès et aux idées nouvelles»... Ne dirait-on pas une leçon du précepteur à Émile?

La reine fait envoyer à son fils livres, cahiers et jouets; les Jacobins les interceptent; Simon fait porter le deuil de Marat au fils de Louis XVI; on lui enlève ses vêtements et on l'habille comme un sans-culotte, bonnet phrygien compris; il sert de domestique à ses geôliers, il nettoie et cire les souliers de la femme Simon, il lui apporte sa chaufferette quand elle se réveille; on le fait boire jusqu'à l'ivresse de l'eau-de-vie et du vin puis chanter des chansons paillardes, révolutionnaires et régicides; on le réveille en pleine nuit pour le forcer à crier «Vive la République!»; on le tire par les cheveux, on l'insulte, on le frappe, on l'humilie, on lui donne des gifles et des coups de pied – on le martyrise; un jour, Simon lui envoie des chenets à la tête; après l'avoir enivré, on lui fait avouer qu'il participait avec sa mère et sa tante à des orgies incestueuses, que sa mère le masturbait – au procès de Marie-Antoinette, pareil délire fut sérieusement retenu contre elle; son geôlier, qui le surprend une nuit à genoux au pied de son lit en train de prier, lui renverse le contenu glacé d'une cruche sur la tête, etc.

Quand Simon doit laisser sa place parce qu'une loi interdit le cumul d'un emploi public et d'une place d'élu, le petit Capet hérite de bourreaux plus pervers encore: on l'emmure dans une cellule, on ne lui parle plus, on lui sert à manger à travers des grilles, on le prive de chauffage et d'éclairage, ses draps sont humides, ses couvertures pourries, ses vêtements ne sont plus changés, ni lavés, ils tombent en loques, il dort tout habillé, il vit dans la saleté la plus répugnante. Pendant six mois il expérimente la privation sensorielle qui fit florès dans les cellules des pays totalitaires du XXe siècle. Il ne peut plus rester debout ni assis, la gale et la tuberculose le rongent. Les Jacobins comprennent que tuer le corps est facile et qu'il faut bien plutôt raffiner en étouffant l'âme pour parvenir à la mort du corps.

Avec Thermidor, Robespierre finit par goûter lui aussi au rasoir national après y avoir envoyé des milliers de victimes. C'était bien sûr au nom de la vertu, de la liberté, de l'égalité et, surtout, de la fraternité, qu'il a pourvu l'échafaud de cette façon hypnotique. Dans la charrette qui conduit ce malade mental à la mort se trouve aussi l'Antoine Simon, premier garde de Louis XVII. La mort de Robespierre vaut de nouveaux gardes à l'enfant: ils n'ont pas la férocité des Jacobins, mais le mal est fait.

Pendant ces années de prison, l'enfant refuse tout, ne parle pas. Quand il prend la parole, c'est pour proférer des aphorismes ciselés, qui montrent une qualité d'être incroyable et une grandeur d'âme impensable pour son âge – il a huit ans quand il entre en prison, dix ans et deux mois quand il meurt. Simon lui avait demandé ce qu'il ferait si les Vendéens devaient arriver à Paris pour le sauver, il lui avait répondu : « Je vous pardonnerais », alors que le Jacobin lui avait juré qu'en pareil cas il l'étoufferait. Tout est dit dans cette anecdote qui illustre bien la rupture entre les deux mondes, celui de l'Homme Ancien et celui de l'Homme Nouveau qui prennent des directions opposées.

Quand ce roi qu'il est devenu avec la mort de son père meurt le 8 juin 1795, c'est certes un enfant qui trépasse, mais c'est aussi et surtout l'*Homme*, avec une majuscule, qui entre dans la tombe. Les Jacobins voulaient tuer l'Homme Ancien et réaliser l'Homme Nouveau : ils ne sont parvenus qu'à tuer l'homme tout court. L'Homme Nouveau n'a pas d'âme : c'est un chien selon Descartes, une huître selon Diderot, un orang-outang pour La Mettrie, une viande à décapiter pour les Jacobins. L'âme décapitée de Louis XVII fut celle du dernier homme.

4

Une glande pinéale postmoderne
Métapsychologiser la psyché

Les Lumières ont été déistes, matérialistes, hédonistes, empiristes, sensualistes. La Révolution française est plus produite par le matérialisme que par l'idéalisme et le spiritualisme, qui passent pour des compagnons de route du christianisme, alors honni. La pensée qui suit Thermidor, celle des Idéologues, Cabanis, Volney, Destutt de Tracy, entre autres noms, poursuit la route philosophique matérialiste ouverte par les Lumières. On parle également d'Anti-Lumières pour caractériser ceux qui résistent à ce rationalisme froid dont on a vu qu'il fournit aux Jacobins une partie de la matière de leur idéologie en général et celle de leur Homme Nouveau en particulier.

Kant, qui s'enthousiasme pour la Révolution française dans ses débuts, mais qui n'ignore rien de sa suite funeste avec la Terreur de 1793, n'a pas été, contrairement à ce qui est dit par ceux qui lisent *Qu'est-ce que les Lumières?* d'une façon un peu rapide et surdéterminée, un philosophe va-t-en-guerre ouvrant une nouvelle période : il est bien plutôt un penseur réactionnaire, autrement dit un philosophe qui restaure Dieu et l'immortalité de l'âme dans un temps où ces deux figures se trouvent mises à mal. Car dans *Qu'est-ce que les Lumières?* il invite en effet à faire un usage libre et audacieux de sa raison – le fameux « *Sapere aude »*, mais pour soi-même, dans son for intérieur, sur le seul registre de l'intime, car il interdit formellement de transformer le savoir en pouvoir, la théorie en pratique, la pensée en action.

La *Critique de la raison pure* paraît en 1781. Or *L'Homme-machine* de La Mettrie date de 1747, *De l'esprit* et *De l'homme* d'Helvétius de 1758 et de 1773, l'*Extrait des sentiments de Jean Meslier*, publié par Voltaire, de 1762, *Le Bon Sens ou Idées naturelles opposées aux idées surnaturelles* du baron d'Holbach de 1772. On sait que, circulant sous le manteau, des copies du *Testament* de l'abbé Meslier, qui se vendent fort cher, se lisent depuis 1729. C'est donc à tout ce siècle matérialiste que répond la *Critique de la raison pure*.

Cet ouvrage sépare le phénoménal, objet des sens, donc d'une expérience possible, du nouménal, objet au-delà de toute expérience. La raison ne peut par conséquent connaître que ce qui se trouve accessible par l'expérience, selon des modalités que Kant détaille *ad nauseam*. Si l'intelligible s'avère étymologiquement l'inconnaissable, *quid* de Dieu et de l'âme ? La théorie du noumène, qui restreint les prétentions de la sensibilité, transforme Dieu et l'âme en objets impossibles à connaître. En effet, si l'on aspire à les sauver du péril matérialiste, comment s'y prendre ? Les affirmer tout de même, quoi qu'il en coûte...

C'est le sens des trois postulats de la raison pure exposés dans la deuxième partie de la *Critique*, intitulée « Dialectique transcendantale » : la liberté, postulat cosmologique ; l'immortalité de l'âme, postulat psychologique ; l'existence de Dieu, postulat théologique. Kant les admet à titre d'hypothèse parce qu'il se trouve dans l'impossibilité de les démontrer. Il faut bien que l'âme existe pour que l'homme puisse vouloir progresser vers la sainteté dont sa morale, exposée dans la *Métaphysique des mœurs*, propose une version laïque. Un gros livre extrêmement dense accouche donc de trois postulats, c'est bien maigre... L'âme ne tient vraiment plus qu'à un fil, mais c'est un câble d'acier pour qui a la foi.

Freud, qui lui aussi sauve l'âme du péril scientiste, tout en se disant scientifique bien sûr, emprunte la même voie épistémologique : *il postule*. Son inconscient n'est en effet nulle part prouvé, mais partout posé parce qu'une fois postulé. La psychanalyse constitue et définit une « métapsychologie », pour emprunter le mot même de Freud, qui s'avère une parapsychologie – étymologiquement, c'est strictement la même chose !

Que signifie « métapsychologie » ? Le *Dictionnaire historique de la langue française* d'Alain Rey fait naître le mot en 1896 et lui donne Freud pour auteur. Il est composé de « méta- », préfixe polysémique qui va dans le sens de la succession ou de la transcendance, et de « psychologie », un mot dont le même ouvrage dit que les premières occurrences, datant de la fin du XVIe siècle, désignent la « science de l'apparition des esprits ». Le terme « psychologie », aujourd'hui, a pour sens « connaissance de l'âme humaine, de l'esprit, considérée comme une partie de la métaphysique ». Il s'agit d'abord bien d'un mot et d'une activité qui ressortissent à la métaphysique, autrement dit à aucun moment à la science. Le positivisme du XIXe siècle veut donner à toutes les activités de l'esprit une dimension scientifique, mais rien dans la métapsychologie freudienne ne relève de l'expérimentation, c'est-à-dire de la répétition d'expériences susceptibles de produire des résultats réitérables et réitérés à l'origine des lois scientifiques.

Que signifie « parapsychologie » ? Le même dictionnaire nous l'apprend : « Étude des phénomènes parapsychiques, métapsychiques. » La virgule a été choisie à dessein, le lexicographe n'a pas préféré « ou ». La notice établit donc l'équivalence entre la métapsychologie du métapsychique et la parapsychologie du parapsychique. Dont acte.

C'est dans une lettre à Fliess du 13 février 1896 que Freud utilise le mot de « métapsychologie » pour la première fois. Il y recourt également dans des lettres à Carl Gustav Jung et Karl Abraham. Il apparaît donc au grand jour en 1915 dans un essai intitulé *L'Inconscient* qui s'intègre dans un ouvrage appelé *Métapsychologie*. Freud estime que la métapsychologie représente l'achèvement de ses travaux de psychanalyse. Dans son *Autoprésentation*, en 1925, il fait de la métapsychologie une «superstructure spéculative de la psychanalyse [...] sans que soit recherché pour autant un rattachement à l'anatomie du cerveau» (XVII, p. 80). Dans *Psychopathologie de la vie quotidienne*, il parle d'«une réalité suprasensible» (V, p. 355) – il aurait pu écrire : nouménale. Du concept, rien d'expérimental donc – variation sur le thème du postulat... La métapsychologie triomphe en théorie de la psychanalyse ; en tant que telle, elle est une branche de la parapsychologie.

Freud était lui-même superstitieux, sa vie en témoigne : il pratique des rites de conjuration du mauvais sort dans ses lettres avec de petites croix ; il souscrit à la numérologie et la plie à son système dans d'incroyables exercices pour montrer que si «2+2 = 4» en mathématiques, «2+2» égale tout autre chose selon les principes de la métapsychologie – du genre : envie du pénis + crainte de castration ; il écrit dans une lettre à Edoardo Weiss, psychanalyste italien, le 8 mai 1932, qu'il pratique la télépathie avec sa fille Anna, psychanalyste comme lui ; il croit aux rêves prémonitoires.

Sur l'occultisme, il écrit, toujours à Weiss : «Je suis, il est vrai, prêt à croire que, derrière tout phénomène soi-disant occulte, se cache quelque chose de nouveau et de très important : le fait de la transmission de pensées, c'est-à-dire de la transmission des processus psychiques à d'autres personnes à travers l'espace. J'en possède la preuve basée sur des observations faites en plein jour et j'envisage de m'exprimer publiquement sur ce point. Il serait naturellement néfaste pour votre rôle de pionnier de la psychanalyse en Italie de vous déclarer en même temps partisan de l'occultisme» – on lit cela dans la biographie qu'Ernst Jones consacre à Freud (II, p. 511). On sait qu'il théorise la possibilité pour l'inconscient du thérapeute et du patient de communiquer... même quand le psychanalyste somnole ! Freud confesse qu'il dort parfois pendant les séances...

Il écrit au même analyste italien : «Je tiens à dissiper un malentendu. Qu'un psychanalyste évite de prendre parti publiquement sur la question de l'occultisme est une mesure d'ordre purement pratique et temporaire uniquement, qui ne constitue nullement l'expression d'un principe. Rejeter d'une façon méprisante ces études sur l'occultisme sans s'y intéresser signifierait en fait suivre le lamentable exemple de nos adversaires » (8 mai 1932). Dès lors, feinte et ruse, cynisme et opportunisme : on n'avoue pas sa dilection pour l'occultisme alors qu'on y adhère et souscrit – psychanalystes et occultistes commercent avec une même « réalité suprasensible » ! « Psychanalyse et télépathie » (1921) et « Rêve et télépathie » (1922) confirment.

Avant de devenir le Freud que l'on sait, l'auteur de l'*Introduction à la psychanalyse* s'essaie... Il commence par travailler sur la sexualité des anguilles, puis sur le pouvoir anesthésiant de la cocaïne en matière d'ophtalmologie, non sans essayer sur luimême, et pas que sur les yeux, parfois plus que de raison, la substance analysée ! Il ouvre un cabinet dans lequel il propose de soigner avec l'eau, l'électricité, l'imposition des mains, les pressions sur le visage, l'hypnose, mais la balnéothérapie, l'électrothérapie, le magnétisme ne lui permettent pas de gagner sa vie aussi bien qu'il le souhaite. Nouveau médecin de Molière, il va jusqu'à vanter les bienfaits du massage de l'utérus d'une patiente allongée sur un divan afin de soigner l'hystérie (III, p. 95)...

Pour, prétendument, soigner ce qui n'est qu'une banale pratique sexuelle, la masturbation, il préconise l'usage du psychrophore, une canule urétrale qui permet d'envoyer de l'eau glacée dans la vessie ! (Lettre du 9 avril 1910 à Ludwig Binswanger.) Cette prescription délirante est d'autant plus étonnante qu'à cette époque Freud vante l'efficacité de la psychanalyse pour soigner et guérir : « La méthode psychanalytique de Freud » date de 1904, « De la psychothérapie » de 1905, « Perspectives d'avenir de la thérapeutique psychanalytique » et « À propos de la psychanalyse dite "sauvage" » de 1910. L'année où il ordonne cette médication extravagante, il publie *Cinq leçons sur la psychanalyse*...

L'errance concerne également la théorie. Freud commence sa vie théorique en matérialiste. Il envoie à son ami Fliess le manuscrit de l'*Esquisse d'une psychologie* (1895), qui le montre empruntant une voie physiologique, biologique, anatomique, histologique dans le but de créer une psychologie à laquelle l'Idéologue Cabanis, auteur des *Rapports du physique et du moral de l'homme* (1802), n'aurait pas vu grand-chose à redire.

Freud commence en effet ainsi : « L'intention est de fournir une psychologie relevant des sciences de la nature, c'est-à-dire de présenter les processus psychiques comme des états quantitativement déterminés de parties matérielles repérables, et de rendre ainsi ces processus évidents et libres de contradictions » (p. 603). Il propose une analyse matérialiste de la psyché qui convoque les « neurones comme des parties matérielles », l'excitation et l'inertie neuronale, les neurones moteurs et les neurones sensitifs, les mouvements réflexes, le « système nerveux en tant qu'il est d'abord l'héritier de la stimutabilité générale du protoplasme, à la surface externe stimulable d'un organisme, celle-ci étant interrompue par d'assez grands segments de surfaces non excitables », les stimuli, l'histologie, les cylindraxes, la mémoire du tissu nerveux, les cellules perméables et les cellules imperméables, le mouvement ondulatoire, le frayage entre les neurones, la substance grise spinale et la substance grise cérébrale, le cerveau primaire, le ganglion sympathique, la conduction intertissulaire, les terminaisons nerveuses. Il est par exemple question d'un « courant qui est dirigé du corps cellulaire ou des prolongements cellulaires vers le cylindraxe ; le neurone isolé est ainsi une image de l'ensemble du système nerveux avec sa structure bipartite, le cylindraxe étant l'organe d'éconduction ». Dirait-on la prose d'un amateur d'occultisme et de parapsychologie ?

Nous sommes donc en 1895. Freud abandonne cette théorie au profit d'une autre, puis d'autres encore. Il invente la théorie de la séduction. Dans une lettre à Fliess datée du 8 février 1897, après lui avoir raconté un rêve incestueux qu'il a fait quelques jours en amont, il prétend que son propre père, qui vient de mourir seize semaines plus tôt, a violé l'un de ses fils. C'est faux bien sûr. Il en conclut que tous les pères abusent leurs enfants et qu'il vient de découvrir l'étiologie traumatique des névroses ! Il prétend s'appuyer sur dix-huit cas – aucun n'a jamais existé.

Une glande pinéale postmoderne

Il affirme soigner dans son cabinet avec cette théorie. Il ne fait que forcer les patients à se souvenir de traumatismes qu'ils n'ont jamais vécus. Tollé dans Vienne : il a des ennuis ; son cabinet se vide ; il prétend renoncer à cette théorie, mais il n'abandonne pas l'idée que les névroses naissent d'un traumatisme sexuel infantile de nature fantasmatique. Le 29 décembre, il entretient Fliess de sa « merdologie » – c'est le mot qu'il utilise pour parler de son travail. Freud a parfois des moments de lucidité.

À la fin de 1897, il invente le complexe d'Œdipe. Le 3 octobre, il écrit à Fliess : « Entre 2 ans et 2 ans ½ ma libido s'est éveillée envers *matrem* [sic], et cela à l'occasion du voyage fait avec elle de Leipzig à Vienne, au cours duquel nous avons dû passer une nuit ensemble [sic] et où il m'a certainement [sic] été donné de la voir *nudam* [sic] ». La probabilité de la version épistolaire devient vérité universelle dans l'œuvre par la grâce du performatif freudien : ce qu'il a vécu, lui, tous l'ont vécu en vertu de cette assertion gratuite : « Il m'est venu une seule pensée ayant une valeur générale » (15 octobre 1897). L'hypothèse de Freud devient vérité dès la première biographie de Freud, celle d'Ernest Jones, car elle fournit le modèle à toutes celles qui suivent. Jones écrit en effet dans *La Vie et l'œuvre de Sigmund Freud* en 1957 : « C'est au cours du voyage qu'il fit entre Leipzig et Vienne [...] que Freud eut l'occasion de *voir* sa mère nue »! L'hypothèse est donc devenue vérité scientifique ; le désir solipsiste de Freud est une réalité universelle...

Puis il y a la première topique dans *L'Interprétation des rêves* en 1900, et la seconde en 1920 dans *Au-delà du principe de plaisir*. Mais, en 1938, peu de temps avant de mourir, alors qu'il n'a plus rien à prouver puisque son nom se trouve déjà dans l'histoire, il affirme dans son *Abrégé de psychanalyse* (rédigé en 1938 et publié inachevé en 1940) : « Il se peut que l'avenir nous apprenne à agir directement, à l'aide de certaines substances chimiques, sur les quantités d'énergie et leur répartition dans l'appareil psychique. Peut-être découvrirons-nous d'autres possibilités thérapeutiques encore insoupçonnées. »

Freud consacre un chapitre de sa *Métapsychologie* à la question de l'inconscient. Qu'y apprend-on ? Par principe inspiré de la théologie négative, qu'il n'est pas visible pour la simple et bonne raison qu'il recouvre une partie de l'invisible du refoulé. On rend visible cet invisible par la psychanalyse, qui fait remonter à la surface du conscient ce qui s'y trouve enfoui par la censure qui refoule le traumatisme. L'inconscient est donc comme le vent qu'on ne voit jamais, mais dont on déduit la présence par les feuilles qui tourbillonnent. On ignore toujours ce qu'il est en tant que tel puisqu'il ne peut être connu qu'une fois devenu conscient, c'est-à-dire modifié par le travail de révélation, au sens photographique du terme – mais qui pourrait aussi bien être entendu dans son sens religieux, permis par le passage sur le divan.

Freud écrit : « Notre bon droit à faire l'hypothèse d'un animique inconscient et à travailler scientifiquement avec cette hypothèse est contesté de nombreux côtés » (XIII, p. 205). Il s'agit donc, la chose se trouve écrite d'entrée de jeu, d'une *hypothèse* – c'est en fait celle d'un château allégorique posé sur le rocher d'un « plasma germinatif » somatique ! Pour répondre à ceux qui lui dénient le droit d'émettre cette hypothèse, autrement dit la licence à postuler selon la jurisprudence kantienne, il avoue : « Nous pouvons là-contre avancer que l'hypothèse de l'inconscient est nécessaire et légitime et que nous possédons de multiples preuves de l'existence de l'inconscient » (XIII, p. 205-206). Ne dirait-on pas le langage d'un théologien qui entretiendrait de l'âme en affirmant qu'elle est invisible mais bien présente, parce que nécessaire pour combler un trou qui, sinon, aurait de vertigineuses conséquences ontologiques ? Si l'inconscient n'existe pas, alors quantité de choses restent inexpliquées, écrit Freud : il faut donc bien qu'il existe ! On reconnaît la façon kantienne de créditer Dieu, l'âme et la liberté d'une existence, car, sans ces postulats, un certain nombre de choses n'existeraient pas – le sens du monde, l'espérance édifiante, la responsabilité qui va de pair avec la punition et la récompense.

« Un gain de sens et de cohérence est un motif pleinement justifié à nous conduire au-delà de l'expérience immédiate » *(ibid.)*, écrit Freud : la métapsychologie n'a que faire de la psychologie, seul importe ce qui se trouve au-delà, et ce pour les ouvertures signifiantes permises. Freud regrette souvent de n'avoir pas choisi la voie de la philosophie : avec la métapsychologie, il y entre en kantien désireux de sauver l'âme.

Sinon, pour quelles raisons recourir à pareil registre sémantique dans la totalité de ce texte inaugurant la métapsychologie : « états animiques inconscients », « vie d'âme » (XIII, p. 207), « activité animique inconsciente » (XIII, p. 208), « processus d'âme latents » (XIII, p. 210), « processus animiques » *(ibid.)*, « activité d'âme inconsciente » *(ibid.)*, « processus animiques » ou « acte animique » (XIII, p. 213), « appareil animique » *(ibid.)*, etc. ?

C'est clairement sous le signe de la *Critique de la raison pure* que Freud place sa métapsychologie : « De même que Kant nous a avertis de ne pas négliger le conditionnement subjectif de notre perception et de ne pas tenir notre perception pour identique au perçu inconnaissable, de même la psychanalyse exhorte à ne pas mettre la perception de conscience à la place du processus psychique inconscient, lequel est son objet. Tout comme le physique, le psychique n'a pas besoin non plus d'être en réalité comme il nous apparaît » (XIII, p. 211). Le psychique sera donc tel qu'on le conçoit et le concevoir c'est le postuler tel qu'on le veut, c'est-à-dire tel qu'on en a besoin. Freud veut l'inconscient dont il a besoin. Il le fait donc à son image. C'est le plus simple pour un modeste.

Preuve de ce retour de l'animique, donc de l'âme, Freud écrit : « L'activité animique est liée à la fonction du cerveau comme à nul autre organe. On est mené un peu plus loin – on ne sait jusqu'où – par la découverte de l'inégalité de valeur des parties du cerveau et de leur relation spécifique à des parties du corps déterminées et à des activités déterminées de l'esprit. Mais tous les essais pour deviner, à partir de là, une localisation des processus animiques, toutes les tentatives pour penser les représentations comme emmagasinées dans les cellules nerveuses, et pour faire voyager les excitations sur des fibres nerveuses, ont radicalement échoué» (XIII, p. 214). On ne trouvera rien dans l'écorce cérébrale ou les zones subcorticales pour localiser l'inconscient – disons-le autrement : on ne découvrira pas la glande pinéale postmoderne ! «Notre topique psychique n'a, *provisoirement*, rien à voir avec l'anatomie, elle est en relation avec des régions de l'appareil animique, où qu'elles puissent bien être situées dans le corps, et non pas avec des localités anatomiques» (*ibid.*; je souligne). Et Freud d'ajouter, non sans délectation : «De ce point de vue, notre travail est donc libre et peut se permettre d'avancer selon ses besoins propres. Il sera également profitable de nous rappeler que nos *hypothèses* ne peuvent prétendre, tout d'abord, qu'à la valeur d'illustrations» (je souligne). Que n'est-il lu et médité par les grands mamamouchis de la corporation du Divan !

Dans le labyrinthe freudien, il existe un fil d'Ariane : le plasma germinatif. Freud emprunte cette notion au biologiste Auguste Weismann. L'expression apparaît partout dans son œuvre, où la chose se trouve pourtant refoulée. Il existerait des cellules germinales, porteuses des informations héréditaires, et des cellules somatiques, qui assurent les fonctions vitales. L'apprentissage ne peut rien pour ou contre les premières. Dans *Métapsychologie*, Freud écrit : «L'individu est un appendice temporaire et éphémère du plasma germinatif, quasi immortel, qui lui fut confié par la génération» (XIII, p. 170). Le Viennois reprend la thèse de Schopenhauer pour qui tout un chacun existe à la fois comme un individu mortel séparé et comme un maillon de la chaîne de l'espèce immortelle. Les pulsions d'autoconservation assurent la survie et la permanence de l'individu ; les pulsions sexuelles, celles du fragment de l'espèce qu'est aussi ce même individu. Le plasma germinatif mortel disparaît avec notre trépas pendant que le plasma germinatif immortel utilisé aux fins de reproduction de l'espèce dure éternellement. Dans *Le Moi et le Ça*, il écrit : «L'expulsion des substances sexuelles dans l'acte sexuel correspond dans une certaine mesure à la séparation du soma et du plasma germinatif» (XVI, p. 290). Certes existent l'inconscient, les pulsions, la libido, les instincts et les autres modalités de l'appareil psychique – conscient, préconscient, inconscient, ça, moi, surmoi –, mais, au bout du compte, il n'y a que plasma germinal, car la chose se trouve écrite dans les dernières lignes de la dernière page de *L'Analyse finie et l'Analyse infinie*: «pour le psychique le biologique joue véritablement le rôle du roc d'origine sous-jacent» (XX, p. 55). Autrement dit, il faut se représenter l'inconscient comme une métaphore posée sur un bloc biologique somatique. *In fine*, dans son *Abrégé de psychanalyse*, Freud confesse: «De ce que nous appelons psychisme (ou vie psychique) deux choses nous sont connues: d'une part son organe somatique, le lieu de son action, le cerveau (ou le système nerveux), d'autre part nos activités de conscience dont nous avons une connaissance directe» (p. 5). Freud a donc passé sa vie à disserter sur des allégories afin de parvenir à saisir une matérialité mystérieuse, que je dirais, pour ma part, vitaliste, *via* des topiques dont il dit qu'elles sont liées à des connexions neuronales dans l'encéphale[1].

Le structuralisme tranche la tension freudienne entre la topique et la matière, l'allégorie et le plasma: il laisse de côté le somatique, dont il décrète la caducité, l'obsolescence, et proclame l'allégorie plus vraie que le plasma germinal. Que dis-je? Non pas plus vraie, mais seule vraie! L'effacement total de la matière au profit de la topique, qui triomphe sous forme de structure, voilà le retour du refoulé de l'âme. Mais *quid* d'une âme réduite au seul statut de signifié? Voici venu le temps des corps sans organes. C'est aussi celui des assassins.

---

1. Pour suivre le détail de l'articulation du plasma germinal avec les topiques psychiques chez Freud, voir dans mon livre *Le Crépuscule d'une idole* le chapitre intitulé «Comment tourner le dos au corps?», p. 327-334.

5

LE TEMPS DU CORPS SANS ORGANES
Structuraliser l'être

À la demande de son ami François Châtelet qui dirige une *Histoire de la philosophie* en huit volumes, Gilles Deleuze rédige un texte intitulé « À quoi reconnaît-on le structuralisme ? ». Il n'est pas sûr que, la lecture terminée, on puisse vraiment répondre à cette question. En revanche, on découvre un style, un ton qui ne sont pas sans faire songer à la scolastique du Moyen Âge le plus obscur.

Le 26 février 1966, Gilles Deleuze écrit à Clément Rosset, un maître d'écriture élégante et drôle en philosophie, lui : « Je poursuis d'obscures rêveries sur la nécessité d'un nouveau style ou d'une nouvelle forme en philosophie. » Convenons qu'il a couru assez vite, hélas, pour attraper ce nouveau style en philosophie qu'il a en effet produit : c'est, issue du sabir sartrien, lui-même enfant naturel du sabir heideggérien, une langue qui renonce à communiquer car elle oblige au psittacisme, elle contraint à la répétition d'une glossolalie.

Ce n'est pourtant pas à cette langue-là que songe Roland Barthes quand, dans sa leçon inaugurale au Collège de France, il proclame en 1977 : « La langue, comme performance de tout langage, n'est ni réactionnaire ni progressiste ; elle est tout simplement fasciste ; car le fascisme, ce n'est pas d'empêcher de dire, c'est d'obliger à dire. » Précisons que c'est le même homme qui, dans un livre intitulé *Sade, Fourier, Loyola* (1971), présente le marquis de Sade, qui n'a cessé de faire l'éloge du plaisir dans le crime, de la jubilation dans le meurtre, de la joie dans la torture, de l'extase dans le viol, et ce tout autant dans son œuvre que dans sa vie, comme un parfait ambassadeur du «principe de délicatesse»! On a bien lu...

La langue de Deleuze oblige en effet à se faire deleuzien, c'est-à-dire à jongler avec une poignée de ses concepts – il affirme que la création de concepts en abondance est ce qui définit le philosophe. À ce compte-là, tout psychopathe affligé de glossolalie triomphe en prince de la philosophie!

Deleuze, qui n'oublie pas qu'il est agrégé de philosophie, emprunte au vocabulaire de la scolastique une grande partie de son arsenal conceptuel, auquel il mêle quelques créations dans l'air du temps. Son bref texte est abondamment truffé d'espèces, de parties, de figures, de modes, d'actualisation, de virtuel, d'accidents, de qualité, de singulier, mais aussi de différenciant, de différenciation, de production, de rapports, de sériel et, bien sûr, à tout seigneur tout honneur : de structure.

À l'origine du structuralisme, on trouve la linguistique de Ferdinand de Saussure. On imagine bien l'utilité de l'auteur du *Cours de linguistique générale* pour ceux qui, dans le lignage de Freud, accordent plus d'importance à l'allégorie, à la métaphore, à l'image, au symbolique qu'au réel, dont la nature se trouve même parfois mise en cause.

Que Sade ait pu être un monstre dans sa vie, qu'il ait drogué, violé, torturé à plusieurs reprises, qu'on ait retrouvé des ossements humains enterrés dans son jardin, tout cela compte pour rien, c'est le réel, puisqu'il est l'auteur d'une architecture littéraire, un monument de signes sadiques, qui fait sa grandeur! L'homme qui, dans la vie, jouit d'infliger le mal peut être dit le gentilhomme du principe de délicatesse : Saint-Germain-des-Prés le consacre grand-prêtre de la religion textuelle.

Que Freud, de la même manière, ait pu écarter d'un revers de la main le plasma germinal, l'anatomie neuronale et le corps concret au profit de topiques de la psyché qui ne sont que des métaphores spatiales d'une abstraction dont l'existence au-delà du signe reste à prouver, voilà qui se trouve facilement adoubé dans le monde structuraliste. Le travail de Lacan consiste à évincer le réel afin de donner les pleins pouvoirs au langage, qui confère d'ailleurs sa structure à l'inconscient. Le monde n'existe que par la langue qui le dit. Il n'est d'ailleurs que le dire de lui. Platon aurait adoré...

On trouve donc dans le structuralisme quantité de signifiés, de signes, de phonèmes, de morphèmes, de langue, de langage, de parole, de différences, de valeur, de sémiologie, de sémiotique, de sémantique! Le réel se fait de plus en plus effet de langage. Ajoutons à cela l'inconscient, qui *reste à dire* mais qui existe tout de même *avant le dire*, bien que *le dire* lui confère la visibilité.

Deleuze répond à la question «À quoi reconnaît-on le structuralisme?» par six critères.

«Premier critère: *le symbolique*» (p. 239), Deleuze d'écrire sans sourciller: «Nous ne savons pas du tout encore en quoi consiste cet élément symbolique» (p. 242)! C'est le premier critère, fondamental donc, mais on ignore ce qu'il est! Poursuivons et apprécions la rigueur de la démarche: on ne sait pas ce qu'est la structure, mais on sait ce qu'elle n'est pas, ce qui, en toute bonne vieille logique, devrait tout de même permettre une définition positive! Elle n'est donc ni forme sensible, ni figure de l'imagination, ni essence intelligible, ni idée platonicienne, ni réel, pas plus qu'elle n'est dicible, indicible, actuelle, fictive, possible, visible, redevable de l'être ou du non-être.

Tout ceci fait songer aux jongleries de la théologie négative: on ne peut rien dire de Dieu, car toute affirmation positive à son sujet viendrait nier l'affirmation négative correspondante, ce qui, en lui retranchant une qualité, fût-elle négative, altérerait sa perfection, or un dieu imparfait ne serait pas Dieu. Un théologien du Moyen Âge pourrait très bien dire de l'âme, telle qu'il la conçoit, qu'elle n'est donc... ni forme sensible, ni figure de l'imagination, ni essence intelligible, ni idée platonicienne, ni réel, pas plus qu'elle n'est dicible, indicible, actuelle, fictive, possible, visible, redevable de l'être ou du non-être. La structure des structuralistes ressemble étrangement à l'âme vue par un scolastique ! Quoi qu'il en soit, ni dicible, ni indicible, ni redevable de l'être, ni redevable du non-être, voilà une réelle performance ontologique.

Deleuze manie ensuite le paradoxe et produit des oxymores en quantité. Par exemple, la structure se trouve dans « un espace inétendu » (p. 243) – une nouvelle performance ontologique ! En plein XXe siècle, entretenir d'un espace, par définition étendu, dont la qualité est d'être inétendu, voilà une belle exposition de choses produites en Sorbonne ! On s'étonne que Deleuze ait échoué au concours d'entrée à l'École normale supérieure : il avait tout pour y briller ! Cette jonglerie, nous dit-il, procède d'une « topologie transcendantale » (p. 244) – autre oxymore qui exige pour être compris qu'on ait lu Kant : on découvre en effet chez ce dernier que le transcendantal, qui qualifie la condition de possibilité, peut aussi qualifier un lieu, une topique. Traduit en français vernaculaire, cela donne à peu près – car on part de loin : la structure est un lieu qui est et qui interroge la possibilité d'un lieu à être. Mais comment le lieu qui est pourrait-il fonctionner en lieu qui se demanderait en même temps comment il pourrait être ? Ce lieu n'a pas de lieu, de la même manière que la surface n'a pas d'étendue. Mais de ce non-être on ne saurait déduire l'être du non-être – c'est indicible a prévenu le Gilles.

« Deuxième critère : *local ou de position* » (p. 243) – *magister dixit*... Deleuze, docte, renvoie à « l'ambition scientifique du structuralisme » *(ibid.)*. Avec ce qu'on vient de lire, et ce qu'on va lire, il fait bien de préciser les prétentions de cette école nouvelle !

L'âme, l'inconscient et la structure apparaissent comme des entités partageant d'étranges parentés : elles sont invisibles, mais omnipotentes et omniprésentes ; insaisissables, mais nulle part et partout en même temps ; inconnaissables, mais cause de tout ce qui est ; immatérielles, mais topiques, d'une manière symbolique ; transcendantales, mais inscrites dans une logique immanente ; inétendues, mais présentes dans le réel le plus concret ! Sans lieu, sans étendue et relevant d'une « topologie transcendantale » (p. 244). L'oxymore, on l'a vu, a déjà servi.

Le réel n'a plus aucune raison d'être, Deleuze nous fait entrer dans un monde de pures idées, d'idées pures. De ce fait, il peut écrire sans difficulté : « Père, mère, etc., sont d'abord des lieux dans une structure » (p. 244). On découvre donc qu'on peut être « dans » ce qui n'a pas d'étendue et ne se trouve dans aucun espace. On ignore toujours, à ce stade de l'analyse, ce qu'est une structure, mais le philosophe nous apprend qu'on peut dire ce qui est *dans* ce qui demeure tout de même indicible. Ajoutons à cela que si chacun croyait savoir ce qu'est un père, il sait désormais qu'il se trompait : c'est un lieu dans une structure sans lieu. Au cas où l'on n'aurait pas compris, Deleuze prend un autre exemple : le phallus. Que chacun se défasse de ses préventions, car celui qui croit savoir ce que c'est l'ignore : ce « n'est ni l'organe réel, ni la série des images associées ou associables : [c']est le phallus symbolique » (p. 263). Si l'on veut éclairer un peu on dira que le phallus est un lieu dans une structure. Quiconque croyait bêtement qu'il avait un père et un phallus pourra aller se rhabiller, si je puis dire : il y avait en lui, sans que ce soit de façon étendue, un père indicible et un phallus guère plus dicible – mais sur lequel on ne s'interdira bien sûr pas de disserter et de gloser longuement...

À ceux qui pourraient reprocher à Deleuze et aux siens, convertis à cette nouvelle religion philosophante, de virer du côté de la théologie négative, voire de la théologie tout court, le philosophe donne des gages : « Le structuralisme n'est pas séparable d'un nouveau matérialisme, d'un nouvel athéisme, d'un nouvel antihumanisme » (p. 245). Pour l'antihumanisme, c'est certain. Pour le reste, cela reste à démontrer. Ce ne le sera bien sûr jamais...

Car l'immatérialité de la structure peut difficilement passer pour fonder un nouveau matérialisme ! De quelle matière est faite une entité vidée de toute matérialité au point de devenir l'«immatière» – qu'on me permette le néologisme –, catégorie impossible? Mais même si matière ou immatière il y avait, tout cela resterait indicible... Il y a là nourriture pour un nouveau dieu, mais sûrement pas matière à athéisme. Quant à l'inhumanisme, il est fondé: quand la structure, qui n'est rien, est présentée comme étant tout, il n'y a plus de place pour l'homme *old school*. Michel Foucault l'a d'ailleurs déjà assassiné. quelque temps plus tôt.

Deleuze souscrit à cette mort de l'homme et donne une place dialectique à ce trépas, qui advient «en faveur, nous l'espérons, de quelque chose à venir, mais qui ne peut venir que dans une structure et par mutation» (p. 245). De l'espérance, de l'avenir, du quelque chose, le théologien continue sa besogne intellectuelle, mais, bien sûr, dans une structure. Laquelle? En vérité je vous le dis: mystère et boule de gomme...

«Troisième critère: *le différentiel et le singulier*» (p. 246). Deleuze disserte sur le phonème, la plus petite unité linguistique, qui permet, par exemple, de distinguer *billard* de *pillard*: «Il est clair que le phonème s'incarne dans des lettres, des syllabes et des sons, mais qu'il ne s'y réduit pas» *(ibid.)*. Quel rapport avec la structure me direz-vous? Aucun pour l'instant... En vertu d'un glissement dans la démonstration, le philosophe entretient des relations de toutes sortes, mais sans lien avec le phonème, par exemple les relations familiales. Deleuze affirme que Lévi-Strauss «ne considère pas seulement des pères réels dans une société, ni les images de père qui ont cours dans cette société. Il prétend découvrir de vrais phonèmes de parenté, c'est-à-dire des parentèmes, des unités de position qui n'existent pas indépendamment des rapports différentiels où ils entrent et se déterminent réciproquement» (p. 248). Nous n'avons donc pas seulement un père réel et concret, notre géniteur par exemple, mais aussi un phonème de parenté, un parentème – *parent-thème* aurait peut-être dit Lacan. Ou *part en thème*.

Éclairons un peu: ce qui existe ce ne sont donc pas seulement des parents identifiables, un père et un fils en chair et en os par exemple, mais surtout les relations entre les deux instances. Il peut sembler étonnant qu'on parle de relation en évinçant ce qui se trouvé lié, relié ! Le prolétaire apparaît comme attaché à sa machine, mais peu importent le prolétaire et la machine, ce qui importe ce sont les relations entre un salarié exploité et un patron capitaliste. Fi de l'ouvrier et de son contremaître, qui existent à peine car seule compte leur relation structurelle ! « Les rapports de production [...] sont déterminés comme des rapports différentiels qui s'établissent non pas entre des hommes réels ou des individus concrets, mais entre des objets et des agents qui ont d'abord une valeur symbolique » (p. 249). Le marxisme d'Althusser tourne le dos au prolétariat réel et concret, c'est-à-dire souffrant, pour se soucier des structures invisibles dans lesquelles les travailleurs se trouvent pris – production, salariat, exploitation, aliénation –, mais comme modalités conceptuelles, nullement comme des relations existentielles. L'abolition du réel empirique s'effectue au profit de la structure transcendantale. On ne saurait mieux dématérialiser le monde !

Dans une relation sexuelle, par exemple, il n'y a pas seulement des corps en jeu et enjoués, mais juste une relation structurelle. C'est le sens de l'antihumanisme structuraliste : l'homme est évincé au profit d'un monde de structures, dans lequel il se meut. Dans cet ordre d'idées, Barthes et Foucault annoncent la mort de l'auteur, car seule importe la relation entre le lecteur et l'ensemble de signes que sont les textes – produits par qui, pourrait-on leur demander ? Cette affirmation que l'auteur est mort n'a jamais conduit l'un ou l'autre de ces histrions de la pensée à renoncer à… ses droits d'auteur ! Car, pas d'auteur, pas de droits d'auteur. Ce qui eût été conséquent, cohérent et aurait apporté la preuve irréfutable que ces derviches tourneurs croyaient à ce qu'ils enseignaient : l'auteur n'est qu'un phonème ! Mais je rêve à parler de congruence…

« Quatrième critère : *le différenciant, la différenciation* » (p. 250). Citons : « Les structures sont nécessairement inconscientes, en vertu des éléments, rapports et points qui les composent » (p. 251). Avec cette convocation de l'inconscient freudien, tout devient possible! On ajoute de l'indicible à l'indicible, de l'ineffable à l'ineffable, de l'invisible à l'invisible, de l'incommunicable à l'incommunicable, de l'indescriptible à l'indescriptible, ce qui, on s'en doute un peu, ne va guère permettre de mieux dire, voir, communiquer, décrire la structure! En lieu et place d'éclairage, c'est un pas de plus vers les ténèbres.

Deleuze écrit « de la structure on dira: *réelle sans être actuelle, idéale sans être abstraite* » (p. 250) – les italiques sont de lui. On croirait entendre un moine bénédictin en plein XIIe siècle! «Réel», «actuel», «idéal», «abstrait»: voilà l'attirail du parfait scolastique. Ajoutons à cela un certain talent, sinon un talent certain, pour la sophistique et la rhétorique, qui permettent, sur le papier, de parler du réel sans actualité, donc d'une idée, de l'idéal sans abstraction, donc d'une idée sans idée. Ce qui s'avère une prouesse d'amphithéâtre, mais ne saurait faire avancer d'un centimètre le char de la philosophie! Sauf à croire que le principe de son mouvement c'est justement l'immobilité. On n'est plus à ça près…

Poursuivons: les structures «s'incarnent» (p. 251) dans des «formes» et, de ce fait, se différencient. Pour se différencier, il leur faut donc «s'actualiser» – on nage en pleine scolastique… Comme les structures sont inconscientes, elles existent recouvertes par leurs productions. De cette manière, elles s'assurent une double invisibilité. Au cas où on aurait cru avancer dans la connaissance de la structure, c'est un nouveau pas vers plus d'inintelligibilité. Qui ne songe à Dieu dans la rouerie de cette théologie négative? Ou à l'âme?…

« Cinquième critère : *sériel* » (p. 255). Deleuze démontre assez peu, il est affirmatif et performatif. *Magister dixit*, donc c'est vrai. Il occupe la place du maître de sophistique dont il faut boire les paroles et déguster la pensée. Il est un oracle. Jamais l'idée d'une langue fasciste, au sens de Barthes, n'a été à ce point d'actualité! C'est en fait du sabir philosophant contemporain dont parle Barthes! Deleuze écrit en effet: «Toute structure est sérielle, multisérielle, et ne fonctionnerait pas sans cette condition» (p. 255). Ou bien ceci: «Les éléments symboliques que nous avons précédemment *définis*, pris dans leurs rapports différentiels, s'organisent *nécessairement* en série» (*ibid.*; je souligne). Puisqu'il le dit. D'une part «sérielle» puis, comme si cela ne suffisait pas, «multisérielle»! Mais aussi «nécessairement»! Où sont les preuves? Nulle part...

À ce stade avancé de l'analyse, on ne sait toujours pas ce qu'est la structure, mais rien n'interdit à l'auteur de se répandre sur son fonctionnement! La nécessité ici convoquée signale le point d'incandescence du performatif. De la même manière que Dieu, l'âme et le libre arbitre sont nécessaires pour Kant, l'inconscient et les topiques nécessaires pour Freud, la nature sérielle et multisérielle de la structure est nécessaire pour Deleuze!

Dans les séries, les déplacements s'effectuent sur les principes de la métaphore et de la métonymie. Nous sommes en pleine religion du langage. La dématérialisation et la déréalisation culminent. Deleuze invente un monde de mots qu'il présente comme plus vrai que le monde réel et concret. Il efface le réel et le remplace par le virtuel. On ne fait pas plus platonicien. L'ontologie de Gilles Deleuze paraît simple: l'être n'est pas, car seul le non-être est. Il fonde un nihilisme qu'il installe au cœur de la réalité. Son être, c'est le néant. La structure est son prophète.

«Sixième critère: *la case vide*» (p. 258). Pour qui, comme Deleuze, n'a jamais caché sa dilection pour les fous et les schizophrènes, la case de vide s'avère un plein qui importe! Dans un capharnaüm de *name dropping* où, rions un peu, Sollers côtoie Shakespeare et Jacques-Alain Miller, Mallarmé, Deleuze offre un feu d'artifice dont le bouquet final est un pétard mouillé. Le voici: «Il est bon finalement que la question "à quoi reconnaît-on le structuralisme?" conduise à la position de quelque chose qui n'est pas reconnaissable ou identifiable» (p. 262). Voilà, la chose est dite. Faut-il pleurer, faut-il en rire? Fait-il envie ou bien pitié? Je n'ai pas le cœur à le dire...

Il existe ensuite un développement présenté sous la rubrique « Derniers critères : du sujet à la pratique » (p. 256). Mais à quoi bon aller plus loin puisqu'on sait qu'on ne saura rien de plus et de mieux...

Après avoir lu ce texte, on n'ignore donc plus ce qu'est le structuralisme! Enfin, disons-le comme ça... Le lecteur un peu naïf qui consulte cette *Histoire de la philosophie* dirigée par François Châtelet pour savoir ce qu'il en est du structuralisme, la philosophie à la mode à cette époque, loin d'augmenter son savoir intensifie sa confusion! Ce « quelque chose » – c'est l'expression de Deleuze, habituellement plus inspiré, notamment en créant des néologismes –, présenté comme invisible, imperceptible, indicible, ineffable, inexprimable, incommunicable, indescriptible, mais tout-puissant, n'est-ce pas le Dieu du Pseudo-Denys l'Aréopagite, le penseur néoplatonicien emblématique de la théologie négative dite apophatique?

Qui par exemple écrit : « Nous disons donc que la cause de toutes choses, et qui est au-delà de tout, n'est pas sans essence ni sans vie, ni sans raison, ni sans intelligence et qu'elle n'est pas un corps. Elle n'a ni forme, ni figure, ni qualité, ni quantité, ni masse. Elle n'est dans aucun lieu. Elle n'est pas vue et on ne peut la saisir par les sens. Elle ne se perçoit pas par les sens et ne leur est pas perceptible. Elle ne connaît ni désordre, ni agitation, elle n'est pas troublée par les passions matérielles »? Le Pseudo-Denys ou Deleuze? C'est une citation de la *Théologie mystique* du premier. Convenons qu'on peut s'y tromper.

Passons aux travaux pratiques, qui nous permettent d'en arriver à la question de l'âme. Examinons tout particulièrement ce qui, chez Deleuze et Guattari, se nomme « corps sans organes », abrégé par le premier en « CsO » – un sommet dans l'art de la théologie apophatique païenne deleuzienne!

On peut choisir la solution de facilité et se reporter à un ouvrage intitulé *Le Vocabulaire de Gilles Deleuze*, dirigé par les éminents professeurs de philosophie à l'Université Robert Sasso

Le temps du corps sans organes

et Arnaud Villani. En voici la définition : « Limite de déterritorialisation du corps schizophrénique, conçu pour faire pièce au corps morcelé et aux mauvais objets partiels, il fonctionne plus généralement comme surface virtuelle et lisse, indissociable des flux qui la parcourent et s'y intersectent. » Suivent cinq pages du même tonneau... Où l'on constate que la langue fasciste, selon Roland Barthes, une langue qui oblige à dire dans le registre de la glossolalie, sans possibilité de s'en émanciper, s'avère un concept pertinent pour caractériser cette floraison de langages autistes chez les philosophes du XXe siècle, qui rivalisent de néologismes en croyant que plus ils en créent, plus profonde est leur pensée. La prose de Lacan, par exemple, a suscité un ouvrage intitulé *789 néologismes de Jacques Lacan*, rédigé par un collectif réunissant des sectateurs de l'École lacanienne de psychanalyse qui ont établi le dictionnaire de l'autisme lacanien.

Gilles Deleuze écrit dans *Qu'est-ce que la philosophie ?* qu'un philosophe est un créateur de concepts. Examinons donc ce corps sans organes, ou CsO. Deleuze l'emprunte à Artaud qui écrit : « Pas de bouche Pas de langue Pas de dents Pas de larynx Pas d'œsophage Pas d'estomac Pas de ventre Pas d'anus Je reconstruirai l'homme que je suis » – pas de points non plus, malgré les majuscules, comme on le constate... Deleuze cite ces mots du poète dans *Logique du sens* (p. 108) ; il y ajoute en note, mais le diable est dans les détails : « (Le corps sans organes est seulement fait d'os et de sang) » *(ibid.)*. On imagine le résultat au niveau anatomique !

Sur ce corps sans organes, Deleuze poursuit : « On n'est donc jamais sûr que les fluides idéaux d'un organisme sans parties ne charrient pas des vers parasites, des fragments d'organes et de nourritures solides, des restes d'excréments ; et même on est sûr que les puissances maléfiques se servent effectivement des fluides et des insufflations pour faire passer dans le corps les morceaux de la passion » *(ibid.)*.

Quid de ces « fluides idéaux » ? une nouvelle variation sur le thème de la théologie apophatique, car cet oxymore ne saurait en effet suffire à résoudre la tension, voire la contradiction, qui existe entre la notion de fluides, qui suppose un écoulement dans le temps et dans l'espace, et celle d'idéal, qui ne se déplace ni dans le temps ni dans l'espace.

Quid de ces «vers parasites» ou de ces «restes d'excréments» qui se déplacent dans un «organisme sans parties» dans lequel surnagent tout de même des fragments d'organes mais surtout des «fluides idéaux»?

Quid aussi, et c'est là plus insolite encore, de ces étranges «puissances maléfiques» à l'œuvre dans ce corps fait uniquement d'os et de sang, est-il précisé par le philosophe lui-même, dans lequel on trouve pourtant aussi des reliquats de matière fécale (pourquoi seulement des restes d'ailleurs? et où se trouve cette merde disparue dont s'est détaché ce qui surnage?) et des vers (genre ténias, dits vers solitaires)?

Fluides idéaux, os et sang, vers parasites, restes d'excréments, puissances maléfiques: ce qui constitue un CsO est loin de la définition donnée par les universitaires lexicographes du philosophe! Cet étrange corps sans organes pue l'infection et tache comme du sang sur un tablier de boucher.

Pourquoi donc Gilles Deleuze invite-t-il à faire de ce corps de schizophrène, de ce corps malade le paradigme du corps, selon ses vœux, de son Homme Nouveau? En effet, dans *L'Anti-Œdipe* (1972), il consacre un long chapitre au CsO, et dans *Mille plateaux* (1980), le tome second de *Capitalisme et Schizophrénie*, il n'est plus dans la simple topographie, mais dans la prescription du CsO. Pourquoi, sinon, ce titre de chapitre: «Comment se faire un corps sans organes?» (p. 185-204).

L'Anti-Œdipe reprend la description gore du CsO: «Sous les organes il sent des larves et des vers répugnants et l'action d'un Dieu qui le salope ou l'étrangle en l'organisant» (p. 15). Dans *Mille plateaux*, Deleuze tue l'homme, tel qu'il est pensé par la raison occidentale, au profit de nouveaux modèles. Il propose des paradigmes qu'on dira soixante-huitards: il va en effet chercher à produire son Homme Nouveau en célébrant le corps paranoïaque, le corps hypocondriaque, le corps schizophrène, le corps drogué – dit «schizo-expérimental» (p. 186) –, le corps masochiste. Il s'agit d'en finir avec le *corps normal*, puisque Georges Canguilhem, agrégé de philosophie et médecin, a décrété, lui aussi de façon performative, la mort du normal et du pathologique dans un ouvrage faussement savant et vraiment funeste intitulé *Le Normal et le Pathologique* (1966).

Deleuze écrit : « Le CsO c'est ce qui reste quand on a tout ôté » (p. 188). Non. Ce qui reste quand on a tout ôté, c'est non pas *le rien*, mais *rien*. Et sur ce rien, Deleuze et les déconstructionnistes français de son acabit ont bâti leur église. Foucault le premier.

6

UN VISAGE DE SABLE EFFACÉ PAR LA MER

Tuer l'homme

Quand, dans *Les Mots et les Choses*, en 1966, Michel Foucault annonce la « mort de l'homme », c'est, bien sûr, pour rire – et pour rire comme on rit à l'École dite Normale et prétendue Supérieure, pour convoquer le bon mot de Paul Nizan, qui savait de quoi il parlait, il en venait... Avec un rire qui, de Démocrite à Bataille, en passant par Nietzsche, revendique le respect dû aux grands ancêtres, mais un rire tout de même. À l'ENS, on aime bien la subversion, pourvu qu'elle soit institutionnelle. Et Foucault, normalien, était et n'a cessé d'être un subversif institutionnel. C'est dire la profondeur et la qualité de sa subversion.

Dans un monde où l'on préfère briller sans avoir lu que d'être profond, même dans la méchanceté, après avoir lu, on économise l'effort et l'humilité, deux vertus passées de mode, mais nécessaires pour lire, et la réputation d'un livre est la plupart du temps la somme des malentendus accumulés sur le titre ou le nom de son auteur.

Conscient de ces impasses consubstantielles à la « société du spectacle », le 6 avril 1980 Foucault publie dans *Le Monde* de façon anonyme un entretien avec Christian Delacampagne afin, disait-il, d'être lu pour ce qu'il écrivait et non pour l'idée qu'on se faisait de lui avant toute lecture. Le temps de ce texte, il fut le « philosophe masqué », qu'on pouvait alors déguster à l'aveugle et apprécier librement, loin des préjugés du petit monde germano-pratin qui faisait la loi à Paris, donc en France, donc, à cette époque révolue, partout sur la planète...

Au coup de sifflet pavlovien « *Les Mots et les Choses* », le chien parisien salivait : « mort de l'homme » ! Et au-delà ? N'allons pas chercher grand-chose d'autre sinon quelques concepts faciles à utiliser, comme les balles d'un jongleur, par le quidam frotté de culture philosophante : épistémè, archéologie, dispositif, archive, régime de vérité, hétérotopie... Il suffisait de persiller un long discours avec ce vocabulaire abscons pour paraître profond. L'intimidation a beaucoup fait pour la réputation de ces créateurs de glossolalies.

Le livre événement de Michel Foucault, *Les Mots et les Choses*, est un pavé serré de quatre cents pages. Plus d'un demi-siècle après sa parution, ce texte dense manifeste une parenté formelle et intellectuelle avec les artistes de l'époque : les affiches lacérées de Raymond Hains, les *Nanas* de Niki de Saint Phalle, les machines dégingandées de Jean Tinguely, les compressions de César, les accumulations d'Arman, les reliefs de repas de Spoerri – tout cela est daté... En son temps d'ailleurs, Michel Foucault lui-même constata combien tout cela était vintage et, posant un regard rétrospectif sur cette œuvre emblématique du structuralisme, affirma sans vergogne qu'il n'avait jamais été structuraliste, avant de s'engager sur un autre chantier venant contredire celui de la mort de l'homme – la constitution du sujet gréco-romain comme à l'origine du sujet moderne, susnommé... l'homme.

Quelques mots sur *Les Mots et les Choses* : Foucault écrit en littéraire plus qu'en philosophe, il convoque moins Descartes ou Kant, ces parangons de rationalité moderne, que Hölderlin, Sade, Nietzsche, Artaud, Bataille, Roussel, Genet, autant d'écrivains ayant eu maille à partir, comme lui, avec la déraison, la folie, la transgression. Il estime que la psychose, la paranoïa et la schizophrénie sont des contre-modèles positifs à même d'ébranler la rationalité occidentale.

Lorsque, dans ce livre, Foucault affirme l'impossibilité du *cogito* sous prétexte de l'abîme qui sépare le «je pense» du «je suis» et qui interdit entre eux toute relation de causalité, c'est au nom d'une fissure, d'une brisure, d'une cassure, d'une lézarde dans l'être, dont se soucie la psychanalyse, à laquelle il tresse des lauriers. Cette coupure obsède le philosophe qui, sans cesse, tourne autour d'elle comme au bord d'un précipice ontologique qui menace de l'engloutir et, de ce fait, le fascine. Quand il parle de l'homme, c'est en fait de lui qu'il parle…

On surprend l'écrivain sous le discours du philosophe: son écriture est celle d'un esthète, voire d'un dandy qui impose son rythme. Il s'avère soucieux d'effets de langage et de style et cherche à emporter par le vortex poétique plus que par la démonstration analytique, voire plus que par la vérité historique. Foucault digresse d'un objet philosophique l'autre, comme le ferait le spectateur d'un cabinet de curiosités baroque ou maniériste.

C'est ainsi que Foucault écrit, sans craindre de se faire facilement désavouer: «Nulle philosophie, nulle option politique ou morale, nulle science empirique quelle qu'elle soit, nulle observation du corps humain, nulle analyse de la sensation, de l'imagination ou des passions n'a jamais, au XVIIe et au XVIIIe siècle, rencontré quelque chose comme l'homme; car l'homme n'existait pas (non plus que la vie, le langage et le travail); et les sciences humaines ne sont pas apparues lorsque, sous l'effet de quelque rationalisme pressant, de quelque problème scientifique non résolu, de quelque intérêt pratique, on s'est décidé à faire passer l'homme (bon gré, mal gré, et avec plus ou moins de succès) du côté des objets scientifiques – au nombre desquels il n'est peut-être pas prouvé encore qu'on puisse absolument le ranger; elles sont apparues du jour où l'homme s'est constitué dans la culture occidentale à la fois comme ce qu'il faut penser et ce qu'il y a à savoir» (p. 355-356).

De quoi s'agit-il, *sinon de l'homme*, quand, au XVIIe siècle, pour en rester aux seuls classiques français, Descartes publie *Les Passions de l'âme* (1649) ou son *Traité de l'homme* (1662)? Racine et Corneille leurs tragédies? La Fontaine ses *Fables* (1668-1694)? La Rochefoucauld ses *Réflexions ou sentences et maximes morales* (1665)? La Bruyère ses *Caractères* (1688)? Rien qui concerne l'homme? La sensation? L'imagination? Les passions?

Et que dire, au siècle suivant, du projet de l'*Encyclopédie* (1751-1772) de Diderot et d'Alembert? et des ouvrages suivants: *De l'esprit* (1758) et *De l'homme* (1773) d'Helvétius? *L'Homme-Machine* (1747) ou *L'Homme-plante* (1748) de La Mettrie? le *Traité des sensations* (1754) de Condillac? *Le Bon Sens ou Idées naturelles opposées aux idées surnaturelles* (1772) et le *Système de la nature* (1770) du baron d'Holbach? sans oublier *La Lettre sur les aveugles à l'usage de ceux qui voient* (1749) et les *Éléments de physiologie* (rédigés en 1773-1774, et publiés en 1875) du même Diderot?

Dans *Les Mots et les Choses*, un livre qui, rappelons-le, s'interroge sur le surgissement de l'homme entre la fin du XVIIIe et le début du XIXe siècle, on ne trouve nulle part mention de *L'Origine des espèces* (1859) de Darwin, encore moins une analyse de *La Filiation de l'homme* (1871), qui répond pourtant à la question «Qu'est-ce que l'homme?» de façon scientifique, c'est-à-dire loin de toutes les billevesées scolastiques du structuralisme.

On mesure l'audace pour un philosophe qui enseigne à l'université à écrire que, au siècle de Descartes et à celui de Voltaire, l'homme n'existait pas, la vie n'existait pas, le langage n'existait pas, le travail n'existait pas! Conséquemment, pour n'en prendre qu'un, Descartes n'existait pas, Descartes n'était pas vivant, Descartes ne parlait pas, Descartes ne travaillait pas – soit, dit autrement, le *Discours de la méthode* n'a pas eu lieu. Il faut bien que pareilles jongleries aient débouché sur la mort de l'auteur, proclamée à la Société française de philosophie le 22 février 1969!

Ce genre d'absurdité ne saurait passer pour une pensée profonde que chez les prestidigitateurs formés au cirque de la rue d'Ulm et les amateurs floués du jeu de bonneteau philosophant. Si Foucault peut briller avec pareilles contre-vérités, c'est qu'il ne vit pas dans l'histoire et n'a d'ailleurs aucun souci d'elle – ce que Sartre lui reproche à raison.

Face à pareille désinvolture feinte ou, plus grave, revendiquée, on ne peut que songer à la mésaventure de Thalès qui, regardant les étoiles, ne voit pas le puits devant lui et y tombe, ce qui provoque le rire de la servante Thrace... Cette histoire raconte que, de tout temps, il y eut des philosophes déconnectés du monde sous prétexte de mieux le penser et qui estimaient plus vraies les illusions célestes que les réalités terrestres. On aura reconnu là le vieux tropisme platonicien qui fonctionne comme le passeport de toute philosophie officielle : que nul ne franchisse les propylées de l'Académie s'il n'est platonicien !

Quand Diogène le Cynique arpente les rues d'Athènes à la recherche d'un homme, ce n'est pas un quidam, un exemplaire du fameux « bipède sans plumes aux ongles plats » de Platon qu'il cherche, mais, avec ironie, ce qu'il sait qu'il ne pourra pas trouver : la fameuse *Idée d'homme* selon Platon, puisque, si l'on en croit l'auteur du *Timée*, l'homme concret, réel, sensible, tangible, empirique n'a de vérité que par sa participation à l'Idée d'homme plus vraie que l'homme et les humains.

Foucault déclare avoir trouvé l'homme selon Platon à l'heure où il se meurt. C'est une chimère « empirico-transcendantale », écrit-il, dont il donne la date de naissance et celle du probable décès, non sans hésiter quelque peu : il le place une fois entre le milieu du XVIIe et le début du XIXe siècle, une autre entre la Renaissance et nos jours, une troisième entre la fin de la Renaissance et le tournant du XIXe siècle, une autre encore, repérable dès le XVIe siècle, mais il affirme aussi que « les pointes extrêmes sont les années 1775 et 1825 »...

Au sens étymologique du terme, Foucault se montre philosophiquement réactionnaire : dans contexte intellectuel dominé par le marxisme sartrien, il restaure la vieille figure platonicienne de l'homme, insoucieuse de toute historicité. La naissance de l'homme comme descendant du singe, si je puis dire, il y a des millions d'années, ne lui vient pas une seule seconde à l'esprit – cette proposition ne se trouve pas en effet dans les étoiles contemplées par ce Thalès du XXᵉ siècle…

Comme nombre de philosophes en général, et tous les structuralistes en particulier, Foucault croit moins à la vérité du monde qu'à celle des archives qui disent le monde. Pour lui, seul existe ce qui se trouve attesté par un texte. De sorte qu'une page de Borges, comme celle qu'il analyse longuement en ouverture de son livre, est plus vraie que toute autre réalité n'ayant pas statut d'archive, comme la vie d'un homme simple.

Ce n'est donc pas une archéologie que Foucault réalise, contrairement à ce qu'il annonce, mais une généalogie. Et plus particulièrement une généalogie nietzschéenne, pratiquée par un rat de bibliothèque qui ne lève pas le nez de son grimoire posé sur son lutrin. Si le texte le dit, alors le réel est ; si le texte ne dit rien, alors le réel n'est pas. Foucault n'aborde donc pas l'homme dans sa réalité concrète et tangible, disons anatomique, physiologique, corporelle, mais dans son épiphanie imprimée. « Homme » est ici le signifiant d'un signifié de papier. Le philosophe jouit des seules relations textuelles. Pour lui, les mots sont les choses et les choses n'ont d'autre réalité que sémantique.

La généalogie du généalogiste est nietzschéenne. L'influence nietzschéenne se ressent dans *Les Mots et les Choses*. Foucault et Deleuze travaillent, les mois qui suivent la parution de cet opus de 1966, à l'établissement de l'édition française des œuvres complètes de Nietzsche chez Gallimard. On y trouve les textes dûment établis et validés par le philosophe allemand avant leur publication en volumes. Mais on y lit également quantité de fragments posthumes, présentés fautivement comme des textes définitifs alors qu'il ne s'agit que de notes de lecture, de citations d'autres auteurs aux noms égarés, d'essais de pensées comme on teste une idée avant de l'abandonner ou de la retenir puis de la développer, de formules, d'intuitions, d'idées vagues ou de vagues idées. Le nietzschéisme français a beaucoup erré dans ces années-là en donnant à ces textes déshistoricisés un statut achevé, au risque de présenter la pensée de Nietzsche comme contradictoire! Ce sont les limites d'une approche platonicienne du texte.

La thématique de la *mort de l'homme* abordée par Foucault est clairement fournie par Nietzsche qui, dans les passages de son œuvre où il est question de la *mort de Dieu*, annonce également celle de l'homme. Mais dans *Ainsi parlait Zarathoustra*, c'est l'homme tel que le définit le judéo-christianisme qui est appelé à mourir après l'avènement du surhumain.

Le surhomme a été sali par les récupérations fascistes et nazies du philosophe, que sa sœur, antisémite, a vendu à Mussolini et Hitler. Autre trahison : il a également été terni par l'assimilation à une figure d'homme tout-puissant selon les catégories américaines du héros de bande dessinée – un genre de Superman dont le nom est d'ailleurs une pure et simple traduction de l'*Übermensch* nietzschéen...

Or Nietzsche s'installe sur le terrain ontologique et moral, nullement sur un terrain politique, sociologique ou idéologique. Le surhomme est celui qui connaît la nature tragique du réel parce qu'il sait l'éternel retour des choses à l'identique, et ce de façon infinie ; face à une telle connaissance, il ne se rebelle pas mais, au contraire, selon le principe de l'*amor fati*, il aime et veut ce qui advient : sa vie est répétition du même à l'infini ; dans ce seul désir de ce qui est, l'homme dépasse sa condition et parvient à celle de surhomme. La mort de l'homme au profit du surhomme n'est jamais que consentement de l'homme à son destin.

Si l'on se contente de lire les textes que Nietzsche a lui-même publiés, les choses sont claires. Elles se compliquent quand on ajoute au corpus ces fragments douteux, fautifs, incertains, problématiques, discutables. Sur l'éternel retour, quand on s'en tient aux livres publiés par Nietzsche lui-même, il va sans dire que c'est franchement *l'éternel retour du même* qui est l'idée du philosophe et nullement, comme l'affirme pourtant Deleuze dans *Nietzsche et la philosophie* (1962), en s'appuyant sur ces textes parfois fabriqués de toutes pièces par la sœur de Nietzsche, l'éternel retour de ce que nous voudrions qu'il advienne – puisqu'il n'y a pas de volonté libre chez Nietzsche...

Quand Foucault lie le sort de l'homme à celui de Dieu, les promettant tous deux à une même mort, il effectue un exercice de style philosophant sur un point d'histoire de la philosophie; il n'a que faire de l'homme réel et concret qui, il y a trente-trois mille ans, par exemple, gravait sur des bois de cerf ou sur des os des calendriers lunaires après avoir regardé le ciel, non pas pour y trouver des idées, mais afin d'y saisir les raisons du cosmos, au sens étymologique du terme: les raisons de l'ordre de l'univers.

Ce questionnement du ciel par les premiers hommes marque pour moi, on l'a vu, leur date de naissance, une date qui procède de la Lune comme astre et non d'une forme du ciel des Idées.

Les Mots et les Choses l'affirme clairement: l'homme s'avère «une étrange figure de savoir» (p. 16). Pour Foucault, il n'est que ça... Pas de chair ni de nerfs, de muscles ni de sang, de lymphe ni d'os, pas de cerveau ni de peau, pas de poils, d'ongles ni de cheveux, ces quintessences de matières dégradées selon Platon, pour constituer le corps d'un homme, c'est-à-dire l'homme.

Pour Foucault, l'homme – avec une minuscule, jamais de majuscule – se trouve constitué par une triade, avant laquelle il n'existe pas: l'économie, la biologie, la philologie. Il surgit donc par le travail, la vie et la langue. Faut-il en déduire qu'un chômeur, un homme sans travail, un homme dépourvu de vie, un muet, un homme privé de langage ne sont plus des hommes quand ils sont morts? Et *quid* du chômeur muet qui témoigne doublement de son inhumanité? Pire encore quand cette figure mutilée est passée de vie à trépas...

Le travail n'a rien à voir avec un travailleur aliéné, soumis au capitalisme, obéissant à un patron, un contremaître ou un chef d'atelier, il est sans relation avec un salaire, une exploitation, une fiche de paie, des conditions misérables, une inscription dans la production des richesses, comme l'écrit Marx dans *Le Capital*, non. Le travail est ce qui rend possible un discours de Cantillon, une analyse de Quesnay, un chapitre de Condillac, un livre de Lemercier de la Rivière, un volume d'Adam Smith, un in-folio de Ricardo – et rien d'autre.

Foucault a le goût des auteurs inconnus auxquels il donne une importance cardinale alors qu'ils n'ont jamais été, en leur temps, que des glossateurs : ils ont produit un texte céleste que Foucault sépare de son contexte terrestre. Le structuraliste croit que l'univers s'est réfugié tout entier dans les rayons d'une bibliothèque débordant de volumes anciens. Un monde de morts et de poussière, de cuir et de papier, de reliures et de colle séchée.

À travers d'interminables analyses qui, mises en abyme, se regardent analyser, se succèdent, comme dans un musée, les tableaux, les considérations sur la palingénésie de Bonnet, l'histoire naturelle de Tournefort, la grammaire générale de Beauzée, l'économie de Véron de Forbonnais, les richesses chez Davanzati ou Scipion de Gramont, le commerce chez Dutot... Et voilà pourquoi votre fille est muette !

Ce livre qui, cherchant l'homme, ne trouve que des livres, évince les hommes. Le structuralisme élimine l'histoire, il l'efface et l'abolit : la vérité du prolétariat n'est plus dans les usines, mais dans *Lire « Le Capital »* (1965) d'Althusser, qui interroge les ruptures épistémologiques entre le jeune Marx et celui du *Capital* ; la vérité de la psyché ne se trouve plus dans la souffrance d'un patient abîmé, mais dans les *Écrits* (1966) de Lacan qui donne au calembour un rôle architectonique dans la théorie ; la vérité de la langue ne gît pas dans la parole d'un enfant qui commence à s'exprimer, mais dans la différence entre sémiotique et sémantique exposée dans les *Problèmes de linguistique générale* (1966) de Benveniste ; la vérité de l'inconscient n'est pas dans une longue mémoire phylogénétique, mais dans les rouages d'une machine désirante démontée par Deleuze et Guattari dans *L'Anti-Œdipe* (1972) ; la vérité de l'anthropologie ou de l'ethnologie ne se cache pas dans la vie quotidienne d'une tribu, mais dans la théorie générale de l'échange exposée avec force schémas dans l'*Anthropologie structurale* (1958) de Lévi-Strauss ; dès lors, la vérité de l'homme n'est pas dans la cristallisation d'une biographie, mais dans *Les Mots et les Choses* (1966) de Foucault...

Dans la dialectique des mots et des choses, Foucault a très clairement choisi les mots au détriment des choses. Rien de très original, c'est le lot de toute la philosophie idéaliste. L'homme est avant tout une réalité sémantique, en ce sens il peut apparaître longtemps après que l'homme a laissé une première trace dans l'histoire de l'humanité. L'Homo sapiens qui, pendant l'Aurignacien, entaille un os pour fabriquer un calendrier lunaire n'est pas un homme, car il n'a pas conscience de l'être. À cette aune, nombre d'humains de notre époque ne le sont pas non plus...

Foucault d'écrire: «Lorsque l'histoire naturelle devient biologie, lorsque l'analyse des richesses devient économie, lorsque surtout la réflexion sur le langage se fait philologie et que s'efface ce *discours* classique où l'être et la représentation trouvaient leur lieu commun, alors, dans le mouvement profond d'une telle mutation archéologique, l'homme apparaît avec sa position ambiguë d'objet pour un savoir et de sujet qui connaît: souverain soumis, spectateur regardé, il surgit là, en cette place du Roi, que lui assignaient par avance les Ménines, mais d'où pendant longtemps sa présence réelle fut exclue» (p. 323).

Foucault pense à partir de lui-même. Nietzsche a déjà dit tout ce qu'il y avait à savoir sur la généalogie autobiographique de toute pensée – celle de Foucault comprise, qui ne l'ignorait pas puisqu'il a lu la préface au *Gai Savoir*... Voilà pourquoi le registre du philosophe est sombre: sous sa plume apparaissent «paysages d'ombres» et «part de nuit», «plage obscure» et «région abyssale», «forteresse singulièrement cadenassée» et «tache aveugle»... Cette part maudite en lui, voilà à partir de quoi il pense. Il est bien évident que la raison occidentale ne lui convient pas et que le «murmure indéfini de l'inconscient» le requiert plus vivement que tout autre chose.

Voilà pour quelles raisons, dans la foulée de la mort de Dieu et de la mort de l'homme, qui lui est consubstantielle, Foucault annonce, thématique hégélienne s'il en est, la mort de la philosophie et l'avènement d'une «pensée future» (p. 398). Descartes et Kant font place à Freud et Lacan qui ne se soucient pas de raison raisonnable et raisonnante, mais de déraison pure. Plutôt

Un visage de sable effacé par la mer

Les 120 journées de Sodome et *Héliogabale ou l'anarchiste couronné* d'Artaud, ou encore *La Part maudite* de Bataille que le *Discours de la méthode* ou la *Critique de la raison pure*. Foucault est fasciné par la finitude, la mort, la folie, la psychose, la schizophrénie, le désir, toutes choses absentes de la philosophie classique.

La triade *biologie-économie-philologie*, qui rend possible l'avènement de l'homme dans l'histoire des idées, fait place à une seconde topique qui l'abolit : *linguistique-ethnologie-psychanalyse*, autant de sciences humaines qui ne parlent pas de l'homme.

L'histoire de la philosophie se coupe en deux : la raison classique, d'une part, et la pensée structuraliste, d'autre part, qui cherche les invariants formels de toute réalité, nulle part visibles mais partout présents. Ce que Foucault propose avec *Les Mots et les Choses*, c'est moins une nouvelle philosophie qu'une variation sur la très ancienne scolastique. Réactionnaire quand il restaure le primat platonicien de l'Idée sur la réalité, *du mot sur la chose*, il se fait à nouveau réactionnaire quand il rétablit les catégories de la scolastique médiévale. Il propose en effet une « seconde critique de la raison pure à partir de formes nouvelles de l'*a priori* mathématique » (p. 394), afin de fonder scientifiquement la psychanalyse, appelée à effacer la philosophie occidentale de la carte. Mais une science fondée sur un *a priori* formel relevant de catégories transcendantales, voilà qui relève d'une théologie, fût-elle sans Dieu, pas de la philosophie.

La dernière page des *Mots et les Choses* a beaucoup fait pour la réputation de Foucault. Il y écrit : « L'homme est une invention dont l'archéologie de notre pensée montre aisément la date récente. Et peut-être la fin prochaine » (p. 398). Il envisage en effet que l'homme disparaisse à la façon d'un visage de sable effacé par la mer... Le structuralisme, par son antihumanisme, se proposait de travailler à cette tâche, mais il n'a vécu qu'un temps, le temps d'une mode à Paris.

Tous les acteurs de ce courant philosophique ont en effet eux-mêmes conclu à l'impasse de cette fausse voie taillée dans la jungle des mots. Foucault finit par écrire qu'il n'avait jamais

ANIMA

été structuraliste, ce qui lui permettait de n'avoir pas à expliquer pourquoi il ne l'était plus; Lacan n'eut pas le temps, la mort l'en a empêché; Althusser non plus, qui finit sa vie en écrivant ses mémoires, *L'avenir dure longtemps* – on ne le lui fait pas dire –, après avoir étranglé sa femme; Barthes rêvait d'écrire un roman proustien et jubilait en secret en lisant les *Mémoires d'outre-tombe*; Deleuze se fit bergsonien pour analyser le cinéma; dans *Race et Culture* (1971), Claude Lévi-Strauss légitimait l'autodéfense pour les civilisations menacées par les flux migratoires; et le dernier Foucault demandait aux Grecs et aux Romains des conseils pour construire une morale postchrétienne...

Mais ce que les structuralistes brûlaient après l'avoir adoré, leur corpus intellectuel de ces années-là, devenait le nectar et l'ambroisie d'intellectuels américains qui recyclaient ce qui, en France, avait été mis au rebut par ses acteurs mêmes. Ce qui allait s'appeler la *French Theory* (la «*Théorie française*») reprenait le flambeau de l'antihumanisme structuraliste et plus particulièrement de son platonisme : ces nouveaux structuralistes croient les mots plus importants que les choses, les livres qui disent le réel plus vrais que le réel lui-même, les bibliothèques et les amphithéâtres où l'on dissèque les livres plus utiles que le monde lui-même.

Pour eux, un homme, c'est une construction sociale, une archive, un palimpseste, qu'on peut, *qu'on doit effacer*, pour écrire une nouvelle page d'histoire. C'est un projet, et l'on peut changer de projet quand on veut, comme on veut, si l'on veut. Il n'y a plus ni hommes ni femmes, ni mâles ni femelles, mais juste des volontés libres de choisir leur genre ou non, ou autre chose encore.

Ce nihilisme-là travaille au projet que Foucault annonçait à la fin de son livre de 1966 : il nourrit une nouvelle épistémè capable de tuer l'homme afin de le remplacer par le posthumain. L'humanisme d'hier est en ruine; le transhumanisme de demain attend son heure. Le futur est à l'homme déconstruit. La Lune sera sa terre.

Conclusion

SOUS LE SIGNE DE LA MÉDUSE

Vers les chimères transhumanistes
Numériser l'âme

L'effondrement de l'Europe judéo-chrétienne ne va pas sans la disparition d'une philosophie digne de ce nom – je m'inclus dans ce constat bien évidemment... Le temps de la domination du vieux continent sur le reste du monde est passé. L'esprit a effectué le chemin de l'Éden, entre le Tigre et l'Euphrate, à l'ouest des États-Unis, la Californie pour être précis, *via* l'Europe, qui a fait son temps. L'Histoire s'écrit désormais depuis la partie occidentale de l'Amérique, qui voit s'éloigner d'elle «l'Europe aux anciens parapets», pour la nommer avec les mots de Rimbaud, à la vitesse d'un corbillard emballé.

Les cathédrales, qui faisaient suite aux alignements de mégalithes, aux proportions parfaites des pyramides et au verbe des agoras, sont remplacées par des malls baignés nuit et jour de lumière électrique, l'odeur du papier des livres par la lisse peau des écrans, les chatoiements du réel par les mensonges du virtuel, la puissance de l'intelligence par le pouvoir de l'argent, la culture aiguisée par le divertissement avachi, la tenue de l'écrit par la logorrhée orale, l'excellence du raisonnement par le prurit de l'impulsif, le spectacle de la politique par la politique spectacle.

La réification, *marque du XXIe siècle*, est en route qui, sous prétexte de progressisme, fait que déjà tout peut se louer, s'acheter ou se vendre : des ovocytes de femmes pauvres, des utérus de mères porteuses prolétarisées, des enfants de couples aux genres fluides, des bébés programmés comme des poupées, voire des poupées sexuelles programmées comme des bébés, des relations libidinales, c'est vieux comme le monde, et des relations affectives, c'est jeune comme le néo-monde, à savoir : des intersubjectivités bradées pour couples et familles en attente, des promotions de séduction en brèves séances de *speed dating*, un genre d'éjaculation oratoire en de brefs délais, des transactions sur le marché des veufs, des veuves, des divorcés et des célibataires pour conjurer des solitudes qui augmentent, de la solidarité numérique d'autant plus vive qu'elle se fait avec des êtres sans visage, des robots, des machines, des poupées en silicone, etc.

L'Homme Nouveau poursuit son chemin : il est aujourd'hui déconstruit, c'est-à-dire écoresponsable, écoféministe, écopolitique, écocitoyen, écodurable, mais surtout : marchandise. L'Homme Nouveau tel que 1793 a essayé de l'établir génère l'« Homme Total » de Karl Marx qui, dans les *Manuscrits de 1844*, en bon rousseauiste, offre la figure théorique d'un homme recouvrant sa bonne nature d'avant le capitalisme, qui l'a aliéné, défait, puis séparé de sa substance. Le communisme libère l'homme des misères de la propriété privée – merci au *Discours sur l'origine et les fondements de l'inégalité parmi les hommes* – et de la division du travail – merci au *Discours sur les sciences et les arts* –, il permet à tout un chacun de réaliser la totalité de ses potentialités – merci l'*Émile*.

Avec l'aide de Hegel et de Feuerbach, Marx critique le capitalisme, la religion, la philosophie, qui produisent cet homme aliéné par le capital, le travail, le salariat, l'exploitation, l'État, le Droit, l'Argent, mais aussi par Dieu, les prêtres, l'idéal ascétique, la soumission aux puissants, l'hypothèse d'un arrière-monde heureux, et enfin par le spiritualisme, l'idéalisme, le spéculatif, la théorie, la théorétique. L'homme est devenu une abstraction pure, une pure abstraction. Marx veut le remplacer par cet Homme Total qui, par l'abolition de la propriété privée, le dépassement de la religion et l'instauration du communisme, cesse d'être dans l'aliénation de toutes parts et peut enfin vivre réconcilié avec lui-même et son essence.

Marx et Engels écrivent dans *L'Idéologie allemande* : « Dans la société communiste, personne n'est enfermé dans un cercle exclusif d'activités, et chacun peut se former dans n'importe quelle branche de son choix ; c'est la société qui règle la production générale et qui me permet ainsi de faire aujourd'hui telle chose, demain telle autre, de chasser le matin, de pêcher l'après-midi, de m'occuper d'élevage le soir et de m'adonner à la critique après le repas, selon que j'en ai envie, sans jamais devenir chasseur, pêcheur, berger ou critique » (I. Feuerbach [L'Histoire]).

On sait ce qu'il est advenu de cet Homme Total théorique dans la pratique marxiste-léniniste. Loin d'avoir produit l'Homme Nouveau jacobin, le régime communiste selon Marx et Lénine a généré un *Homo sovieticus* dont Alexandre Zinoviev brosse ainsi le portrait : frappé d'un oblomovisme fait de fainéantise et de fatalisme, c'est l'homme de la débrouille, des petits larcins et des grands arrangements, de la fuite et des lâchetés, de la dénonciation et de l'assujettissement, en un mot l'homme de la servitude volontaire. Il devait être libéré et s'est montré soumis, il devait être total et fut partiel, fort et fut faible, grand et fut petit, exemplaire et fut minable, il devait chasser le matin, pêcher l'après-midi, s'occuper d'élevage le soir et s'adonner à la critique littéraire après les repas, il fut l'homme des files d'attente dans des supermarchés qui écoulaient des produits minables, le consommateur de cornichons au vinaigre et de vodka qui regardait une télévision de propagande et lisait des journaux d'endoctrinement. C'est contre cet homme jacobin des marxistes que le fascisme mussolinien, puis le nazisme lancent, en réaction, leur propre Homme Nouveau[1].

---

1. Le prochain volume de cette *Brève encyclopédie du monde* sera intitulé *Barbarie* et reviendra sur la question de l'Homme Nouveau, sa généalogie, son actualité, son avenir dans le transhumanisme. Il exposera les prémices de ce qui pourrait bien devenir une nouvelle civilisation, la dernière à se développer sur la Terre avant celles qui relèveront du post-terrestre. Le projet de

Filippo Tommaso Marinetti écrit en 1909, en français, un roman intitulé *Mafarka le futuriste. Roman africain*. Ce Mafarka, victorieux de combats épiques contre des Africains de papier, renonce au pouvoir pour se consacrer à la fabrication de son fils Gazourmah, un robot ailé, à demi divin. Mafarka offre à sa mère cette créature qui, de ce fait, est un genre de produit incestueux, afin de remplacer son autre fils, mort à la guerre. Cet Homme Nouveau a la particularité d'être immortel. Mafarka veut procréer un Homme Nouveau « sans le concours et la puante complicité de la matrice de la femme » (p. 215). Qu'un fils offre un enfant à sa mère et se donne ainsi un nouveau frère immortel, par recours à l'ectogénèse, voilà la gésine transhumaniste.

Mafarka dit : « J'ai trouvé une substance qui transforme les fibres végétales en chair vivante et en muscles solides » (p. 211). Cette substance, c'est *l'âme futuriste*. L'Homme Nouveau est taillé dans un bois de jeune chêne et possède des ailes confectionnées dans une toile indestructible, tissée de fibres de palmier, qui prend une teinte rouge, or, rouille, sang, selon le soleil ; ses pectoraux sont comme des boucliers en cuir d'hippopotame ; ses côtes sont en fer ; sans oublier son « membre formidable et bronzé qui saura défoncer le duvet humide et brûlant des vierges ! » (p. 282). Cet homme répond au souhait de Mafarka : « Ce ne sont pas des sujets que je veux, mais des esclaves » (p. 212). Contre la « race de chiens et d'esclaves battus » (p. 208), Marinetti veut produire ce genre d'homme régénéré…

Cet Homme Nouveau renonce à l'amour, aux sentiments, aux émotions ; il déteste le passé et célèbre le futur ; il est prêt à jouer sa vie pour une idée, parce qu'elle ne vaut rien si elle n'est pas sanctifiée par la mort ; la guerre est pour lui hygiène de la vie et l'héroïsme, ivresse ; il est pétri de volonté et de puissance, d'énergie et de vitesse, de force et de cruauté. « Notre volonté doit sortir de nous pour s'emparer de la matière et la modifier

---

civilisation totale, le projet transhumaniste qui incarne le véritable « Grand Remplacement ».

à notre caprice. Nous pouvons ainsi façonner tout ce qui nous entoure et *rénover* sans fin la face du monde. Bientôt, si vous priez votre volonté, vous enfanterez sans recourir à la vulve de la femme» (p. 215; je souligne). Et ceci: «J'insufflerai ma volonté dans le corps neuf de mon fils. Il sera fort de toute sa beauté que n'a jamais crispée le spectacle de la mort! Je lui transmettrai mon âme en un baiser, j'habiterai dans son cœur, dans ses poumons et derrière les vitres de ses yeux» (p. 214).

Mafarka crée Gazourmah et le présente à la momie de sa mère qui le dit «à la fois [s]on amant et [s]on fils [...]. Je suis sa mère et sa maîtresse [...]. C'est mon fils autant que le tien! [...] Mafarka! Mafarka! Parle-moi de notre enfant!» (p. 284), s'écrit-elle dans une litanie obscène. Mafarka de répondre: «Oh! la joie de t'avoir enfanté ainsi, beau et pur de toutes les tares qui viennent de la vulve maléficiante et qui prédisposent à la décrépitude et à la mort! [...] Oui, tu es immortel, ô mon fils, ô héros sans sommeil!» (p. 282) La momie de la mère de Mafarka lui parle et l'invite à baiser sa créature sur la bouche pour lui transférer son âme et lui insuffler la vie. En souvenir de sa mère morte, Mafarka embrasse donc son fils sur la bouche d'«un baiser torturant et suave, où s'éternisait une tendresse sans bornes» (p. 294). Gazourmah tue alors son père Mafarka et prend son envol en direction du soleil qu'il entend défier. Allégorie transhumaniste: c'est donc le baiser incestueux qui donne la vie à l'Homme Nouveau du XXIe siècle...

Haine de l'homme d'avant, culte de l'homme à venir, aspiration à la régénération, âme insufflée dans un corps immortel, pierre philosophale du nouveau millénaire, création d'une race d'esclaves par ectogénèse, abolition de la famille et généalogie d'une race nouvelle par l'inceste, culte de la mort: nous y sommes...

Gazourmah, qui n'a pas besoin de sommeil, a des organes de préhension qui agissent «automatiquement comme les mains des singes bradipes et les pattes de chiroptères, qui s'accrochent davantage à la branche à mesure que le sommeil les envahit»; il se nourrit de serpents «parce qu'ils contiennent les ferments d'une vie très longue» (p. 279) – on songe bien sûr au serpent du jardin d'Éden, ainsi qu'aux «hydres d'eau, parce que leur chair a un étonnant pouvoir de se reproduire» *(ibid.)*. Or l'hydre d'eau, c'est l'animal emblématique de la civilisation à venir : la méduse.

C'est Édouard Glissant, poète et penseur de la créolité, qui fait de la méduse un modèle civilisationnel. Une anecdote nous renseigne sur le projet de société de Glissant, qui aspire à la créolisation du monde : un été, lors de vacances en Italie, le poète nage dans la mer Méditerranée et s'y fait brûler par «une méduse venimeuse». À un enfant qui le questionne, nous dit son biographe François Noudelmann, «il explique la géographie des méduses, des êtres flottants de la surface aux abîmes, sans aucune patrie, déliés d'attache et de parenté, qui voguent parmi les courants de toutes les mers, dénués d'origines repérables. Les méduses annoncent un autre monde, où le centre et la périphérie s'évanouiront, laissant place aux circulations les plus labiles». La créolisation, c'est le mélange des civilisations présentées comme toutes égales, mélange dont le poète martiniquais nous dit qu'il pourrait se faire sans violence, bien qu'il n'y ait jamais eu dans l'histoire de créolisation sans violence, avoue-t-il !

Pour l'heure, en effet, la créolisation du monde génère une société de méduses, d'êtres apatrides flottant sans attaches ni famille dans un monde dépourvu de sens. Les connexions entre ces animaux venimeux, dont certains sont mortels, s'effectuent par des filets toxiques, des filaments empoisonnés, des tentacules nocifs. Dans cet univers la violence fait la loi : le plus venimeux tue le plus inoffensif – c'est le projet fasciste par excellence.

Dans cette jungle de bêtes primitives où l'invagination fait la loi, le singe, qui évolua jusqu'à l'homme, régresse jusqu'à la méduse, qui, *via* l'*Encyclopédie*, Diderot, Maupertuis, Rousseau, Voltaire, La Mettrie, et même Aristote, dispose d'incontestables lettres de noblesse philosophiques !

L'Encyclopédie nous l'apprend, le polype d'eau douce, aussi nommé hydre, coupé, taillé, décapité, affamé, nourri de lui-même ou d'un autre, rétroversé, subit tout sans jamais s'en trouver affecté. Dans ses *Éléments de physiologie*, Diderot constate que l'hydre peut se reconstituer à partir d'un seul de ses morceaux taillé dans le vif, ce qui le conduit à parler de *nisus formativus* pour qualifier la force vitale et la plasticité du vivant qui permet la régénérescence des cellules et des tissus. D'une certaine manière, le *nisus* – objet de la quête des vitalistes – est le nom de ce qui, dans la vie, veut, constitue et fait durer la vie. Les idées de division cellulaire mais surtout de clonage se trouvent ici en germe.

Dans *Le Rêve de d'Alembert*, via un propos qu'il fait tenir à mademoiselle de Lespinasse, Diderot met en scène une fiction, aujourd'hui en passe de devenir une réalité : « L'homme se résolvant en une infinité d'hommes atomiques qu'on renferme entre des feuilles de papier comme des œufs d'insectes qui filent leurs coques, qui restent un certain temps en chrysalides, qui percent leurs coques et qui s'échappent en papillons, une société d'hommes formée, une province entière peuplée des débris d'un seul, cela est tout à fait agréable à imaginer. » Et puis ceci : « Si l'homme se résout quelque part en une infinité d'hommes animalcules, on y doit avoir moins de répugnance à mourir ; on y répare si facilement la perte d'un homme qu'elle doit y causer peu de regrets » (p. 124-125). Sauf que ces « œufs » ne sont pas conservés entre des feuilles de papier, mais dans l'azote liquide à presque moins deux cents degrés et que la duplication possible se révèle une consolation devant la finitude de l'être. *Le Rêve* se poursuit : la même dame imagine « une chambre chaude tapissée de petits cornets, et sur chacun de ces cornets une étiquette, guerriers, magistrats, philosophes, poètes, cornets de courtisans, cornets de catins, cornets de rois » (p. 127) – j'adore le « cornet de catins »...

Des « hommes polypeux » ? Nous y sommes...

Ce projet fictif est devenu réalité sous de multiples rubriques : le clonage de cellules souches, celui d'un noyau d'ADN, mais également les manipulations auxquelles invite le transhumanisme. *L'âme comme polype divisible et reproductible à l'identique*, voilà le rêve d'Elon Musk, qui définit l'âme comme la trace numérique laissée par un être humain, trace susceptible d'être réduite à des données téléchargeables et transférables, soit sur un genre de clé USB, soit, opération suivante, dans la matière cérébrale, l'encéphale, d'un autre humain. C'est le sens de son projet de pucer l'humain avec un microprocesseur chargé de données numériques qui constitueraient son identité.

Musk achève le temps du singe inauguré par les leçons d'anatomie de Vésale et ouvre le temps de la méduse. Un singe nommé Pager a été «programmé» par la société Neuralink d'Elon Musk, basée à San Francisco, pour jouer au jeu vidéo Pong par la pensée, en utilisant les pouvoirs de son cerveau augmenté par les informations implantées dans son tissu cérébral. Trois porcs, dont l'un, femelle, nommé Gertrude, ont été utilisés pour préparer cette technologie d'une interface cerveau-machine qui permet au mammifère de communiquer par une sorte de télépathie au gré d'impulsions neuronales. Le but est, après le porc et le singe, d'équiper le cerveau de l'homme de façon qu'il puisse être mis en relation avec un ordinateur afin d'augmenter l'intelligence naturelle par une intelligence artificielle (IA).

Dans son laboratoire, OpenAI, Elon Musk cherche à produire des intelligences artificielles supérieures aux intelligences naturelles, les premières étant appelées, *bien sûr*, à supplanter les secondes. Il part du principe que les humains disposent déjà d'une «couche numérique tertiaire» grâce à leurs téléphones, leurs ordinateurs, leurs applications, leurs *datas*, et qu'il faut les y connecter *via* leur cortex qui, dans le cerveau, s'occupe de la mémoire, de l'attention, de la perception, de la pensée, de l'intelligence, du langage, de la conscience. Musk aspire à l'avènement d'une télépathie entre l'homme et la machine. Il précise : «Avec une interface neurale directe, nous pouvons améliorer la bande passante entre votre cortex et votre couche numérique tertiaire de plusieurs ordres de grandeur. Je dirais probablement au moins mille ou peut-être dix mille, ou plus.» Tout est dans ce « plus »... Résumons ce projet transhumaniste : matière du cortex + données numériques sur Twitter = identité d'un être.

La puce peut être enrichie bien sûr, elle peut donc également travailler à un appauvrissement programmé. Des scientifiques savent aujourd'hui donner à des mouches des souvenirs de choses qu'elles n'ont pas vécues, si bien qu'à coups d'introduction de pyruvate dans les mitochondries des neurones de corps pédonculés, de nourrissage des cellules gliales, de mise en évidence de l'action neuronale par fluorescence, ces scientifiques peuvent également effacer des souvenirs de choses réellement vécues par les drosophiles. Leurs recherches, bien sûr, visent à lutter contre les maladies d'Alzheimer et de Parkinson...

Neuralink s'active pour que devienne réalité ce qui semble pour l'instant relever de la science-fiction : le Neural Lace, qui permettrait de relier le cerveau humain à des ordinateurs indépendamment de toute connexion, un genre de Bluetooth neuronal. L'intelligence naturelle se trouverait alors remplacée par l'intelligence artificielle. La mémoire serait infinie et les capacités cognitives inédites. « Les gens pourraient devenir télépathiques et dans une certaine mesure capables de converser non seulement sans parler, mais aussi sans mots, grâce à l'accès aux pensées des autres à un niveau conceptuel. Non seulement les pensées, mais aussi les expériences sensorielles pourraient être communiquées de cerveau à cerveau. »

Musk ajoute : « Il y a d'autres choses assez folles qui pourraient être faites. Vous pourriez probablement sauvegarder l'état du cerveau. Ainsi, si vous *deviez* mourir, votre état pourrait être rendu sous la forme d'un autre corps humain ou d'un corps de robot [...]. Vous pourriez décider si vous voulez être un robot ou une personne, ou autre chose » (je souligne). Mais seulement si l'on *devait* mourir...

Aux dernières nouvelles, des essais sont en route pour permettre à des paraplégiques de marcher grâce à ces techniques, mais aussi pour lutter contre la maladie de Parkinson. Musk annonce qu'il va élargir son programme de rééducation de nos synapses à la dépression nerveuse, aux addictions et autres « blessures au cerveau ». Et si le simple fait d'avoir un cerveau humain était une blessure pour cette engeance ? Cheval de Troie encore et toujours... Le projet de Diderot qui conduit de l'huître à la méduse *via* l'homme est en route.

Elon Musk donne clairement sa feuille de route : « réparer tout ce qui ne va pas avec le cerveau[1] ». Pour cet homme qui avoue être un autiste Asperger et qui, par ailleurs, se trouve être la personne la plus riche du monde, pareil dessein n'est pas lubie de détraqué, mais projet existentiel puis... civilisationnel. Il a les moyens de sa folie. Qui pourra s'y opposer ? Et surtout *au nom de quoi* ? De quelle morale ? De quelle éthique ? De quel surmoi ? De quels interdits ? De quels tabous ? De quelles valeurs ? De quelle spiritualité ? De quelle religion ? De quelle instance transcendante ? De quelle force du bien ?

La barbarie arrive à nos portes, équipée comme une machine de guerre rutilante et inédite. Cet homme qui veut faire l'ange assurément fera la bête : après le serpent, le chien et le singe, l'évolution s'effectuera probablement sous le signe de la méduse, déconstructible et reconstruite. La déconstruction a commencé...

---

1. https://intelligence-artificielle.developpez.com/actu/307121/Elon-Musk-une-puce-cerebrale-Neuralink-pourra-etre-utilisee-pour-guerir-la-depression-et-la-dependance-C-est-sur-C-est-a-la-fois-formidable-et-terrifiant/

https://intelligence-artificielle.developpez.com/actu/270150/Neuralink-d-Elon-Musk-annonce-que-l-interface-cerveau-moins-ordinateur-est-prete-pour-des-tests-sur-les-humains-et-entend-proceder-aux-premiers-en-2020/

Épilogue

Le silence éternel des espaces finis

Elon Musk n'a pas créé que la société Neuralink pour travailler à son projet transhumaniste. Il a également fondé SpaceX, dont on connaît vaguement l'histoire pour assister régulièrement sur nos écrans de télévision à ses lancements de fusées habitées dans l'espace. À terme, il s'agit pour Musk de faire sortir l'homme de son biotope terrestre naturel et de l'installer durablement dans un biotope extraterrestre artificiel. Dans cette perspective, la Lune va devenir une station spatiale en dur, étape avant de plus longs vols vers Mars. Elle va passer du statut de tas d'ordures humaines américaines à celui d'antichambre des trajets américains vers Mars.

Ceux qui estiment son objectif déraisonnable devraient lire les astrophysiciens qui nous annoncent la mort du Soleil dans quatre milliards d'années, après épuisement de son combustible. Quatre milliards d'années, c'est loin, bien sûr, mais c'est inéluctable, d'où cette certitude que la vie sur Terre sera compromise bien plus tôt et que les hommes disparaîtront s'ils n'ont pas d'ici-là trouvé une parade !

Il est prévu que le Soleil se dilate et que son volume soit multiplié par deux cents. Cette expansion entraînera la disparition de Mercure et de Vénus. Avant explosion, la Terre ne connaîtra plus ni eau ni vie à sa surface, elle ne sera plus qu'une boule de roche en fusion. Le cœur du Soleil s'échauffera à cent millions de degrés, cette étoile de gaz chaud s'étendra jusqu'à l'orbite de Mars : ceux qui pensent que se réfugier sur la planète rouge serait une solution se contentent de déplacer le problème ! L'hélium dégagé par le Soleil s'épuisera lui aussi. L'enveloppe du Soleil sera éjectée sous forme de nébuleuse qui se diluera dans l'espace interstellaire. Puis le cœur du Soleil s'éteindra progressivement, il se contractera, il deviendra une naine blanche, qui se refroidira pendant des dizaines de milliards d'années avant de devenir une naine noire. Le Soleil mourra comme quatre-vingt-dix pour cent des étoiles de l'Univers. Car, banalité de base pourtant largement oubliée, tout ce qui est naît, vit et meurt.

La mort naturelle du Soleil, qui entraîne la mort de la Terre sur son trajet existentiel, n'exclut pas pour notre globe terrestre d'autres façons de mourir d'ici là ! Un astrophysicien qui expliquerait que, eu égard à ce que nous enseigne la science de la *vie de la Terre* depuis des millions d'années, les cycles de réchauffement et de refroidissement sont à mettre prioritairement en relation avec l'activité magnétique de l'héliosphère, c'est-à-dire de la bulle gazeuse formée par les vents solaires, cet astrophysicien, donc, se verrait banni de la communauté internationale des «scientifiques» comme climato-sceptique, il perdrait son poste, son salaire, les subventions de son laboratoire, ses étudiants, sa possibilité de diriger des thèses, sa réputation et paierait son audace de sa mort sociale. Il enseignera donc que le réchauffement climatique est essentiellement dû à l'activité humaine, ce qui permet à la mythologie du capitalisme vert d'aujourd'hui de fonctionner en vendant des produits qui, bien que très polluants[1], passent pour économiser les ressources de la planète. Il n'empêche, l'héliosphère qui protège le système solaire interne est percée et, par ces trous, passent de dangereux

---

1. Guillaume Pitron, *La Guerre des métaux rares. La face cachée de la transition énergétique et numérique*, Les liens qui libèrent, 2018.

rayons cosmiques qui voyagent presque aussi vite que la lumière et bombardent la Terre en en affectant bien sûr la température et le climat.

La Terre peut aussi disparaître avant son heure à cause des géocroiseurs, ces bolides, lancés à pleine vitesse dans l'espace, qui pourraient s'écraser sur la croûte terrestre, détruisant alors la vie sur Terre, voire pulvérisant la planète bleue, dont il ne resterait que poussières flottant dans le cosmos.

Une récente expérience, conduite le 22 septembre 2022 par la NASA, a envoyé depuis la Terre une sonde de cinq cents kilos s'écraser sur un petit astéroïde de cent soixante mètres de diamètre nommé Dimorphos, à plus de onze millions de kilomètres, afin d'en dévier la course. L'opération avait pour nom DART pour *Double Asteroid Redirection Test*, le mot anglais *dart* signifiant «fléchette». La collision a généré plusieurs dizaines de tonnes de poussière et modifié la course du géocroiseur – à l'heure où j'écris, début octobre 2022, on ne sait de combien, les calculs sont en cours...

C'est probablement un astéroïde de douze kilomètres de diamètre qui, il y a soixante-six millions d'années, a percuté la Terre à un endroit qui correspondrait à l'actuel Yucatán (Mexique) et entraîné la disparition des dinosaures. Cette collision suivie d'une baisse considérable de la température de la planète, le Soleil ayant été en partie masqué par les tonnes de poussières dégagées, a rendu ensuite possible le développement des mammifères – dont l'homme, qui aurait pu ne pas être sinon... Un autre astéroïde, et l'homme pourrait ne plus être.

Elon Musk pense en termes de très longues durées, il désoriente et désarçonne ceux qui peinent déjà à se projeter dans l'avenir éphémère de leur propre existence! Dans la mesure où penser en termes de millénaires, comme le font les historiens et les philosophes dignes de ce nom – Joachim de Flore et Vico, Hegel et Spengler, Toynbee, Keyserling et Frobenius, Malraux plus près de nous... –, s'avère une discipline rarement pratiquée, penser en termes d'avenir de l'homme dans le cas pourtant prévu de la disparition de la planète Terre est un exercice délaissé. La science-fiction occupe seule le terrain, la philosophie n'en a cure.

Le projet d'Elon Musk se tient, c'est celui du transhumanisme : prenant en compte la durée limitée de la vie de l'homme sur la Terre, il veut d'abord *changer l'homme* et lui attribuer un autre biotope. D'où, pour modifier l'humain et l'élargir, l'augmenter, son Homme Nouveau sculpté par le transhumanisme, dont Neuralink est le bras armé.
Puis il entend *changer le milieu de l'homme* et trouver un lieu de substitution à cet humanoïde. D'où les expérimentations de SpaceX, son autre société, qui mettent au point des voyages spatiaux, intersidéraux, tentant d'inventer de nouveaux carburants à même de résoudre le problème de la durée et de la vitesse des déplacements en années-lumière. À la mesure des véritables longues durées, c'est le seul « Grand Remplacement » qui vaille et qui donnera naissance à une autre civilisation, *la dernière*.
Le projet de coloniser Mars occupe la NASA tout autant que Musk. L'agence spatiale américaine recrute des volontaires pour une mission d'un an consistant à vivre sur une base du Texas dans les conditions d'une vie extraterrestre, dans un espace de 158 mètres carrés fabriqué par impression 3D. Pour l'heure, les conditions de recrutement sont précises : d'abord être américain, ensuite disposer d'une bonne santé, ne pas fumer, avoir plus de trente ans mais moins de cinquante-cinq, parler anglais, maîtriser ingénierie, mathématiques, physique, biologie et informatique, avoir une expérience professionnelle de deux années dans l'un de ces domaines, ou avoir un carnet de vol de plus de mille heures. Les élus effectueront des recherches scientifiques, se familiariseront avec la réalité virtuelle, les commandes robotiques et simuleront des sorties dans l'espace reconstitué. Il s'agit de préparer un vol vers Mars avec arrêt sur la Lune transformée en salle d'attente. Des Russes, des Européens et des Chinois ont déjà participé.
L'heure venue, ce post-humain supposera probablement des âmes numériques chargées sur des encéphales humains, peut-

être clonés, eux-mêmes appariés à des exosquelettes. À quoi bon, sinon, travailler dans toutes ces directions ? Les hommes vivront une vie virtuelle dans un univers hostile. Et ces vies, auxquelles seuls des élus choisis par de plus élus qu'eux, mais par qui ?, seront reliées à une matrice totale qui pilotera l'ensemble. Mais pour quoi faire ? Malraux disait : « À quoi bon conquérir la Lune si c'est pour s'y suicider[1] ? » Aujourd'hui dépourvus d'âmes, qui nous dit que les hommes acéphales que nous sommes devenus ne sont pas déjà morts ?

---

1. Interview avec Paul-Marie de La Gorce dans *L'Actualité* (mai 1970).

Bibliographie

Penser la Lune. Étrangement le premier pas sur la Lune n'a pas mobilisé les philosophes. Une exception, Günther Anders, dont j'estime qu'il est le plus grand philosophe du XXe siècle, avec *Vue de la lune. Réflexions sur les vols spatiaux,* Genève, Éditions Héros-Limite, 2022. Mais c'est plus une lecture politique critique que proprement philosophique.

En son temps, 1957, Alexandre Koyré publia en anglais *Du monde clos à l'univers infini*; le livre fut repris en 1973 chez Gallimard, Idées, pour montrer quelle rupture épistémologique fut le passage du géocentrisme à l'héliocentrisme. Un ouvrage de même nature manque sur la révolution épistémologique induite par la première fois où des hommes ont vécu hors de la Terre avant d'y revenir.

L'histoire de cette aventure est racontée de façon journalistique par Lukas Viglietti dans *Apollo confidentiel,* avec une préface de Charlie Duke qui fut de la mission Apollo 16 en 1972, Éditions de Boeck, 2019. C'est dans cet ouvrage qu'on découvre que l'homme reste désespérément un animal marqueur de territoire.

*

L'histoire avant l'histoire. La littérature sur la Préhistoire est abondante et décevante. L'époque projette souvent ses fantasmes sur ce qui reste des traces des premiers hommes, notamment les traces dites artistiques. Néo-chrétienne avec la pensée sacrée de l'abbé Breuil, pathologique avec le sexe et la mort associés de Georges Bataille, structuraliste avec les signes de Leroi-Gourhan, néo-baba-cool avec le chamanisme de Jean Clottes. Excellente synthèse chez Gwenn Rigal, *Le Temps sacré des cavernes*, Éditions Corti, 2016.

Une lecture intéressante, l'archéoastronomie: Chantal Jègues-Wolkiewiez, *L'Ethnoastronomie, nouvelle appréhension de l'art préhistorique. Comment l'art paléolithique révèle l'ordre caché de l'Univers*, Éditions du Puits de Roulle, 2012, et *Les Calendriers paléolithiques de Sergeac et de Lartet décryptés. Révélation de la vie collective des premiers Cro-magnons*, chez l'auteur, 2014. Des intuitions présentées au ras du factuel.

Un formidable volume de presque neuf cents pages a paru après le point final de mon livre: Jean-Loïc Le Quellec, *La Caverne originelle. Art, mythes et premières humanités*, La Découverte, 2022. Hypothèse nouvelle: un grand mythe originel qui suppose des animaux vivants sous terre, dans une grotte originaire, et surgissant au regard des hommes, sur terre, se trouve à l'origine de l'art préhistorique. Très séduisante idée d'un grand récit généalogique reconstitué…

*

Le génie égyptien… Les études de philosophie font classiquement remonter la pensée occidentale aux Grecs. La bibliographie était quasi inexistante quand j'ai commencé mes études de philosophie dans les années 1980. Je n'ai bien sûr jamais entendu parler de la pensée égyptienne pendant toute la durée de mes études.

C'est un livre paru en 1979, chez Gallimard, Idées, *Les Livres de sagesses des pharaons* d'Élisabeth Laffont qui m'a ouvert les yeux sur l'évidente parenté entre sagesses égyptiennes et sagesses grecques. Pascal Vernus a ensuite publié *Sagesses de l'Égypte pharaonique*, Imprimerie nationale, 2001. Récemment, en 2021, Les Belles Lettres ont diffusé le travail de Bernard Mathieu: *La Littérature de l'Égypte ancienne*, tome 1, *Ancien Empire et première période intermédiaire*; tome 2, *Moyen Empire et deuxième période intermédiaire*. On y trouve des pépites.

Voir également *Égypte. Le livre des morts*, traduction d'E. A. Wallis Budge, Hazan, 2001.

BIBLIOGRAPHIE

...contre le miracle grec. C'est à Renan que l'on doit l'expression « miracle grec » dans *Souvenirs d'enfance et de jeunesse*, Gallimard, Folio classique, 1983. Il n'y a bien sûr pas de miracle grec, mais un héritage oriental souvent oublié.

Il est dommage que cette piste ne soit explorée que par des militants de la cause décolonialiste pour qui la Grèce n'est qu'un produit de l'Égypte présentée comme noire. De sorte que la pensée égyptienne qui influence la Grèce prouverait que le peuple noir a inventé l'Occident !

On trouve ce délire dans le livre de Cheikh Anta Diop, *Civilisation ou barbarie*, Présence africaine, 1981, et chez Martin Bernal, aux États-Unis, en 1987, dans *Black Athena. Les racines afro-asiatiques de la civilisation classique*, PUF, 2 t., 1996 et 1999. On peut lire page 97 : « L'objectif politique de *Black Athena* est naturellement *(sic)* d'amener la culture européenne à en *(sic)* rabattre un peu de son arrogance. »

C'est dans ce même ouvrage présenté comme scientifique que son auteur nous donne une généalogie inédite de l'impressionnisme : en 1883, l'éruption de Krakatoa, un volcan indonésien, serait généalogique de ce courant esthétique : « La poussière qu'elle envoya dans le monde entier contribua au développement de l'Impressionnisme et affecta le climat de tout l'hémisphère Nord », p. 65. Un Blanc n'y aurait en effet pas pensé...

*

Le mystère Pythagore. Les écrits de Pythagore ont disparu. Ce que l'on sait de lui, sur lui, relève d'une doxographie consignée par Diogène Laërce, *Vies et doctrines des philosophes illustres*, Livre de Poche, 1999. Pour doubler l'appareil critique de Diogène Laërce, on se reportera à l'édition des *Présocratiques* en Pléiade (1988), établie par Jean-Paul Dumont. Sur ces premiers philosophes, *Lire les présocratiques*, PUF, 2016, sous la direction de Luc Brisson, Arnaud Macé et Anne-Laure Therme. C'est dans cet ouvrage que Luc Brisson (p. 97-107) estime qu'on ne saurait rien dire de vraiment sûr et certain sur Pythagore qui a servi à tout et au contraire de tout !

On pourra constater combien Luc Brisson a tort en lisant Ivan Gobry, *Pythagore*, Éditions universitaires, 1992. L'ouvrage comprend les « Paroles d'or des pythagoriciens », p. 101-121.

Platon le Parrain. Dans son *Platon*, Gallimard, Folio Biographie, 2019, Bernard Fauconnier écrit fort justement: «*Phédon*, qu'on cite moins souvent que l'*Apologie de Socrate*, est un dialogue d'une portée immense. *Il a nourri toute la pensée occidentale de la mort, des stoïciens aux humanistes, et bien au-delà.* La pensée chrétienne du trépas et de l'immortalité lui est largement redevable», p. 228 (c'est moi qui souligne).

On lira donc le *Phédon*, et les autres textes, *Ménon* et *Apologie de Socrate* par exemple, dans la traduction de Léon Robin pour les *Œuvres complètes* en deux tomes de la Bibliothèque de la Pléiade, Gallimard, 1977.

Sur la question de l'âme, voir Jean Ithurriague, *La Croyance de Platon à l'Immortalité et à la Survie de l'Âme Humaine*, les majuscules sont de l'auteur, Librairie Universitaire J. Gamber, 1931. Voir également Frédéric Nietzsche, *Introduction à la lecture des dialogues de Platon*, Éditions de l'éclat, 1992. Plus particulièrement le développement intitulé «Comment la méchanceté de l'âme est-elle possible?» (§ 25), p. 62-64.

Dans *Dieu, l'homme et la vie d'après Platon*, Neuchâtel, Éditions de la Baconnière, 1944, René Schaerer consacre une intéressante conclusion aux relations du platonisme et du christianisme. Sur l'âme, chapitres 1 et 2.

*

Plotin le Disciple. L'œuvre complète, les *Ennéades*, sept volumes, Les Belles Lettres, Collection des Universités de France, avec, en ouverture, la *Vie de Plotin* par Porphyre. À l'Université de Caen, Lucien Jerphagnon fit un cours éblouissant d'une année sur cette seule *Vie*.

Deux brefs textes clairs et lumineux d'introduction: Pierre Hadot, *Plotin ou la simplicité du regard*, Études augustiniennes, 1973, et Maurice de Gandillac, *La Sagesse de Plotin*, Vrin, 1966. Deux inscriptions de la philosophie austère de Plotin dans une perspective existentielle. On peut en effet vivre selon Plotin. C'était le cas de Lucien Jerphagnon…

BIBLIOGRAPHIE

Orphée sans les enfers. Il y a à boire et à manger chez les orphiques. Reste une poésie très hermétique en lambeaux qui subsiste sans le mode d'emploi, perdu. L'orphisme permet toutes les projections, y compris les plus extravagantes, notamment chez les partisans de l'occultisme.

Les textes: *Hymnes. Discours sacrés*, présentés, traduits et annotés par le regretté Jacques Lacarrière, Imprimerie nationale, 1995.

Voir les analyses de Marcel Detienne, *Les Dieux d'Orphée*, Folio Histoire, 2007, et *L'Écriture d'Orphée*, Gallimard, 1989. Étouffées par une érudition qui empêche souvent la ligne claire.

Brève synthèse chez Essam Safty, *La Psyché humaine. Conceptions populaires, religieuses et philosophiques en Grèce, des origines à l'ancien stoïcisme*, L'Harmattan, 2003.

Un ouvrage monumental d'Erwin Rohde, l'ami de Nietzsche, intitulé *Psyché. Le culte de l'âme chez les Grecs et leur croyance à l'immortalité*, Encre Marine, 2017, est une somme sur le sujet de l'âme grecque – Homère, présocratiques, tragiques, Platon, Aristote, Plotin, orphiques, etc. Difficilement dépassable.

*

La fable de Jésus. La thèse mythiste selon laquelle Jésus n'a eu aucune existence historique, mais s'avère une cristallisation intellectuelle, est traitée avec mépris par de faux universitaires qui sont la plupart du temps de vrais croyants. Elle mérite portant une réfutation digne de ce nom, le mépris ne saurait suffire.

On lira donc Prosper Alfaric, *Jésus a-t-il existé?*, Éditions Coda, 2005. Et, du même: *Origines sociales du Christianisme* (1959), *À l'école de la raison. Études sur les origines chrétiennes* (1959), et *De la foi à la raison* (1932), tous trois aux Publications de l'Union rationaliste. Ces ouvrages procèdent d'un séminariste qui, à l'étude serrée des textes, a compris qu'il s'agissait d'une fable.

Lire de Paul-Louis Couchoud, *Le Dieu Jésus*, Gallimard, 1951, mais également, du même, *L'Énigme de Jésus*, Mercure de France, 1923. Voir également, de Maurice Goguel, *Le Problème historique de Jésus. Examen de la thèse de P.-L. Couchoud sur la non-historicité de Jésus*, Union pour la vérité, 1925. Et le collectif *Jésus a-t-il vécu? Controverse religieuse sur le «mythe du Christ»*, Albert Messein éditeur, 1912.

Courageuse mais pas téméraire, l'édition ne s'engage pas sur ce terrain-là. Ceux qui travaillent dans le sens mythiste en sont souvent réduits à publier à leurs frais. Je remercie ces auteurs de m'avoir fait parvenir leurs livres : Patrick Boistier, *Jésus-Christ & consorts : dernières nouvelles*, Les Éditions du Net, 2012, et *Jésus. Anatomie d'un mythe*, À l'Orient, 2004 (17, rue Pascal, Paris). Nicolas Bourgeois, *Une invention nommée Jésus*. Uneinventionnommeejesus.com. Guy Fau, *La Fable de Jésus Christ*, L'Union rationaliste, 1963. René Pommier, grand démolisseur de mythe, Roland Barthes et René Girard entre autres, *Une croix sur le Christ. Cantate iconoclastique*, Éditions Roblot, 1976.

On lira avec profit Maurice Halbwachs, *La Topographie légendaire des Évangiles en Terre Sainte*, [1941], PUF, 2008 ; Louis Rougier, *La Genèse des dogmes chrétiens*, Albin Michel, 1972, et *Les Clés païennes du christianisme* d'André Neyton, Les Belles Lettres, 1980 – un livre que m'avait conseillé Lucien Jerphagnon qui a fait beaucoup pour me conduire sur le chemin mythiste, bien qu'il ne le soit pas lui-même.

*

Thanatos dans le désert. Le christianisme est moins la doctrine de Jésus que celle de saint Paul. C'est à lui qu'on doit la doctrine de l'Église – haine du corps, des désirs, des pulsions, des passions, de la sexualité, de l'intelligence, éloge de la macération, de l'idéal ascétique, du célibat, de la virginité, de la chasteté. C'est à lui aussi qu'on doit l'association du glaive – c'est son attribut dans l'art – à l'Église et les premiers autodafés. Voir ses Épîtres et les Actes des apôtres.

C'est cette doctrine du corps à punir pour parvenir au salut qui anime les moines du désert. Un livre introductif bien fait et agréable à lire de Jacques Lacarrière, *Les Hommes ivres de Dieu*, Arthaud, 1961. Voir aussi, de lui, *Les Gnostiques*, Idées Gallimard, 1973. C'est une bonne synthèse de ce qu'on trouve dans Irénée de Lyon, *Contre les hérésies. Dénonciation et réfutation de la gnose au nom menteur*, Le Cerf, Sagesses chrétiennes, 2001. Paradoxalement, en exposant les thèses gnostiques qu'il voulait combattre, Irénée les a sauvées, car c'est grâce à lui qu'on les connaît aujourd'hui.

Voir Athanase d'Alexandrie, *Vie d'Antoine*, Le Cerf, Sources chrétiennes, 2001, et Jean Cassien, *Conférences*, tome I et II, Le Cerf, Sources chrétiennes, 2008 et 2009. Saint Jérôme, *Vivre au désert. Vies de Paul, Malchus, Hilarion*, Jérôme Millon, 1992. Pallade d'Hélénopolis, *Histoire lausiaque : vies d'ascètes et de Pères du désert*, Librairie Alphonse Picard, 1912.

*

Dieu dans le texte. Parallèlement aux moines du désert qui croient parvenir à Dieu en maltraitant leur corps, les Pères de l'Église estiment que le bon chemin consiste plutôt à bien traiter son esprit et son intelligence par la pensée et l'écriture.

Des introductions générales à la patristique : Jacques Liébaert, *Les Pères de l'Église, Ier-IVe siècle* (volume I, 1995), et Michel Spanneut, *IVe-VIIIe siècle* (volume II, 1999), Éditions Mame. Dans le même esprit, destiné aux futurs prêtres : Fulbert Cayré, *Patrologie et histoire de la théologie*, trois tomes à la société de S. Jean l'Évangéliste, Desclée & Cie, 1938, 1943, 1945.

La patristique est le point aveugle de l'histoire de la philosophie européenne. On ne l'enseigne pas, sauf dans les séminaires. Ce sont pourtant les dix siècles pendant lesquels se constitue la pensée judéo-chrétienne à l'origine de la chrétienté et de la civilisation qui l'accompagne.

Dans les facultés de philosophie, on ne connaît la plupart du temps qu'un seul Père de l'Église : saint Augustin. Voir les trois volumes (1998, 2000, 2002) d'un choix de ses œuvres publiés dans la collection de la Pléiade sous la direction de Lucien Jerphagnon, dont *Les Confessions* et *La Cité de Dieu*, ouvrages majeurs pour comprendre l'Occident. Belle biographie agréable à lire de Peter Brown, *La Vie de saint Augustin*, Seuil, 2001.

Tertullien joue un grand rôle lui aussi, ses *Œuvres complètes* se trouvent rééditées en un volume aux Belles Lettres, 2017.

Deux volumes précieux pour contextualiser ces pensées : *L'Orient chrétien*, tome 1 : *Des apôtres jusqu'à Photius (de l'an 33 à l'an 850)*, tome 2 : *De Photius à l'Empire latin de Constantinople (de l'an 850 à l'an 1204)*, de monseigneur Charles Lagier, Au Bureau de l'œuvre d'Orient, 1935 et 1950.

*

Stoïciens cyniques et chrétiens. On a rapproché les stoïciens et les cyniques des chrétiens. Une fausse correspondance entre saint Paul et

Sénèque a été publiée, voir *Lettres*, Le Promeneur, 2000. C'est bien sûr un faux. Ce n'est pas l'avis d'Amédée Fleury qui examine le dossier en deux volumes dans *Saint Paul et Sénèque. Recherches sur les rapports du philosophe avec l'apôtre et sur l'infiltration du christianisme naissant à travers le paganisme*, Librairie philosophique de Ladrange, 1853.

Le rapprochement entre le dolorisme stoïcien et celui du christianisme paulinien donne lieu dans l'Antiquité à un *Épictète chrétien*. Examen du dossier dans *Commentaire sur la* Paraphrase chrétienne *du Manuel d'Épictète*, Le Cerf, Sources chrétiennes, 2007. Lire en parallèle Origène, *Exhortation au martyre*, https://www.patristique.org/sites/patristique.org/IMG/pdf/Exhortation.pdf

Le rapprochement entre le débraillé cynique et celui des moines du désert a donné lieu quant à lui à un *Diogène chrétien*. Marie-Odile Goulet Cazé est la spécialiste de la question cynique. Parmi ses publications : *L'Ascèse cynique*, 1986, *Le Cynisme, une philosophie antique*, 2017, et *Cynisme et christianisme dans l'Antiquité*, 2014, tous trois publiés chez Vrin.

*

L'empereur Thénardier. La construction du christianisme doit beaucoup à l'empereur Constantin et à sa mère Hélène. Sur le premier : Robert Turcan, *Constantin en son temps. Le baptême ou la pourpre?*, Éditions Faton, 2006. Sur la seconde, une hagiographie plus qu'une biographie, qui manque vraiment : Hélène Yvert-Jalu, *L'Impératrice sainte Hélène. À la croisée de l'Orient et de l'Occident*, aux éditions très catholiques Téqui, 2013. Compenser par les considérations sur cette femme peu recommandable en lisant Lucien Jerphagnon, *L'Absolue Simplicité*, Bouquins-Laffont, 2019.

L'empereur et sa mère inventent la biographie de Jésus. Elle prétend, lors d'un séjour à Jérusalem, avoir trouvé la croix, les clous, la couronne d'épines, le *titulus*, le lieu de la crucifixion ! Jacques de Voragine enrichit la fable avec un *bestseller* médiéval, *La Légende dorée*, Gallimard, Bibliothèque de la Pléiade, 2004, dans lequel les curés puisaient pour leurs sermons. C'est avec ce texte rempli de merveilleux sur l'histoire sainte que se construit un christianisme de fable bien loin de la théologie.

BIBLIOGRAPHIE

La forgerie conciliaire. On travaille également peu les conciles qui sculptent également notre civilisation. Ramsay MacMullen raconte de façon sidérante dans *Voter pour définir Dieu. Trois siècles de conciles (253-553)*, Les Belles Lettres, 2008, comment des pans entiers de notre culture sont maçonnés par une poignée d'évêques dont certains peuvent être bambochards, alcooliques, belliqueux, cupides, bagarreurs!

J'ai sur un bon mètre de rayonnages de mes bibliothèques les vingt volumes de l'*Histoire des conciles d'après des documents originaux* par Charles Joseph Hefele, Éditions Le Touzey et Ané, 1907-1949, mais également quatre volumes d'*Histoire des conciles* de M. Hermant, chez Jean-Baptiste Besonge à Rouen (1730). C'est, avec les vingt-six volumes de la *Bibliothèque choisie des Pères de l'Église grecque et latine* (1824) de Marie-Nicolas-Silvestre Guillin, un autre bon mètre de rayonnage, un incroyable matériau pour effectuer la généalogie de la civilisation judéo-chrétienne.

*

La scolastique et après. Raphaël le montre bien dans sa fresque de l'*École d'Athènes*, Platon est le penseur idéaliste par excellence, Aristote en est l'exact inverse: il cherche à saisir le réel sans aucun souci de la transcendance. Son vocabulaire immanent génère au Moyen Âge une scolastique dommageable, mais c'est aussi dommage pour le Stagirite qui y perd en puissance conceptuelle. Son *De l'âme*, Vrin, 1995, est une grande œuvre conceptuelle post-platonicienne. Voir Dominique Demange, «La "définition" aristotélicienne de l'âme», in *Le Philosophoire*, n° 21, 2003/3, p. 65-85.

On ne dira jamais assez combien les *Essais* de Montaigne font tomber d'un seul coup, comme un château de cartes, des siècles de philosophie scolastique. Avec son ironique «le jambon donne soif, or boire désaltère, donc le jambon désaltère», il met à mal tout un dispositif d'exposition de la pensée qui devient impossible après lui. Lire la version «ravaudée», selon son expression donnée par Bernard Combaut, aux Éditions Laffont-Mollat, Bouquins, 2019.

*

Les leçons d'anatomie. Montaigne est à la philosophie ce que Vésale ou Ambroise Paré sont à l'anatomie: ils ouvrent le réel et les corps comme un fruit. Biographie du premier par Robert Delavault, *André Vésale (1514-1564)*, Le Cri, 1999, et texte littéraire élégant et très informé de Jean-Michel Delacomptée pour le second, *Ambroise Paré. La main savante*, Gallimard, 2007. L'*Œuvre* d'Ambroise Paré existe en trois volumes plus un index à l'Union latine d'édition, 1983. Des chapitres intéressants sur l'âme.

Lire « Le contexte historique et philosophique de l'ouverture des corps, avant et au moment de la Révolution française » de Philippe Charlier dans *Quand les aliénistes ouvraient les corps*, Éditions Glyphe, 2020, un collectif dirigé par Jean-Pierre Luauté.

Sur Vésale, Georges Canguilhem, *L'Homme de Vésale dans le monde de Copernic*, Les Empêcheurs de penser en rond, 1991.

De Vésale : https://www.biusante.parisdescartes.fr/vesale/debut.htm

*

Un Descartes méconnu. Descartes croule sous la glose de ses œuvres philosophiques. On se soucie moins du Descartes existentiel qui cherche à philosopher pour mieux vivre, vivre autrement, allonger le temps de vie, améliorer la santé. Ce Descartes oublié mais passionnant pense à partir de sa vie : Francine, sa petite fille morte en bas âge, l'arrivée de ses premiers cheveux blancs, l'envie de laisser tomber la métaphysique et l'ontologie au profit de la médecine annoncée en fin de *Discours de la méthode*, ses correspondants, son caractère, son tempérament, sa prudence, sinon sa pathologie de la discrétion.

Comme toujours, c'est la correspondance qui permet de révéler la vérité d'un penseur – vieille idée nietzschéenne, toujours refusée par l'université, du moins ce qu'il en reste, qu'une philosophie est toujours l'autobiographie du corps du philosophe. Lire donc les deux tomes de la *Correspondance* chez Gallimard, Tel, 2013.

Adrien Baillet donne la première biographie du philosophe, quarante ans après sa mort, elle s'avère assez hagiographique et passe sous silence la vie privée : *Vie de Monsieur Descartes*, La Table Ronde, 1992. Voir plus sûrement Geneviève Rodis-Lewis, *Descartes*, Calmann-Lévy, 1995. Un roman présenté comme un récit sur Francine et son père de Jean-Luc Quoy-Bodin, *Un amour de Descartes*, Gallimard, 2013.

Le Descartes de la morale pratique est moins connu que le penseur de la morale par provision. Normal, c'est dans sa correspondance qu'apparaît la première alors que la seconde se trouve dans le *Discours de la méthode*. Voir Descartes, *Lettres sur la morale. Correspondance avec la princesse Élisabeth, Chanut et la reine Christine*, Hatier-Boivin, 1955. Lire dans le même esprit Marguerite Néel, *Descartes et la princesse Élisabeth*, Elzévir, 1946, et Jean-François de Raymond, *La Reine et le Philosophe. Descartes et Christine de Suède*, Les Lettres modernes, 1993.

L'extrême prudence de Descartes ne l'a pas empêché de connaître des ennuis aux Pays-Bas à cause de l'imprudence de son correspondant Regius ou Le Roy auquel on doit *La Philosophie naturelle*, parue en français en 1686, après la mort de Descartes donc. Sur ces ennuis : *Descartes et le cartésianisme hollandais*, un collectif aux PUF, 1951, et René Descartes et Martin Schoock, *La Querelle d'Utrecht*, Les Impressions nouvelles, 1988.

*

Grandes figures du Grand Siècle. Il existe une philosophie de La Fontaine, elle est épicurienne et vaguement chrétienne, elle transforme les animaux en héros littéraires et philosophiques pour mieux dire l'homme. L'histoire de la chienne de Malebranche frappée parce que c'est juste une machine est rapportée par Fontenelle. On lira donc Descartes, La Fontaine et Malebranche dans les éditions données dans la Bibliothèque de la Pléiade. Et Fontenelle dans les neuf volumes des *Œuvres complètes,* parus dans le « Corpus des œuvres de philosophie en langue française » de Fayard. Dans le numéro spécial de cette revue consacré au philosophe normand, sous le titre *Les Philosophies de Fontenelle*, lire « Qui était Fontenelle ? » d'Alexis Philonenko, *Corpus*, n° 44, 2003, p. 129-139, où ce professeur d'histoire de la philosophie, il fut le mien à Caen, distribue les bons et les mauvais points. Conclusion : Fontenelle n'était pas philosophe. Ça tombe bien, c'est le penseur libre que je préfère en lui.

La question de l'âme des bêtes traverse la totalité du siècle de Louis XIV. Les salons s'en régalent. Par exemple : Marin Cureau de La Chambre, *Traité de la connaissance des animaux* [1648] et son *Discours de l'amitié et de la haine qui se trouvent entre les animaux* [1667], l'un et l'autre dans la série du « Corpus », Fayard, 1989 et 2011. La Fontaine se sert de Cureau de La Chambre pour ridiculiser la théorie des animaux-machines de Descartes. Un portait de Cureau par Condorcet, *Éloges des académiciens de l'Académie royale des sciences depuis l'an 1666 jusqu'en 1699*. https://books.google.fr/books/

about/Eloges_de_académiciens_de_l_Academie_ro.html?id=VlwVAA AAQAAJ&redir_esc=y

Voir également Pierre Chanet, *De l'instinct et de la connaissance des animaux, avec l'examen de ce que M. de La Chambre a écrit sur cette matière* [1646], https://gallica.bnf.fr/ark:/12148/bpt6k95608f/f1.image; sur les *Observations médicales* de Nicolaes Tulp, Amsterdam, 1641, *Médecine et philosophie de la nature humaine, de l'âge classique aux Lumières*, R. Andrault, St. Buchenau, Cl. Crignon et A.-L. Rey (dir.), Classiques Garnier, 2014; et Ignace Gaston Pardies (SJ), *Discours de la connaissance des bêtes*, Mabre, 1672.

*

Le chanoine épicurien. L'histoire de la philosophie est faite de grands combats entre deux pensées, donc deux grands penseurs : Démocrite contre Pythagore, Aristote contre Platon, les gnostiques contre la patristique, les nominalistes contre les réalistes au Moyen Âge, Montaigne contre Thomas d'Aquin, Voltaire contre Rousseau, Proudhon contre Marx, Camus contre Sartre.

On connaît moins l'opposition entre Gassendi, le chanoine épicurien, et Descartes, le spiritualiste dualiste. Descartes a tout écrasé sur son passage. On ne parle plus guère de Gassendi qui fut pourtant un penseur important. On lui doit la réhabilitation d'Épicure dans *Vie et mœurs d'Épicure*, Éditions Alive, 2001, et une critique serrée de Descartes dans *Recherches métaphysiques ou doutes et instances contre la métaphysique de René Descartes et ses réponses*, Vrin, 1962. Gassendi écrit parfois en latin, il délaie, il tergiverse, il se répète, il attaque, il est parfois violent, il attaque parfois *ad hominem*, dommage car sa pensée, une fois sorties les pépites de la boue, est intéressante et importante. Dans sa polémique contre Descartes il met souvent le doigt sur ce qui s'avère faible chez son adversaire. Lire, de lui : *Lettres familières à François Luillier pendant l'hiver 1632-1633*, Vrin, 1944, et, sur lui, Actes du Congrès Tricentenaire de Pierre Gassendi.*1655-1955*, PUF, 1957, dont « Gassendi et Descartes » par François Meyer, p. 217-226. Voir aussi dans *Gassendi et l'Europe*, sous la direction de Sylvia Murr, Vrin, 1997, le texte de Margaret Osler, « Volonté divine et vérité mathématique : le conflit entre Descartes et Gassendi sur le statut des vérités éternelles », p. 31-42.

BIBLIOGRAPHIE

Penser les bêtes. À rebours de la vulgate philosophique qui affirme que Bentham est le premier à penser les animaux en moderne, rendons à César ce qui appartient à César. Ça n'est pas Bentham, au XIXᵉ siècle, mais le curé Meslier, au début du XVIIIᵉ qui, dans son *Testament* découvert à sa mort en 1729, pose les bases de ce qu'on nommerait aujourd'hui l'antispécisme. Sur Meslier : Maurice Dommanget, *Le Curé Meslier. Athée, communiste et révolutionnaire sous Louis XIV*, Julliard, 1965. Les œuvres complètes du curé existent en trois volumes aux Éditions Anthropos, 1970 et 1971. C'est son *Testament*.

Voir Élisabeth de Fontenay pour *Le Silence des bêtes. La philosophie à l'épreuve de l'animalité*, Fayard, 1998. On peine à voir le plan, le livre est un capharnaüm de références sans ordre, mais on peut faire son marché dans l'érudition à partir de la table des matières.

Bien sûr, la messe est dite sur le sujet des rapports entre l'animal et l'homme avec Darwin, *L'Origine des espèces* (1859), mais, surtout, avec *La Filiation de l'homme et la sélection liée au sexe* (1871), aux Éditions Slatkine, 2009 et 2012. Les leçons de Darwin n'ont toujours pas été prises en compte par le monde philosophique qui persiste dans un genre de platonisme où les Idées prennent toute la place.

*

Animal, plante et homme machine. Tout est en place pour que le matérialisme advienne : chez Descartes la glande pinéale, matérielle s'il en est, c'est en effet l'épiphyse, où se trouve la liaison entre substance pensante et substance étendue, permet un cartésianisme que je dirai de gauche avec Meslier – le cartésianisme de droite se trouvant dans l'occasionnalisme de Malebranche. Voir à cet effet Joseph Prost, *Essai sur l'atomisme et l'occasionnalisme dans la philosophie cartésienne*, Henry Paulin et Cᶦᵉ éditeurs, 1907.

Les penseurs du matérialisme français, La Mettrie, Helvétius, D'Holbach sont édités dans la série du « Corpus des œuvres de philosophie en langue française » chez Fayard : voir notamment La Mettrie, *Œuvres philosophiques*, 2 t., 1987, et *Ouvrage de Pénélope ou Machiavel en médecine*, 2002.

L'œuvre de Diderot se trouve en quatre volumes chez Laffont-Bouquins, 1994-1997. Celle de Sade dans la Bibliothèque de la Pléiade, Gallimard, en trois volumes, 1990-1998. *Idem* pour celle de

Rousseau, 5 volumes, 1959-1995. Ne pas oublier le *Traité des animaux* de Condillac, philosophe sensualiste, Vrin, 2004. Ajouter François Dagognet, *L'Animal selon Condillac*, Vrin, 2004.

Sur Sade: Jean Deprun, *De Descartes au romantisme: études historiques et thématiques*, particulièrement «Sade et la philosophie biologique de son temps», Vrin, 1987, p. 133-147. Armelle St-Martin, *De la médecine chez Sade. Disséquer la vie, narrer la mort*, Honoré Champion, 2010. Daniel Wanderson Ferreira, «L'énergie chez Sade», in *Écritures de l'énergie, Modernités*, 42, 2017, p. 31-45. Clara Carnicero de Castro, «Le fluide électrique chez Sade», *Dix-huitième siècle*, n° 46, 2014/1, p. 561-577.

Sur Diderot: Many Spangler, «Science, philosophie et littérature: le polype de Diderot», in *Recherches sur Diderot et sur l'Encyclopédie*, n° 23, octobre 1997, p. 89-107.

Sur la proximité entre le singe et l'homme bien avant Darwin: Alain Mothu, *Rêves de singe au XVIIIe siècle*, in https://hal.science/hal-02276114/document. Vincent Jolivet, «L'imaginaire érotique du singe au siècle des Lumières», in *Le Singe aux XVIIe et XVIIIe siècles. Figure de l'art, personnage littéraire et curiosité scientifique*, Florence Boulerie, Katalin Bartha-Kovács (dir.), Hermann, 2019.

Voir aussi Buffon (Georges Louis Leclerc comte de), *Histoire naturelle, générale et particulière*, tome XIV de l'édition de l'Imprimerie royale, 1766; Cornelius de Pauw, *Recherches philosophiques sur les Américains, ou mémoires intéressants pour servir à l'histoire de l'espèce humaine*, Clève, 1772; Restif de La Bretonne, *Monsieur Nicolas*, Ire partie: *Physique*, De l'imprimerie du Cercle social, 1796; Honoré-Gabriel Riqueti, comte de Mirabeau, *Erotika biblion*, Bibliothèque des curieux, 1910.

Voir également Maupertuis, *Lettres sur le progrès des sciences* (1745). Et on rêve d'hybridation entre les singes et les hommes dans *Vénus physique* (1745), dans le chapitre intitulé: «Production des nouvelles espèces».

Jean-Luc Guichet dirige un collectif intitulé *De l'animal-machine à l'âme des machines. Querelles biomécaniques de l'âme (XVIIe-XXIe siècle)*, Publications de la Sorbonne, 2010. On y suit le développement de l'idée qui conduit de l'animal-machine à l'homme machine. Frankenstein n'est pas loin – le transhumanisme non plus...

Bibliographie

Jacobinisme, bolchevisme et fascisme. La Révolution française accouche d'une théorie de l'Homme Nouveau chez les Jacobins qui s'y essaient en 1793. Cet eugénisme républicain s'enracine dans l'*Esquisse d'un tableau historique des progrès de l'esprit humain* [1794], Vrin, 1970. Voir Léon Cahen, «Un fragment inédit de Condorcet, notes manuscrites déposées à la Bibliothèque nationale», *Revue de métaphysique et de morale*, t. 22, n° 5, septembre 1914, p. 581-594.

Marylin Maeso, «Réformer le peuple français: la création du citoyen révolutionnaire et le rôle des institutions dans les œuvres de saint-Just, Juin 2014». https://journals.openedition.org/lrf/1093

Luc Monnin, «De la genèse naturelle à la régénération sociale: fictions de l'origine chez Rousseau», *MLN*, vol. 124, n° 4, 2009, p. 970-985.

On trouve également un projet de chimère, les *chèvres-pieds*, dans l'*Entretien entre D'Alembert et Diderot*, où la fiction d'un homme augmenté de l'animal ou d'un animal augmenté d'un homme prend corps lors d'un dialogue entre Mademoiselle de Lespinasse et Bordeu. Voir également Cabanis, l'ami de Condorcet, qui fréquentait comme lui le Salon de Mme Helvétius, *Rapports du physique et du moral de l'homme*, Firmin-Didot, deux volumes, 1823-1825; voir plus particulièrement le VIe mémoire.

Sur cet Homme Nouveau, sous la direction de Marie-Anne Matard-Bonucci et Pierre Milza, *L'Homme Nouveau dans l'Europe fasciste (1922-1945). Entre dictature et totalitarisme*, Fayard, 2004.

Xavier Martin, historien du droit et universitaire, publie en marge des circuits médiatiques une œuvre très critique à l'endroit des Lumières aux Éditions Dominique Martin Morin: *L'homme des droits de l'homme et sa compagne (1750-1850)*, 2001; *Nature humaine et Révolution française: du siècle des Lumières au Code Napoléon*, 2002; *Voltaire méconnu: aspects cachés de l'humanisme des Lumières (1750-1800)*, 2006; *S'approprier l'homme: un thème obsessionnel de la Révolution (1760-1800)*, 2013; *Naissance du sous-homme au cœur des Lumières: les races, les femmes, le peuple*, 2014, et *L'homme rétréci par les Lumières. Anatomie d'une illusion républicaine*, 2020. Des répétitions d'un livre l'autre, ce qui est normal, une grande érudition, une lecture près du texte, parfois trop, d'abondantes citations et souvent de stupéfiantes révélations pour découvrir l'envers du décor des Lumières. Politiquement incorrect à souhait!

Sur la question de la régénération de la «race» sous les Lumières : Abbé Grégoire, *Essai sur la régénération physique (sic), morale et politique des Juifs*, https://gallica.bnf.fr/ark:/12148/bpt6k1056775j, où il est montré que moins les Juifs seront juifs, mieux ce sera pour la République, et, du même, le *Rapport sur la nécessité et les moyens d'anéantir les patois et d'universaliser l'usage de la langue française, séance du 16 prairial de l'an deuxième* (4 juin 1794), où il est montré que moins les provinciaux, ces ploucs, seront des provinciaux, mieux ce sera pour la République. Voir Alyssa Goldstein Sepinwall, «Les paradoxes de la régénération révolutionnaire. Le cas de l'abbé Grégoire», in *Annales historiques de la Révolution française*, 321, juillet-septembre 2000.

Faiguet de Villeneuve, *Économie politique. Projet pour enrichir et perfectionner l'espèce humaine* (1763) : https://gallica.bnf.fr/ark:/12148/bpt6k6508w.image ; Vandermonde, *Essai sur la manière de perfectionner l'espèce humaine* (1766) : https://gallica.bnf.fr/ark:/12148/bpt6k6254870q.texteImage.

Abbé de Mably, *Observations sur l'Histoire de la Grèce* (1766) ; comte de Vauréal, *Plan ou essai d'éducation général et national, ou la meilleure éducation à donner aux hommes de toutes les nations* [1783], Hachette BnF, 2023.

De Robespierre sur la question religieuse : *Discours pour la liberté des cultes* (t. X, p. 196) ; *Discours sur les principes de la morale politique qui doivent guider la Convention nationale dans l'administration intérieure de la république* (5.II.1794) (t. X, p. 350) ; *Discours sur les rapports des idées religieuses et morales avec les principes républicains sur les fêtes nationales* (7.V.1794) ; *Discours pour la déportation des prêtres réfractaires à la Guyane* (t. IX, p. 626-627) ; *La fête de l'Être suprême* (20 prairial An II) ;

Jacques-Nicolas Billaud-Varenne, *Principes régénérateurs du système social* [1795], Éditions de la Sorbonne, 1993.

Emmanuel-Joseph Sieyès, *Écrits politiques* (choix et présentation Roberto Zapperi), Éditions des Archives contemporaines, 1985.

Jean-François Bacot, «L'idéologie de la régénération : ce legs délétère de la Révolution», *Le Philosophoire*, n° 45, 2016/1, p. 143-168.

Lucien Jaume, *Le religieux et le politique dans la Révolution française. L'idée de régénération*, PUF, 2015.

Mona Ozouf, *L'Homme régénéré. Essai sur la Révolution française*, Gallimard, 1989.

Toute cette littérature s'avère édifiante pour montrer comment elle fonctionne en actrice d'un totalitarisme qui prend aujourd'hui la forme du transhumanisme.

*

La parapsychologie freudienne. Freud sauve l'âme du péril scientiste et propose donc, sinon une philosophie réactionnaire, du moins une philosophie conservatrice en conservant à la psyché son caractère immatériel. Voir l'œuvre complète aux Éditions PUF en vingt et un volumes, et plus particulièrement un texte de 1915, *Métapsychologie*, dans le tome XIII.

Mais il avait été très scientiste au début de sa carrière. En atteste son *Esquisse d'une psychologie*, un texte hyper-scientiste de 1895, étrangement absent de l'œuvre complète des PUF, bien évidemment, mais publié dans sa correspondance avec Fliess aux PUF, 2015.

Pour le détail, on me permettra de renvoyer à mon *Crépuscule d'une idole. L'affabulation freudienne*, Grasset, 2010.

*

L'occultisme déconstructionniste. Il est de bon ton de citer Deleuze sans l'avoir lu : c'est une garantie de *scientificité* (sic) chez les universitaires. Lire son *À quoi reconnaît-on le structuralisme ?* dans *L'île déserte et autres textes. Textes et entretiens 1953-1974*, Éditions de Minuit, 2002, un modèle du genre scolastique post-moderne... Pour le fameux Corps sans organes, CsO, un concept emprunté à Antonin Artaud, voir (avec Félix Guattari) *L'Anti-Œdipe. Capitalisme et schizophrénie*, 1972, et *Mille plateaux*, 1980, aux Éditions de Minuit. Le « professeur émérite à l'École normale supérieure » Alain Badiou fait de Deleuze un platonicien, *Deleuze la clameur de l'être*, Fayard, 1997 ; j'en ferais bien plutôt un scotiste au sens donné par Rabelais : « inutilement sophistiqué, obscur », ce qui qualifie tout aussi bien Badiou...

Foucault n'est pas sans relever lui aussi de cette critique. L'auteur de l'*Histoire de la folie* qui fut gaulliste, sympathisant communiste, gauchiste, maoïste, socialiste mitterrandien, puis libéral, suivant l'utilité mondaine du moment, fut aussi un temps structuraliste. C'est celui de « la mort de l'homme » qu'on trouve dans *Les Mots et les Choses*, Gallimard, 1966. Bien sûr, Foucault dira n'avoir jamais été structuraliste, tout en caviardant les rééditions de ses anciens travaux sur la clinique afin d'en créer l'illusion.

Ils ont été peu nombreux, en leur temps, à critiquer le structuralisme qui donne aujourd'hui, *via* les États-Unis, le déconstructionnisme. D'où un coup de chapeau à Pierre Fougeyrolas, *L'Obscurantisme contemporain: Lacan, Lévi-Strauss, Althusser*, Savelli, 1983, et à Mikel Dufrenne, *Pour l'homme*, Seuil, 1968.

*

L'horizon transhumaniste. Il va falloir désormais compter avec le transhumanisme qui s'avère l'horizon de la prochaine civilisation totale.

Une biographie du personnage qui travaille le plus ardemment à ce projet: Ashlee Vance, *Elon Musk. Tesla, PayPal, Space X: l'entrepreneur qui va changer le monde*, Eyrolles, 2017.

Généalogie de ce projet: outre l'Homme Nouveau des Jacobins, repris et corrigé par bolcheviques et fascistes, puis nazis, voir du côté du futurisme italien, compagnon de route du fascisme mussolinien. Filippo Tommaso Marinetti, *Mafarka le futuriste. Roman africain*, Éditions Sansot & Cie, 1909, et *Le Futurisme*, L'Âge d'homme, 1979 sont les manifestes de ce courant esthétique. Une biographie du personnage par Giovanni Lista, *F.T. Marinetti, Biographie*, Séguier, 1995. Pour la pensée futuriste, sa philosophie, sa vision du monde: Serge Milan, *L'Antiphilosophie du futurisme. Propagande, idéologie et concepts dans les manifestes de l'avant-garde italienne*, L'Âge d'homme, 2009. Sur le prototype de l'homme méduse: biographie du poète par François Noudelmann, *Édouard Glissant. L'identité généreuse*, Flammarion, 2018, et, du poète lui-même, *Le Tout-Monde*, Gallimard, 1995, mais aussi les *Entretiens de Bâton Rouge*, avec Alexandre Leupin, Gallimard, 2008. Et *Philosophie de la relation*, Gallimard, 2009.

Table

Sommaire 7

Introduction – La magnifique désolation 23

Première partie
CONSTRUIRE L'ÂME
Sous le signe du serpent

1. Anticorps, non-corps et contre-corps
   Dématérialiser le corps... 39
2. Un squelette avec une âme
   Accabler la matière.. 57
3. Le devenir hérisson de la plante
   Purifier la chair 65
4. Corps de papier et vie textuelle
   Créer un anticorps 71
5. Les langues de feu de l'Esprit-Saint
   Damner la chair 87

6. Nulle érection dans le jardin d'Éden
   Sexualiser le péché 99
7. Le sang, semence de chrétien
   Supplicier les corps 117
8. L'amour de la sainte abjection
   Imiter le cadavre 133
9. L'art de dresser les corps
   Encager le désir 151

Deuxième partie

DÉCONSTRUIRE L'ÂME
Sous le signe du chien

1. Le lieu du fil de la hache
   Déplatoniser l'âme 167
2. Les ratiocinations du renard
   Réhabiliter l'animal 179
3. Leçons des leçons d'anatomie
   Effacer l'âme 195
4. Une certaine glande fort petite
   Localiser l'âme 207
5. Le cartésianisme contre Descartes
   Cerner l'esprit 225
6. Penser sans penser qu'on pense
   Humaniser l'animal 237
7. La fleur des atomes
   Atomiser l'âme 251
8. Comme la flamme d'une chandelle
   Mécaniser l'âme 263
9. Le cœur de la grenouille sur une assiette réchauffée
   Électriser les corps 277

TABLE

Troisième partie
DÉTRUIRE L'ÂME
Sous le signe du singe

1. Vie et mort de l'huître
   Bestialiser l'homme 295
2. Fabriquer l'émule d'un chevreuil
   Régénérer l'Homo sapiens 309
3. Généalogie de l'eugénisme républicain
   Décapiter l'âme 321
4. Une glande pinéale postmoderne
   Métapsychologiser la psyché 337
5. Le temps du corps sans organes
   Structuraliser l'être 349
6. Un visage de sable effacé par la mer
   Tuer l'homme 363

Conclusion
SOUS LE SIGNE DE LA MÉDUSE

Vers les chimères transhumanistes
   Numériser l'âme 377
Épilogue – Le silence éternel des espaces finis 387

Bibliographie 393

Du même auteur
(dans la même série)

Brève histoire de l'encyclopédie du monde, t. I, Cosmos. *Une ontologie matérialiste*, Paris, Flammarion, 2015.

Brève histoire de l'encyclopédie du monde, t. 2, Décadence. *Vie et mort du judéo-christianisme*, Paris, Flammarion, 2017.

Brève histoire de l'encyclopédie du monde, t. 3, Sagesse. *Savoir vivre au pied d'un volcan*, Paris, Albin Michel/Flammarion, 2019.

Impression : Normandie Roto s.a.s. en mars 2023
Éditions Albin Michel
22, rue Huyghens, 75014 Paris
www.albin-michel.fr
ISBN : 978-2-226-44844-6
N° d'édition : 23867/01 – N° d'impression : 2301192
Dépôt légal : avril 2023
Imprimé en France